Digitale Transformation von Dienstleistungen
im Gesundheitswesen IV

Mario A. Pfannstiel · Sandra Krammer ·
Walter Swoboda
(Hrsg.)

# Digitale Transformation von Dienstleistungen im Gesundheitswesen IV

Impulse für die Pflegeorganisation

*Herausgeber*
Mario A. Pfannstiel
Fakultät Gesundheitsmanagement
Hochschule Neu-Ulm
Neu-Ulm
Deutschland

Walter Swoboda
Fakultät Gesundheitsmanagement
Hochschule Neu-Ulm
Neu-Ulm
Deutschland

Sandra Krammer
Fakultät Gesundheitsmanagement
Hochschule Neu-Ulm
Neu-Ulm
Deutschland

ISBN 978-3-658-13643-7     ISBN 978-3-658-13644-4 (eBook)
https://doi.org/10.1007/978-3-658-13644-4

Die Deutsche Nationalbibliothek verzeichnet diese Publikation in der Deutschen Nationalbibliografie; detaillierte bibliografische Daten sind im Internet über http://dnb.d-nb.de abrufbar.

Springer Gabler
© Springer Fachmedien Wiesbaden GmbH 2018
Das Werk einschließlich aller seiner Teile ist urheberrechtlich geschützt. Jede Verwertung, die nicht ausdrücklich vom Urheberrechtsgesetz zugelassen ist, bedarf der vorherigen Zustimmung des Verlags. Das gilt insbesondere für Vervielfältigungen, Bearbeitungen, Übersetzungen, Mikroverfilmungen und die Einspeicherung und Verarbeitung in elektronischen Systemen.
Die Wiedergabe von Gebrauchsnamen, Handelsnamen, Warenbezeichnungen usw. in diesem Werk berechtigt auch ohne besondere Kennzeichnung nicht zu der Annahme, dass solche Namen im Sinne der Warenzeichen- und Markenschutz-Gesetzgebung als frei zu betrachten wären und daher von jedermann benutzt werden dürften.
Der Verlag, die Autoren und die Herausgeber gehen davon aus, dass die Angaben und Informationen in diesem Werk zum Zeitpunkt der Veröffentlichung vollständig und korrekt sind. Weder der Verlag, noch die Autoren oder die Herausgeber übernehmen, ausdrücklich oder implizit, Gewähr für den Inhalt des Werkes, etwaige Fehler oder Äußerungen. Der Verlag bleibt im Hinblick auf geografische Zuordnungen und Gebietsbezeichnungen in veröffentlichten Karten und Institutsadressen neutral.

Gedruckt auf säurefreiem und chlorfrei gebleichtem Papier

Springer Gabler ist Teil von Springer Nature
Die eingetragene Gesellschaft ist Springer Fachmedien Wiesbaden GmbH
Die Anschrift der Gesellschaft ist: Abraham-Lincoln-Str. 46, 65189 Wiesbaden, Germany

# Vorwort

Die demografischen Zahlen von Deutschland sagen, dass in den kommenden Jahren die Menschen immer älter werden. Mit zunehmenden Alter nehmen Mehrfacherkrankungen zu und Patienten werden verstärkt auf Hilfe durch Pflegekräfte angewiesen sein. In der Umgebung von pflegebedürftigen Patienten wird es verstärkt automatisierte Hilfsmittel geben. Inwieweit Patienten diese Hilfsmittel annehmen werden, wird entscheidend von der Bedienungsfreundlichkeit, der Akzeptanz und der Nützlichkeit abhängen. Die Hilfsmittel müssen so entwickelt werden, dass sie die Anforderungen im Pflegealltag erfüllen und nach Möglichkeit auch die Pflegearbeit vereinfachen. Vor dem Einsatz sind Hilfsmittel auf Sicherheit und Effizienz zu prüfen.

In einigen Jahren werden automatisierte Hilfsmittel in der Pflege nicht mehr wegzudenken sein. Pflegekräfte müssen die Vor- und Nachteile verstehen, so dass keine Gefahr für Patienten entsteht. Hilfsmittel werden neue Tätigkeitsbereiche in der Pflege einnehmen, so wie sich der Tätigkeitsbereich auch von Pflegekräften ändern wird. Um das Pflegepersonal zu entlasten, sind Weiterbildungsmaßnahmen und Schulungen erforderlich. Durch neue Hilfsmittel werden zudem neue Dienstleistungen und Dienstleistungsbündel entstehen, bestehende Pflegekonzepte werden anzupassen sein. Ausgerichtet werden müssen die Dienstleistungen an den Bedürfnissen, Präferenzen und Wünschen von Pflegebedürftigen. Pflegebedürftige werden neben Pflegenden vorrangig darüber entscheiden, welche Produkte und Dienstleistungen sich am Markt durchsetzen werden. Wechselnde Rahmenbedingungen führen zu Veränderungen, auf die adäquat reagiert werden muss, um die Aufgaben und die Arbeitsbelastung in der Pflege zu bewältigen.

Ein übergreifendes Konzept zum Einsatz von automatisierten Hilfsmitteln in der Pflege bezieht immer zwei Sichtweisen mit ein. Einerseits ist die Autonomie von Pflegebedürftigen zu unterstützen, andererseits sind die Gesichtspunkte der Fürsorge von Pflegekräften zu beachten. Gefragt sind Lösungen, die mit der Komplexität im Prozess der digitalen Transformation einen Zugang zu Dienstleistungsangeboten vereinfachen. Die bestehenden Kompetenzen von Pflegekräften dürfen keine Nutzungsbarriere darstellen, sondern die Kompetenzen müssen zur nachhaltigen Anwendung führen. Nur wenn das gegeben ist, werden beide Seiten, Pflegende und Pflegekräfte, von den automatisierten Hilfsmitteln profitieren. Klare inhaltliche Vorgaben und Handlungsanweisungen konkretisieren das

Vorgehen. Unter Umständen sind Zugeständnisse notwendig, damit nahezu ideale Versorgungsstrukturen entstehen. Ressourcen müssen auf die individuelle Bedarfslage abgestimmt sein und sie müssen so eingesetzt werden, dass sie strategisch wertvoll und wettbewerbsrelevant sind.

Praktiker und Wissenschaftler müssen aufmerksam sein, damit zielorientierte pflegerische Konzepte genutzt und ausgebaut werden. Mangelndes Wissen kann zu Fehleinschätzungen und zu einem hohen Frustrationspotenzial führen. Ressourcenschonend sind automatisierte Hilfsmittel in allen Bereichen einzusetzen, damit ein hohes Niveau der Gesundheits- und Lebensqualität von Pflegebedürftigen aufrechterhalten werden kann. Im Mittelpunkt der Pflegeplanung muss daher der Pflegende stehen. Die Pflegeplanung muss fundiert, durchgehend und evaluiert sein. Einzubeziehen sind Daten, die gesichert und qualitativ hochwertig sind. Von hoher Bedeutung beim Prozess der Pflegeplanung ist Transparenz und die Möglichkeit einer schnellen und leichten Aktualisierung. Der Einsatz von Hilfsmitteln muss begründbar und wohlüberlegt sein, damit keine finanziellen und zeitlichen Notlagen bei der Anwendung entstehen.

Die Handlungsfelder in der Pflege sind vielfältig, komplex und mehrdimensional (siehe Abb. 1). Für die aufgeführten Handlungsfelder müssen in Zukunft verstärkt Lösungen gefunden werden, um die gesetzten individuellen und organisationalen Zielsetzungen zu erreichen.

Das Querdenken in der pflegerischen Praxis bittet Möglichkeiten, um wesentliche Veränderungen einzuleiten. Veränderungen bedeuten neue Geschäftsmodelle, die mit Wettbewerbsvorteilen aber auch mit Risiken einhergehen können.

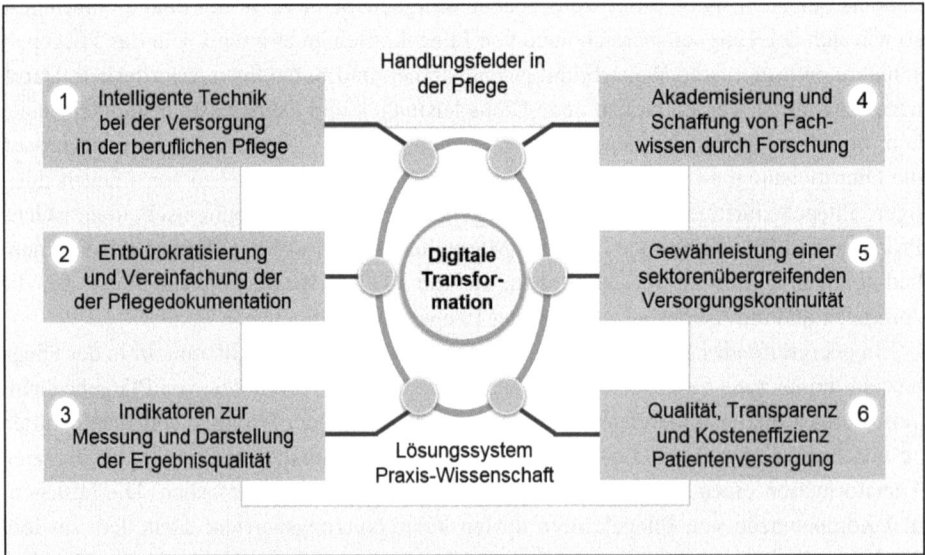

**Abb. 1** Digitale Transformation von Dienstleistungen in den Handlungsfeldern der Pflege. Quelle: Eigene Darstellung (2016)

Um in der Pflege erfolgreich zu sein, benötigen Pflegekräfte und Pflegeeinrichtungen die stätige Veränderung mit der Anpassung an die Nachfrage im Gesundheitsmarkt. Veränderungsprozesse bieten Chancen und Potentiale für neue Gesundheitsberufe. Gleichfalls macht der Wandel vor den Gesundheitsberufen keinen Halt und erfordert zugeschnittene Kompetenzen bei Pflegekräften, um auf die Auswirkungen von fortgeschrittenen gesellschaftlichen Veränderungsprozessen reagieren zu können. Interdisziplinäre Kooperation und Zusammenarbeit sind notwendig, um eine qualitativ hochwertige Gesundheitsversorgung sicherstellen zu können. Der Gesetzgeber muss Weichenstellungen vornehmen, damit notwendige Reformen eingeleitet und umgesetzt werden können.

Die Beiträge der einzelnen Autoren in diesem Sammelband sind wie folgt zusammengestellt: Zusammenfassung, Gliederung, Autorenanschrift, Einleitung, Hauptteil, Schluss, Literaturverzeichnis und Autorenbiografie. Die Ausführungen und Erkenntnisse der Beiträge werden von jedem Autor in einem Fazit am Beitragsende zusammengefasst. Im Anhang wird ein Stichwortverzeichnis bereitgestellt, das zum besseren Verständnis des Sammelbandes dienen und die gezielte Themensuche beschleunigen soll.

Wir möchten uns bei den zahlreichen Autorinnen und Autoren des vierten Bandes bedanken, die viele interessante und spannende Themen aus Praxis und Wissenschaft in den Band eingebracht haben. Weiterhin möchten wir uns ganz herzlich an dieser Stelle bei Frau Hasenbalg und Frau Heumader bedanken, die uns bei der Erstellung des Sammelbandes sehr unterstützt hat und sich mit Ihren Ideen zum Layout eingebracht hat.

Neu-Ulm, Deutschland im Februar 2017                         Mario A. Pfannstiel
                                                              Sandra Krammer
                                                              Walter J. Swoboda

# Herausgeberverzeichnis

**Mario A. Pfannstiel, M.Sc., M.A.,** ist Fakultätsreferent und wissenschaftlicher Mitarbeiter am Kompetenzzentrum „Vernetzte Gesundheit" an der Hochschule Neu-Ulm und Doktorand an der Universität Potsdam. Er besitzt ein Diplom der Fachhochschule Nordhausen im Bereich „Sozialmanagement" mit dem Vertiefungsfach „Finanzmanagement", einen M.Sc.-Abschluss der Dresden International University in Patientenmanagement und einen M.A.-Abschluss der Technischen Universität Kaiserslautern und der Universität Witten/Herdecke im Management von Gesundheits- und Sozialeinrichtungen. Im Herzzentrum Leipzig arbeitete er als Referent des Ärztlichen Direktors. An der Universität Bayreuth war er beschäftigt als wissenschaftlicher Mitarbeiter am Lehrstuhl für Strategisches Management und Organisation im Drittmittelprojekt „Service4Health". Seine Forschungsarbeit umfasst zahlreiche Beiträge zum Management in der Gesundheitswirtschaft.

Fakultät Gesundheitsmanagement
Hochschule Neu-Ulm
Neu-Ulm
E-Mail: mario.pfannstiel@hs-neu-ulm.de

**Prof. Dr. Sandra Krammer** ist Professorin für Anwendungssysteme im Gesundheitswesen an der Hochschule Neu-Ulm. Nach ihrer Ausbildung und Berufstätigkeit als Krankenschwester am Klinikum Augsburg studierte sie medizinische Dokumentation und Informatik. Als wissenschaftliche Mitarbeiterin arbeitete sie in verschiedenen Forschungsprojekten zum Einsatz von Softwareanwendungen in der medizinischen Ausbildung. In Zusammenarbeit mit dem Zentrum für Neurowissenschaft und Lernen (ZNL) an der Universität Ulm entwickelte sie ein computerbasiertes Diagnose- und Therapiesystem. Als Teamleiterin eines Softwareherstellers war sie verantwortlich für die Weiterentwicklung von Anwendungssystemen wie beispielsweise einer elektronischen Patientenakte.

Fakultät Gesundheitsmanagement
Hochschule Neu-Ulm
Neu-Ulm
E-Mail: sandra.krammer@hs-neu-ulm.de

**Prof. Dr. Walter Swoboda** ist Professor für medizinische Anwendungssysteme und Leiter des Studiengangs „Informationsmanagement im Gesundheitswesen" an der Fakultät für Gesundheitsmanagement der Hochschule Neu-Ulm (HNU). Seine Schwerpunkte in Forschung und Lehre liegen im medizinischen Projekt- und Prozessmanagement, den medizinischen Anwendungssystemen, dem Bereich eHealth und der Medizintechnik. Vor seiner Tätigkeit an der HNU war Walter Swoboda CIO am Städtischen Krankenhaus München-Neuperlach, an der Städtischen Klinikum München GmbH und am Klinikum der Universität München. Er ist langjähriges Mitglied der Deutschen Gesellschaft für Medizinische Informatik, Biometrie und Epidemiologie (GMDS) und weiterer nationaler und internationaler Fachverbände. Walter Swoboda ist vollapprobierter Arzt und hat ein Diplom im Fach Informatik. Er ist als freiberuflicher Berater tätig, publiziert zum Informationsmanagement in der Medizin, zu eHealth und zur Medizintechnik und ist Gastdozent an der University of Western Cape (UWC, Südafrika) und der Kenya Methodist University (KeMU, Kenya).

Fakultät Gesundheitsmanagement
Hochschule Neu-Ulm
Neu-Ulm
E-Mail: walter.swoboda@hs-neu-ulm.de

# Inhaltsverzeichnis

1 **Die digitale Zukunft der Pflege – Chancen und Risiken.** .................. 1
Pamina Göttelmann, Mirjam Meier, Andreas Maurer, Diana Staudacher
und Rebecca Spirig

2 **Entwicklung eines intelligenten Pflegewagens zur Unterstützung des Personals stationärer Pflegeeinrichtungen** .......................... 25
Birgit Graf, Ralf Simon King, Andrea Rößner, Christian Schiller, Walter Ganz,
Dominic Bläsing, Johannes Fischbach, Nora Warner und Manfred Bornewasser

3 **Die Akzeptanz von digitalen Lösungen im ambulanten Pflegebereich** ....... 51
Monika Roth und Richard Groß

4 **Sekundärnutzen von Pflegedaten für ökonomische Nachhaltigkeit durch automatisierte Ermittlung hochaufwändiger Pflegefälle aus der Patientendokumentation** ........................................... 69
Yvonne Frick und Dieter Baumberger

5 **Game Based Learning in Nursing – didaktische und technische Perspektiven zum Lernen in authentischen, digitalen Fallsimulationen** ...... 83
Nadin Dütthorn, Manfred Hülsken-Giesler und Rasmus Pechuel

6 **Telemonitoring in der Pflege – Chancen für eine bedarfsgerechte Versorgung**. .................................................... 103
Michael Wahl, Laura Schönijahn und Natalie Jankowski

7 **Digitalisierung und Sorgeverhältnisse – ein unauflöslicher Widerspruch?** ... 113
Barbara Hellige, Michael Meilwes und Sabine Seidel

8 **Nutzerzentriertes Assistenz- und Sicherheitssystem zur Unterstützung von Menschen mit Demenz auf Basis intelligenter Verhaltensanalyse** ...... 135
André Apitzsch, Roman Seidel, Lars Meinel, Michel Findeisen und Gangolf Hirtz

9 **Kunden und Unterstützungsstrukturen anders denken – Digitalisierung als neue Unternehmensdimension eines Komplexdienstleisters der Sozialbranche** ................................................... 149
Barbara Steiner, Gerburg Joos-Braun und Verena Pfister

**10 Vernetztes Schmerzmanagement durch E-Health in der Pflege** ............ 165
Thomas Lux

**11 An app a day keeps the doctor away? Der Einsatz von mHealth in der kommunalen Prävention von kardiovaskulären Erkrankungen** ...... 185
Sarah Unterweger

**12 E-Health in der Pflege - Wirksamkeit von pflegegeleiteten Interventionen bei älteren Menschen** ............................................................. 197
Arne Buss, Pavo Marijic und Steve Strupeit

**13 Simulierte Patientenreisen für Service Design im Gesundheitswesen – Patient Journey meets Simulation** ................................... 213
Hans-Günter Lindner

**14 Patientenorientierter Pflegeprozess – Digitalisierung als Herausforderung und Chance** ....................................................... 231
Waltraud Haas-Wippel, Andrea Frießnegg

**15 Technikeinsatz für ambulante Dienste – eine Hilfsorganisation geht innovative Wege** .................................................. 241
Maraike Siemer, Alexandra Kolozis, Carmen Tietjen-Müller, Marie-Luise Schwarz, Simon Timmermanns, Alexander Jüptner und Andreas Felscher

**16 Digitalisierung von Papier: Vorteile für die Prozesse** .................... 257
Stefan Müller-Mielitz

**17 EDV- gestützte Patientendokumentation in der Intensivpflege – Aspekte des Qualitäts- und Risikomanagements sowie Zukunftspotentiale** ......... 277
Günter Dorfmeister, Johannes Rabe, Simon Jürgens und Paul Bechtold

**18 Dorfgemeinschaft 2.0 – Altern und Digitalisierung im ländlichen Raum. Zur Entwicklung eines Instruments zur ethischen Fallbesprechung in der ambulanten Gesundheitsversorgung** ................................. 293
Roland Simon, Marcus Garthaus, Anne Koppenburger und Hartmut Remmers

**19 Konzepte für sensorbasierte Mobilisierungsunterstützung und motivierendes Feedback in der Mobilen Rehabilitation** ................. 317
Kinga Schumacher, Aaron Ruß und Norbert Reithinger

**Stichwortverzeichnis** .................................................. 333

# Die digitale Zukunft der Pflege – Chancen und Risiken.

## Erste Erfahrungen mit Mobility am Universitätsspital Zürich

Pamina Göttelmann, Mirjam Meier, Andreas Maurer, Diana Staudacher und Rebecca Spirig

> *Patienten sollten im Zentrum des technologischen Fortschritts im Gesundheitswesen stehen. [...] Der Einfluss von Apps auf die Art und Weise, wie Patienten ihren Klinikaufenthalt erleben, ist nicht zu unterschätzen (Charani et al. 2014)*

---

P. Göttelmann (✉)
Universitätsspital Zürich, Direktion ICT Projektmanagement,
Voltastraße 59, CH-8091 Zürich
e-mail: pamina.goettelmann@usz.ch

M. Meier
Universitätsspital Zürich, Direktion Pflege und MTTB,
Physikstraße 6, CH-8091 Zürich
e-mail: mirjam.meier@usz.ch

A. Maurer
Universitätsspital Zürich, Direktion ICT,
ProjektmanagementVoltastrasse 59,
CH-8091 Zürich
email: andreas.maurer@gmx.ch

D. Staudacher
Universitätsspital Zürich, Direktion Pflege und MTTB,
Physikstraße 6,CH-8091 Zürich
e-mail: diana.staudacher@usz.ch

R. Spirig
Universitätsspital Zürich, Direktion Pflege und MTTB,
Physikstraße 6, CH-8091 Zürich

© Springer Fachmedien Wiesbaden GmbH 2018
M. A. Pfannstiel et al. (Hrsg.), *Digitale Transformation von Dienstleistungen im Gesundheitswesen IV*, https://doi.org/10.1007/978-3-658-13644-4_1

**Zusammenfassung**

Pflegefachpersonen von Anfang an als Mitgestalterinnen der Mobility-Entwicklung einbeziehen, maximale Nutzerfreundlichkeit sicherstellen und hohen Rückhalt durch Führungspersonen gewährleisten – diese drei Faktoren haben sich bei der Mobility-Entwicklung in der Pflege am Universitätsspital Zürich bewährt. Im Zentrum standen zwei Fragen: Welche Mobility benötigt die Pflege? Welche Rahmenbedingungen sind für den Einsatz mobiler Lösungen in der Pflege erforderlich? Um Erfahrungswerte zu sammeln, erfolgten zunächst zwei Pilotprojekte mit spitaleigenen App-Entwicklungen. In der Pflege sollte Mobility dazu dienen, maximale Patientensicherheit zu gewährleisten, wenn menschliche Aufmerksamkeit und Konzentration an Grenzen stoßen: Mobility for safety! Diese Erkenntnis bildet die Grundlage einer entstehenden Mobility-Strategie mit dem Ziel, eine verantwortungsvolle Balance zwischen Patientensicherheit, Datenschutz und deutlichem Nutzen für die Pflegepraxis zu erreichen.

## Inhaltsverzeichnis

1.1  Ein Praxisbeispiel. .................................................... 2
1.2  Forschungsstand zur Digitalisierung in der Pflege ............................ 4
1.3  Mobility@USZ-Pflege. ................................................. 7
    1.3.1  Die Mobility-Philosophie des USZ ................................... 7
    1.3.2  Partizipative Mobility-Entwicklung. .................................. 8
    1.3.3  Welche Mobility benötigt die Pflege? ................................. 9
1.4  Zwei Pilotprojekte ..................................................... 9
    1.4.1  LabControl. ..................................................... 9
    1.4.2  JumpIn ........................................................ 12
1.5  Erste Erfahrungen ..................................................... 13
    1.5.1  Chancen ....................................................... 14
    1.5.2  Herausforderungen. .............................................. 14
    1.5.3  Rahmenbedingungen ............................................. 15
1.6  Empfehlungen ........................................................ 19
1.7  Schlussbetrachtung .................................................... 20
Literatur. ................................................................. 20

## 1.1  Ein Praxisbeispiel

Anna M., diplomierte Pflegefachperson auf einer hämatologischen Abteilung, kann mithilfe der LabControl-App sicher sein: Das Blutprobenröhrchen gehört Herrn S., einem 38jährigen Patienten mit Leukämie. LabControl ist eine mobile Anwendung mit dem Ziel, maximale Sicherheit im Umgang mit Blutproben bzw. Blutprodukten zu gewährleisten. Durch Scanning lässt sich eine korrekte Zuordnung der Blutprobenröhrchen zum jeweiligen Patienten sicherstellen. Versehentliches und unbemerktes Vertauschen der Etiketten beim Aufkleben auf die Röhrchen ist somit nicht mehr möglich.

Dank LabControl muss Anna M. das Blutentnahmeröhrchen nicht mehr mit der Hand visieren. Auch eine nachträgliche Dokumentation der Blutentnahme im klinischen Informationssystem ist nicht mehr notwendig. Dies erfolgt elektronisch. Somit besteht keine Gefahr mehr, die Dokumentation eventuell zu vergessen, wenn sie aufgrund dringender Aufgaben nicht sofort erfolgen kann. Vorteilhaft ist auch die elektronische Speicherung des exakten Entnahmezeitpunkts. Denn Anna M. dosiert mehrere Medikamente für Herrn S. aufgrund bestimmter Laborwerte. Den Zeitpunkt der Blutentnahme „auf die Minute genau" zu kennen, erweist sich hierbei als nützlich.

Gerade auf einer hämatologischen Abteilung mit einer hohen Anzahl von Blutentnahmen wirkt sich LabControl für Pflegefachpersonen entlastend und zeitsparend aus. Anna S. verbringt weniger Zeit mit manueller Dokumentation und kann sich konzentriert um Patienten kümmern.

Auch bei der Transfusion bietet LabControl Unterstützung und erhöht die Patientensicherheit. Um die korrekte Zuordnung eines Blutprodukts zu einem bestimmten Patienten sicherzustellen, musste Anna S. bisher eine Kollegin finden, welche die korrekte Zuordnung des Blutprodukts zum Patienten bestätigte. Dadurch war sie häufig gezwungen, eine Pflegefachperson während des Patientenkontakts zu stören und sie bei ihrer Tätigkeit zu unterbrechen. Mithilfe von LabControl kann Anna M. heute Blutprodukte verabreichen, ohne auf Unterstützung durch eine Kollegin angewiesen zu sein. Die richtige Zuordnung, die exakte Zeitangabe der Transfusion und die Dokumentation sind elektronisch unmittelbar beim Patienten möglich. Somit unterstützt die LabControl-App das „Vier-Augen-Prinzip", um die Sicherheit bei Transfusionen zu erhöhen.

Technologie wird somit zur Partnerin für den Menschen, um maximale Patientensicherheit zu gewährleisten. Die menschliche Konzentrationsfähigkeit ist begrenzt. Damit diese Grenze nicht zur Gefahr für Patienten wird, können mobile Anwendungen zum Einsatz kommen. Sie unterstützen und entlasten Menschen in Situationen, die besonders risikobehaftet sind. Dabei handelt es sich um sequenzielle Tätigkeiten, die auf automatisierten Handlungs- bzw. Bewegungsmustern beruhen sowie um visuelle oder kognitive Ablenkung. Erreicht die menschliche Aufmerksamkeit ihre Grenze, kann Technologie als Schutz dienen. Dies gilt vor allem mit Blick auf Ereignisse, die keinesfalls eintreten dürfen („Never Events").

Wie dieses Beispiel zeigt, hat auch in der Pflege das „digitale Zeitalter" begonnen. „Clinical Mobility" – der Einsatz elektronischer Systeme im klinischen Alltag – verändert die Arbeit der Pflegefachpersonen in vielfacher Hinsicht. Im Gesundheitswesen besteht das Bewusstsein, dass mobile Lösungen im klinischen Bereich nicht nur ein rein „technisches Phänomen darstellen – es handelt sich auch um eine neue Denkweise, eine veränderte Haltung" (Eysenbach 2001).

Die Erwartungen an technische Innovationen in der klinischen Arbeit sind hoch. Werden mobile Anwendungen mehr Sicherheit, höhere Effizienz und eine individuellere Versorgung ermöglichen? Ergibt sich für Patienten und Pflegende durch Mobility ein spürbarer Nutzen? Noch liegen kaum wissenschaftlichen Beweise vor, um diese Frage zu beantworten.

Das Universitätsspital Zürich (USZ) hat sich mit dem Thema Mobility in der Pflege intensiv auseinandergesetzt, um auf verantwortungsvolle Weise die Weichen für die digitale Zukunft zu stellen. Dabei standen fünf Anliegen im Vordergrund:

- Pflegefachpersonen sollen von Anfang an aktiv an der Mobility-Entwicklung beteiligt sein und sie mitgestalten.
- Mobile Lösungen sollen sich am spezifischen Bedarf der Pflegefachpersonen und an den situativen Anforderungen ihrer Tätigkeit orientieren. Auf der Grundlage erster Erfahrungen soll eine Mobility-Strategie entstehen.
- Mit gezielten Schwerpunkten setzt das USZ an entscheidenden Stellen erste Mobility-Impulse, um Erfahrungswerte zu sammeln.
- Es gilt zunächst, eine sichere Umgebung und Infrastruktur für digitale Innovationen in der Pflege vorzubereiten.
- Das Spannungsverhältnis zwischen Patientensicherheit, Datenschutz und hohem Nutzen für Pflegefachpersonen erfordert besondere Aufmerksamkeit.

Im Zentrum dieses Kapitels stehen erste Erfahrungen auf dem Weg zur digitalen Zukunft der Pflege im Universitätsspital Zürich. Aus zwei Mobility-Pilotprojekten ergaben sich vielfältige Erfahrungswerte für den Entwicklungsprozess und das Einführen digitaler Unterstützung im Pflegebereich. Nach einem kurzen Blick auf internationale Forschungsliteratur zur Digitalisierung in der Pflege geht dieses Kapitel folgenden Fragen nach:

- Welche Rahmenbedingungen sind erforderlich, um Mobility in der Pflege effektiv und verantwortungsvoll einzuführen?
- Wie lässt sich eine intensive Partizipation der Pflegefachpersonen an der Mobility-Entwicklung sicherstellen?
- Welche Leadership-Anforderungen entstehen durch den Einsatz mobiler Lösungen in der Pflege?
- Welche Chancen und Risiken sind mit Mobility in der Pflege verbunden?
- Welche Empfehlungen lassen sich aus den bisherigen Erfahrungen für die Entwicklung pflegebezogener mobiler Anwendungen formulieren?

## 1.2 Forschungsstand zur Digitalisierung in der Pflege

„Vorsicht" ist ein Schlüsselbegriff in der Literatur zur Mobility-Entwicklung in der Pflege: „Es ist erforderlich, die Wirksamkeit, Angemessenheit und Effizienz mobiler Lösungen zunächst zu prüfen, um sicherzustellen, dass sie die Patientenversorgung tatsächlich verbessern" (Moore, Anderson und Cox 2012). Dabei stellt sich die Frage, „ob private Smartphones eine unerschlossene Quelle der Informationstechnologie darstellen – mit dem Potenzial, die Kommunikation [...] und die Patientensicherheit zu verbessern" (Moore et al. 2012). Anderseits gilt es zu bedenken, dass die häufig noch unerprobte Technologie zu Unsicherheit und Risiken führen kann (Visser und Bouman 2012).

# 1 Die digitale Zukunft der Pflege – Chancen und Risiken.

Die wissenschaftliche Evidenz zu Mobility in der Pflege ist sehr begrenzt. Es bestehen weitaus mehr Fragen als Antworten. Diese Situation widerspiegelt sich in folgenden Schlüsselfragen, die Führungspersonen der Pflege im Zusammenhang mit mobilen Lösungen stellen (Moore et al. 2012):

- Ist der Einsatz mobiler Geräte in der Pflege grundsätzlich genehmigt?
- Entsprechen mobile Anwendungen den internen Richtlinien und Strategien?
- Gelten Apps als medizinische Hilfsmittel und entsprechen sie den hierfür geltenden Richtlinien?
- Sind mobile Anwendungen stets auf dem neusten Stand und lassen sie sich aktualisieren?
- Lohnt es sich, in organisationseigene Smartphones zu investieren statt den Gebrauch privater Geräte zu erlauben?
- Lässt sich der Einsatz organisationseigener Smartphones besser regulieren als die Nutzung privater Geräte?
- Erhöht sich das Infektionsrisiko durch den Gebrauch mobiler Geräte?
- Ermöglicht Mobility, mehr Zeit direkt beim Patienten zu verbringen?
- Unterstützt der mobile Zugang zu Patienteninformationen die Pflegenden in der klinischen Entscheidungsfindung und fördert sie die Teilnahme der Patienten an Entscheidungsprozessen?
- Trägt Mobility dazu bei, dass Pflegende besser auf die Bedürfnisse des einzelnen Patienten eingehen können?
- Wird die Pflege durch Mobility effizienter?
- Beeinträchtigt mobile Technologie die Pflegeperson-Patienten-Beziehung?
- Wie nehmen Patienten den Einsatz von Smartphones wahr?

Um Anhaltspunkte und Orientierung zu bieten, publizierte das Royal College of Nursing (RCN) 2012 eine „Anleitung" („guidance") und sprach sich darin gegen einen Einsatz privater Mobiltelefone in der Pflege aus: „Private Geräte von Pflegefachpersonen sollten keinesfalls zum Einsatz kommen, um persönliche oder gesundheitsbezogene Patienteninformationen oder Bilder zu erfassen, zu übertragen oder zu speichern" (RCN 2012). Das RCN nannte mehrere Aspekte, die es beim Einsatz von Mobility zu beachten gilt. Dazu zählt u. a. die Strategie des Arbeitgebers, die Sicherheit und Vertraulichkeit patientenbezogener Informationen, Hygienevorschriften sowie die Vertrauenswürdigkeit der Software: „Pflegenden wird empfohlen, sich Wissen und Fertigkeiten anzueignen, um beurteilen zu können, ob [mobile] Informationen verlässlich, valide, präzise, aktuell oder einseitig bzw. beeinflusst sind" (RCN 2012).

Grundsätzlich stellt sich im Gesundheitswesen die Frage, ob „Apps den Nutzenden aktuelle Evidenz und den höchsten klinischen Standard bieten. […] Es besteht ein wachsendes Risiko, eine Anwendung zu nutzen, die nicht verlässlich, nicht evidenzbasiert, trivial oder sogar gefährlich ist. Somit ist es nur eine Frage der Zeit, bis es zu unerwünschten Ereignissen durch nicht verlässliche Anwendungen kommt" (Visser und Bouman 2012).

Ein Aspekt, der besondere Aufmerksamkeit erfordert, ist eine Verletzung der Vertraulichkeit von Patientendaten (Nolan 2011). „Der immer häufigere Einsatz von

Smartphone-Apps fügt der Sicherheit von Patientendaten eine neue Dimension hinzu" (Visser und Bouman 2012). Vor diesem Hintergrund stellte sich die Frage, ob und inwieweit Apps im klinischen Bereich einer Regulation unterliegen sollten. Die US Food and Drug Administration hat Leitlinien vorgeschlagen, um zu klären, wann mobile Anwendungen als medizinische Hilfsmittel gelten und daher eine Zertifizierung erfordern.

Als weitere Gefahr thematisiert die pflegebezogene Literatur eine „Entprofessionalisierung" des klinischen Handelns durch Mobility. Sich hauptsächlich auf Apps zu verlassen, könnte dazu führen, dass Pflegende beispielsweise nicht mehr selbständig eine Medikamentendosis berechnen können (Moore et al. 2012).

Wie erleben Patienten den verstärkten Einsatz mobiler Geräte in der Pflege? Auch diese Frage findet in der Literatur Beachtung (Lu et al. 2005; Moore et al. 2012). Mehrere Autoren verweisen auf die Gefahr, dass Patienten Mobility in der Pflege „als ungünstig erleben und sich ein schädlicher Effekt auf die Interaktion zwischen Pflegenden und Patienten ergibt" (Moore et al. 2012). Andere Autoren betonen den Nutzen mobiler Anwendungen für Pflegefachpersonen. Sie verweisen darauf, dass sie effizienter arbeiten können, von Dokumentationsarbeit entlastet sind und daher mehr Zeit für Patienten haben (Ventola 2014). Im Gegensatz dazu steht die Erfahrung, dass Pflegende und Ärzte infolge mobiler Lösungen weniger Zeit beim Patienten verbringen (Lu et al. 2005; Mickan et al. 2013; Prgomet, Georgiou und Westbrook 2009).

Die Literatur betont, dass Patienten darüber informiert sein sollten, warum mobile Geräte in der Pflege zum Einsatz kommen. Sonst besteht die Gefahr, dass sie negativ reagieren, weil sie den Einsatz dieser Technologie als unprofessionell erachten. Auch die Kommunikation zwischen Pflegenden und Ärzten kann sich durch Mobility verändern. Negative Folgen stellen sich ein, wenn in komplexen Situationen SMS und Anrufe erfolgen (Prgomet et al. 2009). Somit ist es offensichtlich, dass Institutionen des Gesundheitswesens in der Verantwortung stehen, die Entwicklung bzw. den Einsatz mobiler Geräte zu regulieren (Charani et al. 2014). Auch sind sie herausgefordert, Chancen und Risiken von Mobility in der Pflege im Vorfeld sorgfältig zu reflektieren und eine sichere Infrastruktur bereitzustellen.

Inwieweit Mobility in der Pflege die Erwartungen bezüglich einer hochwertigeren, effizienteren Versorgung und einer verbesserten Patientensicherheit erfüllt, lässt sich durch aktuelle wissenschaftliche Erkenntnisse nicht belegen (McLean et al. 2013; Mickan et al. 2013). Erwiesen ist lediglich, dass Fachpersonen im Gesundheitswesen den mobilen Anwendungen im Spital positiv gegenüberstehen und eine hohe Akzeptanz zeigen, wenn vier Faktoren erfüllt sind: problemlose Bedienbarkeit, positive Haltung gegenüber neuen Technologien, Organisationskultur, Kompatibilität mit klinischen Informationssystemen sowie Computerskills (Lindquist et al. 2008; Martínez-Pérez et al. 2014). Der Einfluss von Alter, Berufserfahrung und Position gilt hierbei als gering (Lindquist et al. 2008; Yu, Li und Gagnon 2009). Möglicherweise ist „der Enthusiasmus von Fachpersonen im Gesundheitswesen für den Einsatz von Smartphones teilweise auf ihre Frustration mit der bestehenden Informationstechnologie in Gesundheitsorganisationen zurückzuführen. In diesem Kontext bieten Apps schnelle

Lösungen, um die Unzulänglichkeiten der vorhandenen Technologie zu umgehen" (Charani et al. 2014).

Hinsichtlich der Kosteneffizienz von Mobility im Gesundheitswesen fehlt ein wissenschaftlicher Beleg – auch im Hinblick auf den finanziellen Aufwand durch erforderliche Schulungen und Weiterbildungen (McLean et al. 2013). Folgen für die Sicherheit und Zufriedenheit der Patienten sind ebenfalls noch nicht wissenschaftlich untersucht. Somit besteht hoher Forschungsbedarf, um die momentan noch fehlende Evidenz zu erarbeiten. Mobility „revolutioniert die Art und Weise, wie Gesundheitsversorgung erfolgt" (Visser und Bouman 2012). Umso wichtiger ist es, die „digitale Revolution" in der Pflege aufmerksam durch Forschung zu begleiten.

## 1.3 Mobility@USZ-Pflege

Das Projekt Mobility@USZ startete Anfang 2013 mit dem Ziel, Voraussetzungen für die digitale Zukunft im USZ zu gestalten. Eine sichere Infrastruktur sollte entstehen, um mobile Lösungen gestalten zu können. Ein weiteres Anliegen bestand darin, Regeln und Abläufe für den Einsatz mobiler Geräte im USZ zu formulieren.

### 1.3.1 Die Mobility-Philosophie des USZ

„Bring your own device first" – lautete eine zentrale Prämisse der Mobility Philosophie. Eine wissenschaftliche Analyse zeigte, dass die Motivation der Mitarbeitenden und ihre Identifikation mit dem Unternehmen beim Einsatz privater Geräte höher ist (Swabey 2016).

Um den Datenfluss spitalweit zu steuern, entstand im USZ zunächst eine Mobility-Plattform. Das „Mobility Device Management" wurde ins Leben gerufen und ein „Mobility-Team" nahm seine Arbeit auf – mit dem Ziel, die Entwicklung mobiler Lösungen mit hoher Fachexpertise zu begleiten. Eine „USZ-Mobility-Strategie" soll in einem weiteren Schritt auf der Grundlage erster Erfahrungen mit mobilen Anwendungen entstehen. Dies gilt auch für eine zukünftige spitalweite App-Strategie mit spezifischen Nutzungsbedingungen. Ein umfassendes Sicherheitskonzept wird den Rahmen für den zukünftigen Einsatz mobiler Anwendungen bilden (Maurer 2016).

> **Mobility-Philosophie**
> Die aktuelle Mobility-Philosophie des USZ lässt sich in folgenden Punkten zusammenfassen:
> - Mobility steht im Zeichen der Patientensicherheit. Technologie kommt zum Einsatz, um Sicherheit auch dann zu garantieren, wenn menschliche

> Konzentration und Aufmerksamkeit eine Grenze erreichen. Mobility soll primär Schutz bieten gegen kognitive und visuelle Ablenkbarkeit.
> - Sicherheitsthemen müssen sehr früh in die Mobility-Entwicklung einfließen. Anforderungen, die aus Sicht der Nutzenden für bestimmte Anwendungen bestehen, gelangen zunächst an Sicherheitsspezialisten, die auf Risiken hinweisen und „Best Practice" empfehlen.
> - Vor der Entwicklung von Mobility-Lösungen gilt es zu reflektieren, ob sich ein bestimmter Handlungsbedarf ohne Mobility lösen lässt, beispielsweise durch Prozessoptimierung.
> - Mobility-Eigenentwicklungen sind nicht zwingend und sollen ausschließlich bei definierten Problemstellungen erfolgen.
> - Das USZ legt Wert auf maximalen Einbezug der Nutzenden und strebt eine sehr hohe Nutzerfreundlichkeit sowie -akzeptanz an.
> - Die Wahrnehmung der Patienten ist bei der Mobility-Entwicklung zu berücksichtigen. Es ist erforderlich, dass sie über den Verwendungszweck mobiler Anwendungen im klinischen Alltag informiert sind: Technologie dient der Sicherheit.
> - Mobile Anwendungen müssen unbedingt geprüft sein hinsichtlich unerwünschter klinischer Folgen.
> - Aktuelle Erfahrungen aus Mobility-Projekten gilt es kontinuierlich zu ergänzen und zu überprüfen.

### 1.3.2 Partizipative Mobility-Entwicklung

Mobility@USZ-Pflege lebt von der aktiven Partizipation der Pflegefachpersonen. Auf ihre Bedürfnisse müssen alle zukünftigen Anwendungen abgestimmt sein. Der erste Schritt der Mobility-Entwicklung bestand deshalb in einem eintägigen Workshop mit sieben Pflegefachpersonen aus verschiedenen Fachdisziplinen mit unterschiedlicher Berufserfahrung. Das Ziel bestand darin, gemeinsam mit Mobility-Herstellern Ideen für klinische Apps zu sammeln und zu priorisieren. Für welche pflegerischen Tätigkeiten sollen welche mobilen Anwendungen zum Einsatz kommen? Welche Aufgaben im klinischen Alltag lassen sich durch mobile Unterstützung optimieren? Bei welchen Aktivitäten besteht besonders starker Handlungsbedarf? So lauteten die Leitfragen des Workshops. Um einen Einblick in die „Welt" der zukünftigen Mobility-Nutzenden zu gewinnen, begleiteten Mobility-Hersteller die Pflegenden einen Tag lang im Rahmen eines „Work-Shadowing". Ergänzend fanden Interviews mit Pflegedienstleitenden zum Mobility-Bedarf statt.

Im Rahmen dieser Vorarbeiten entstand zunächst eine Liste mit 70 App-Funktionen, die sich auf den momentanen Handlungsbedarf bezogen. Dabei handelte es sich mehrheitlich um Prozessoptimierungen, verbunden mit dem Fokus auf Dokumentation und Kommunikation.

### 1.3.3 Welche Mobility benötigt die Pflege?

Die Pflegenden priorisierten ihre App-Ideen nach den Kriterien der Machbarkeit und Funktionalität. Bei den fünf wichtigsten Ideen ergab sich folgende Reihenfolge:

1. ShiftApp – ermöglicht Pflegenden und Teamleitungen, Arbeitsschichten, Ferien und Abwesenheiten mühelos zu planen. Diese App zeigt für jede Pflegefachperson die aktuelle Schichtplanung an. Es ist möglich, Schichten zu tauschen. Die Suche nach Ersatz ist vereinfacht. Pflegende erhalten Notifikationen bei Planungsänderungen. Übertragbarkeit in den privaten Kalender ist möglich.
2. USZWhatsApp – eine USZ-interne Chat-App, die den Datenschutzanforderungen entspricht. Sie ermöglicht, spontan Rapporte einzuberufen, Infos auszutauschen oder Hilfe anzufordern.
3. MyWorkApp – unterstützt die Pflegenden in der täglichen Arbeit durch Zusammenstellung einer Taskliste. Patienteninformationen sind im Überblick sichtbar, ebenso Untersuchungstermine. Zugang zu Verordnungsrichtlinien ist möglich.
4. MyPatientsApp – sorgt dafür, dass alle Detailinformationen über einen Patienten mobil zugänglich sind. Die Informationen sind kontextrelevant dargestellt mittels iBeacon-Technologie. Das Patientendossier wird automatisch geöffnet, wenn sich die Pflegeperson im Raum befindet.
5. DocuApp – vereinfacht die Dokumentation und verkürzt die Dokumentationszeit mithilfe von Dropdownlisten. Fotos, Diktierfunktion oder Scanning ermöglichen eine einfachere, bessere und sicherere Dokumentation.

Nachdem feststand, welche mobilen Anwendungen aus Sicht der Pflegenden das höchste Potential haben, fiel die Wahl auf die DocuApp. Hinsichtlich der Patientensicherheit kommt ihr eine besonders wichtige Bedeutung zu. Diese App befindet sich momentan noch in der Testphase.

## 1.4 Zwei Pilotprojekte

Um erste Erfahrungen mit spitaleigener Mobility-Entwicklung zu sammeln, starteten zwei Pilotprojekte: LabControl mit einem Fokus auf Patientensicherheit und JumpIn mit einem administrativen Schwerpunkt zur Personalersatzsuche. Beide Projekte sind im Folgenden zusammenfassend dargestellt.

### 1.4.1 LabControl

**Ausgangslage:** Der Umgang mit Blutproben und Blutprodukten erfordert maximale Sicherheit. Spitäler sind gesetzlich verpflichtet, den Blutproduktprozess von der

Blutgruppenbestimmung bis zum Verabreichen eines Blutproduktes so sicher wie möglich durchzuführen. Die korrekte Zuordnung einer Blutprobe bzw. eines Blutprodukts zu einem bestimmten Patienten fällt in einen Bereich, in dem keinesfalls Fehler auftreten dürfen („Never Events"; National Health Service England 2015).

Die zentrale Herausforderung besteht darin, Etikettierungsfehler („sample labeling errors") zu vermeiden. Im USZ bestehen zwei Weisungen zur Etikettierung von Testblut. Eine davon bezieht sich auf Blutentnahmen, die andere auf die Handhabung von Blut- und Gerinnungspräparaten.

Bei einer Blutentnahme gehen Pflegefachpersonen folgendermaßen vor:

Im Stationszimmer prüfen sie Blutprobenröhrchen und die Etiketten. Die Kolleginnen der Nachtschicht haben diese bereits für jeden Patienten vorbereitet. Die Pflegenden vergewissern sich, ob genügend Blutprobenröhrchen für die jeweiligen Patienten vorhanden sind. Auch die korrekte Beschriftung der Etiketten überprüfen sie. Danach nehmen sie die Röhrchen und Etiketten in die Patientenzimmer mit. Gemäß Vorschrift fragen sie vor der Blutentnahme den Patienten nach seinem Namen und seinem Geburtsdatum. Danach kleben sie die Etiketten auf die Röhrchen. Sie stellen sicher, dass der Name des Patienten auf sämtlichen Etiketten korrekt ist. Jedes Etikett visieren sie von Hand. Das Visum bezeugt die Verantwortungsübernahme in Bezug auf die korrekt durchgeführte Patientenidentifikation. Danach dokumentieren die Pflegenden jede einzelne Blutentnahme im klinischen Informationssystem. Bei der Entnahme von Testblut zur Blutgruppenbestimmung ist vorgeschrieben, dass zwei verschiedene Personen die Entnahmeröhrchen zeitlich versetzt prüfen.

Trotz visueller Vorsichtsmaßnahmen sind diese Vorgehensweisen fehleranfällig. Durch Arbeitsunterbrechung oder Ablenkung besteht die Gefahr, ein falsches Etikett auf ein Blutprobenröhrchen zu kleben. Dieses Risiko erhöht sich, wenn Pflegefachpersonen bei mehreren Patienten nacheinander Blutentnahmen durchführen und nicht exakt nach Entnahme jedes Röhrchen beschriften.

Auch beim Vorbereiten einer Transfusion muss höchste Sicherheit gewährleistet sein. Bereits auf der Blutbank kommen Standards zum Einsatz, um eine korrekte Zuordnung des Blutprodukts zum Patienten zu gewährleisten. Beim Abholen auf der Blutbank prüft die Pflegefachperson, ob sie das richtige Produkt für den richtigen Patienten erhält. Im Stationszimmer vergleicht sie nochmals elektronisch die Zuordnung des Blutprodukts zum Patienten. Hierzu scannt sie die Codes auf dem Patientenetikett und dem Blutprodukt. Danach geht sie ins Patientenzimmer, um die Transfusion durchzuführen.

Im Alltag kommt es jedoch vor, dass nicht dieselbe Person das Blutprodukt abholt, einscannt und dann dem Patienten verabreicht. Je nach Arbeitsbelastung sind verschiedene Pflegefachpersonen beteiligt. Der Weg vom Stationszimmer zum Patienten verläuft ebenfalls nicht immer völlig störungsfrei. Er kann beispielsweise durch Telefonate oder mündliche Absprachen unterbrochen sein. Deshalb fragt die Pflegefachperson aus Sicherheitsgründen den Patienten nach seinem Namen und Geburtsdatum. Erst dann führt sie die Transfusion durch. Nach Abschluss der Transfusion erfolgt die Dokumentation im klinischen Informationssystem.

## 1 Die digitale Zukunft der Pflege – Chancen und Risiken.

Vor dem Hintergrund der skizzierten Gefahrenquellen sollte eine sichere und effiziente mobile Anwendung bei Blutentnahmen und Transfusionen folgende Anforderungen erfüllen:

- Die korrekte Zuordnung einer Blutentnahme bzw. eines Blutprodukts zu einem Patienten ist gewährleistet und sichtbar. Verhindert das System eine Verwechslung, muss dies zwingend sichtbar sein.
- Eine effiziente Eingabe durch Code-Scanning ist sichergestellt.
- Die Dokumentation erfolgt unmittelbar nach der Blutentnahme bzw. Transfusion direkt beim Patienten.
- Eventuell beobachtbare unerwünschte Patientenreaktionen nach einer Transfusion lassen sich sofort elektronisch dokumentieren.
- Ein Visum per Hand auf dem Etikett ist nicht mehr notwendig
- Der Zeitpunkt einer Blutentnahme bzw. Transfusion ist elektronisch exakt erfasst, um eine genaue Medikamentendosierung anhand aktueller Laborwerte zu ermöglichen.
- Sämtliche Blutentnahmen und Transfusionen müssen mithilfe eines mobilen Gerätes jederzeit nachvollziehbar und überprüfbar sein (Maurer 2016).

**Lösung:** LabControl ist eine mobile Anwendung, die Sicherheit im Umgang mit Blutprobenröhrchen und Blutprodukten gewährleistet. Das Spital stellt ein gesichertes mobiles Gerät mit Zugriff auf das klinische Informationssystem zur Verfügung. Pflegefachpersonen nutzen es folgendermaßen:

1. Schritt: Pre-Scan. Pflegende scannen sich mit dem Sichtausweis ein. Daraufhin scannen sie das Patientenetikett und sämtliche Etiketten für Blutentnahmeröhrchen.
2. Schritt: Etikettierung. Nach der Blutentnahme kleben Pflegende die Laboretiketten auf die Röhrchen.
3. Prüfung: Zur Dokumentation scannen die Pflegenden sich erneut mit dem Sichtausweis ein. Dieser Schritt initiiert die Dokumentation und entspricht dem Visum. Danach scannen die Pflegenden das Patientenarmband am rechten Handgelenk sowie sämtliche Röhrchen ein.

Bei einer Transfusion kommt LabControl folgendermaßen zur Anwendung.

1. Schritt: Vorbereitung. Die Zuordnung des Blutbeutels zum Patienten erfolgt elektronisch am Computer im Stationszimmer.
2. Schritt: Scanning. Im Patientenzimmer scannen sich die Pflegenden mit dem Sichtausweis ein. Danach scannen sie das Patientenarmband und den Blutbeutel.

LabControl gewährleistet folgende Sicherheitsvorgaben:

- Elektronisches Einlesen und Vergleichen der Codes
- Elektronische statt visuelle Zuordnung

- Überprüfung am „point of care" direkt beim Patienten, um Verwechslungsgefahr zu vermeiden
- Ausschluss der Verwechslung ähnlicher Namen und Geburtsdaten.

**Erkenntnisse des Pilotprojekts** „Vor allem bei der Blutabnahme ist diese App wertvoll, weil das Risiko, Fehler zu machen, sehr groß ist. Jetzt ist keine Verwechslung der Röhrchen mehr möglich", so eine Pflegefachperson über ihre ersten Erfahrungen mit LabControl. Im Pilotprojekt war die Akzeptanz dieser Anwendung bei den Pflegenden hoch. Sie schätzten den Gewinn an Sicherheit und Dokumentationsqualität: „In der Vergangenheit bestand immer ein Risiko, auch wenn es relativ gering war. Jetzt kann es nicht mehr passieren, dass die Röhrchen nicht dem richtigen Patienten zugeordnet werden".

Die Authentifizierung am Gerät war zunächst aus Sicherheitsgründen sehr aufwändig: Bei jeder Eingabe war der Gerätecode erforderlich. Nach vier Stunden musste erneut die Eingabe des Benutzernamens und Passworts des erfolgen. Dies galt es zu optimieren.

Bei der Transfusion soll in Zukunft der vorbereitende Schritt am Computer entfallen. Bereits jetzt ermöglicht LabControl einen Zeitgewinn: „Wenn ich mich nicht mehr nach einer Kollegin umschauen muss, um die Zuordnung zu überprüfen, kann ich Zeit sparen", bestätigte eine Pflegefachperson.

Hinsichtlich der zentralen Mobility-Kriterien „effective – efficient – error tolerant – easy to learn" ergab sich für LabControl folgendes Fazit:

Effective: Erst nach der Entwicklungsphase zeigte sich, dass mehrere geplante Kernfunktionen von LabControl nicht umsetzbar waren.

Efficient: Pflegefachpersonen kritisierten, dass für sie teilweise ein zeitlicher Mehraufwand entsteht.

Error tolerant: Tippfehler oder Funktionsfehler zwingen dazu, den Vorgang nochmals neu zu beginnen.

Easy to learn: Die Schulung zum Einsatz von LabControl erwies sich als nützlich (Maurer 2016).

Nach den ersten Schritten mit LabControl zeigte sich, dass diese App noch entscheidend verbessert werden sollte, um maximale Sicherheit zu gewährleisten.

### 1.4.2 JumpIn

**Ausgangslage:** Tägliche Personalengpässe in der Pflege erfordern rasche Lösungen, um jederzeit eine optimale Patientenversorgung zu gewährleisten. Kann eine Pflegefachperson krankheitsbedingt nicht zur Arbeit kommen, erfolgt die Suche nach Ersatz meistens telefonisch. Die Pflegedienstleiterin fragt Teammitglieder jeweils einzeln an. Dabei berücksichtigt sie die familiäre Situation der Mitarbeitenden, beispielsweise Kinderbetreuungszeiten. Eine Anfrage per SMS via Alarmserver erwies sich als nicht effektiv. Sämtliche Reaktionen auf Anfragen verliefen asynchron. Die angefragten Personen konnten nicht direkt auf die Anfrage antworten. Auch war für die

Pflegedienstleiterin nicht nachvollziehbar, ob sich eine Anfrage bereits erledigt hatte (Maurer 2016).

**Lösung:** Um die Suche effektiver zu gestalten, entstand die JumpIn-App. Mitarbeitende erhalten eine Anfrage in Form einer „Notification" auf ihrem Smartphone. Bei einer Zusage erscheint die Meldung „erledigt". Grundsätzlich sind alle Teammitglieder in die Anfrage einbezogen, auch während der Ferien oder an Weiterbildungstagen. Ist jedoch die Funktion „nicht stören" aktiviert, erfolgt keine Anfrage.

Zu einem späteren Zeitpunkt soll JumpIn mit dem Personaleinsatzplanungssystem (PEP) verbunden werden. Dadurch wird es möglich, die Schichtplanung mit JumpIn zu synchronisieren.

**Erkenntnisse des Pilotprojekts:** „Diese App ist besonders für größere Teams sehr wertvoll", betonte eine Pflegedienstleiterin. Während des Pilotprojektes auf einer Abteilung mit 30 Nutzenden war eine generell gute Akzeptanz der JumpIn-App zu beobachten. Dabei war es jedoch entscheidend, dass Teamleitende den Einsatz von JumpIn im Vorfeld mit den Mitarbeitenden sorgfältig diskutierten.

Darf der Arbeitgeber Zugriff auf die Privatgeräte der Mitarbeitenden haben? Diese Thematik war für Pflegefachpersonen wichtig und erforderte Aufmerksamkeit.

Erste Erfahrungen machten deutlich, dass noch technischer Optimierungsbedarf bestand. Um JumpIn effektiv zu nutzen, sollte es mit dem bestehenden Schichtplansystem verbunden sein. In die Weiterentwicklung von JumpIn sind Pflegedienstleitende als wichtigste Nutzende intensiv einbezogen. Vor allem das Anforderungsprofil an die App muss differenzierter formuliert werden.

Hinsichtlich der zentralen Mobility-Kriterien „effective – efficient – error Tolerant – easy to learn" ergab sich für JumpIn folgendes Fazit:

Effective: Unverzichtbare zusätzliche Kernfunktionen der JumpIn-App ließen sich erst während des Pilotprojekts feststellen.

Efficient: Pflegefachpersonen wünschten sich eine höhere Geschwindigkeit der App-Funktionen.

Engaging: Vielfältige Verbesserungspotentiale der JumpIn-Nutzeroberfläche ließen sich nach Einführung auf mehreren Stationen noch verwirklichen (Maurer 2016).

Auch bei JumpIn ergab sich nach ersten Erfahrungswerten weiterer Optimierungsbedarf.

## 1.5 Erste Erfahrungen

▶ Mobility-Entwicklung in der Pflege ist ein partizipativer, kontinuierlicher Verbesserungsprozess – so lautet eine der wichtigsten Erkenntnisse beider Mobility-Projekte. Es zeigte sich ein Spannungsfeld zwischen müheloser, effizienter Anwendbarkeit einerseits und Datensicherheit andererseits. Eine verantwortungsvolle Balance zu erreichen, gehört zu den zentralen Herausforderungen.

Im Rahmen der Pilotprojekte zeigte sich das Potenzial mobiler Lösungen für eine zukunftsorientierte Pflege. Doch auch Risiken, Barrieren und Unsicherheiten wurden deutlich.

### 1.5.1 Chancen

Auf den Pilotabteilungen erkannten Pflegefachpersonen folgende Chancen, die sich auch durch wissenschaftliche Erkenntnisse belegen lassen:

- Zeiteinsparung bei der Dokumentation: Pflegende gewinnen mehr Zeit für den direkten Patientenkontakt (Mickan et al. 2013).
- Präzisere Dokumentation: Elektronisch erfasste Zeitangaben bzw. Daten tragen zur Patientensicherheit bei und optimieren die Versorgung (Divall, Camosso-Stefinovic und Baker 2013; Mickan et al. 2013; Ventola 2014).
- Verbesserte interdisziplinäre Kommunikation: In Routinesituationen erleichtert Mobility die Kommunikation zwischen Pflegenden und Ärzten. Dies gilt jedoch nicht für komplexe Sachverhalte und anspruchsvolle Situationen (Przybylo et al. 2014; Wu et al. 2010).
- Delegationsmöglichkeiten: Die Erfahrung legt nahe, dass Mobility neue Möglichkeiten der Zusammenarbeit zwischen Pflegenden und dem ärztlichen Dienst eröffnet. Mithilfe unterstützender mobiler Lösungen können Pflegefachpersonen stellvertretend bestimmte Aufgaben übernehmen, die bisher der Ärzteschaft vorbehalten waren (McLean et al. 2013).
- Einbezug der Patienten in den Behandlungsprozess: Es zeichnet sich ab, dass mobile Lösungen die Partizipation der Patienten fördern können. Verbessertes Selbstmanagement, höhere Eigenverantwortlichkeit und optimiertes Gesundheitsverhalten sind mit langfristigen Erwartungen verbunden, z. B. sinkenden Hospitalisierungsraten (Bergmo 2015; Martínez-Pérez et al. 2014; McLean et al. 2013).

### 1.5.2 Herausforderungen

Im Rahmen der Pilotprojekte waren Pflegefachpersonen mit einer Reihe technischer und patientenbezogenen Herausforderungen konfrontiert, die auch in der Forschung beschrieben sind.

**Integration in bestehende Systeme, Strukturen und Abläufe:** Innovative mobile Lösungen müssen in bestehende Spitalprozesse und -systeme integrierbar sein (Payne, Weeks und Dunning 2014). Darin bestand eine zentrale Herausforderung. Nicht immer war diese Integration von Anfang an möglich. Erwartete Mobility-Vorteile können sich rasch in Nachteile verwandeln, wenn die Integration in die vorhandenen Systeme,

Strukturen und Abläufe eines Spitals nicht gelingt (Ventola 2014). Die Ursache für fehlende Effizienz liegt dann nicht in der mobilen Anwendung selbst, sondern in ihrer unzureichenden Einbindung in bestehende Rahmensysteme. Ist die Integration zu schwach, können mobile Anwendungen klinische Abläufe sogar gefährden. Dieses Risiko ist besonders hoch, wenn Schnittstellen mit Patientendaten betroffen sind (Lu et al. 2005).

**Skalierbarkeit der Lösungen:** Apps sollten ausbaufähig sein, wenn sich klinische Anforderungen erhöhen oder verändern. Somit gilt es im Vorfeld zu bedenken, welche erweiterten Erfordernisse in Zukunft möglicherweise hinzukommen sollen: Wohin könnte sich eine App entwickeln? Diese Schlüsselfrage gilt es bei der Mobility-Entwicklung zu berücksichtigen. Die Skalierbarkeit einer mobilen Lösung bezieht sich sowohl auf eine steigende Anzahl der Nutzenden als auch auf eine erhöhte Nutzungsfrequenz bzw. Datenmenge. Ist der Einsatz einer Anwendung zunächst auf spitaleigene Geräte begrenzt, kann es notwendig werden, Mitarbeitende auch auf ihrem Privatgerät zu erreichen. Genügt anfangs eine WLAN-Verbindung zum Server, ist später möglicherweise Kommunikation über das Mobilfunknetz nötig. Umso wichtiger ist es, dass Mobility-Entwicklungen zukünftigen erweiterten Anforderungen entsprechen können.

**Übertragbarkeit auf andere Institutionen:** Lässt sich der Nutzen einer mobilen Anwendung für eine bestimmte Organisation nachweisen, stellt dies noch keine Garantie für eine allgemeine Wirksamkeit dar. Ob sich Ergebnisse von Pilotprojekten auf andere Institutionen übertragen lassen, gilt es kritisch zu hinterfragen (Tomlinson et al. 2013). Durch unterschiedliche technische Komplexität der Systeme und Standards können Barrieren entstehen, die einen Transfer von einer Organisation in eine andere nicht zulassen (The Plos Medicine Editors 2013). Sich auf Pilotstudien zu beziehen, ist somit nicht empfehlenswert (Labrique et al. 2013; Labrique et al. 2013).

**Konsequenzen für die Begegnung zwischen Patienten und Pflegenden:** Die Begegnung zwischen Patienten und Fachpersonen verändert sich, wenn mobile Anwendungen zum Einsatz kommen. Besonders im Bereich der Pflege ist unbedingt darauf zu achten, dass Patienten Bescheid wissen, warum mobile Geräte zum Einsatz kommen (Charani et al. 2014).

### 1.5.3 Rahmenbedingungen

Die ersten beiden pflegebezogenen Mobility-Projekte machten deutlich, dass bestimmte Rahmenbedingungen unverzichtbar sind, um mobile Lösungen in der Pflege effizient entwickeln und einsetzen können. Im Folgenden sind diese Rahmenbedingungen zusammengefasst und erläutert.

**Technische und prozessuale Rahmenbedingungen:** Welche prozessualen und technischen Rahmenbedingungen erfüllt sein sollten, um Mobility effizient in der Pflege einzuführen, zeigt die folgende Zusammenfassung (Göttelmann 2016).

> **Technische und prozessuale Rahmenbedingungen**
> 
> - Unterstützung und Kompetenz der ICT-Abteilung: Erreichbare und verfügbare ICT-Fachpersonen sowie eine Stabilität des technischen Umfeldes zählen zu den wichtigsten Vorbedingungen einer effektiven Mobility-Entwicklung in der Pflege (Prgomet et al. 2009; Sheikh et al. 2011).
> - Systemsicherheit: Eine adäquate Infrastruktur muss vorhanden sein, um die Sicherheit von Patientendaten gewährleisten zu können (Divall et al. 2013; Prgomet et al. 2009; Sheikh et al. 2011)
> - Pilotierung und Testphasen: Der Einsatz mobiler Geräte und ihre Anwendungen erfordert Testphasen und Pilotprojekte. Hierfür sind Ressourcen erforderlich (Sheikh et al. 2011).
> - Vielfältige direkte und indirekte Kostenaspekte: Über Material- und Anschaffungskosten hinaus sind auch Kosten für Schulungen sowie für die Wartung und den Unterhalt der Geräte einzuplanen (Lu et al. 2005; Payne, Wharrad und Watts 2012; Sheikh et al. 2011).

Aus den ersten Erfahrungen der Pflegefachpersonen mit mobilen Anwendungen ergaben sich wichtige Hinweise auf technische Optimierungen. Beispielsweise war das Login ein wichtiges Thema: „Ist es wirklich nötig, sich zweimal einzuloggen? Bei der mobilen Blutzuckermessung ist nur einmaliges Scannen nötig", so eine Pflegefachperson. Ihre Kollegin wünschte sich, dass „das initiale Einloggen wegfällt. Es sollte ausreichen, sich nur über den Sichtausweis einzuscannen". Solche Wünsche sollten Berücksichtigung finden, wenn sie mit Sicherheitsstandards vereinbar sind. Anfangs waren Passwortregeln für mobile Anwendungen identisch mit der regulären Spitalsoftware. Dies erwies sich als nicht praktikabel. Flexible Lösungen waren gefragt, die jedoch nach wie vor umfassende Datensicherheit gewährleisteten. Hierzu galt es Voraussetzungen zu definieren (Divall et al. 2013; Prgomet et al. 2009; Sheikh et al. 2011).

Hinsichtlich der Finanzierung hat es sich bewährt, für jede App-Entwicklung einen eigenen Projektauftrag zu erstellen. Dies ermöglicht, die Kosten einer mobilen Anwendung langfristig nachvollziehen zu können.

Zu bedenken ist auch, dass App-Entwicklungen ein bestimmtes Tempo voraussetzen, um nicht von der Realität überholt zu werden. Verzögerungen gilt es zu vermeiden, damit Konzentration und Entwicklungsdynamik nicht nachlassen.

**Nutzerbezogene Rahmenbedingungen:** Welche Voraussetzungen sind notwendig, um Mobility-Anwendungen für die Pflege möglichst nutzerfreundlich zu gestalten?

Antworten auf diese zentrale Frage sind in der folgenden Übersicht zusammengefasst (Göttelmann 2016).

> **Nutzerbezogene Rahmenbedingungen**
>
> - Pflegenden eine Stimme geben: Anliegen und Bedenken der Pflegenden sind von herausragender Bedeutung, um Akzeptanz und Zufriedenheit mit einer Mobility-Lösung zu gewährleisten. Rückmeldungen der Pflegenden gilt es regelmäßig einzuholen und zu berücksichtigen (Sheikh et al. 2011). Pflegende sollten in jeden einzelnen Entwicklungsschritt einbezogen sein (Martínez-Pérez et al., 2014; Sheikh et al. 2011; Tomlinson et al., 2013)
> - Maximale Nutzerfreundlichkeit und intuitiv-einfache Bedienbarkeit setzen eine enge Zusammenarbeit zwischen Herstellern und Pflegenden voraus (European Commission 2009; Martínez-Pérez et al. 2014; Sheikh et al. 2011; Tomlinson et al. 2013; Yu et al. 2009). Pflegefachpersonen sollten durch Apps einen deutlich wahrnehmbaren Nutzen erleben (Mickan et al. 2013; Sheikh et al. 2011).
> - Schulung und Kommunikation können eine positive Haltung gegenüber Mobility fördern und Widerständen bzw. Vorbehalten entgegenwirken (Payne et al. 2014; Sheikh 2011). Für die wichtigsten Akteure können intensivere Schulungen nützlich sein (Mickan et al. 2014; Sheikh et al. 2011; Yu et al. 2009)
> - Anpassung an die individuelle Arbeitsweise: Mobile Anwendungen sollten keine radikal veränderte Arbeitsweise erfordern. Zwischenlösungen mit geringen Nutzervorteilen sind zu vermeiden (Sheikh et al. 2011).
> - Schrittweise Einführung kann zur Akzeptanz von Innovationen beitragen (Sheikh et al. 2011).

Nutzerfreundlichkeit hat sich als ein entscheidendes Kriterium bei der Mobility-Entwicklung erwiesen. Die Leichtigkeit, mit der sich Geräte und Anwendungen bedienen lassen, ist entscheidend (Göttelmann 2016). Hohen Stellenwert hat die intensive Partizipation der Pflegenden in allen Phasen des Entwicklungs- und Einführungsprozesses. Auf diese Weise entstanden sehr innovative Ideen und Lösungsansätze. Die Pflegenden wussten genau, von welchen Mobility-Lösungen sie sich mehr oder weniger Nutzen erwarteten. Somit lohnt es sich, in einen dauerhaften Einbezug der Pflegenden bei der Mobility-Entwicklung zu investieren. Das strukturierte Zusammentragen ihrer Ideen und eine sorgfältige Priorisierung ermöglichten, praxistaugliche Lösungen zu entwickeln. Beim Priorisieren der App-Ideen waren standardisierte Verfahren zielführend. Als Beispiel kann die Delphi-Methodik dienen (Linstone und Turoff 1975).

Aus Befragungen und Interviews mit Pflegenden und Leitungspersonen ergaben sich wichtige Ansätze für das weitere Vorgehen. Der Zusammenarbeit zwischen Pflegefachpersonen und Mobility-Herstellern in der Entwicklungsphase kam hohe Bedeutung zu. Da die Hersteller die Arbeitswelt der Pflegenden kannten, entstand ein differenziertes

Anforderungsprofil für mobile Anwendungen. Dabei war es jedoch wichtig, die Zahl der involvierten Entwicklungspartner möglichst überschaubar zu halten.

**Leadership-Rahmenbedingungen:** Der Einsatz mobiler Geräte in der Pflege ist mit spezifischen Anforderungen an Führungspersonen verbunden. Die wichtigsten Leadership-Faktoren sind in der folgenden Übersicht zusammengestellt (Göttelmann 2016).

---

**Leadership-Rahmenbedingungen**

- Rückhalt durch das Management: Die Einführung mobiler Lösungen erfordert ein hohes Maß an Unterstützung durch Führungspersonen. Diese sollten eine langfristige, zukunftsorientierte Mobility-Strategie und -vision vermitteln (Sheikh et al. 2011).
- Change-Management: Die Organisation muss vorbereitet sein auf Mobility-bezogene Veränderungen. Hierfür ist proaktives Change-Management unverzichtbar. Ausreichende Ressourcen sollten hierfür bereitstehen (Payne et al. 2014).
- Partizipatives Management: Um Mobility einzuführen, ist partizipatives Management gefragt. Von Anfang an sollten Nutzende mitentscheiden und ihre Stimme einbringen (Sheikh et al. 2011).
- Agiles Projekt-Management: Es gilt, bei der Mobility-Entwicklung Meilensteine zu setzen, klaren Zwischenziele zu definieren und Flexibilität zu ermöglichen – im Sinne eines agilen Projekt-Managements (Sheikh et al. 2011).
- Das Einführungsteam als Schnittstelle zwischen Management und Nutzenden: Durch effektives Leadership sowie eine klare Definition der Rollen und Verantwortungsbereiche übernimmt das Einführungsteam eine Brückenfunktion zwischen den Nutzenden und dem Management. Auf diese Weise lassen sich negative Haltungen dem Projekt gegenüber oder Fluktuation im Projektteam vorbeugen (Sheikh et al. 2011).
- Fürsprecher oder Champions in Gestalt von Leitungspersonen können die Einstellung und die Motivation der Pflegenden wesentlich beeinflussen (Payne et al. 2014; Sheikh et al. 2011; Yu et al. 2009).
- Networking: Es ist wichtig, Erfahrungen anderer Projekte und Institutionen einzubeziehen (Sheikh et al. 2011). Partnerschaften mit klinischen Institutionen sowie privaten Organisationen, Forschungsinstituten und staatlichen Strukturen erweisen sich als unterstützend (Estrin und Sim 2010; Mickan et al. 2014; Tomlinson et al. 2013)

---

In beiden Mobility-Projekten hat sich gezeigt, dass Pflegefachpersonen die Anforderungen an mobile Lösungen und die Priorisierungskriterien sogar besser kennen als das Management (Göttelmann 2016). Sie haben einen geschärften Blick für spezifische Herausforderungen in der täglichen Praxis. Ein „Bottom-up"-Vorgehen hat sich bewährt. Wichtig ist allerdings, dass eine spitalweite, umfassende Mobility-Strategie besteht und starken Rückhalt durch Führungspersonen erhält. Letztlich ist unterstützendes Leadership unverzichtbar.

## 1.6  Empfehlungen

Im Rahmen der Pilotprojekte hat sich gezeigt, dass vielfältige Faktoren zu berücksichtigen sind, um Mobility in der Pflege effektiv, nutzerfreundlich und verantwortungsvoll zu entwickeln. Aus den ersten Erfahrungen im USZ ergeben sich folgende Empfehlungen:

- Mobility for Safety! In der Pflege steht der Mobility-Einsatz im Zeichen der Patientensicherheit. Mobile Technologie dient in erster Linie dazu, Sicherheit zu gewährleisten, wenn menschliche Aufmerksamkeit und Konzentration an Grenzen stoßen. Es ist unverzichtbar, diesen Zusammenhang zwischen Mobility und Safety für Patienten und Pflegefachpersonen klar zu kommunizieren.
- Pflegefachpersonen sollten von Anfang an Mitgestaltende der Mobility-Entwicklung sein. Dauerhafte und intensive Partizipation der Pflegenden und „Bottom-Up"-Ansätze erwiesen sich als wirksam.
- Ein Vorgehen in drei Schritten hat sich bewährt: Nutzer(innen) verstehen – Lösungen partizipativ entwickeln – optimal in bestehende Systeme integrieren.
- Rückhalt und Support durch Führungspersonen hat einen hohen Stellenwert bei der Mobility-Einführung.
- Das Spannungsfeld zwischen müheloser Anwendbarkeit, hoher Effizienz und Datensicherheit erfordert sorgfältige Abstimmung.
- Gezielte Impulse für die Mobility-Entwicklung sind wichtig. In der Pflege sollten mobile Lösungen dort zum Einsatz kommen, wo hoher Nutzen zu erwarten ist: Dies trifft primär auf die Bereiche Dokumentation und Kommunikation zu. Auch zur besseren Nachvollziehbarkeit klinischer Handlungen, zu höherer Sicherheit und zur Prozesssteuerung kann Mobility einen Beitrag leisten.
- Die Eigenentwicklung von Apps sollte begrenzt bleiben. Es ist empfehlenswert, ein kooperatives Vorgehen zu wählen und die Zusammenarbeit mit anderen Spitälern, Gesundheitsorganisationen, Hochschulen und Universitäten aktiv anzustreben. Dies kann einerseits hohe Synergien freisetzen und andererseits Kosten für mobile Lösungen minimieren.
- Mobile Anwendungen im klinischen Bereich einzuführen, erfordert eine enge Begleitung und kontinuierliche Evaluation. Da noch wenig Praxiserfahrung besteht und nur geringe wissenschaftliche Erkenntnisse vorliegen, können unerwünschter Folgen eintreten: „Gesundheitsorganisationen sollten berücksichtigen, dass die Entwicklung und der Einsatz zu vieler Apps die klinische Praxis fragmentieren können. [...] Die unbeabsichtigten Folgen des App-Einsatzes im Gesundheitswesen sind bisher noch nicht erforscht" (Charani et al. 2014).
- Die Perspektive der Patienten erfordert hohe Aufmerksamkeit. Patienten sollten informiert sein, warum Mobility in der Pflege zum Einsatz kommt.

## 1.7 Schlussbetrachtung

Wie wirkt sich Mobility auf Patientenergebnisse und das Erleben der Patienten aus? Zu dieser Frage besteht aktuell noch wenig wissenschaftliche Evidenz. Gerade in der Pflege gilt es jedoch, die Erfahrung der Patienten als zentralen Aspekt zu bedenken. Denn es besteht die Gefahr, dass Patienten mobile Technologie negativ wahrnehmen (Lu et al. 2005). „Patienten möchten, dass Fachpersonen sie ansehen und nicht elektronische Geräte im Mittelpunkt der Begegnung stehen" (Ratanawongsa et al. 2016). Eine Studie zeigte, dass 83 % der Patienten zufrieden waren, wenn sich Fachpersonen im Gespräch weniger intensiv dem Computer zuwandten. Ausgeprägte Aufmerksamkeit auf den Computer war verbunden mit bedeutenden Kommunikationsschwierigkeiten (Ratanawongsa et al. 2016).

Somit ist auch bei der Mobility-Entwicklung sicherzustellen, dass Technologie die Pflegeperson-Patienten-Beziehung nicht beeinträchtigt. „Es besteht das Risiko, dass Fachpersonen durch elektronisches Multitasking das Verhältnis zum Patienten vernachlässigen. Eine fehlende therapeutische Beziehung wäre dann die unbeabsichtigte Folge der Digitalisierung. Wir sind herausgefordert, den besten Weg zu finden, wie sich Technik einbeziehen lässt, ohne das Herz und die Seele der Versorgung zu verlieren: die Beziehung zwischen Fachpersonen und Patienten" (Frankel 2016).

## Literatur

Bergmo TS (2015) How to measure costs and benefits of eHealth interventions: An overview of methods and frameworks. J Med Internet Res 17(11):e254. https://doi.org/10.2196/jmir.4521

Charani E, Castro-Sánchez E, Moore LSP, Holmes A (2014) Do smartphone applications in healthcare require a governance and legal framework? It depends on the application! BMC Med 12(1):1–3. https://doi.org/10.1186/1741-7015-12-29

Divall P, Camosso-Stefinovic J, Baker R (2013) The use of personal digital assistants in clinical decision making by health care professionals: A systematic review. Health Inform J 19(1):16–28. https://doi.org/10.1177/1460458212446761

Estrin D, Sim I (2010) Open mHealth architecture: An engine for health care innovation. Science 330(6005):759–760

European Commission (2009) eHealth in action: Good practice in european countries. retrieved from DG information society and media, ICT for health unit. Office for Official Publications of the European Communities, Luxembourg

Eysenbach G (2001) What is e-health?. J Med Internet Res 3(2):e20. https://doi.org/10.2196/jmir.3.2.e20

Frankel RM (2016) Computers in the examination room. JAMA Inter Med 176(1):128–129. https://doi.org/10.1001/jamainternmed.2015.6559

Gibson JL, Martin DK, Singer PA (2004) Setting priorities in health care organizations: criteria, processes, and parameters of success. BMC Health Serv Res 4(1):1–8. https://doi.org/10.1186/1472-6963-4-25

Göttelmann P (2016) Setting Investment Priorities for Mobile Solutions in Hospitals. Master Thesis, Management Center Innsbruck (MCI)

Labrique A, Vasudevan L, Chang LW, Mehl G (2013) Hype for mHealth: More „y" or „o" on the horizon?. Int J Med Inform 82(5):467–469. https://doi.org/10.1016/j.ijmedinf.2012.11.016

Labrique AB, Vasudevan L, Kochi E, Fabricant R, Mehl G (2013) mHealth innovations as health system strengthening tools: 12 common applications and a visual framework. Glob Health Sci Pract 1(2):160–171. https://doi.org/10.9745/ghsp-d-13-00031

Lindquist AM, Johansson PE, Petersson GI, Saveman B-I, Nilsson GC (2008) The use of the personal digital assistant (PDA) among personnel and students in health care: A review. J Med Internet Res 10(4):e31. https://doi.org/10.2196/jmir.1038

Linstone HA, Turoff M (1975) The Delphi method: Techniques and applications, Vol. 29. Portland State University, New Jersey Institute of Technology. Addison-Wesley. Reading

Lu Y-C, Xiao Y, Sears A, Jacko JA (2005) A review and a framework of handheld computer adoption in healthcare. Int J Med Inform 74(5):409–422. https://doi.org/10.1016/j.ijmedinf.2005.03.001

Martínez-Pérez B, La Torre-Díez Id, López-Coronado M, Sainz-de-Abajo B, Robles M, García-Gómez JM (2014) Mobile clinical decision support systems and applications: a literature and commercial review. J Med Syst 38(1):4. https://doi.org/10.1007/s10916-013-0004-y

Maurer A (2016) Mobilität@USZ, Projektabschlussbericht, unveröffentliches Dokument. Universitätsspital Zürich, Zürich

McLean S, Sheikh A, Cresswell K, Nurmatov U, Mukherjee M, Hemmi A, Lovis C (2013) The impact of telehealthcare on the quality and safety of care: A Systematic Overview. PLoS ONE 8(8):e71238. https://doi.org/10.1371/journal.pone.0071238

Mickan S, Atherton H, Roberts NW, Heneghan C, Tilson JK (2014) Use of handheld computers in clinical practice: A systematic review. BMC Med Inform Decis Mak 14(1):56. https://doi.org/10.1186/1472-6947-14-56

Mickan S, Tilson JK, Atherton H, Roberts NW, Heneghan C (2013) Evidence of effectiveness of health care professionals using handheld computers: A scoping review of systematic reviews. J Med Internet Res 15(10):e212. https://doi.org/10.2196/jmir.2530

Moore S, Anderson J, Cox S (2012) Pros and cons of using apps in clinical practice. Nurse Manag 19(6):14–17. https://doi.org/10.7748/nm2012.10.19.6.14.c9316

National Health Service England (2015) Never Event List 2015/16, Online im Internet. https://www.england.nhs.uk/wp-content/uploads/2015/03/never-evnts-list-15-16.pdf. Zugegriffen: 04 Nov. 2016

Nolan T (2011) A smarter way to practice. BMJ 342:470–471

Payne KF, Weeks L, Dunning P (2014) A mixed methods pilot study to investigate the impact of a hospital-specific iPhone application (iTreat) within a British junior doctor cohort. Health Inform J 20(1):59–73. https://doi.org/10.1177/1460458213478812

Payne KFB, Wharrad H, Watts K (2012) Smartphone and medical related App use among medical students and junior doctors in the United Kingdom (UK): A regional survey. BMC Med Inform Decis Mak 12(1):1–11. https://doi.org/10.1186/1472-6947-12-121

Prgomet M, Georgiou A, Westbrook JI (2009) The impact of mobile handheld technology on hospital physicians' work practices and patient care: A systematic review. J Am Med Inform Assoc JAMIA 16(6):792–801. https://doi.org/10.1197/jamia.M3215

Przybylo JA, Wang A, Loftus P, Evans KH, Chu I, Shieh L (2014) Smarter hospital communication: secure smartphone text messaging improves provider satisfaction and perception of efficacy, workflow. J Hosp Med 9(9):573–578. https://doi.org/10.1002/jhm.2228

Ratanawongsa N, Barton JL, Lyles CR, Wu M, Yelin EH, Martinez D, Schillinger D (2016) Association between clinician computer use and communication with patients in safety-net clinics. JAMA Intern Med 176(1):125–128. https://doi.org/10.1001/jamainternmed.2015.6186

Royal College of Nursing RCN (2012) Nursing staff using personal mobile phones for work purposes, RCN guidance. RCN Publishing, London

Sheikh A, McLean S, Cresswell K, Pagliari C, Pappas Y et al (2011) The impact of eHealth on the quality and safety of healthcare. An updated systematic overview & synthesis of the literature. Final report for the NHS Connecting for Health Evaluation Programme (NHS CFHEP 001), Imperial College London, The University of Edinburgh

Swabey P (2016) Mobilität, Leistung und Engagement. Wie CIOs durch die Gestaltung des Arbeitserlebens zur Leistung des Unternehmens beitragen können, The Economist, Intelligence Unit, Online im Internet. www.arubanetworks.com/download.php?file=/assets/_de/EIUStudy.pdf. Zugegriffen: 04 Nov. 2016

The Plos Medicine Editors (2013) A Reality checkpoint for mobile health: Three challenges to overcome. PLoS Medicine 10(2):e1001395. https://doi.org/10.1371/journal.pmed.1001395

Tomlinson M, Rotheram-Borus MJ, Swartz L, Tsai AC (2013) Scaling up mHealth: Where is the evidence?. PLoS Medicine 10(2):e1001382. https://doi.org/10.1371/journal.pmed.1001382

Ventola CL (2014) Mobile devices and apps for health care professionals: Uses and benefits. P & T 39(5):356–364

Visser BJ, Bouman J (2012) There's a medical app for that, in: BMJ Careers, Online im Internet. http://careers.bmj.com/careers/advice/view-article.html?id=20007104 04 Nov. 2016

Wu R, Morra D, Quan S, Lai S, Zanjani S, Abrams H, Rossos PG (2010) The use of smartphones for clinical communication on internal medicine wards. J Hosp Med 5(9):553–559. https://doi.org/10.1002/jhm.775

Yu P, Li H, Gagnon M-P (2009) Health IT acceptance factors in long-term care facilities: A cross-sectional survey. Int J Med Inform 78(4):219–229. https://doi.org/10.1016/j.ijmedinf.2008.07.006

**Pamina Göttelmann, M.A.,** ist Projektleiterin am Universitätsspital Zürich und verantwortlich für die Einführung mobiler Anwendungen. Sie besitzt das Diplom „European Master in Health Economics and Management", absolviert am MCI Management Center Innsbruck, an der Erasmus Universität Rotterdam und an der Universität Bologna. Ihre Masterarbeit umfasst Problemstellungen im mHealth-Bereich unter dem Thema „Setting Investment Priorities for Mobile Solutions in Hospitals". Diese Arbeit entstand in Kooperation mit dem Universitätsspital Zürich im Rahmen des Pilotprojekts „Mobilität@USZ".

**Mirjam Meier, M.Sc.** ist Leiterin Stab der Direktion Pflege und MTTB am Universitätsspital Zürich, Referentin an der Medizinischen Fakultät der Universität Basel sowie Doktorandin an der Kalaidos Hochschule und der Middlesex University London. Sie besitzt ein Diplom der Fachhochschule Nordwestschweiz in Arbeits-, Organisations- und Personalpsychologie, ein Diplom als Biomedizinische Analytikerin HF sowie eine Weiterbildung der Universität Zürich in „Gesundheitssysteme und Gesundheitsökonomie". Sie verfügt über langjährige Praxiserfahrung als Lab-Manager im klinischen, Biotech- und Forschungsbereich, als wissenschaftliche Mitarbeiterin im Bereich Sicherheitsmanagement sowie als Projektleiterin im Bereich Qualitätsmanagement und Patientensicherheit.

**Andreas Maurer, El. Ing. HTL, MAS BA,** ist Projekt- und Innovationsmanager am Universitätsspital Zürich und dort verantwortlich für Businessanalyse und Innovationen. Er besitzt ein Diplom als Elektroingenieur HTL des Technikums Winterthur (heute ZHAW Winterthur) sowie einen „Master of Advanced Studies in Business Administration" der ZHAW Winterthur mit einer Masterarbeit zum Thema „Innovationsmanagement im

Spitalumfeld", die sich mit den Schwierigkeiten von Innovationen in Expertenorganisationen befasst. Vor seiner Tätigkeit als Innovationsmanager arbeitete er in verschiedenen Firmen als Programm- und Projektmanager in den Bereichen „Mobility", Kommunikation und Infrastruktur mit zunehmend hohem Innovationsanteil.

**Dr. phil. Diana Staudacher,** ist wissenschaftliche Assistentin in der Direktion Pflege und MTTB des Universitätsspitals Zürich sowie Dozentin für Pflegepublizistik und wissenschaftliche Mitarbeiterin an der FHS St. Gallen, Fachhochschule für Angewandte Wissenschaften. Sie studierte Germanistik und Humanmedizin. In freier Mitarbeit ist sie Autorin, Herausgeberin und Lektorin beim Verlag Hogrefe, Bern, mit den Schwerpunktthemen Nursing Theories, Palliative Care, Anthropologie des Leidens sowie Neurobiologie des Wahrnehmens und Erlebens. Sie ist Mitglied des redaktionellen Beirats und Autorin der Zeitschrift „NOVAcura".

**Prof. Dr. Rebecca Spirig** ist Direktorin Pflege und MTTB am Universitätsspital Zürich sowie Mitglied der Spitaldirektion. Sie hat eine Titularprofessur am Institut für Pflegewissenschaft der Universität Basel und ist Verwaltungsratsmitglied des CAREUM Bildungszentrums sowie Präsidentin der Schweizerischen MS-Gesellschaft und Vorstandsmitglied der Schweizerischen Vereinigung der Pflegedienstleiterinnen und -leiter (Swiss Nurse Leaders). Seit Mai 2016 ist Rebecca Spirig als erste Vertreterin der Pflege im Vorstand der IQM – Initiative Qualitätsmedizin. Sie hat die Interessengruppe SwissANP mitbegründet und einige Jahre präsidiert. Von 2001 bis 2015 war sie Mitherausgeberin der wissenschaftlichen Zeitschrift „Pflege". Rebecca Spirig ist verantwortlich für verschiedene Forschungsprojekte, z. B. DRG-Begleitforschung Pflege. Sie referiert zu diversen Themen im In- und Ausland und publiziert in internationalen Journals.

# 2
## Entwicklung eines intelligenten Pflegewagens zur Unterstützung des Personals stationärer Pflegeeinrichtungen

Birgit Graf, Ralf Simon King, Andrea Rößner, Christian Schiller, Walter Ganz, Dominic Bläsing, Johannes Fischbach, Nora Warner und Manfred Bornewasser

---

B. Graf (✉)
Fraunhofer IPA, Abteilung Roboter- und Assistenzsysteme, Nobelstrasse 12, 70569 Stuttgart, Deutschland
e-mail: birgit.graf@ipa.fraunhofer.de

R. S. King
Stuttgart, Deutschland

A. Rößner
Universität Stuttgart IAT, Competence Team Dienstleistungsmanagement
Nobelstrasse 12, 70569 Stuttgart, Deutschland
e-mail: andrea.roessner@iat.uni-stuttgart.de

C. Schiller
Universität Stuttgart IAT, Competence Team Dienstleistungsentwicklung
Nobelstrasse 12, 70569 Stuttgart, Deutschland
e-mail: christian.schiller@iat.uni-stuttgart.de

W. Ganz
Fraunhofer-Institut für Arbeitswirtschaft und Organisation,
Institutsdirektor, Leiter Geschäftsfeld Dienstleistungs- und Personalmanagement, Nobelstrasse 12, 70569 Stuttgart, Deutschland
e-mail: walter.ganz@iao.fraunhofer.de

D. Bläsing · J. Fischbach · N. Warner · M. Bornewasser
Universität Greifswald | Institut für Psychologie,
Lehrstuhl für Sozialpsychologie/Arbeits- und Organisationspsychologie,
Franz-Mehring-Str. 47, 17489 Greifswald, Deutschland
e-mail: Dominic.Blaesing@uni-greifswald.de; Johannes.Fischbach@uni-greifswald.de; nora.warner@uni-greifswald.de; bornewas@uni-greifswald.de

© Springer Fachmedien Wiesbaden GmbH 2018
M. A. Pfannstiel et al. (Hrsg.), *Digitale Transformation von Dienstleistungen im Gesundheitswesen IV*, https://doi.org/10.1007/978-3-658-13644-4_2

**Zusammenfassung**

Die stationäre Pflegebranche ist vom demografischen Wandel besonders betroffen – sowohl in der Altenpflege als auch im Krankenhaus. Um dem drohenden Pflegenotstand zu begegnen, sind neue Lösungen gefragt, die das Pflegepersonal in ihrem Arbeitsalltag unterstützen und entlasten. Die Produktvision des „intelligenten Pflegewagens" hat die Aufgabe, benötigte Pflegeutensilien automatisch vor Ort verfügbar zu machen, den Materialverbrauch zu dokumentieren und zur Neige gehende Pflegeutensilien selbstständig nachfüllen. Damit soll unter anderem die Arbeitsbelastung des Personals in der Pflege reduziert werden. Die durchgeführten Untersuchungen zeigen, dass trotz eines geringen Anteils der mit dem Pflegewagen assoziierten Tätigkeiten die Hauptquellen der Belastung unter anderem in der örtlichen und zeitlichen Dimension zu verorten sind, auf welche der intelligente Pflegewagen Einfluss zu nehmen vermag. Im Rahmen einer detaillierte Analyse der mit der Nutzung aktuell eingesetzter Pflegewagen verbundenen Arbeitsprozesse konnten die Kernbereiche identifiziert werden, in denen nutzenbringende Änderungspotentiale vorhanden sind. Darauf aufbauend wurden Anforderungen an die Gestaltung des intelligenten Pflegewagens definiert und drei Prototypen auf Basis der CASERO 4-Plattform umgesetzt, die Mitte 2017 in drei Pflegeeinrichtungen getestet werden sollen.

## Inhaltsverzeichnis

| | | |
|---|---|---|
| 2.1 | Einleitung | 27 |
| 2.2 | Vision des „Intelligenten Pflegewagens" | 27 |
| | 2.2.1 Hintergrund und Motivation | 27 |
| | 2.2.2 Beschreibung der Produktvision | 29 |
| | 2.2.3 Vorarbeiten und Konkretisierung der technischen Umsetzung | 29 |
| 2.3 | Untersuchungen zur Arbeitsbelastung in der Pflege | 32 |
| | 2.3.1 Critical Incident Technique | 32 |
| | 2.3.2 Verhaltensbeobachtung | 33 |
| | 2.3.3 Fragebogen zur Belastungssituation der Pflegekräfte | 33 |
| | 2.3.4 Diskussion | 35 |
| 2.4 | Analyse aktueller Arbeitsabläufe in der Pflege und Einsatz konventioneller Pflegewagen | 36 |
| | 2.4.1 „Mitlaufwoche" | 36 |
| | 2.4.2 Prozesse der Materialwirtschaft | 38 |
| | 2.4.3 Ergebnisse der Prozessanalyse: IST-Situation | 39 |
| | 2.4.4 Identifizierte Verbesserungspotentiale | 41 |
| 2.5 | Technische Umsetzung des intelligenten Pflegewagens | 42 |
| | 2.5.1 Umsetzung der Roboterhardware | 42 |
| | 2.5.2 Funktionalität und Steuerung | 44 |
| 2.6 | Schlussbetrachtung | 46 |
| Literatur | | 46 |

## 2.1 Einleitung

Die stationäre Pflegebranche ist vom demografischen Wandel besonders betroffen – sowohl in der Altenpflege als auch im Krankenhaus: Während die Anzahl der Pflegebedürftigen zunimmt, entscheiden sich immer weniger Berufsanfänger für den Pflegeberuf. Gleichzeitig scheiden ältere Pflegekräfte aufgrund der hohen körperlichen und psychischen Belastung vorzeitig aus dem Beruf aus. Zudem ist der Krankenstand auffallend hoch (Spiegel-Studie über Fehlzeiten 2010). Um dem daraus resultierenden drohenden Pflegenotstand zu begegnen, sind neue Lösungen gefragt, die das Pflegepersonal in ihrem Arbeitsalltag unterstützen und entlasten. Diese sollten dazu beitragen, dass der Pflegeberuf attraktiver und gleichzeitig eine hohe Qualität der Pflege beibehalten wird.

Mit IT-gestützten Pflegeplanungs- und Dokumentationssystemen, die mit Hilfe mobiler Endgeräte teilweise auch schon direkt im Patientenzimmer genutzt werden können, haben erste Digitalisierungslösungen bereits Einzug in den Gesundheitsmarkt gehalten. Im Vergleich dazu befindet sich die Servicerobotik als assistierendes System für die Pflege noch in ihren Anfängen. Dabei bietet sie im Gegensatz zu bereits eingesetzten Lösungen den Mehrwert, nicht nur informatorisch, sondern auch physisch unterstützen zu können. Technologien wie z. B. zur sensorbasierten Erfassung von Umgebungen, Personen oder Gegenständen sowie einer darauf basierenden (teil-)autonomen Bewegungsführung bieten das Potenzial, handelsübliche Pflegehilfsmittel in Bezug auf einen effizienten und ergonomischen Einsatz zu verbessern. Mit entsprechenden Assistenzfunktionen ausgestattete Pflegehilfsmittel können somit dazu beitragen, Gesundheitsschäden zu vermeiden, gleichzeitig kann der Anteil nicht-pflegerischer Arbeiten reduziert werden und den Pflegekräften bleibt mehr Zeit für eigentliche Pflegetätigkeiten.

Das vom Bundesministerium für Bildung und Forschung (BMBF) geförderte Verbundprojekt „Servicerobotik zur Unterstützung bei personenbezogenen Dienstleistungen" (SeRoDi, www.serodi.de) beschäftigt sich mit der Entwicklung und Evaluierung produktnaher Serviceroboter-Lösungen für die stationäre Alten- und Krankenpflege. Neben einer entsprechenden Weiterentwicklung der Technik (Fraunhofer IPA und ISW der Universität Stuttgart, MLR System GmbH als Lieferant) entsprechend der Bedürfnisse der Pflegepraxis setzt sich das Projekt mit den notwendigen Anpassungen der Pflege- und Versorgungsprozesse (IAT der Universität Stuttgart) sowie den Auswirkungen des Technikeinsatzes auf die beteiligten Personengruppen (Universität Greifswald) auseinander. Als Endanwender sind zwei Einrichtungen der Altenpflegeheime Mannheim sowie eine Station am Universitätsklinikum Mannheim für die Analysen vor Ort und die Evaluierung der Serviceroboter im Praxisalltag beteiligt.

## 2.2 Vision des „Intelligenten Pflegewagens"

### 2.2.1 Hintergrund und Motivation

Mobile Roboter und fahrerlose Transportsysteme (FTS) werden allein in Deutschland in mehr als 50 Krankenhäusern zur Ver- und Entsorgung von Gütern des täglichen Bedarfs wie z. B. Patientenessen, Wäsche, Wert- und Reststoffen eingesetzt (www.awt-seminar.de).

Üblicherweise werden die Fahrzeuge dabei in separaten Bereichen (Versorgungsebenen und -liften) betrieben, die nur eingewiesenem Personal zugänglich sind. Mit Hilfe großer Container werden benötigte Pflegeutensilien auf den Stationen verfügbar gemacht, die weitere Vereinzelung, die sog. „letzte Meile" (Verteilung der Materialien auf die diversen Stationslager und/oder Patientenzimmer sowie Befüllung der bei der Versorgung der Patienten/Bewohner eingesetzten Pflegewagen, Abb. 2.1), müssen aktuell die Pflegekräfte übernehmen.

Neben den einzelnen Transportfahrzeugen beinhaltet eine entsprechende Installation typischerweise ein Leitsystem, das über Funk mit den Fahrzeugen verbunden ist und deren Einsatz sowie deren Interaktion mit verschiedenen Peripheriegeräten wie z. B. Aufzügen und weiteren Elementen der Hausinfrastruktur koordiniert. Aufgrund der hohen Investitions- und Wartungskosten erfolgt der Einsatz aktuell überwiegend in Großkrankenhäusern (mehr als 600 Betten) (Ullrich 2011). Festinstallationen von automatischen Warentransportanlagen oder FTS in stationären Altenpflegeeinrichtungen sind den Autoren keine bekannt.

Technologische Fortschritte in der Navigation mobiler Roboter ermöglichen seit einiger Zeit deren Einsatz inzwischen auch in öffentlich zugänglichen Bereichen (Minguez, Lamiraux und Laumond 2008). Damit ist erstmals das Potenzial gegeben, diese auch für die Materialflussautomatisierung in kleineren Krankenhäusern und Altenpflegeeinrichtungen wirtschaftlich einzusetzen. Dabei sollte insbesondere die Unterstützung der vom Pflegenotstand besonders betroffenen Gruppe der qualifizierten Pflegekräfte angestrebt werden.

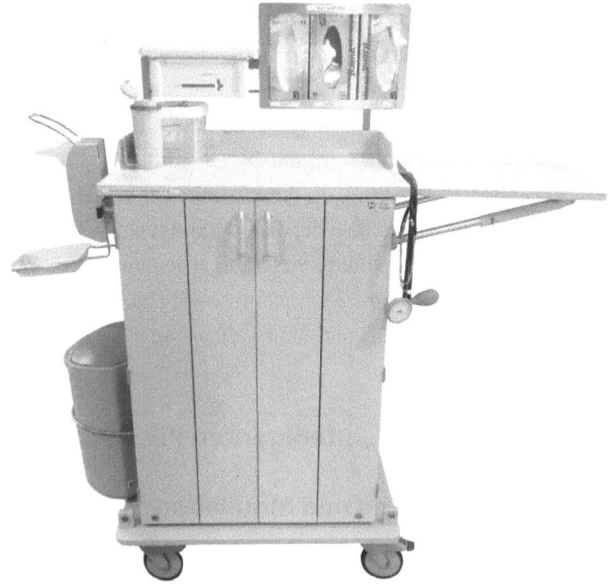

**Abb. 2.1** Beispiel eines konventionellen Pflegewagens aus dem klinischen Bereich

## 2.2.2 Beschreibung der Produktvision

Die Produktvision des „intelligenten Pflegewagens" hat die Aufgabe – analog zu bisher in der Pflege eingesetzten Pflegewagen (im Folgenden konventionelle Pflegewagen) – benötigte Pflegeutensilien vor Ort verfügbar zu machen. Die „intelligente" Variante soll jedoch in der Lage sein, auf Anweisung des Pflegepersonals (Zieleingabe per Smartphone oder direkt am Wagen) autonom zum Einsatzort zu navigieren. Dabei weicht sie Hindernissen wie Personen oder anderen Fahrzeugen automatisch aus. Vor Ort soll der intelligente Pflegewagen Pflegeutensilien automatisch bereitstellen (vor oder ggf. auch im Zimmer) und deren Verbrauch dokumentieren. Zudem kann sein integrierter Bildschirm als Schnittstelle zur Pflegeplanung genutzt werden, sodass die Pflegekraft ggf. nicht nur den Materialverbrauch, sondern auch die durchgeführten Pflegetätigkeiten direkt vor Ort protokollieren kann. Um Fehlbedienungen oder unbefugte Nutzung zu vermeiden, ist dabei der Zugriff auf den Bildschirm und die enthaltenen Pflegeutensilien nur autorisiertem Personal gestattet. Über geeignete Sensorik soll dessen Annäherung an den Wagen erkannt und dieser automatisch freigegeben bzw. bei dessen Entfernen auch wieder gesperrt werden. Der intelligente Pflegewagen soll zudem in der Lage sein, zur Neige gehende Pflegeutensilien selbstständig nachzufüllen. Dafür fährt er nach Freigabe des Bedieners zum automatisierten Lager, in dem auf Basis des erfassten Verbrauchs und der tagesaktuellen Pflegeplanung fehlende Pflegeutensilien automatisch in den Wagen geladen sowie Verbrauchsgüter (z. B. Müll) ebenfalls automatisiert entnommen und entsorgt werden. Bei zur Neige gehender Akkukapazität fährt der Pflegewagen selbstständig an seine Ladestation.

## 2.2.3 Vorarbeiten und Konkretisierung der technischen Umsetzung

Als wichtige Grundlage für die Entwicklung des intelligenten Pflegewagens sind die im ebenfalls vom Bundesministerium für Bildung und Forschung (BMBF) geförderten Verbundprojekt „WiMi-Care" (Förderung des Wissenstransfers für eine aktive Mitgestaltung des Pflegesektors durch Mikrosystemtechnik, www.uni-due.de/wimi-care/) durchgeführten Nutzerbefragungen und Bedarfsanalysen in einer stationären Altenpflegeeinrichtung zu sehen. Diese hatten ergeben, dass vonseiten des Pflegepersonals besonders Unterstützung bei als „nervig" empfundenen Routinetätigkeiten im logistischen bzw. hauswirtschaftlichen Bereich gewünscht ist (Compagna et al. 2009). Daraus entstand die Idee, ein fahrerloses Transportfahrzeug auch auf den Wohnbereichen fahren zu lassen, um das Pflegepersonal direkt vor Ort mit benötigtem Material zu unterstützen. Im Rahmen des Projekts wurde der CASERO 3 der Firma MLR für den Transport von Containern mit Inhalten wie z. B. Wäsche oder Pflegeutensilien auf die bzw. von den Wohnbereichen weiterentwickelt. Die Container wurden dabei von dem Fahrzeug automatisch aufgenommen und an ausgewählten Orten innerhalb des Hauses abgestellt (Luz, Hilmer und Compagna 2010) (Abb. 2.2).

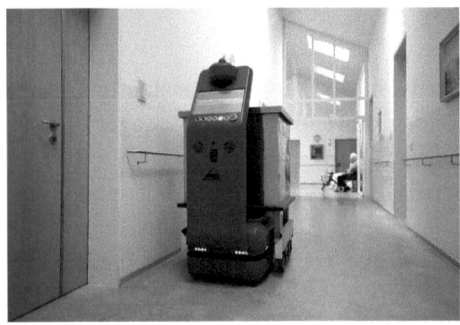 

**Abb. 2.2** Einsatz von CASERO 3 für den Containertransport im Altenheim

Im Rahmen von Praxisevaluierungen in der Einrichtung konnten die grundsätzliche Akzeptanz und der Nutzen, den das Fahrzeug den Pflegekräften bringt, verifiziert werden. Die Praxisevaluierungen zeigten jedoch auch, dass weitere Entwicklungsschritte notwendig sind, damit CASERO in diesem Anwendungsfeld effizient eingesetzt werden kann. Insbesondere ist eine Alternative zur Nutzung von rollbaren Containern zu realisieren, da in vielen (bestehenden) Pflegeeinrichtungen der notwendige Raum zur Bereitstellung solcher Container nicht vorhanden ist. Außerdem wurden die Container von den Pflegekräften als zu hoch beurteilt, um schwere Wäschesäcke (bis zu 15 kg) hineinzuheben (Graf et al. 2012).

Das im Rahmen der EFIROB-Studie (Hägele et al. 2010, S. 188–211) erarbeitete Szenario „Containertransport im Krankenhaus" stellt eine direkte Weiterführung der CASERO-3-Entwicklung dar mit dem Ziel, neben Transportcontainern auch andere Lasten wie z. B. Betten oder konventionelle Pflegewagen aufnehmen zu können (Abb. 2.3).

Parallel zu den oben dargestellten Betrachtungen entstanden im Rahmen weiterer Workshops mit Fachkräften aus der Pflege erste Konzepte eines intelligenten Pflegewagens, der als integriertes System aufgebaut ist, d. h. autonom navigierende, mobile Plattform und Pflegewagenaufbau sind in einem Gesamtsystem fest miteinander verbaut. Der Vorteil dieser Lösung gegenüber einem Transportfahrzeug, das Pflegewagen aber auch andere Lasten transportiert, liegt in den reduzierten Kosten, da nur genau die Komponenten verbaut werden müssen, die für diese eine Anwendung benötigt werden. Neben der autonomen Navigation spielt für dieses Konzept die Protokollierung des entnommenen Materials sowie das automatische Nachfüllen der entnommenen Pflegeutensilien eine essentielle Rolle. Damit soll sichergestellt werden, dass alle benötigten Materialien stets vor Ort verfügbar sind und Zeitverluste, die mit dem Holen fehlender Pflegeutensilien verbunden sind, minimiert werden. Im Rahmen der durchgeführten Expertengespräche wurden diese Zeitverluste mit bis zu einer Stunde pro Schicht beziffert. Die Expertengespräche und Ausarbeitung des Konzepts wurden ebenfalls in der oben genannten EFFIROB-Studie (S. 88–112) unter dem Stichwort „teilautonomer Pflegewagen" durchgeführt (Abb. 2.4). Dabei war aus Gründen der Hygiene

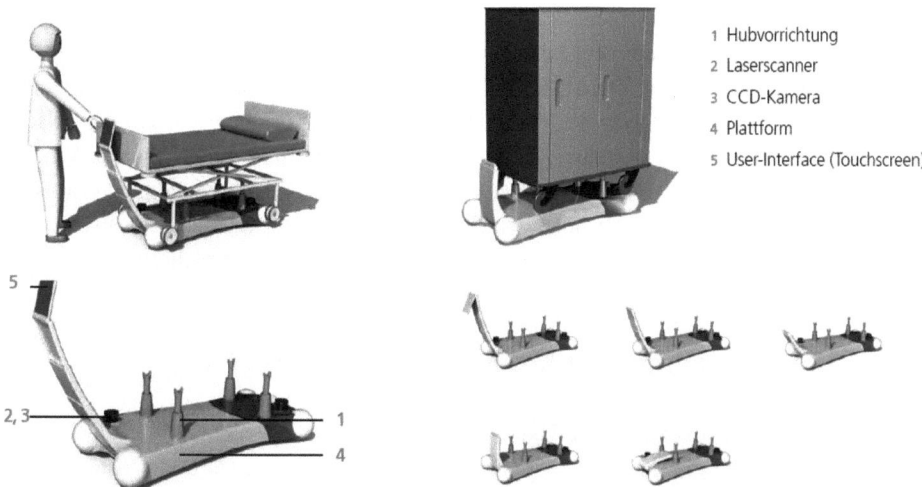

**Abb. 2.3** Entwurf eines universellen Transportroboters für den Einsatz im Krankenhaus

(Greifen in den Wagen birgt die Gefahr, dass Keime im Wagen verbreitet werden, sollte deshalb vermieden werden) zunächst eine voll automatische Bereitstellung der Pflegeutensilien vorgesehen. Für das Nachfüllen sollte jeder Pflegewagen mit einem Roboterarm ausgestattet werden, der einzelne Pflegeutensilien aus den Regalen im Lager greifen und diese im Wagen verstauen kann. In einem alternativen Konzept, das aus Gründen der Wirtschaftlichkeit zu bevorzugen ist (Roboterarm als teures Bauteil sollte möglichst dauerhaft genutzt werden), ist der Roboterarm nicht am Pflegewagen verbaut, sondern als Teil eines automatisierten Lagers vorgesehen, in dem er die im Haus eingesetzten Pflegewagen befüllt.

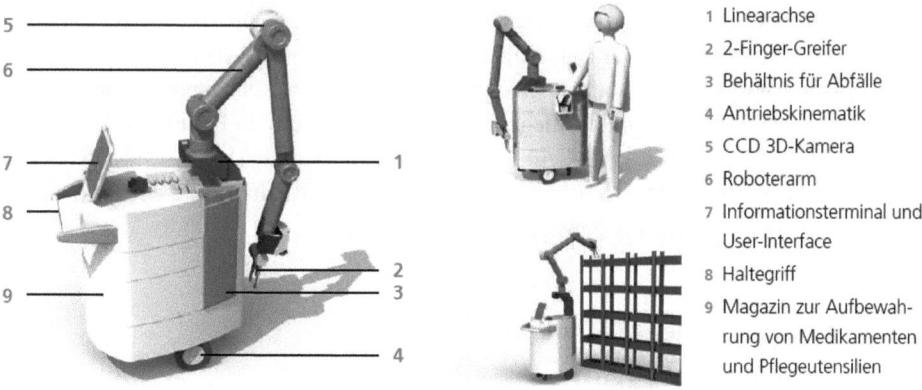

**Abb. 2.4** Entwurf des teilautonomen Pflegewagens

Im Rahmen des SeRoDi-Projekts sollten die oben genannten Konzepte für die technische Umsetzung des intelligenten Pflegewagens weiterentwickelt und in einem produktnahen Prototyp umgesetzt werden. Dabei war neben der spezifischen Gestaltung des Pflegewagens zu erarbeiten, wie das Nachfüllen fehlender Pflegeutensilien im Kontext der existierenden Pflegeprozesse am besten realisiert werden kann. Dabei wurden sowohl Aspekte der Arbeitsbelastung bzw. hilfreiche sowie belastender Faktoren im Kontext der Nutzung konventioneller Pflegewagen als auch detaillierte Analysen der aktuellen Arbeitsprozesse rund um die Materialwirtschaft berücksichtigt, die folgenden näher beschrieben werden.

## 2.3 Untersuchungen zur Arbeitsbelastung in der Pflege

Für die im Folgenden dargestellten Untersuchungen wurden in Anlehnung an das Projekt zur "Belastungsanalyse und gesundheitsförderliche Arbeitsgestaltung in der Altenpflege" (BELUGA) die von Glaser et al. identifizierten spezifischen Dimensionen der Belastung in Bezug auf die pflegerische Arbeit genutzt (Glaser et al. 2008). Dieser Arbeit nach lässt sich psychische Belastung in organisationale und soziale Stressoren und widersprüchliche Anforderungen gliedern. Von den insgesamt 1848 befragten Pflegekräften wurden insbesondere Zeitdruck, Unterbrechungen und erhöhter Handlungsaufwand in Folge von widersprüchlichen Anforderungen als belastende psychische Faktoren bezeichnet. Auf Seiten der physischen Belastung werden Tätigkeiten wie Heben, Tragen und Lagern von Patienten, sowie die Verletzung der Haut und Infektionen als größte Belastungsfaktoren eingeschätzt.

Entsprechend dieser Vorarbeit zu Belastungsfaktoren in der Pflege ist zu erwarten, dass das Entlastungspotential des intelligenten Pflegewagens hauptsächlich in der Einsparung von Wegen und den dafür aufgewendeten Zeiten liegt. Somit folgt, dass die belastenden Faktoren des Zeitmangels oder dem materiallogistischen Teil der Tätigkeiten Heben, Tragen und Lagern abgeschwächt werden können. Daraus würde auch eine Minderung der Beanspruchung mit etwaigen unerwünschte Effekten, wie psychische Ermüdung, Unzufriedenheit und körperliche Beeinträchtigungen präventiv erfolgen (Ulich und Wülser 2015).

Im Folgenden werden Methoden und Ergebnisse der Messung der aktuellen Belastungs- und Beanspruchungssituation des Pflegepersonals in mehreren, im Projekt SeRoDi beteiligten Einrichtungen (zwei Altenheime und eine Klinik) beschrieben. Die Ergebnisse dieser Analysen geben wichtige Hinweise hinsichtlich der Gestaltung und des zukünftigen Einsatzes des intelligenten Pflegewagens.

### 2.3.1 Critical Incident Technique

Kern der Critical Incident Technique (Flanagan 1954) ist es, ex post mit offenen Fragen Arbeitsvorfälle zu identifizieren, in denen das zu untersuchende Objekt einen besonders positiven oder negativen Beitrag leistete und welche konkreten Eigenschaften des

Objekte zu diesem Ergebnis führten. Im Rahmen einer ersten Untersuchung wurde ermittelt, inwiefern Pflegewagen in ihrer herkömmlichen Form zu Belastung der Pflegekräfte beitragen.

Aus den 21 beantworteten Fragebögen konnten 22 besonders positive und 20 besonders negative Vorfälle extrahiert werden. Zu den am häufigsten genannten Funktionen des Pflegewagens bei positiven Vorfällen zählten mit jeweils 45 % die Wäsche- beziehungsweise Verbandsmaterialentnahme und zu 10 % das Nutzen als Ablagefläche. Demgegenüber trug laut Pflegekräften das Auffüllen des Wagens besonders negativ zur Pflegearbeit bei (12 Nennungen). Weitere negative Effekte ergaben sich aus zu weit entfernten Pflegewagen (3 Nennungen), dass diese im Weg standen, in Benutzung waren oder zu voll gestellten Ablageflächen hatten (insgesamt 5 Nennungen).

### 2.3.2 Verhaltensbeobachtung

Um weitere Informationen bezüglich der Tätigkeitstruktur der Pflegekräfte zu gewinnen, wurde in Ergänzung der oben genannten Befragung eine Beobachtungsstudie in den drei beteiligten Pflegeeinrichtungen durchgeführt. Gegenstand der Beobachtung waren jeweils zwei Pflegekräfte. Der Beobachtungszeitraum erstreckte sich über vier Tage. Das verwendete Kategoriensystem orientiert sich an dem von Kieschnick (2005) erarbeiteten Ansatz zu Aktivitäten der direkten und indirekten Pflege. Das System wurde für die spezielle Projektfragestellung um die Kategorien Lager, Wagen (Auffüllen) und Wagen (Entnahme) erweitert. Die Frühschicht wurde gewählt, da hier erfahrungsgemäß am häufigsten mit dem Wagen interagiert wird. Um eine bessere Vergleichbarkeit der Ergebnisse zwischen den Einrichtungen (unterschiedliche Zeiten für den Schichtbeginn) zu erhalten, wurde nur der Beobachtungszeitraum von 7:00 Uhr bis 12:00 Uhr einbezogen. Die prozentuale Verteilung der beobachteten Tätigkeiten ist in Abb. 2.5 dargestellt.

Je nach Einrichtung wurden die Wagen durchschnittlich 0,25 bis 2,17-mal zur Entnahme und 0,04 bis 0,25-mal zum Auffüllen pro Stunde genutzt. Wohingegen das Lager 0,48 bis 0,58-mal pro Stunde aufgesucht wurde. Insgesamt nahmen diese Tätigkeiten 1 % der beobachteten Arbeitszeit einer Pflegekraft pro Schicht ein.

### 2.3.3 Fragebogen zur Belastungssituation der Pflegekräfte

Das Vorhaben, Beanspruchung in der Pflege zu messen, folgt aus dem Verständnis heraus, dass ein Missverhältnis von positiven und negativen Arbeitsbedingungen zu Belastung führt. Belastung wiederum verursacht – moderiert durch die individuellen Ressourcen der Pflegekraft - kurzfristig Beanspruchungsreaktionen und langfristig Beanspruchungsfolgen wie z. B. Depressivität, Burn-Out oder körperliche Schäden (Nickel und Kersten 2014). Dafür stehen in der Literatur unterschiedliche Instrumente zur Verfügung, die im Rahmen des eingesetzten Fragebogens wie folgt genutzt wurden:

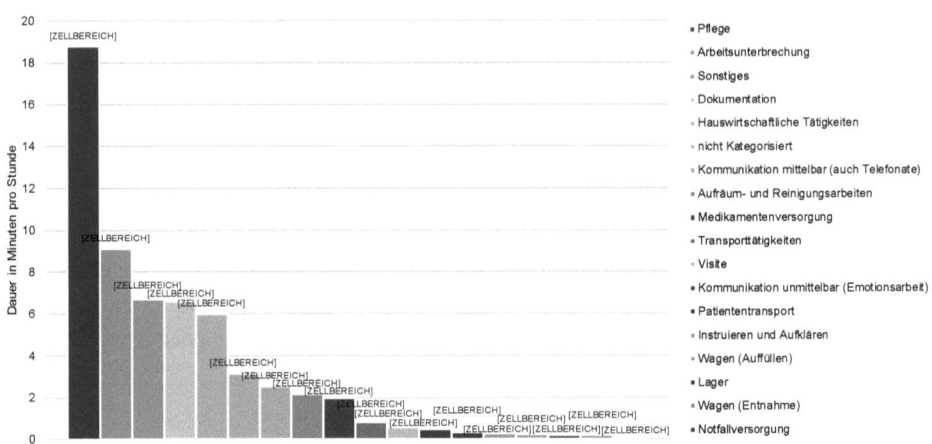

**Abb. 2.5** Prozentuale Verteilung der Tätigkeiten auf Basis der Verhaltensbeobachtungen

Ausgangspunkt war das von der Berufsgenossenschaft für Gesundheitsdienst und Wohlfahrtpflege (BGW) auf Grundlage des Belastungs-Beanspruchungsmodells entwickelte Instrument zur Mitarbeiterbefragung (Meyer und Böhmert 2011). Die 22 Items zur Belastung erfassen die Themen qualitative und quantitative Arbeitsbelastung, Arbeitsorganisation, soziales Arbeitsumfeld und außerberufliche Situation auf einer 5-stufigen Likert-Skala. Wobei höhere Itemkennwerte einer größeren wahrgenommenen Belastung entsprechen.

Um die Belastungssituation des Pflegeberufs branchenvergleichend untersuchen zu können, wurde ein Modul des vom Deutschen Gewerkschaftsbund (DGB) entwickelten Instruments DGB-Index ‚gute Arbeit'(Deutscher Gewerkschaftsbund 2015) integriert. Der Index enthält 15 Arbeitsdimensionen für die Teilbereiche Ressourcen, Belastung und Einkommen und Sicherheit, aus denen das Modul Arbeitsintensität aus dem Teilindex Belastung für den eingesetzten Fragebogen genutzt wurde (Fuchs 2010). Auf die Anwendung weiterer Module aus dem Instrument wurde auf Grund von Kritik an der psychometrischen Güte des Verfahrens (Prümper und Richenhagen 2009) verzichtet und auf spezifischere Instrumente für den Pflegebereich zurückgegriffen.

Zur Erfassung der körperlichen Anforderungen in der Pflege wurde der für die europäische NEXT Studie (Nurses' early Exit Study) entwickelte Fragekatalog „Heben und Tragen" integriert (Hasselhorn, Tackenberg und Müller 2003). Er unterscheidet sich von den anderen Fragekatalogen unserer Erhebung, da die Antwortkategorien konkrete Häufigkeiten von 0-1 Mal täglich bis mehr als 10 Mal täglich abfragen. Daraus ergibt sich, dass für die Auswertung kein Summenscore, sondern ein Index gebildet wird. Dieser Index reicht von keiner körperlichen Belastung bei einem Wert von 0 bis hin zu extremer körperlicher Belastung bei einem Wert von 100 (vgl. Hasselhorn, Tackenberg und Müller 2005).

Zudem wurde aus dem Screening-Instrument COPSOQ (Copenhagen Psychosocial Questionaire) (Nübling et al. 2005, 2010) eine Skala zur Beurteilung der Beanspruchungssituation genutzt. Die entsprechende Skala ‚Energie und psychisches Wohlbefinden' leitet sich aus dem Copenhagen Burnout Inventory (CBI) ab und erfasst die subjektive Häufigkeit von Belastungsfolgen, wie körperliche und geistige Erschöpfung auf einer 5-stufigen Likert-Skala.

Der resultierende Fragebogen wurde an die Pflegekräfte der teilnehmenden Einrichtungen verteilt. Die Rücklaufquote bei 45 ausgeteilten Fragebögen betrug 57 %. Aufgrund der Größe der realisierten Stichprobe von 26 Pflegekräften, werden im Folgenden die erhaltenden Daten hauptsächlich deskriptiv dargestellt. Bezüglich der Belastung zeigt sich die globale Tendenz, dass sich die Pflegekräfte durchschnittlich erhöhter Belastung ausgesetzt sehen. Es lassen sich zudem vier Hauptquellen der Belastung identifizieren; quantitative Arbeitsbelastung, Arbeitsorganisation, außerberufliche Situation und Arbeitsintensität. Abb. 2.6 stellt die Ausprägungen der diversen Belastungsquellen anschaulich dar. Zu Gunsten einer besseren Vergleichbarkeit mit anderen Studien, wurden die Ankerkategorien der Instrumente Next und COPSOQ auf 0 % und 100 % gesetzt.

Werden spezifisch örtliche und zeitliche Quellen der Belastung betrachtet, so zeigt sich einerseits, dass 95 % der Pflegekräfte öfter als zweimal täglich und immerhin 27 % mehr als zehnmal täglich Wege zur Materialbeschaffung ins Lager zurücklegen müssen. Dabei fühlen sich 82 % der Pflegekräfte bei der Arbeit gehetzt oder stehen unter Zeitdruck.

### 2.3.4 Diskussion

Der Vergleich der Kennwerte mit Stichproben aus dem Pflegebereich ergibt, dass diese für den BGWmiab (Nickel und Kersten 2014 (n = 190)) und den Next Fragebogen (Simon et al. 2005 (n = 522)) übereinstimmen. Folglich bietet die Zusammenarbeit mit den teilnehmenden Einrichtungen eine gute Evaluationsgrundlage des intelligenten Pflegewagens. Im branchenübergreifenden Vergleich der Kennwerte aus COPSOQ und DGB-index gute Arbeit zeigt sich - sowohl in Bezug auf das psychische Wohlbefinden ($M_{SERODI}$ =

| Instrument | Konstrukt | Wertebereich | M | (SD) | n |
|---|---|---|---|---|---|
| BGWmiab | Quantitative Arbeitsbelastung | 1 - 5 | 3,38 | ,87 | 22 |
| | Qualitative Arbeitsbelastung | 1 - 5 | 2,97 | ,56 | 23 |
| | Arbeitsorganisation | 1 - 5 | 3,27 | ,51 | 23 |
| | Soziales Arbeitsumfeld | 1 - 5 | 2,90 | ,36 | 23 |
| | Außerberufliche Situation | 1 - 5 | 3,36 | ,71 | 23 |
| NEXT | Körperliche Anforderungen | 0 - 100 | 42,38 | 13,51 | 23 |
| DGB-Index gute Arbeit | Arbeitsintensität | 1 - 4 | 2,65 | ,52 | 23 |
| COPSOQ | Energie und Psychisches Wohlbefinden | 0 - 100 | 47,75 | 13,33 | 23 |

**Abb. 2.6** Quellen der Belastung am Arbeitsplatz

47,75, n = 23 vs. $M_{COPSOQ}$ = 42, n = 2561) als auch auf die Arbeitsintensität ($M_{SERODI}$ = 2,65, n = 23 vs. $M_{DGB\text{-}Index\ gute\ Arbeit}$ = 2,32, n = 4916) – dass Pflegekräfte ihre Arbeit als belastender empfinden als der Durchschnitt der deutschen Arbeitnehmer (Nübling et al. 2005, Deutscher Gewerkschaftsbund 2015).

Bezüglich des zeitlichen Entlastungspotentials durch den intelligenten Pflegewagen deuten die Ergebnisse der Verhaltensbeobachtung auf eher kleine Effekte hin, da die relevanten Tätigkeiten wie Interaktionen mit Wagen und Lager insgesamt weniger als eine Minute pro Stunde pro Pflegekraft in Anspruch nehmen. Wobei es im Rahmen der Verhaltensbeobachtung nicht möglich war, die mit dem Wagen und Lager assoziierten Laufwege zu identifizieren, da zu dem Zeitpunkt des Loslaufens für einen Beobachter das Ziel der Pflegekraft noch nicht klar sein konnte. Ergänzend zu den Erkenntnissen aus der Verhaltensbeobachtung zeigt sich, dass trotz eines geringen Anteils der mit dem Pflegewagen assoziierten Tätigkeiten, die Hauptquellen der Belastung unter anderem in der örtlichen und zeitlichen Dimension zu verorten sind, auf welche der intelligente Pflegewagen Einfluss zu nehmen vermag. Weitere wesentliche Quellen der Belastung; Arbeitsorganisation und die außerbetrieblichen Situation, liegen hingegen außerhalb des Wirkungsspektrums des intelligenten Pflegewagens.

## 2.4 Analyse aktueller Arbeitsabläufe in der Pflege und Einsatz konventioneller Pflegewagen

Aus Sicht der Arbeitswissenschaften war es zunächst von Bedeutung, das Dienstleistungssystem „stationäre Pflege" im Allgemeinen und typische Arbeitsabläufe und relevante Parameter (Örtlichkeiten, Materialien) im Speziellen zu erfassen. Danach erfolgte eine detailliertere Betrachtung der eingegrenzten Prozesse, um die Anforderungen an den intelligenten Pflegewagen so weit wie möglich zu erfassen und eine umfassende Partizipation des Pflegepersonals am Entwicklungsprozess zu erreichen.

### 2.4.1 „Mitlaufwoche"

In der Mitlaufwoche wurden sieben Pflegekräfte von sieben SeRoDi-Forschern über drei aufeinanderfolgende Tage in den verschiedenen Schichten bei ihrer Arbeit begleitet. Um eine Verzerrung der Arbeitsabläufe zu verhindern, sollte die Begleitung möglichst unauffällig erfolgen. Die sieben beteiligten Forscher wurden in drei „Einrichtungsexperten" und vier „Einrichtungsspringer" aufgeteilt. Die „Einrichtungsexperten" sollten jeweils mindestens zwei Schichten an derselben Einrichtung mehrfach beobachten, um einen direkten Vergleich zwischen den Schichtverläufen an verschiedenen Tagen ziehen zu können. Pro beteiligte Einrichtung gab es jeweils einen „Einrichtungsexperten". Die „Einrichtungsspringer" sollten bewusst verschiedene Schichten in mehr als einer Einrichtung beobachten um einen Quervergleich zu ermöglichen. Durch einen systematischen Abgleich

| Tätigkeitsdauer (Start und Endpunkt) | Pflegekraft (Tätigkeit) | Interaktion | Patient/Bewohner (Aktion/Beitrag) |
|---|---|---|---|
| 6:00-6:05 | wecken | | |
| 6:15-6:25 | Fragen stellen, Daten notieren | Gespräch zum Befinden des Patienten | Auskunft geben |
| 6:25-6:35 | Vorgehen ankündigen, Infusion legen | Blickkontakt suchen | mitwirken |

**Abb. 2.7** Zuordnung von Tätigkeiten zu Akteuren

zwischen den Analysen der „Einrichtungsexperten" und der „Einrichtungsspringer" sollten die Prozessabläufe der verschiedenen Schichten in den verschiedenen Einrichtungen herausgearbeitet werden.

Wichtig war neben der Erfassung der regelmäßigen Arbeitsabläufe vor allem auch die Identifikation der Ursachen und Auswirkungen von Unterbrechungen der „normalen" Pflegeprozesse. Im Fokus standen dabei die Aspekte Zeit, Weg und menschliche Zuwendung. Störungen sind maßgeblich für die Definition von Anforderungen an einen intelligenten Pflegewagen, der dem Pflegepersonal nutzenbringende Unterstützung bei ihrer Arbeit bietet und Potential hat, die Prozesse in stationären Pflegeeinrichtungen im Hinblick auf Produktivität und Qualität positiv zu beeinflussen.

Die Dokumentation der beobachteten Tätigkeiten des Pflegepersonals erfolgte mithilfe zweier Analyseraster. Die Tätigkeiten wurden dabei jeweils einem der folgenden Akteure zugeordnet (Abb. 2.7):

- Wird von einer Pflegekraft durchgeführt
- Wird von einer Pflegekraft und einem zu Pflegenden gemeinsam durchgeführt
- Wird von einem zu Pflegenden durchgeführt

Um eine bessere Übersichtlichkeit und Vergleichbarkeit zu schaffen, erfolgte zusätzlich eine Strukturierung der Tätigkeiten anhand verschiedener Cluster und Kategorien. Tätigkeitscluster waren beispielsweise Schichtwechsel, Morgenrunde, Visite und Abendrunde. Beispiele für Tätigkeitskategorien sind Versorgungsinteraktion, intime Interaktion, medizinisch versorgende Interaktion, Zuwendungsinteraktion, Dokumentation, Informationsaustausch intern, Beschaffungs- und logistische Tätigkeiten sowie Informationsaustausch extern (Angehörige). Außerdem wurden die Umfeld-Faktoren (also der Ort, an dem die Tätigkeit durchgeführt wird) sowie das jeweils benötigte Material dokumentiert. Das zweite Analyseraster ist in Abb. 2.8 dargestellt.

Im Nachgang zur Mitlaufwoche erfolgte die Dokumentation und Analyse der beobachteten Prozesse. Als besonders relevant für den Einsatz des intelligenten Pflegewagens und somit für weitere, detailliertere Untersuchungen, wurden die Prozesse rund um die

| Tätigkeits-cluster | Kategorien von Tätigkeiten | Tätigkeitsdauer (Start und Endpunkt) | Material (Standard, speziell) | Umfeld (wo Zimmer-Nr., zentrale Ausstattung, Wege) |
|---|---|---|---|---|
| 6:00-7:00 Morgenrunde | ☐ Versorgungsinteraktion<br>☐ Intime Interaktion<br>☐ Medizinisch versorgende Interaktion<br>☐ Zuwendungsinteraktion<br>☐ Dokumentation<br>☐ Informationsaustauch intern<br>☐ Beschaffungs- und logistische Tätigkeiten<br>☐ Informationsaustausch extern (Angehörige) | 6:00-6:05 | | |
| | | 6:15-6:25 | Kurve<br>Fieberthermometer<br>Waage<br>Blutdruckgerät<br>Blutzuckergerät | Im Zimmer<br>Am Bett |
| 7:00-8:00 Pflegeeinheit | | 6:25-6:35 | Medikation | Im Zimmer<br>Am Bett |

**Abb. 2.8** Detaillierte Analyse von Tätigkeiten

Materialwirtschaft in die und innerhalb der Stationen bzw. Wohnbereiche der Einrichtungen identifiziert. Außerdem erfolgte die Festlegung, dass der intelligente Pflegewagen in der ersten Ausbaustufe die Türschwelle nicht überschreiten soll und nicht zu groß sein darf, um eine Blockade der Gänge zu verhindern. Die ursprüngliche Idee, den Wagen an die Rufanlage zu koppeln wurde verworfen. Stattdessen ist nun eine direkte Ansteuerung von Seiten der Pflegekräfte vorgesehen.

Auf Basis dieser und weiterer Erkenntnisse wurde ein erstes technisches Konzept des intelligenten Pflegewagens (bzw. Wäschewagens) ausgearbeitet und anschließend in mehreren Iterationen mit den Anwendungspartnern diskutiert, verfeinert und letztlich konstruktiv umgesetzt.

### 2.4.2 Prozesse der Materialwirtschaft

Um ein tiefergehendes Verständnis für das Dienstleistungssystem Pflege zu erlangen, wurden im folgenden Projektverlauf weitere Erhebungen zur Analyse der IST-Situation durchgeführt. Dabei erfolgte eine Fokussierung auf die oben genannten Prozesse, welche für den Einsatz des intelligenten Pflegewagens als besonders relevant identifiziert wurden. Neben der Analyse der Prozesse konnten im Rahmen dieser Erhebungsrunde weitere funktionale Anforderungen an den intelligenten Pflegewagen geklärt werden.

Zur detaillierteren Analyse der ausgewählten Teilprozesse wurde ein Instrumentarium entwickelt, welches auch den Einsatz von Video-, Audio- und Fotoaufnahmen beinhaltete. Eine Vorlage der Instrumente an die Anwendungspartner und deren Betriebsräte zur Freigabe erfolgte fristgerecht. Die eigentlichen Erhebungen umfassten folgende Teilerhebungen:

- Beobachtung der Befüllung des konventionellen Pflegewagens am Schichtende (4x)
- Beobachtung der Verräumung von Material auf der beteiligten Station des Klinikums (2x)

- Interview mit Stationsleitung und Pflegekräften der beteiligten Station
- Workshop mit den Projektpartnern

Von besonderer Bedeutung, insbesondere im Hinblick auf eine partizipative Technikgenese, war der zuletzt genannte Workshop. Hier konnten die Erkenntnisse aus den vorangegangenen Erhebungen in direkter Abstimmung mit verschiedenen Beteiligten der Anwendungspartner und der technischen Projektpartner erörtert und dadurch wesentliche funktionale Anforderungen an die erste Version des intelligenten Pflegewagens geklärt oder präzisiert werden. Dies ermöglichte eine weitgehende Berücksichtigung der Bedürfnisse des Pflegepersonals in der weiteren Entwicklung des intelligenten Pflegewagens.

### 2.4.3 Ergebnisse der Prozessanalyse: IST-Situation

Die ersten Analysen ausgewählter Prozesse der Materialwirtschaft fanden am Klinikum statt. Zunächst war festzustellen, dass die große Ablagefläche am konventionellen Pflegewagen bei den Pflegekräften als äußerst positiv wahrgenommen wird. Diese eignet sich gut für Dokumentationen und als Ablage für vorbereitetes Material wie beispielsweise Infusionen. Kritik gab es jedoch am sensorgestützten Müllabwurfbehälter, welcher unter Hygienegesichtspunkten entwickelt worden ist, in der Praxis jedoch häufig nur unzuverlässig funktioniert. Insbesondere wenn die Pflegekräfte Handschuhe tragen, öffnet sich der Behälter in vielen Fällen nicht.

Ein weiterer Störfaktor ist der Umstand, dass nicht alle Materialien mitgenommen werden dürfen. Bestimmte Materialien müssen separat aus den Stationslagern geholt werden, wodurch es zu regelmäßigen Unterbrechungen des Pflegeprozesses am Patienten kommt. Grund dafür sind allerdings Hygiene- und Sicherheitsaspekte, die auch bei dem intelligenten Pflegewagen zu berücksichtigen sind.

Ein behebbares Kernproblem ist hingegen die nicht vorhandene Dokumentation über die Bestückung des konventionellen Pflegewagens. Das Nachfüllen von Material am Ende einer Schicht erfolgt aus dem Kopf heraus oder wenn ein Artikel nicht mehr im Wagen vorhanden ist. Häufig muss deshalb ausgegangenes Material zusätzlich und während der Schicht aus den Stationslagern geholt werden. Störende Unterbrechungen des Pflegeprozesses und ein erheblicher Zeitaufwand unter dem Personal sind die Folgen. Aufgrund der fehlenden Dokumentation der Materialentnahme ist aktuell auch nicht bekannt, welche Artikel häufiger und welche weniger häufig benötigt werden. Der von den seltener benötigten Artikeln oder vielleicht sogar „Lagerhütern" beanspruchte Platz fehlt dann an anderer Stelle. Als „Lagerhüter" werden an dieser Stelle Artikel bezeichnet, die sich aus historischen Gründen im Pflegewagen befinden, inzwischen jedoch nicht mehr in diesem Kontext benötigt werden.

Was den Befüllungsprozess an sich angeht, fällt auf, dass jedes Fach in den Schubladen jeweils einzeln befüllt wird. Dadurch ergibt sich ein steigender Zeitbedarf für die

Wiederbefüllung, je mehr unterschiedliche Artikel nachgefüllt werden müssen. Außerdem steigt gleichzeitig die Unübersichtlichkeit über die nachzufüllenden Artikel.

Trotz der genannten Probleme ist der Prozess rund um die Nutzung des konventionellen Pflegewagens bereits sehr stark optimiert. Ein größeres Verbesserungspotential wurde deshalb eher für den im Laufe der Zeit immer komplexer gewordenen stationsinternen Logistikprozess identifiziert. Bei der regelmäßig stattfindenden Verräumung von Material aus dem Zentrallager in die Stationslager müssen unter hohem Zeiteinsatz erhebliche Wegstrecken zurückgelegt werden (Abb. 2.9). Eine hohe Zusatzbelastung für die betroffenen Pflegekräfte ist die Folge.

Für die Altenpflegeheime wurde insbesondere der Prozess der Frischwäscheverteilung als besonders geeignet für die Automatisierung identifiziert. Deshalb wird der Wagen, der in der ersten Testphase in den Altenpflegeheimen zum Einsatz kommt, auch als intelligenter Wäschewagen bezeichnet. Die Erhebungen an den Altenpflegeheimen starteten direkt im Anschluss an die Erhebungen am Klinikum. Auffallend war dabei insbesondere, dass die Wäschewagen, anders als die Pflegewagen im Klinikum, kaum bewegt werden. Die Pflegekräfte laufen bei Bedarf jedes Mal zum Wagen, sowohl bei der Verteilung der Wäsche in die Bewohnerzimmer als auch bei der Wiederbefüllung des Wagens mit frischer Wäsche aus den Wohnbereichslagern. Die einzelnen Wagen werden dabei, schichtabhängig, von mehreren Pflegekräften gleichzeitig genutzt. Ähnlich wie am Klinikum gibt es auch an den Altenpflegeeinrichtungen keine Dokumentation über im Wagen enthaltene oder entnommene Materialien. Auch hier entstehen dadurch zusätzliche Laufwege für die Pflegekräfte.

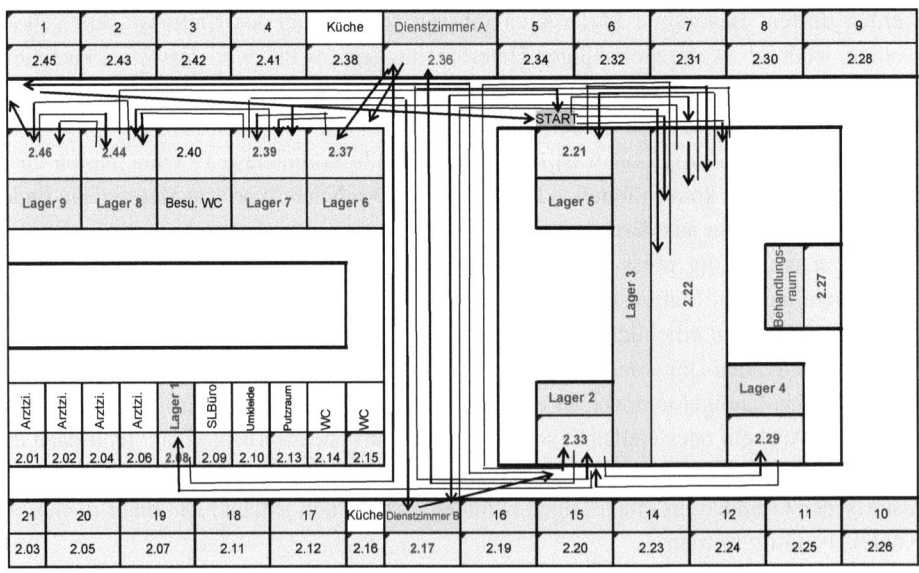

**Abb. 2.9** Wegstrecken bei der Verräumung der Pflegematerialien

## 2.4.4 Identifizierte Verbesserungspotentiale

Aus den oben vorgestellten Analyseergebnissen der aktuellen Prozesse rund um die Nutzung des konventionellen Pflegewagens können vier Kernbereiche identifiziert werden, in denen nutzenbringende Änderungspotentiale vorhanden sind. Das sind der Befüllungsprozess des Pflegewagens, der (stationsinterne) Logistikprozess, die (noch fehlende) Dokumentation der Materialentnahme direkt am Wagen und der eigentliche Nutzungsprozess während der Schicht. Die Anforderungen an den intelligenten Pflegewagen ergeben sich dadurch, dass es bei dessen Einsatz in allen genannten Kernbereichen Ansatzpunkte für eine Optimierung geben soll. In Abb. 2.10 ist die IST-Situation (Nutzung konventioneller Pflegewagen) den sich ergebenden Änderungspotentialen beim Einsatz des intelligenten Pflegewagens gegenübergestellt.

Während im konventionellen Pflegewagen bei Bedarf jedes Fach einzeln nachgefüllt werden muss, sieht das neue Konzept den Austausch so genannter ISO-Modulkörbe vor, die in den einzelnen Schubladen eingelassen sind. Der Einsatz dieser ISO-Modulkörbe garantiert maximale Kompatibilität mit bereits vorhandener Ausstattung in den Einrichtungen wie Schränken und Regalen zur Aufbewahrung, als auch mit weiteren Transfer- oder Transportsystemen für ISO-Modulkörbe. Durch die geringe Anzahl der in einem Wagen verbauten Modulkörbe ist der Austausch schnell und unkompliziert umzusetzen.

| IST-Situation konventioneller Pflegewagen (KP) | Änderungspotential durch intelligenten Pflegewagen (IP) |
|---|---|
| *Befüllungsprozess* ||
| • Wiederbefüllung einzelner Fächer<br>• Zeitbedarf steigt mit Anzahl nachzufüllender Einzelteile | • Wiederbefüllung einzelner Fächer oder ganzer Schubladenmodule<br>• Fehlen Einzelteile aus demselben Schubladenmodul, ist ein schnelleres Nachfüllen möglich |
| *Stationsinterner Logistikprozess* ||
| • Sehr hohe Anzahl an Lagern<br>• Hoher Zeitaufwand für Materialverteilung auf einzelne Stationslager | • Chancen zur Neugestaltung der stationsinternen Logistik durch entkoppelte Vorbefüllung der ISO-Modulkörbe |
| *Dokumentation Materialentnahme* ||
| • Keine Übersicht über im KP vorhandenes oder entnommenes Material<br>• „Starres" Befüllungskonzept<br>• Keine Identifikation von „Lagerhütern" möglich | • Chronik über im IP vorhandenes und entnommenes Material durch Verbrauchsdokumentation am Wagen<br>• Kontinuierliche Verbesserung und Anpassung der Befüllung<br>• Identifikation von Lagerhütern |
| *Nutzungsprozess während der Schicht* ||
| • Regelmäßige Unterbrechung der Pflegeprozesse, um fehlendes Material aus Stationslagern zu besorgen<br>• Pflegekräfte müssen Wagen eigenhändig schieben; teilweise zweite Pflegekraft notwendig um KP zu Bewohnerzimmer zu bringen<br>• Müllabwurf mit störanfälligem Sensor | • Entkopplung des Pflege- und Wiederbefüllungsprozesses möglich, da geringe Stückzahlen pro Material rechtzeitig vom Dokumentationssystem signalisiert werden<br>• IP kann bei Bedarf per Smartphone angefordert werden und sich autonom zu Bewohnerzimmer bewegen<br>• Mechanische Lösung für Müllabwurfbehälter |

**Abb. 2.10** IST-Situation und identifizierte Änderungspotenziale

Das führt zu Zeiteinsparungen und einer Entkopplung von Befüllungs- und eigentlichem Pflegeprozess direkt am Patienten. Das neue Befüllungskonzept hat auch Auswirkungen auf die interne Materiallogistik der Einrichtungen. Dadurch erhoffen sich die Projektpartner erhebliches Verbesserungspotential im Vergleich zur aktuellen Situation.

Bereits die erste Stufe des intelligenten Pflegewagens wird ein integriertes System zur direkten Dokumentation der Materialentnahmen besitzen. Mithilfe der dadurch entstehenden Chronik soll die Befüllung optimiert und mögliche „Lagerhüter" identifiziert werden.

Auch der eigentliche Nutzungsprozess während der Schicht wird durch den intelligenten Pflegewagen beeinflusst. Neben der oben bereits erwähnten Entkopplung von Pflege- und Wiederbefüllungsprozess soll auch die Möglichkeit des autonomen Fahrens die Pflegekräfte entlasten. Sie müssen den schweren Wagen nicht mehr selber schieben und auch keine zweite Pflegekraft beantragen, um den Wagen im Nachhinein zu den Zimmern zu bringen.

## 2.5 Technische Umsetzung des intelligenten Pflegewagens

Die technische Umsetzung des intelligenten Pflegewagens erfolgt in SeRoDi in mehreren Stufen. Der aktuell aufgebaute, erste Prototyp stellt bereits erste technische Lösungen für die oben genannten Verbesserungspotenziale bereit, die im Folgenden weiter ausgeführt werden sollen.

### 2.5.1 Umsetzung der Roboterhardware

Für die technische Umsetzung des intelligenten Pflegewagens wurden – basierend auf den oben genannten Vorarbeiten und Erhebungen – Anforderungen für den Aufbau des neuen, intelligenten Pflegewagens abgeleitet. Für den Aufbau wurden die wichtigsten Elemente konventioneller Pflegewagen beibehalten, auf die die Pflegekräfte Wert gelegt haben. So dient die große Ablagefläche zur Pflegedokumentation oder der Ablage von Material. Weitere essentielle Komponenten des Pflegewagens sind unter anderem Handschuhspender (in drei verschiedenen Größen), Händedesinfektionsmittelspender und Müllabwurf. Vor allem aber zählt dazu auch die Verwendung der oben bereits genannten ISO-Modulkörbe, wie sie in vielen Kliniken und Pflegeheimen schon zum Einsatz kommen (Abb. 2.11).

ISO-Modulkörbe sind in den Abmessungen 60 × 40 cm genormt und in Höhen 5/10/20 cm verfügbar. Oft bestehen sie aus transparentem oder grauem Kunststoff, sind aber auch als Gitterkörbe aus beschichtetem Stahl oder Edelstahl verfügbar. Der Laderaum des intelligenten Pflegewagens kann ISO-Modulkörbe in unterschiedlichen Größen aufnehmen, beispielsweise 5 × 10 cm oder 1 × 10 cm + 2 × 20 cm (letztere Variante in Abb. 2.12 dargestellt).

Welche Modul- und Schubladenkonfiguration ausgewählt wird, ist von den individuellen Bedürfnissen der Einrichtungen abhängig. Die ISO-Modulkörbe werden dabei seitlich

2  Entwicklung eines intelligenten Pflegewagens zur Unterstützung …     43

**Abb. 2.11** Beispiel eines ISO-Modulkorbs aus Kunststoff mit Utensilien zur Wundversorgung

in die Schubladen des Wagens eingeführt. Die Schubladen werden zentral im Wageninneren verriegelt, um dem Zugriff Unbefugter vorzubeugen.

Ein weiterer wesentlicher Unterschied zum konventionellen Pflegewagen ist außerdem das Tablet im Bereich der Arbeitsfläche. Dieses dient hauptsächlich der Verbrauchsdokumentation, wenn Artikel über die Schubladen aus den ISO-Modulkörben entnommen werden. Über das Tablet kann der intelligente Pflegewagen aber auch gesteuert, sprich zu einem Ziel geschickt werden, welches dann autonom angefahren wird.

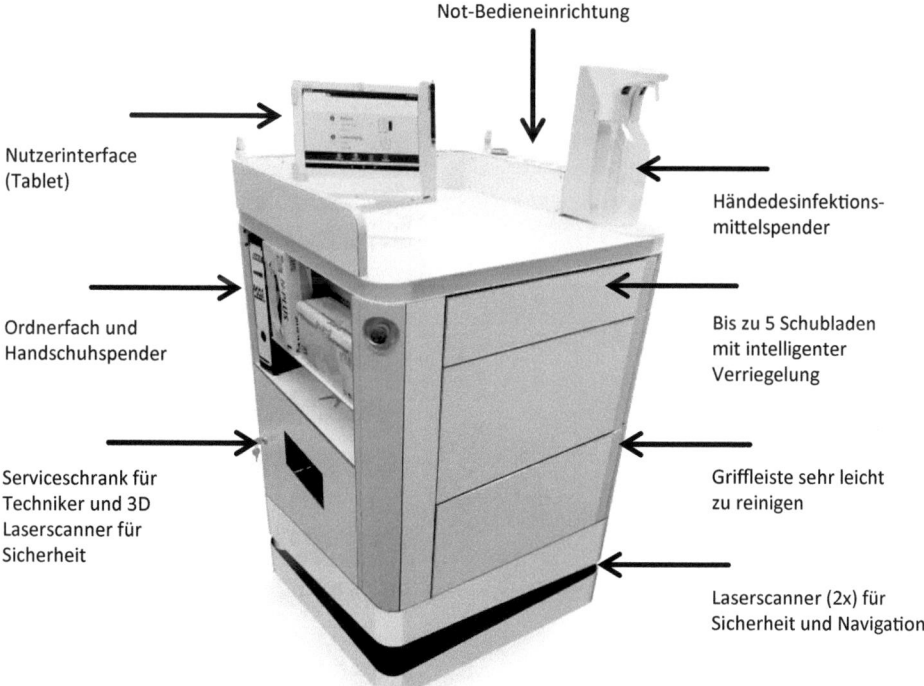

**Abb. 2.12** Intelligenter Pflegewagen mit Tablet zur Dokumentation des Verbrauchs an Utensilien

## 2.5.2 Funktionalität und Steuerung

Der intelligente Pflegewagen verfügt im Gegensatz zum konventionellen Pflegewagen über einen eigenen Fahrantrieb. Ein manuelles Bewegen des Pflegewagens ist – außer in Notsituationen – nicht mehr vorgesehen. Neben der Zieleingabe über das integrierte Tablet kann der intelligente Pflegewagen mittels Smartphone, welches das betreffende Personal mit sich führt, zu seinem Bestimmungsort geschickt. Mögliche Zielpositionen befinden sich meist vor einem Patienten- oder Bewohnerzimmer, aber auch das Lager für das Befüllen oder die Akkuladestation sind wichtige Ziele (Abb. 2.13).

Durch die autonome Navigation des Pflegewagens entfallen viele unnötige Laufwege für das Personal. Genauso entfallen auch die extra Laufwege zum Lager für das Befüllen des Pflegewagens. Dies kann nun zeitlich entkoppelt geschehen, indem beispielsweise der Wagen nach Schichtende grundsätzlich zum Befüllen an das Lager geschickt wird. Weiter muss das Befüllen auch nicht zwingend von einer Pflegekraft ausgeführt werden, sondern kann von einer Servicekraft übernommen werden und schont somit die zeitlichen Ressourcen des pflegenden Personals.

Der intelligente Pflegewagen weiß zu jeder Zeit genau, wie viele Artikel er mit sich führt, welche Artikel zur Neige gehen und wann es Zeit ist, diese wieder aufzufüllen. Dies wird erreicht, indem jeder ISO-Modulkorb im Pflegewagen über einen eigenen Transponder-Chip, einen sogenannten Tag, mit einmaligem Code verfügt, der mittels RFID-Technologie ausgelesen werden kann. Jedem einzelnen ISO-Modulkorb ist somit eine spezifische Bestückung zugeordnet, die mit einer genauen Anzahl jedes einzelnen Artikels verknüpft ist. Alle mit Tags ausgestatteten Modulkörbe werden mit all ihren Artikeln in einer Datenbank zentral erfasst.

**Abb. 2.13** Smartphone als Interface zum Rufen oder Schicken des intelligenten Pflegewagens

Die Entnahme und Dokumentation geschieht dabei wie folgt: Wird am intelligenten Pflegewagen ein Artikel entnommen, erscheint schon beim Öffnen einer der Schubladen, welche die ISO-Modulkörbe beinhalten, die Verbrauchsdokumentation auf dem Tablet des Wagens (Abb. 2.14). Die entnommenen Artikel können direkt bei der Entnahme oder auch später, beispielsweise nach der Patientenversorgung, dokumentiert werden. Die Dokumentation durch die Pflegekraft wird direkt mit der zentralen Datenbank über WLAN abgeglichen. Die Artikelstände im intelligenten Pflegewagen werden somit automatisch aktualisiert. Gehen Artikel zur Neige, wird der intelligente Pflegewagen dies in der Verbrauchsanzeige über das Tablet mit rot hinterlegten Stückzahlen kenntlich machen. Die Pflegekraft kann nun entscheiden, ob sie den Wagen zum Befüllen schicken möchte oder aber ihre Patientenversorgung fortführt.

Mit in die Prozesskette gehört aber auch die Befüllung des Wagens. Das Design sieht vor, dass für einen schnellen Wechsel einzelne ISO-Modulkörbe getauscht werden können, die leer oder nur noch unzureichend bestückt sind. Unvollständig bestückte ISO-Modulkörbe können dadurch zeitlich entkoppelt wieder befüllt und bis zu ihrem Einsatz zwischengelagert werden. Auch hier liefert die zentrale Datenbank die nötigen Informationen. Da für jeden einzelnen ISO-Modulkorb genau bekannt ist, welche Artikel fehlen, wird automatisch eine Liste für das Lager generiert, aus welcher die benötigten Artikel in entsprechender Stückzahl hervorgehen. Im Lager zum Befüllen der ISO-Modulkörbe befinden sich ebenfalls ein Tablet und ein weiteres Lesegerät zum Auslesen der Tags. Ein Mitarbeiter kann mithilfe dessen genau nachvollziehen, wie der jeweilig ISO-Modulkorb wieder zu bestücken ist.

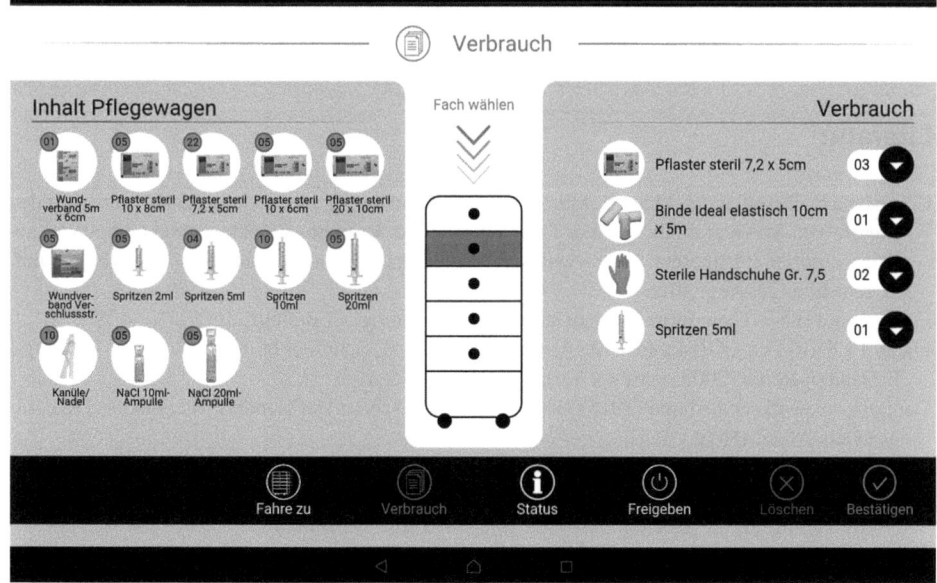

**Abb. 2.14** Beispiel für die Verbrauchsdokumentation, welche z. B. beim Öffnen einer Schublade angezeigt wird

## 2.6 Schlussbetrachtung

Inzwischen wurden drei Exemplare des intelligenten Pflegewagens auf Basis der CASERO 4-Plattform der Firma MLR aufgebaut. Mitte 2017 sind erste Praxisevaluierungen in den beteiligten Einrichtungen geplant. Hier wird es darum gehen, den Mehrwert der Autonomiefunktionen zu überprüfen und gegebenenfalls noch Anpassungen der Technik sowie der Arbeitsabläufe vorzunehmen.

Für die im folgenden Jahr geplante, nächste Ausbaustufe sollen Rückmeldungen aus den ersten Evaluierungen in den Einrichtungen berücksichtigt und entsprechende Verbesserungen der Roboterhardware umgesetzt werden. Außerdem ist vorgesehen, die technischen Funktionen noch zu erweitern. Dabei sollen entnommene Artikel auch z. B. über Bildverarbeitung oder das Lesen von Barcodes erfasst werden können. Damit würden die Pflegekräfte völlig von den Aufgaben der Materialwirtschaft entlastet, da alle Listen der Artikeldokumentation und Artikelbeschaffungsprozesse nun völlig automatisch generiert werden können.

Zudem ist für die nächste Ausbaustufe geplant, den Wechsel der ISO-Modulkörbe zu automatisieren. Somit könnte auch während die Pflegekraft sich um die Patienten kümmert, Material automatisch nachbestückt werden. Damit lässt sich der Befüllungsprozess zeitlich auch dann durchführen, wenn beispielsweise kein Servicepersonal zur Verfügung steht.

Langfristig sollen auch Möglichkeiten betrachtet werden, nicht nur den Wechsel der ISO-Modulkörbe zu automatisieren, sondern auch einzelne Pflegeutensilien automatisiert zu handhaben. Das Ziel ist hier, in Verbindung mit einer Datenbank den Verbrauch noch gezielter zu steuern und das Personal weiter zu entlasten. Damit müssten zudem weniger Pflegeutensilien vorgehalten werden, was sich positiv auf den gesamten Warenfluss und die Lagerhaltung auswirken soll.

### Literatur

Compagna D, Derpmann S, Mauz K, Shire K (2009) Zwischenergebnisse der Bedarfsanalyse für den Einsatz von Servicerobotik in einer Pflegeeinrichtung: Routine- vs. Pflegetätigkeiten. Working Brief 7, online im Internet. https://www.uni-due.de/imperia/md/content/wimi-care/wb__7_.pdf. Zugegriffen: 23. Aug. 2016

Flanagan J, (1954) The critical incident technique. Psychological Bulletin, Jg. 51, Nr. 4, S. 327

Fuchs T (2010) Der DGB-Index Gute Arbeit. In: Badura B, Schröder H, Klose J, Macco K (Hrsg.) Fehlzeiten-Report 2009, Springer Verlag, Berlin, S 175–195

Deutscher Gewerkschaftsbund (2015) DGB-Index Gute Arbeit: Der Report 2015. Institut DGB-Index Gute Arbeit (Hrsg.), Berlin

Glaser J, Lampert B, Weigl M (2008) Arbeit in der stationären Pflege: Analyse und Förderung von Arbeitsbedingungen, Interaktion, Gesundheit und Qualität. Initiative Neue Qualität der Arbeit c/o Bundesanstalt für Arbeitsschutz und Arbeitsmedizin, Dortmund

Graf B, Jacobs T, Luz J, Compagna D, Derpmann S, Shire K (2012) Einsatz und Pilotierung mobiler Serviceroboter zur Unterstützung von Dienstleistungen in der stationären Altenpflege. In: Shire K, Leimeister JM (Hrsg.) Technologiegestützte Dienstleistungsinnovation in der Gesundheitswirtschaft. Springer Verlag, Wiesbaden, S 265–288

Hägele M, Bengel M, Blümlein N, Connette C, Fischer J, Graf B, Höpf M, Jacobs T, Kleine O (2010) Bundesminister für Bildung und Forschung; Fraunhofer-Institut für Produktionstechnik und Automatisierung IPA; Fraunhofer-Institut für Systemtechnik und Innovationsforschung ISI (2010): Wirtschaftlichkeitsanalysen neuartiger Servicerobotik – Anwendungen und ihre Bedeutung für die Robotik-Entwicklung: EFFIROB-Studie. Eine Analyse der Fraunhofer-Institute IPA und ISI im Auftrag des BMBF (Kennzeichen 01M09001) zwischen dem 1. Dezember 2009 und dem 30. November 2010, online im Internet. http://s.fhg.de/effirob. Zugegriffen: 07 Juli 2016

Hasselhorn H, Tackenberg P, Müller B (2003) Working conditions and intent to leave the profession among nursing staff in Europe. Working Life Research, Report 7, National Institute for Working Life (Hrsg.), Stockholm

Kieschnieck H, (2005) Bericht zum Projekt „Bürokratie in der Pflege – Inhalt und Aufwand indirekter Pflege in der stationären Altenhilfe.". Bundesministerium für Familie, Senioren, Frauen und Jugend, Berlin

Luz J, Hilmer M, Compagna D (2010): CASERO: Genese und Entwicklungsstand. Working Brief 21, online im Internet. https://www.uni-due.de/imperia/md/content/wimi-care/wb__21_.pdf. Zugegriffen: 21 Okt. 2016

Meyer A, Böhmert M (Hrsg) (2011) Mitarbeiterbefragung Psychische Belastung und Beanspruchung – BGW miab für die Pflege und den stationären Wohnbereich der Behindertenhilfe. Berufsgenossenschaft für Gesundheitsdienst und Wohlfahrtspflege – BGW, Hamburg

Minguez J, Lamiraux F, Laumond J-P (2008) Motion planning and obstacle avoidance, In: Bruno S, Oussama K (Hrsg) Handbook of Robotics, Springer Verlag, Wiesbaden, S 827–852

Nickel S, Kersten M (Hrsg) (2014) Psychometrische Prüfung des Fragebogens zur psychischen Belastung in der stationären Altenpflege („miab"). Berufsgenossenschaft für Gesundheitsdienst und Wohlfahrtspflege – BGW, Hamburg

Nübling M, Stössel U, Michaelis M (2010) Messung von Führungsqualität und Belastungen am Arbeitsplatz: Die deutsche Standardversion des COPSOQ (Copenhagen Psychosocial Questionnaire). In: Badura B, Schröder H, Klose J, Macco K (Hrsg.) Fehlzeiten-Report 2009, Springer Verlag, Berlin, S 253–261

Nübling M, Stößel U, Hasselhorn H, Michaelis M, Hofmann F (2005) Methoden zur Erfassung psychischer Belastungen – Erprobung eines Messinstrumentes (COPSOQ). Wirtschaftsverlag NW, Bremerhaven

Prümper J, Richenhagen G (2009) Arbeitswissenschaftliche Bewertung des DGB-Index ‚Gute Arbeit'. Zeitschrift für Arbeitswissenschaft , Jg. 63, Nr. 2, S. 175–187

Simon M, Tackenberg P, Hasselhorn H-M, Kümmerling A, Büscher A, Müller BH (2005) Auswertung der ersten Befragung der NEXT-Studie in Deutschland. Universität Wuppertal, online im Internet. www.next.uni-wuppertal.de/download.php?f=67c55b82536b145ec6a7faf17db66dff&target=0. Zugegriffen: 1 Nov. 2016

Spiegel-Studie über Fehlzeiten (2010) Welche Jobs krank machen, online im Internet. http://www.spiegel.de/wirtschaft/soziales/0,1518,705576,00.html. Zugegriffen: 31 Okt. 2016

Ulich E, Wülser M (2015) Gesundheitsmanagement in Unternehmen. Arbeitspsychologische Perspektiven, 6. Aufl. Springer Fachmedien Verlag, Wiesbaden

Ullrich G (2011) Fahrerlose Transportsysteme. Eine Fibel – mit Praxisanwendungen – zur Technik – für die Planung. Vieweg+Teubner Verlag, Wiesbaden

## Referenz

Die diesem Bericht zugrundeliegenden Arbeiten wurden teilweise im Rahmen des Projekts SeRoDi mit Mitteln des Bundesministeriums für Bildung und Forschung (BMBF) unter den Förderkennzeichen 01FG14011D bis 01FG14015D gefördert.

**Dr. Birgit Graf** leitet am Fraunhofer IPA die Gruppe Haushalts- und Assistenzrobotik. Nach ihrem Diplom in Informatik im Jahr 1999 konnte sie 2008 ihre Doktorarbeit über die Navigation eines intelligenten Gehhilferoboters erfolgreich abschließen. Sie war an der Entwicklung unterschiedlicher Generationen des Haushaltsroboters Care-O-bot sowie weiterer Robotersysteme zur Unterstützung pflegender und pflegebedürftiger Personen beteiligt – sowohl im Rahmen öffentlicher Forschungsprojekte als auch Auftrag diverser Unternehmen. Sie ist Koordinatorin einer vde-Expertengruppe „Servicerobotik für den demographischen Wandel" und war für die deutschen Ministerien und die EU als Gutachterin verschiedener Serviceroboter- und AAL-Projekte tätig. Im PPP Robotics (SPARC) der EU ist sie in der Topic Group „Healthcare Robotics" für das Themenfeld der Assistenzroboter zuständig und beschäftigt sich dort mit der Erarbeitung von Entwicklungsroadmaps als Grundlage für zukünftige Forschungsprogramme.

**Ralf Simon King** ist wissenschaftlicher Mitarbeiter in der Gruppe Haushalts- und Assistenzrobotik am Institut für Steuerungstechnik der Werkzeugmaschinen und Fertigungseinrichtungen ISW der Universität Stuttgart. Nach seinem Bachelor Abschluss in Industrial Design im Jahr 2010 folgte ein Master Studium in Bionics/Biomimetics welches er 2012 erfolgreich abschloss. Anschließend arbeitete er an der Entwicklung unterschiedlicher Robotersysteme zur Unterstützung pflegender und pflegebedürftiger Personen im Rahmen öffentlicher Forschungsprojekte, wie auch – in Kooperation mit dem Fraunhofer IPA - an der Entwicklung des Roboterassistenten „Care-O-bot 4". Er ist Mitglied im Richtlinienausschuss des VDI-VDID 2424 der Fachgruppe für Industrial Design.

**Andrea Rößner** studierte Diplom-Betriebswirtschaftslehre an der Friedrich-Alexander-Universität Erlangen-Nürnberg mit den Schwerpunkten Logistik, Kommunikationswissenschaften und Marketing. Seit 2011 arbeitet sie am Institut für Arbeitswissenschaft und Technologiemanagement der Universität Stuttgart, das eng mit dem Fraunhofer-Institut für Arbeitswirtschaft und Organisation in Stuttgart kooperiert, als wissenschaftliche Mitarbeiterin im Competence Team Dienstleistungsmanagement. Sie hat umfangreiches Expertenwissen in ihren Forschungsschwerpunkten, die in den Bereichen Dienstleistungsproduktivität, Prozess- und Portfoliogestaltung und Geschäftsmodelle für Dienstleistungen liegen.

**Christian Schiller** schloss sein Studium des Maschinenbaus mit dem Master of Science an der Universität Stuttgart ab. Nach etwa einem Jahr in der Industrie wechselte er 2015 ans Institut für Arbeitswissenschaft und Technologiemanagement IAT der Universität Stuttgart. Dort ist er als wissenschaftlicher Mitarbeiter in der Abteilung Dienstleistungsentwicklung tätig. Christian Schiller bearbeitet sowohl nationale und internationale Forschungsprojekte als auch Projekte aus dem direkten Umfeld der Industrie.

**Walter Ganz** studierte an der Universität Freiburg Soziologie, mit dem Schwerpunkt Industriesoziologie, sowie Psychologie und Politikwissenschaft. Nach dem Studium folgte eine Tätigkeit als wissenschaftlicher Mitarbeiter am Max – Planck Institut für internationales Strafrecht in Freiburg und eine dreijährige Mitarbeit bei Infratest

Kommunikationsforschung in München. 1989 wechselte Herr Ganz ans Fraunhofer-Institut für Arbeitswirtschaft und Organisation in Stuttgart. Heute ist er Direktor am Fraunhofer IAO, Mitglied im Führungskreis und Leiter des Geschäftsfeldes „Dienstleistungs- und Personalmanagement". Forschungsschwerpunkte sind: Service Management und Engineering, Zukunft der Arbeit. Walter Ganz ist Mitglied in zahlreichen nationalen und internationalen Beratungsgremien. Zudem unterstützt er das Bundesministerium für Bildung und Forschung (BMBF) bei der Weiterentwicklung von Forschungsprogrammen im Themenfeld „Dienstleistungsinnovationen und Zukunft der Arbeit".

**Dominic Bläsing** studierte an der Ernst-Moritz-Arndt Universität Greifswald Psychologie. Er ist seit 2015 am Institut für Psychologie der Ernst-Moritz-Arndt Universität Greifswald als wissenschaftlicher Mitarbeiter tätig. Seine Arbeits- und Forschungsschwerpunkte liegen in der Untersuchung der objektiven Erfassung von Stress- und Belastungsindikatoren, sowie dem Zusammenhang zwischen Stress und Belastung und verschiedener Vitalparameter mit dem Schwerpunkt Herzratenvariabilität.

**Johannes Fischbach** studierte an der Ernst-Moritz-Arndt Universität Greifswald Psychologie. Er ist seit 2015 am Institut für Psychologie der Ernst-Moritz-Arndt Universität Greifswald als wissenschaftlicher Mitarbeiter tätig. Seine Arbeits- und Forschungsschwerpunkte liegen in der Untersuchung objektiver Messmethoden menschlichen Verhaltens, sowie dem Zusammenhang von antizipiertem und tatsächlichem Verhalten mit dem Schwerpunkt Akzeptanz von technologischen Innovationen.

**Dipl. Psych. Nora Warner** studierte an der Ernst-Moritz-Arndt Universität Greifswald Psychologie. Sie ist seit 2016 am Institut für Psychologie der Ernst-Moritz-Arndt Universität Greifswald als wissenschaftliche Mitarbeiterin tätig. Ihre Arbeits-und Forschungsschwerpunkte liegen in der akzeptanztheoretischen Betrachtung technischer Innovationen sowie im Bereich prozessanalytischer Ansätze im Dienstleistungssektor und den daraus resultierenden Folgen für Kompetenzerwerb und Qualifikation im Rahmen zunehmender Digitalisierung.

**Prof. Dr. Manfred Bornewasser** leitet die Abteilung für Arbeits- und Organisationspsychologie am Institut für Psychologie der Universität Greifswald. Seine Forschungsschwerpunkte liegen im Bereich der angewandten Personal- und Organisationsentwicklung, hier insbesondere der Prozessgestaltung. Er ist Leiter verschiedener BMBF-geförderter Projekte. Im Projekt derobino beschäftigt er sich intensiv mit Problemen der Teamdiversität und deren Auswirkungen auf die Innovativität, im Projekt Pikoma mit Problemen der Prozessgestaltung und Kompetenzentwicklung in Wirtschaft und Verwaltung. Im Kontext des Projekts Service4Health setzt er sich in Kooperation mit dem Fraunhofer IAO in Stuttgart mit Fragen der Produktivität von Dienstleistungsarbeit im Bereich von Anästhesie und OP von Krankenhäusern auseinander.

# Die Akzeptanz von digitalen Lösungen im ambulanten Pflegebereich

Monika Roth und Richard Groß

### Zusammenfassung

Zum Thema „Akzeptanz von digitalen Lösungen im ambulanten Pflegebereich", bestehen zwei unterschiedliche Möglichkeiten die Felder der Akzeptanz in die Betrachtung nehmen. Zum einen geht es um die Akzeptanz der Pflegebedürftigen und deren Angehörigen im Bereich AAL und Telemedizin Verfahren. Zum anderen werden in der Versorgung der Pflegebedürftigen vermehrt digitale Lösungen zur Vereinfachung und Sicherung von Dokumentation und Versorgung für die Leistungserbringer in den Einsatz gebracht. In beiden Bereichen bestehen sowohl von Seiten der Leistungsempfänger, als auch von Seiten der Leistungserbringer viele Unsicherheiten in Bezug auf die Nutzung und den Mehrwert der eingesetzten Techniken. Leistungsempfänger empfinden häufig Unsicherheiten in Bezug auf die Weitergabe der erfassten Daten und setzen nicht viel Vertrauen in den Datenschutz. Leistungserbringer müssen sich häufig mit neuen Lösungen auseinandersetzen und sind teilweise bestrebt ineffiziente, aber bekannte, Lösungen beizubehalten. Das Kapitel gibt einen Überblick über die jeweiligen technischen Bereichen und versucht Kriterien zu beschreiben, die die Akzeptanz erhöhen.

M. Roth (✉)
Vinzentiushaus Offenburg GmbH, Unternehmensentwicklung, Prädikaturstr. 3,
77652 Offenburg, Deutschland
e-mail: m.roth@vinzog.de

R. Groß
Vinzentiushaus Offenburg GmbH, Pflegedirektor, Prädikaturstr. 3,
77652 Offenburg, Deutschland
e-mail: r.gross@vinzog.de

© Springer Fachmedien Wiesbaden GmbH 2018
M. A. Pfannstiel et al. (Hrsg.), *Digitale Transformation von Dienstleistungen im Gesundheitswesen IV*, https://doi.org/10.1007/978-3-658-13644-4_3

## Inhaltsverzeichnis

3.1　Einleitung.................................................................... 52
3.2　Begriffsklärung „Akzeptanz von Digitaler Technologie im Pflegesetting"............ 52
3.3　Digitale Technologien im Einsatz für Menschen im häuslichen Umfeld ............. 54
3.4　Stand der Forschung: IT-Unterstützung in der Pflege ........................... 56
3.5　AAL-Technik in der vergangenen Dekade ..................................... 58
3.6　Akzeptanzbarrieren für AAL-Lösungen ....................................... 58
3.7　EDV-basierte Erfassungssysteme im ambulanten Pflegebereich................... 60
3.8　Datensammlung........................................................... 61
3.9　EDV-basierte Personaleinsatzplanung........................................ 62
3.10　Vernetzung und Transparenz ............................................... 63
3.11　Schlussbetrachtung ...................................................... 64
Literatur......................................................................... 65

## 3.1　Einleitung

In Bezug auf die Zielgruppe der älteren Menschen mit Versorgungsbedarf finden derzeit verfügbare Technologien des Ambient Assisted Living (AAL) oftmals wenig Akzeptanz. Digitalisierte Informationen und komplexe Lösungen sind für ältere Menschen mit teilweisen kognitiven und physiologischen Abbauerscheinungen immer wieder unüberwindbare Nutzungsbarrieren (Treichel 2012). Dies könnten neben infrastrukturellen Hindernissen, wie zu geringem Ausbau der Breitbandversorgung und des Mobilfunknetzes, Ursachen für eine mangelnde Etablierung sowie eine unzureichende Ausschöpfung vorhandener Potenziale von AAL-Systemen in der ambulanten Versorgung darstellen.

Als zweiter Bereich wird die Digitalisierung für die Leistungserbringer aus Sicht der Leistungsnehmer in den Fokus genommen. Hier werden die Systeme betrachtet, die Pflegekräfte im ambulanten Dienst nutzen, um die Versorgung der Patienten effizienter und ggf. effektiver gestalten zu können. Für langjährige Pflegekräfte bedeutet der Umstieg auf digitale Dokumentationslösungen teilweise ein großer Schritt weg von der „ungeliebten Papierakte" hin zu einem neuen „unbekannten Medium", der elektronischen Dokumentation. Die Kunden betrachten einen solchen Umstieg ebenso wie die Pflegekräfte mit Skepsis, da bei ihnen die Befürchtung aufkommen könnte, dass wertvolle Pflegezeit nun an ein elektronisches Gerät verloren geht.

## 3.2　Begriffsklärung „Akzeptanz von Digitaler Technologie im Pflegesetting"

Akzeptanz ist ein in Theorie und Praxis regelmäßig genanntes, komplexes und nicht direkt beobachtbares psychologisches Schlüsselkonstrukt, wenn es um den Erfolg oder Misserfolg von Innovationen geht (Hoffmann 2008; Königstorfer 2008). Die Wurzeln des

# 3 Die Akzeptanz von digitalen Lösungen im ambulanten Pflegebereich

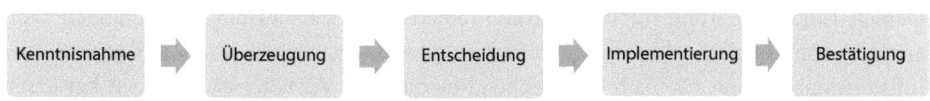

**Abb. 3.1** Fünf Phasen Modell zur Übernahme von Innovationen, Rogers (2003)

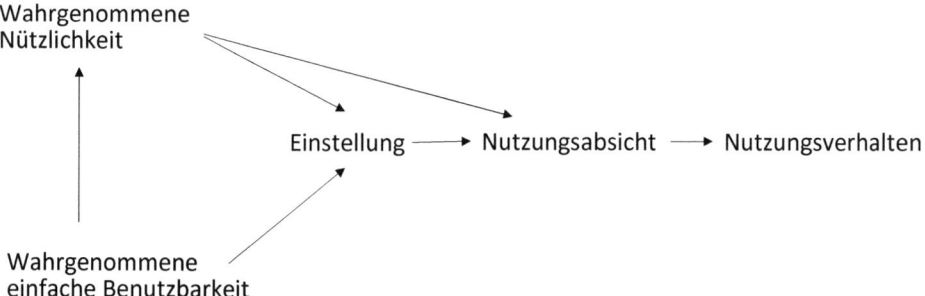

**Abb. 3.2** Technology Acceptance Modell, Davis (1989, S. 320)

Akzeptanzbegriffes liegen in der Diffusionsforschung der 60er Jahre. Rogers (1962, 2003) prägte den Begriff der Adoption, worunter die Entscheidung eines Menschen verstanden wird, eine Innovation zum ersten Mal zu übernehmen und zu nutzen. Damit verbunden ist ein idealtypischer Prozess, der die Phasen Kenntnisnahme, Überzeugung, Entscheidung, Implementierung und Bestätigung umfasst (vgl. Abb. 3.1).

In der Kenntnisphase nimmt ein potentieller Nutzer die Innovation aktiv oder passiv wahr und sammelt Wissen, wie diese genutzt werden kann. In der darauf folgenden Überzeugungsphase bildet sich eine positive oder negative Einstellung zur Innovation. In der anschließenden Entscheidungsphase trifft das Individuum auf der Grundlage der mehr oder weniger bewusst gebildeten Meinung eine Entscheidung über die Annahme oder Ablehnung der Innovation. Die Implementierungsphase ist gekennzeichnet durch die erstmalige Nutzung der Innovation in einem bestimmten Kontext, wodurch das Verhalten der jeweiligen Person sich verändert. In der letzten Bestätigungsphase sucht die Person noch die Entscheidung verstärkenden Informationen. Werden stattdessen Anhaltspunkte identifiziert, die gegen eine weitere Nutzung der Innovation sprechen, kann es dazu kommen, dass die getroffene Entscheidung sogar vom Individuum rückgängig gemacht wird. Bei näherer Betrachtung wird klar, dass diese Phasenaufteilung eines Übernahmeprozesses Wahrnehmungs-, Bewertungs-, Nutzungsabsichts- und Nutzungsverhaltensaspekte enthalten. Auf dieser Phasenabfolge beruht auch das in seiner Grundform von Davis (1989, S. 320) entwickelte Technology Acceptance Modell (TAM), welches vor allem in der anglo-amerikanischen Welt in diversen Untersuchungen überprüft und erweitert wurde (vgl. Abb. 3.2).

Akzeptanz gegenüber einem Gegenstand oder einem System wird als Teilaspekt der Konformität im Spektrum zwischen Gehorsam, Anpassung und Verinnerlichung gesehen (vgl. Gabler 2014). In Bezug auf Digitale Technologien müssen verschiedene Aspekte betrachtet werden. Eine Einführung von innovativen Produkt- und Dienstleistungstechnologien induziert sowohl erhebliche Anpassungsanforderungen an bestehende Kommunikations- oder Informationssysteme als auch entsprechend elementare Verhaltensänderungen bei deren Nutzern gegenüber dem bisherigen Modus (vgl. Weibe rund Kollmann 1995). Damit stellt sich auf Nutzer- bzw. Nachfragerseite die Frage nach der Akzeptanz dieser innovativen Kommunikations- und Informationstechnologien. Die elementaren Verhaltensänderungen durch die Einführung innovativer Technologien im Allgemeinen und im Multimedia-Bereich im speziellen stellen die Frage nach einer Erfolgsmessung bzw. -prognose bei den potentiellen Verwendern (Kollmann 1998). Trotz einer offenkundigen Unbestimmtheit des Begriffes spielt Akzeptanz bei technologischen Innovationen eine bedeutende Rolle. Von der Akzeptanz hängt teilweise der Erfolg der Implementierung und Nutzung von Innovationen-Technologien im Alltag ab. Zahlreiche Beispiele von technologischen (Fehl-)Innovationen beweisen, dass diese gerade an der Nicht-Akzeptanz seitens der Nachfrager gescheitert sind (Reichwald, 1980). Grund für einen Misserfolg hinsichtlich der Einführung von Innovationen wird oftmals das Vorhandensein eines „technology-push Effektes" angeführt (Brockhoff 1969; Utterback 1971). Beim technology-push wird davon ausgegangen, dass sich der Erfolg einer Innovation aufgrund ihres technologischen Vorteils mehr oder weniger von allein einstellt (Bleicher 1995). Dieses Phänomen zeigt sich auch in Bezug auf die Akzeptanz von neuen innovativen Technologien, die zur Sicherung und Unterstützung von Versorgungsformen für beeinträchtigte und pflegebedürftige Personen entwickelt werden.

Zusammenfassend kann somit festgehalten werden, dass der vorherrschende Akzeptanzbegriff den Übernahmeprozess von Produkten und Dienstleistungen durch Individuen oder Organisationen beschreibt, wobei alle Phasen von der Wahrnehmung einer Innovation über die diesbezügliche Einstellungsbildung, die Entwicklung einer Kauf- und Nutzungsabsicht, den expliziten Kaufakt sowie die anschließende Nutzung darin enthalten sind. Die Komponente der dauerhaften Nutzung bildet somit die Erweiterung des Akzeptanzbegriffes gegenüber dem in dieser Hinsicht auf die unmittelbare Erstnutzung fokussierten, damit zeitlich kürzer angelegten Adoptionsbegriffes (Rüggeberg 2009).

## 3.3 Digitale Technologien im Einsatz für Menschen im häuslichen Umfeld

Was dem Begriff „Ambient Assisted Living" problematischer Weise zugrunde liegt, ist die Heterogenität von technischen Assistenz-Produkten mit unterschiedlichen Technologie-Niveaus. So gibt es bereits eine Vielzahl an sogenannten Low-Tech-Geräten, wie z. B. Sicherheitsgriffe, Seh- und Hörhilfen, Haushaltstechnik (Treppenlift), Badehilfsgeräten etc., die allgemein bekannt und akzeptiert sind. Demgegenüber stehen neuartige, „smarte" High-Tech-Geräte, wie z. B. autonome, mobile Roboter oder Haushaltskontrollsysteme (Keitel et al. 2003), deren Bekanntheit und Akzeptanz noch gering ist. Diese Heterogenität erschwert eine klare Abgrenzung von „klassischen" Hilfsmitteln und AAL-Technologien und -Systemen.

„AAL-Systeme im engeren Sinn sind informationstechnische Systeme, die einen älteren Menschen im Alltag dadurch unterstützen, dass sie ihn auf Basis von Daten über die aktuelle Situation Entscheidungen übernehmen oder Handlungsvorschläge unterbreiten und damit ein selbständiges und selbstbestimmtes Leben im eigenen Heim ermöglichen" (BMBF/VDE 2011).

„Ein AAL-System im weiteren Sinn (auch Monitoring-System genannt) ermöglicht, durch die Bereitstellung von Informationen über die aktuelle Situation des Betroffenen, dass andere Menschen Entscheidungen für ihn übernehmen oder Handlungsvorschläge unterbreiten" (BMBF/VDE 2011).

Die Basis für diese Art von Systemen sind assistive Geräte (BMBF/VDE 2011, S. 13), die:

- miteinander vernetzt (kooperationsfähig) und
- in der Umgebung integriert sind (unaufdringlich),
- auf die Bedürfnisse des Nutzers und auf die Situation angemessen reagieren (situations-angemessen) sowie
- für den Gebrauch älterer Menschen gestaltet sind (sicher und robust).

Der Begriff „Ambient Assisted Living" bezeichnet ein hybrides Systemmodell. Dieses basiert auf einer technischen Basisinfrastruktur bestehend aus Sensoren, Aktoren und Kommunikations-einrichtungen im häuslichen Umfeld und Service- und Dienstleistungen durch Dritte. Mit AAL-Systemen wird das Ziel verfolgt, alten und kranken Menschen ein selbständiges Leben im eigenen Wohnumfeld zu ermöglichen.

„Klassische" Hausnotrufsysteme sind inzwischen seit ca. 25 Jahren etabliert. Dabei ist das Potential des Hausnotrufdienstes für eine ambulante Versorgung in Deutschland bei weitem nicht ausgeschöpft – so ist z. B. die Versorgungsdichte mit Hausnotrufsystemen bei über 65-jährigen in Ländern wie Schweden oder Großbritannien ca. 5-mal so hoch wie in Deutschland (lt. BAGSO 2016). Neben den seit der Einführung nahezu unveränderten Hausnotrufsystemen sind seit einiger Zeit auch mobile Varianten verfügbar. Aktuelle Forschungsarbeiten im Kontext von häuslichen Alarmierungs- und Monitoringsystemen beschäftigen sich zum einen mit der Integration von zusätzlicher Sensorik (z. B. Gebäudeautomatisierungstechnik) und damit zusammenhängenden Fragestellungen zur systemintegration (Middleware-Systeme, Standardisierung, etc.), zum anderen mit Untersuchungen zu Erkennungsverfahren für eine automatische Erkennung von Gefährdungssituationen (aktive Alarmierung). Viele aktuelle AAL-Forschungsprojekte beschäftigen sich mit intelligenten Wohnumgebungen und Systemen zur Analyse von Bewegungs- und Verhaltensmustern zum Monitoring von Pflegebedürftigen und zur Erkennung von Gefahrensituationen, wie z. B. die BMBF-Projekte AUTAGEF, SAMDY, und JUTTA (BMBF 2009). Daneben sind inzwischen auch erste kommerzielle Systeme wie z. B. „ADLife" (Tunstall 2010) von Tunstall verfügbar. Im Rahmen des Projektes optimAAL untersuchte z. B. das Forschungszentrum Informatik (FZI) in Karlsruhe die Nutzung von Gebäudesensorik und Smart-Metering-Systemen für das Pflegemonitoring in einer großen Pilotstudie in 100 Testhaushalten. Bei diesen Projekten liegt der Schwerpunkt allerdings meist auf der technischen Umsetzung solcher Wohnumgebungen oder auf spezifischen Erkennungsalgorithmen (z. B. Sturzerkennung). Häufig werden sehr einfache Situationen über regelbasierte Ansätze zur Alarmierung genutzt (z. B. Warnung bei länger eingeschaltetem Herd). Für die Erkennung von komplexen Situationen werden neben regelbasierte Ansätzen auf Basis von explizitem Domänenwissen auch Ansätze des maschinellen Lernens zur Erkennung von Abweichungen von typischen Verhaltensmustern untersucht. Kaum erforscht wird allerdings bisher, welchen Nutzen die in solchen instrumentierten Umgebungen erzeugten Informationen in verschiedenen Versorgungsprozessen haben können und wie sich die Informationen am besten aufbereiten lassen, damit geeignete Interventionen jenseits der reinen Notfallalarmierung effektiv unterstützt werden können. Bisherige Lösungen bieten häufig eine sehr technische Sicht auf die erfassten Informationen, aus denen sich für die Hilfspersonen nur schwer Handlungsempfehlungen ableiten lassen, und sind auch nicht in entsprechende Versorgungskonzepte und Interventionsstrukturen eingebunden.

Am Markt verfügbare Monitoring-Systeme sind nach wie vor als Hersteller-gebundene Insellösungen konzipiert. Im Bereich der Systemplattformen für AAL-Systeme zielen Forschungsarbeiten vor dem Hintergrund der zunehmenden Konvergenz von IT-Systemen daher vor allem auf die Entwicklung offener und standardisierter Systemplattformen, die eine von konkreten technischen Systemkonfigurationen unabhängige Entwicklung und Vermarktung von AAL-Diensten analog zu den im Mobile Computing etablierten „AppStore"-Konzept erlauben. Auf europäischer Ebene ist dabei z. B. das Projekt universAAL (universAAL 2016) von Bedeutung, welches unter Beteiligung des FZI eine standardisierte Open-Source Referenzplattform für AAL-Systeme entwickelt. Bisher waren entsprechende Integrationsplattform in der Regel auf einen PC angewiesen, im Rahmen des Projektes wurden die Technologien in die Hausnotruf-Geräteplattformen integriert und so eine markttaugliche Basis für zukünftige AAL-Systemlandschaften gebildet.

## 3.4  Stand der Forschung: IT-Unterstützung in der Pflege

Der Einsatz von Software (z. B. zur Unterstützung der Klientenverwaltung, Maßnahmenplanung, Dokumentation und Abrechnung) gewinnt in der Pflege und im Gesundheitswesen immer weiter an Bedeutung. Aktuelle Entwicklungen betreffen unter anderem mobile Softwarelösungen zur Unterstützung der ambulanten Pflege oder Lösungen zur Unterstützung der Pflegedokumentation. Beispiele hierfür liefern z. B. das vom BMWi geförderte Projekt VitaBIT oder das BMBF-Projekt DailyCareJournal (BMBF 2009). Während IT-Lösungen für die Verwaltung einzelner Organisationen wie ambulante oder stationäre Pflegedienste inzwischen fest etabliert sind, wurde bspw. der Bereich der organisations- und sektorenübergreifenden Zusammenarbeit bisher vernachlässigt. Dabei ist es gerade die geringe Koordination der verschiedenen Leistungserbringer, die zu erheblichen Reibungsverlusten an den Organisationsgrenzen (z. B. bei Überweisung, Überleitung,

Nachsorge, Case-Management etc.) führt und eine effiziente integrierte Versorgung erschwert. Patientenzentrierte Gesundheitsakten (z. B. ICW LifeSensor, Google Health, Microsoft HealthVault) bieten erste Ansätze zur organisationsübergreifenden Dokumentation, können aber für eine Prozessunterstützung z. B. bei der Pflegeüberleitung kaum einen Beitrag leisten.

Mehrere Untersuchungen zur Einführung der EDV-gestützten Pflegedokumentation belegen positive Effekte im Vergleich zur Papier-Dokumentation. Ammenwerth (2002) konnte Zeitersparnis bei den Eintragungen für die Beschäftigten feststellen. Ebenso stieg die Anzahl der dokumentierten Inhalte. Dadurch war ein Verlauf des Pflegeprozesses besser nachvollziehbar. Die Vollständigkeit und bessere Lesbarkeit der Informationen erhöhte die Nutzerakzeptanz auf Seiten der Leistungserbringer für die digitale Dokumentation. Die bessere Lesbarkeit, die Zeitersparnis und die formale Vollständigkeit wird als Vorteil benannt (vgl. Schaubmayr 2007; Steffan 2007). Kreidenweis (2008) beschreibt, dass nach Einschätzung der Anwender auch die Pflegequalität durch die Einführung der digitalen Pflegedokumentation angestiegen ist. Der Zeitaufwand für die Eintragungen verringere sich und die Anwender fühlten sich entlastet, was wiederum in der Interaktion der Pflegenden zu den Pflegeempfängern darstellbar ist. Bär (2002) beschreibt weitere Vorteile EDV-gestützter Dokumentationssysteme, wie z. B. die eindeutigere Identifikation des Ausfüllenden. Softwareprogramme überprüfen Eintragungen auf ihre Logik hin. Behandlungsanordnungen, wie z. B. Injektionen alle 21 Tage, lassen sich besser umsetzen. Daten können mithilfe der Software überprüft werden.

Ammenwerth, Eichstädter und Schrader (2003) sehen als Vorteil einer EDV-gestützten Pflegedokumentation, dass die Dokumentationen vollständiger und sachlich richtiger werden. Darüber hinaus werden die Einträge automatisch den Verfasser/innen zugeordnet und unvollständige Eingaben können durch Nachfrage- und Aufforderungsmechanismen vervollständigt werden. Durch Leistungskataloge und Textbausteine können auch sprachliche Hilfen gegeben werden. Nach Leonie-Scheiber und Feistmantl (2011) unterstützt die digitale Pflegdokumentation die zeitnahen Eintragungen in das Dokumentationssystem. Nachträgliche und diskontinuierliche Dokumentation wird vermieden. Ein Vorteil stellt auch die gleichzeitige Zugriffsmöglichkeit mehrerer Personen dar. Dadurch entfallen Wartezeiten, was zu Erleichterung in der täglichen Arbeitsroutine führt.

Was Unsicherheiten angeht, führt Moser (2010) aus, dass potentielle Anwender bei der Erstanschaffung einer digitalen Pflegedokumentation befürchten, dass die zu erwartenden Ergebnisse den Aufwand nicht rechtfertigen und dass es durch die Einführung einer EDV-basierten Pflegedokumentation zu gravierenden Veränderungen in den Arbeitsprozessen zu Lasten der Pflegebedürftigen kommt. Z. B. besteht die Sorge, dass der Anteil der administrativen Tätigkeiten weiter zunimmt. Ebenso befürchten Pflegende, durch die EDV stärker kontrolliert zu werden, was bei den Anwendern zu einer Akzeptanzminderung führen kann.

Inwieweit sich die digitale Pflegedokumentation bei der Nutzung durch die Pflegekraft auf die Akzeptanz der Pflegebedürftigen im ambulanten Setting auswirkt wird ab Abschn. 29.7 betrachtet.

## 3.5 AAL-Technik in der vergangenen Dekade

Altersgerechte Assistenzsysteme werden als eine mögliche Antwort auf die Herausforderungen des demographischen Wandels gehandelt. Sie sollen alten und chronisch kranken Menschen ein selbstbestimmtes Leben im eigenen Wohnumfeld ermöglichen. Die Wohnung – so die Vision – wird mithilfe vernetzter Technologien zum „dritten" Gesundheitsstandort aufgerüstet. Der Oberbegriff dazu lautet Ambient Assisted Living (Theussig 2012).

In der Automobilbranche gehören intelligente, autonome Assistenzsysteme bei Neuwagen mittlerweile zur Grundausstattung. AAL-Anwendungen in Smart Homes sind in der Öffentlichkeit bisher weniger bekannt und werden teilweise skeptisch betrachtet: Die Angst vor einem Eingriff in die Privatsphäre (z. B. im Zuge einer Gesundheits- und Verhaltensüberwachung durch AAL-Anwendungen) oder einem Kontrollverlust durch komplexe, nicht nachvollziehbare technische Systeme stellen hohe Akzeptanzbarrieren dar. Das stellt die Politik, die Wirtschaft und die Wissenschaft – die große Hoffnungen in AAL setzen – vor ein Dilemma: Die besten technischen Innovationen sind nicht viel wert, wenn sie von den potenziellen Nutzern nicht angenommen, nicht akzeptiert werden.

Angesichts der Folgen des demografischen Wandels wächst das politische und wissenschaftliche Interesse, mithilfe von Technologie die anstehenden Probleme im Gesundheits- und Pflegebereich zu lösen. Zu diesem Zweck forschen zahlreiche wissenschaftliche Institute, Hochschulen und Unternehmen an technischen Innovationen, die es alten und kranken Menschen ermöglichen sollen, länger gesund im eigenen vertrauten Wohnumfeld leben zu können. Solche Technologien lassen sich unter dem Label AAL zusammenfassen. Es gibt trotzdem immer noch Probleme bei der exakten Begriffsfassung von AAL. Die Entwicklung von AAL-Produkten und – Projekten steht erst seit kurzem im Interesse für Förderungen. Praxistaugliche Produkte und einen etablierten AAL-Markt mit passenden Geschäftsmodellen für AAL-Produkte und – Dienstleistungen gibt es daher kaum oder nur ansatzweise (Friedewald et al. 2010). Das Bundesministerium für Bildung und Forschung (BMBF) hat im Jahr 2007 in Kooperation mit der VDI/VDE Innovation + Technik GmbH und weiteren europäischen Partnern ein transnationales Förderprogramm zu AAL gegründet. Das Ambient Assisted Living Joint Programme (AAL-JP) hatte eine sechsjährige Laufzeit (2008–2013) und wurde von 23 Ländern der EU getragen. In Deutschland werden die Förderzusagen vom BMBF verwaltet, das seit 2008 Forschungsprojekte zu AAL im Rahmen der Hightech-Strategie der Bundesregierung fördert (BMBF/VDI 2011).

Das lässt erkennen, dass die Politik, die Wirtschaft und die Wissenschaft über nationale Grenzen hinaus, große Hoffnungen in AAL-Technologien setzen und in ihr eine „wichtige Antwort auf die Herausforderungen des demographischen Wandels sehen" (BMBF S. 7).

## 3.6 Akzeptanzbarrieren für AAL-Lösungen

Eine wichtige Rolle bei der Akzeptanz von neuen Technologien spielt die Technikaufgeschlossenheit der Betroffenen, die von mehreren Faktoren abhängig ist: dem Alter, der Geschlechtszugehörigkeit, dem Bildungsniveau, dem Einkommen der potenziellen Nutzer sowie der Technikerfahrung (Meyer 2011). Generell lassen sich zwei Grundannahmen machen, die in Forschungen über die Einstellungen zum technischen Fortschritt bestätigt werden (Meyer 2011):

1. Jüngere Menschen mit einem hohen Bildungsniveau sind in der Regel aufgeschlossener gegenüber technischen Innovationen als ältere Personen mit einem niedrigen Bildungsniveau.
2. Männer haben eine höhere Technikaufgeschlossenheit als Frauen.

Daraus abzuleiten, dass ältere Menschen generell unaufgeschlossen gegenüber neuen Technologien sind, wäre jedoch falsch. Das zeigt u. a. das interdisziplinäre Forschungsprojekt „sentha" – Seniorengerechte Technik im häuslichen Alltag (Friesdorf und Heine 2007). In den Umfrageergebnissen wurde die Erkenntnis erlangt, dass ältere Menschen eine durchaus hohe Technikaufgeschlossenheit besitzen: Demnach stehen rund zwei Drittel der 1417 Befragten im Alter von 55 bis 90 Jahren dem technischen Fortschritt positiv gegenüber und sind der Meinung, „dass dieser für die Aufrechterhaltung unseres gegenwärtigen Lebensstandards notwendig ist, gebraucht wird und überwiegend Gutes gebracht hat. Dass die Technik den Menschen mehr bedroht als ihm nutzt, äußert nur knapp ein Fünftel der Senioren" (Friesdorf und Heine 2007).

Bezogen auf AAL-Technologien lassen sich jedoch konkrete Ängste und Sorgen von Seiten der Senioren erkennen, die als Ursache für Akzeptanzbarrieren genannt werden können. Meyer und Mollenkopf nennen in diesem Zusammenhang:

„Ängste vor dem Eingriff in die Autonomie und Intimsphäre, die Vorbehalte gegenüber Kontrolle und (Daten)-Überwachung sowie erwartete hohe Nachfolgekosten und -lasten

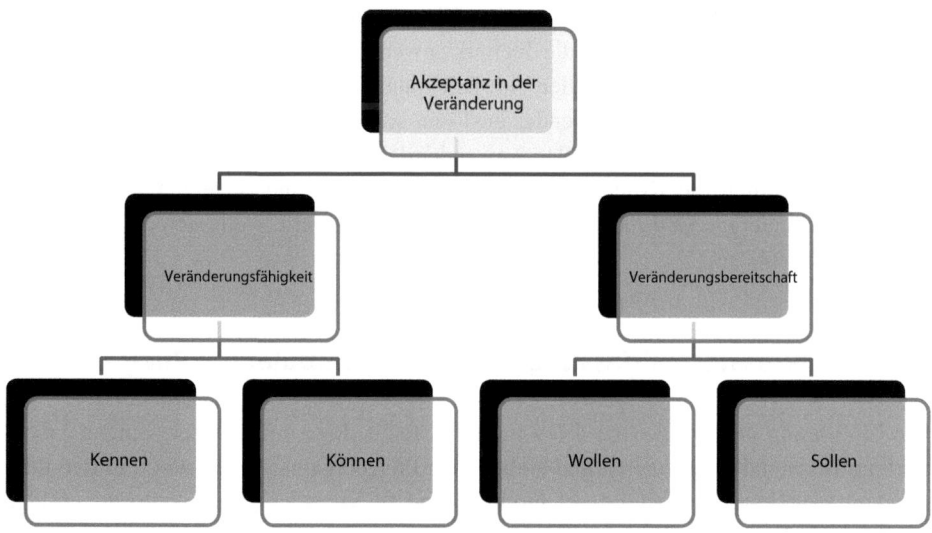

**Abb. 3.3** Eigene Darstellung, angelehnt an Reiß (1997)

der AAL-Technologien. Hinzu kommt die Sorge vor unangenehmen technischen Baumaßnahmen in der eigenen Wohnung, vor der Abhängigkeit von technischen Systemen, die nicht mehr zu überblicken sind, vor zu komplizierten Bedienungen und letztlich dem Ausgeliefertsein an eine Technik, die von dem Einzelnen nicht mehr zu beherrschen ist" (Meyer und Mollenkopf 2010).

Diesen Akzeptanzbarrieren stehen Kriterien gegenüber, die die Akzeptanz fördern können, wenn sie bei der Entwicklung von AAL-Technologien berücksichtigt werden.

Grundvoraussetzung für eine Akzeptanz digitaler Unterstützungslösungen sind eine Veränderungsfähigkeit sowie eine Veränderungsbereitschaft. Diese beiden Begriffe zeigen die Grenzen des Einsatzes von Technik beim Pflegebedürftigen auf. Personen, die nicht mehr in der Lage sind, kognitiv die zu Einsatz kommende Technik kennenlernen zu können, sind von vorneherein mit Zurückhaltung zu betrachten. Unbekannte Technik kann sich hier eher problematisch als hilfreich erweisen.

Grundsätzlich sollte eine Person für den Einsatz von Technik eine Veränderungsbereitschaft mitbringen, da der Einbau von Technik Veränderungen im direkten Wohnumfeld mit sich bringt, die häufig in der Akzeptanz weit hinten angesiedelt sind (vgl. Abb. 3.3).

Für das Kriterium „Kennen" muss die Möglichkeit der Informationsbeschaffung über die Technik in Augenschein genommen werden. Je besser der Anwender bzw. der Betroffene die eingesetzte AAL Technik kennt und versteht, je höher stellt sich die Akzeptanz dar.

Das Kriterium „Können" bedingt die Sicherheit im Umgang mit den genutzten Komponenten. Der Anwender sollte Sicherheit im Umgang mit der Technik erfahren. Er muss klar informiert sein, in welchen Situationen welche Handlungen angebracht oder notwendig sind. Dieses Kriterium fördert die sichere Anwendung der Technik und unterstützt damit die Sicherheit der Datenlage.

Das „Wollen" setzt voraus, dass der Anwender die Technik auch nutzen möchte. Häufig ist ein Anwender nicht gleichzeitig der Entscheider für den Einsatz von Technik. Hier kommen als Entscheider Angehörige oder Pflegefachpersonen in Frage, die ohne ein wahrhaftes Wollen der Zielperson die Technik anwenden.

Zuletzt steht das Kriterium „Sollen" im Blickpunkt, was eine Notwendigkeit und den Wunsch nach Nutzung beim Anwender auslösen sollte. Wird dieses Kriterium sehr gut bedient entsteht bei einem potentiellen Anwender der Wunsch nach Nutzung der Technik.

Insgesamt sollten die Kriterien betrachtet werden, um eine Akzeptanz im höchsten Maße zu garantieren. Sind die Kriterien weitestgehend erfüllt, stellt sich die Akzeptanz häufig von alleine ein.

## 3.7 EDV-basierte Erfassungssysteme im ambulanten Pflegebereich

Die Einführung und der Ausbau EDV-basierter Technologien finden seit einigen Jahren auch im Bereich der stationären und ambulanten Pflegeorganisationen statt. Für den Pflegesektor kann eine Umstellung auf moderne und EDV-basierte Komplettlösungen eine vereinfachte Bearbeitung der Pflegedokumentation und der Abrechnungsmodalitäten bedeuten. Es sollte an dieser Stelle aber auch erwähnt werden, dass eine verstärkte Akzeptanz breiter Bevölkerungsschichten an EDV-Systemen im Allgemeinen erkennbar ist. Kötte (2015, S. 42–45) begründet diese Aussage mit dem großflächigen Ausbau der IT-Landschaft und dem Einzug von Informations- und Anwendungstechnologien in das Alltagsleben. Der Fokus dieser Abhandlung soll jedoch auf dem Pflegesektor beruhen und innerhalb dieser Sparte möchten wir den Bereich der ambulanten Dienste und Sozialstationen betrachten.

Von der Einführung einer EDV-gestützten Pflegedokumentation erhoffen sich die Pflegedienste die mit der Papierdokumentation einhergehenden Probleme zu beseitigen, mindestens aber diese zu verringern. Das Ziel ist es, die Pflegedokumentation qualitativ aufzuwerten. Die Umstellung von klassischer Papierdokumentation auf ein EDV-System zeigt eine Reihe von Chancen auf. Beispielsweise kann die Vollständigkeit der Dokumentation erhöht und die Transparenz pflegerischer Leistungen verbessert werden. Weiterhin können Daten für das Pflegemanagement einfacher gewonnen und im weiteren Schritt die Professionalität der Pflege ausgebaut werden. Die Pflegedokumentation stellt ein Hauptaufgabenbereich der Pflege dar. Es werden Entscheidungs-, Durchführungs- und Evaluationsverantwortlichkeiten festgehalten. Somit rückt die Pflegedokumentation zusehends in das Zentrum pflegerischer Verantwortung (Ammenswerth et al. 2002, S. 85–86).

Für die Pflegebranche haben sich unterschiedlichste Anbieter zuvor papierbasierter Personalplanungs- und Pflegedokumentationssysteme darauf spezialisiert, möglichst umfangreiche Gesamt-Software-Systeme anzubieten. Diese Zusammenführung soll es den unterschiedlichen Pflegeanbietern ermöglichen, die Organisation von Personaleinsatzplanung, Dokumentation und Abrechnung miteinander zu verzahnen. Es sollen unnötige Arbeitsprozesse verhindert beziehungsweise minimiert werden, gleichzeitig findet eine enge Bindung an den jeweiligen Softwareanbieter statt (vgl. Kötte 2015, S. 42–45).

## 3.8 Datensammlung

EDV-basierte Technologien sind auch im Pflegesektor bestens einzusetzen, da in beiden Bereichen die Erfassung und Verarbeitung von Daten eine ursprüngliche Aufgabe darstellt. Pflegerische Handlung fußt darauf, dass neben der Erfassung von personenbezogenen Stammdaten auch die pflegerische Vorgeschichte und ein Krankheitsverlauf (einschließlich vorliegender Diagnosen) systematisch in ein Dokumentationssystem eingepflegt und für Jahre aufbewahrt werden (vgl. Sießegger 2009, S. 61).

Anhand dieses Vorgangs ist bereits zu erkennen, wie beide zunächst unterschiedlich anmutenden Bereiche miteinander verbunden werden können (vgl. Heiber und Nett 2006, S. 178). Die elektronische Datenerfassung setzt somit vor Beginn der pflegerischen Handlung ein. Dadurch sind ein geordneter Ablauf und die Wirkung pflegerischer Handlung gewährleistet. Die verarbeiteten Stammdaten werden – an dieser Stelle nun vereinfacht dargestellt – mit der ebenfalls erfassten pflegerischen Vorgeschichte und einer daraus resultierenden pflegerischen Handlung kombiniert. Aus dieser Zusammenführung entsteht nun ein Kostenvorschlag – dieser stellt die Basis des Pflegevertrags dar. Grundsätzlich können nur Leistungen erbracht werden, die auch vom Klienten beauftragt wurden. Mit Unterschrift des Klienten beziehungsweise seines gesetzlichen Betreuers im Pflegevertrag ist die Rechtssicherheit gewährleistet (vgl. Heiber und Nett 2006, S. 20).

## 3.9 EDV-basierte Personaleinsatzplanung

Um den geordneten Ablauf einer Pflegetour zu gewährleisten, werden die von jedem einzelnen Klienten gebuchten Leistungspakete durch das EDV-Programm zu einer Tour zusammengeführt. Somit ist es nun möglich, den vorhandenen Personalbestand anhand der EDV-basierten Dienstplanung einer jeden dieser Pflegetouren zuzuordnen. Mit einer Personal-Einsatz-Planung werden Pflegeprozesse gesteuert. Das Abarbeiten der vorbereiteten Touren stellt den Arbeitsablauf für das Pflegepersonal dar. Bestätigt und dokumentiert werden die Arbeitsprozesse bei einem EDV-basierten System durch mobile Erfassungsgeräte – diese dienen als Informationszentrum, zur Zeiterfassung und Dateneingabe. (vgl. Heiber und Nett 2006, S. 181).

Zwischenzeitlich dienen Smartphones zur Erfassung, meist mit einer installierten Applikation des Softwareanbieters (vgl. Kötte 2015, S. 42–45). Durch die Nutzung der Technik entsteht eine umfassende Transparenz und es wird zudem ersichtlich, in welcher Zeit pflegerische Leistungen erbracht werden. Über einen tagesaktuellen Soll/Ist-Abgleich werden die tatsächlichen Tourenzeiten des jeweiligen Mitarbeiters in den Dienstplan eingepflegt. Diese effektive und transparente Personaleinsatzplanung stellt daher eine wichtige Stellschraube dar, die Wirtschaftlichkeit des Pflegedienstes zu garantieren (vgl. Sießegger 2009, S. 25–29).

Der ständige Abgleich zwischen geplanter Pflegeleistung und tatsächlicher Pflegeausführung – also der Soll/Ist-Abgleich – trägt der Tatsache Rechnung, dass die geplante Tour in den seltensten Fällen auch der Realität entspricht. Diese Diskrepanz zwischen Planung und Wirklichkeit ist auf große und kleine Änderungen im Tourenablauf zurückzuführen. Nach Abschluss der Tour wird dem Mitarbeiter durch den Abgleich die tatsächliche Tourenzeit im Arbeitszeitkonto gutgeschrieben (vgl. Heiber und Nett, 2006, S. 164).

Die Frage des Änderungsaufwandes ist eng damit verknüpft, wie konsequent die Planung vom eingesetzten Personal umgesetzt wird. In der Vergangenheit wurden die täglichen Planungen durch eine Stecktafel festgelegt. Dieser konnte zwar die Reihenfolge der anzufahrenden Klienten entnommen werden, nicht jedoch die geplanten Einsatzzeiten. Die Entwicklung der EDV-basierten Systeme hat dies verändert. Neben der Tourenreihenfolge sind Soll-Einsatzzeiten geplant, welche nach Abschluss der Tour mit der tatsächlichen Einsatzdauer verglichen und in Relation gesetzt werden. Heiber und Nett (2006, S. 166–168) erkennen, dass die hohe Genauigkeit der Tourenplanung sowie deren Korrektur, einer der wesentlichen Gründe für die Kundenzufriedenheit darstellen. Dies wird damit begründet, dass der Pflegekunde eine verlässliche und gleichmäßige Versorgung wünscht. Die pflegefachlich korrekte Begleitung kann nur auf Dauer garantiert werden, wenn dies durch eine konsequente Tourenplanung sichergestellt wird.

## 3.10 Vernetzung und Transparenz

Als Endprodukt der zuvor beschriebenen Punkte Personaleinsatzplanung, Dienstplanung und Tourenplanung entsteht eine hohe Transparenz für den Klienten, wie auch für den Betreiber eines ambulanten Dienstes/Sozialstation. Als wesentliches Qualitätsmerkmal für ambulante Dienste werden verlässliche Pflegezeiten genannt. Der Zeitpunkt der pflegerischen Versorgung steht dabei nicht so sehr im Fokus, wie das Einhalten des Versorgungszeitpunktes (vgl. Heiber und Nett 2006, S. 174). Daraus lässt sich schlussfolgern, dass durch konsequente Einhaltung zugesagter Vereinbarungen eine hohe Akzeptanz beim Klienten erreicht werden kann.

Der Wandel von handschriftlich erstellten Personaleinsatz- und Tourenplanungen zum IT-basierten Planungsinstrument, vereinfacht den Pflegeverantwortlichen die täglich zu leistende Planungsarbeit. Somit – verknüpft mit transparentem Kundenkontakt und Informationsweitergabe – kann es unserer Meinung nach besser gelingen, den Wünschen der Kunden nach Verlässlichkeit nachzukommen.

Der Nutzen eines EDV-basierten Systems vermindert zunächst grundsätzlich den bürokratischen Aufwand für alle Beteiligten, seien dies nun die Pflegefachkräfte in der Häuslichkeit oder die Angestellten im Verwaltungsbereich. Begründet ist dies schlicht im einfacheren Prozedere, welches durch ein entsprechendes System gewährleistet ist. Die Einfachheit des Vorgangs ist maßgebend, so dass nur die Veränderung der Leistungszeit im System zu ändern ist. Die nachfolgend geplanten Einsatzzeiten verschieben sich entsprechend. Somit ist einerseits der Personalabrechnung geholfen, da veränderte Dienstzeiten automatisch übernommen werden. Zum anderen erfährt auch die Leistungsabrechnung eine Optimierung im Ablauf (vgl. Heiber und Nett 2006, S. 168).

Der Leistungsnachweis im Papierformat stellt eine Fehlerquelle dar, da dieser unter Umständen handschriftlich zu bearbeiten ist. Dies ist zum Beispiel dann der Fall, wenn pflegerische Leistungen nicht durchgeführt werden können. Ebenfalls sind Leistungen per Handzeichen zu dokumentieren. Des Weiteren sind diese Nachweise am Monatsende einzusammeln und zu prüfen, da es aufgrund beschriebener Fehlerquellen zu Abrechnungsfehlern kommen kann. Je nach Bundesland gibt es unterschiedliche Regelungen bezüglich der Leistungsnachweise in Papierform. Innovative Leistungsträger genehmigen den Smartphone-Einsatz und einen geprüften elektronischen Leistungsnachweis, da die EDV-Logistik transparent und verlässlich ist. (vgl. Hofmann 2015, S. 30–32). Vielmehr kann die Abrechnung bei Softwaresystemen als Resultat der Personal-Einsatz-Planung und des täglichen Soll-Ist-Abgleiches erachtet werden. Diese vereinfachte Darstellung macht es wiederum deutlich, wie entlastend ein solches System für den Pflegedienst sein kann (vgl. Sießegger 2009, S. 80).

## 3.11 Schlussbetrachtung

Die Betrachtung und Literaturrecherche zur ausgewählten Thematik lässt zunächst erkennen, dass hohe Verlässlichkeit und Transparenz im ambulanten Segment von enormer Bedeutung sind, unabhängig davon, ob es sich um die Nutzung von AAL-Lösungen oder digitaler Pflegedokumentation handelt. Dies ist sicherlich nicht direkt mit der Nutzung EDV-basierter Systeme verknüpft. Es ist jedoch davon auszugehen, dass die ambulante Einsatzplanung durch die Nutzung moderner Technologien erheblich vereinfacht wurde. Dies vor allem im Vergleich mit Tourenplanungen und Dienstplänen im Papierformat. Wie wir dargestellt haben, ist die Planbarkeit pflegerischer Handlung auch für den Klienten essentiell. Er muss sich darauf verlassen können, dass Vereinbarungen zeitlich eingehalten werden.

Durch die transparente Darstellung erbrachter pflegerischer Leistungen ist es möglich, diese sichtbar zu machen. In der Literatur wird konstatiert, dass dadurch eine Aufwertung des Berufsbildes und eine Stärkung der Eigenverantwortung des Pflegebereichs erreicht werden kann. Somit können Softwarelösungen die Planungssicherheit verbessern und die Verlässlichkeit des Pflegedienstes sichern.

Dem Gedanken folgend, sollte sich dies auch positiv auf die Akzeptanz der Klienten gegenüber IT-gestützten Systemen auswirken. Ein näherer Zusammenhang lässt sich unserer Meinung nach aber nicht auf die Güte und Qualität der direkten pflegerischen Versorgung ableiten. Vielmehr steht ein modernes Hilfsmittel zur Verfügung, um Planungs- und Ablauffehler zu minimieren.

Bei näherer Betrachtung wäre es allerdings interessant, die Akzeptanz des Pflegepersonals zu untersuchen. Wie wir erläutern konnten, wird durch den Soll-Ist-Abgleich eine neue Form von Transparenz geschaffen. Diese könnte auch als Überwachung interpretiert werden.

Die Digitalisierung wird sowohl in der Dokumentation und der Pflegeplanung weiter voranschreiten. So kann unserer Meinung nach gut begründet davon ausgegangen werden, dass es in absehbarer Zeit möglich sein wird, die Pflegedokumentation zu sprechen und eine automatische Erfassung daraus erfolgen zu lassen. Wenn dies verwirklicht ist, dann kann die Dokumentation quasi neben der Pflege erfolgen. Durchaus vorstellbar ist auch, dass beim Erstgespräch mit dem Klienten und nach Erfassung der notwendigen Daten für die Pflege ein EDV-System sogleich einen individuellen Pflegevorschlag erarbeitet und zeitgleich geprüft wird, wie und wann diese Pflege in den Ablauf einer Tour hineinpasst. So kann dem Kunden gleich mitgeteilt werden, was durch die Pflege auf ihn zukommt. Beide hier vorgestellten zukünftigen Entwicklungen führen zu erheblicher Reduzierung der Planungs- und Dokumentationszeit. Das ist aus unserer Sicht der richtige Ansatz. Digitalisierung findet damit eine Akzeptanz bei den Pflegefachkräften und trägt dazu bei, mehr Zeit für die eigentliche Pflegearbeit zu haben.

## Literatur

Ammenwerth E, Eichstädter R, Happek T, Hoppe B, Iller C, Kandert M, Kutscha A, Kutscha U, Mansmann U, Luther G, Mahler C (2002) Auswirkungen EDV-gestützter Pflegedokumentation - Ergebnisse von Studien. In: Gesamtausgabe Pflegewissenschaft hpsmedia GmbH, gesamte Ausgabe 11/2002 Pflegewissenschaft, PR-InterNet für die Pflege, 11/02, S 85–92

Ammenwerth E, Eichstädter R, Schrader U (2003) EDV in der Pflegedokumentation Ein Leitfaden für Praktiker. Schlüttersche Verlag, Hannover

Bär T (2002) Schnell, sicher, übersichtlich. Eine EDV-gestützte Pflegedokumentation bietet zahlreiche Vorteile. Altenheim 4(12):42–45

BAGSO (2016) www.bagso.de, Bundesarbeitsgemeinschaft der Seniorenorganisationen (BAGSO, Hrsg.), online im Internet. http://projekte.bagso.de/senioren-technik-botschafter/die-projekte-der-senioren-technik-botschafter/. Zugegriffen: 26 Okt. 2016

Bleicher K (1995) Technologiemanagement und organisationaler Wandel, In: Zahn E (Hrsg.) Handbuch Technologiemanagement, Schäfer-Poeschel Verlag, Stuttgart, S 587

Brockhoff K (1969) Probleme und Methoden technologischer Vorhersagen. Zeitschrift für Betriebswirtschaft, Ergänzungsheft, bitte erste und letzte Seite des Beitrags,39(2):1–24

BMBF (Hrsg) (2009) Assistenzsysteme im Dienste des älteren Menschen, Broschüre. Bundesministerium für Bildung und Forschung (BMBF), Berlin

BMBF/VDE Innovationspartnerschaft AAL (Hrsg) (2011) Ambient Assisted Living AAL. BMBF/VDE Innovationspartnerschaft AAL, handelt es sich um Heft oder Broschüre Nr. 3/2011. VDE Verlag, Berlin

Davis FD (1989) Perceived usefulness, perceived ease of use, and user acceptance of information technology. MIS Q 13(3):319–340

Gabler Wirtschaftslexikon (2014) Definition Akzeptanz im Allgemeinen. Gabler Verlag, Wiesbaden

Friedewald M, Raabe O, Koch D, Georgieff P, Neuhäusler P (2010) Ubiquitäres Computing Das „Internet der Dinge" – Grundlagen, Anwendungen, Folgen. Studien des Büros für Technikfolgen-Abschätzung beim Deutschen Bundestag. online im Internet. https://www.tab-beim-bundestag.de/de/pdf/publikationen/buecher/UbiComp-Bd31.pdf. Zugegriffen: 25 Okt. 2016

Friesdorf W, Heine A (2007) Seniorengerechte Technik. Springer Verlag, Berlin, Heidelberg

Heiber A, Nett G (Hrsg) (2006) Handbuch Ambulante Einsatzplanung – Grundlagen, Abläufe, Optimierung. Vincentz Network, Hannover

Hoffmann A (2008) Die Akzeptanz kartenbasierter Kundenbindungsprogramme aus Konsumentensicht. Deutscher Universitätsverlag, Wiesbaden

Hofman J (2015) Clever abrechnen. Häusliche Pflege 24(10):30–32

Keitel E, Boehnke K, Wenz K (2003) Neue Medien im Alltag, Nutzung, Vernetzung, Interaktion. Pabst Science Publishing, Lengerich

Kollmann T (1998) Akzeptanz innovativer Nutzungsgüter und -systeme., Springer Fachmedien Verlag, Wiesbaden

Königstorfer J (2008) Akzeptanz von technologischen Innovationen. Betriebswirtschaftlicher Verlag Gabler, Wiesbaden

Kötte B (2015) Mehr Nutzen mit weniger Aufwand. Häusliche Pflege 24(12):42–45

Kreidenweis H (Hrsg) (2008) Projekt-Bericht Evaluation der Einführung von Pflegedokumentations-Software bei leben&wohnen. Katholische Universität Eichstätt-Ingolstadt, Stuttgart

Leoni-Scheiber C, Feistmantl K (2011) Die EDV-gestützte Pflegedokumentation- Chancen und Risiken, weiße Literatur. Abschlussarbeit zur Erlangung des Diploms für Intensivpflege mit

Berechtigung zur Anästhesiepflege. Ausbildungszentrum West für Gesundheitsberufe in Innsbruck, Innsbruck

Meyer M (Hrsg) (2011) Akzeptanz von AAL. Bundesministerium für Bildung und Forschung/Verband Deutscher Elektrotechnik (BMBF/VDE), Berlin

Meyer S, Mollenkopf H (2010) AAL in der alternden Gesellschaft: Anforderungen, Akzeptanz und Perspektiven. VDE Verlag, Berlin

Moser P (2010) EDV-gestützte Pflegedokumentation – Umsetzung in der Pflegepraxis: Lohnen sich Aufwand und Kosten? Pflegezeitschrift 7(2010):404–405

Projekt universAAL (2016) universAAL, online im Internet. http://www.universaal.org/. Zugegriffen: 28 Okt. 2016

Reichwald R (1980) Vorwort. In: Schönecker HG (Hrsg.) Bedienerakzeptanz und technische Innovation – Akzeptanzrelevante Aspekte bei der Einführung neuer Bürotechniksysteme, Minerva, München, S 5

Reiß M, Rosenstiel L, Lanz A (1997) Change management. Schäffer-Poeschel Verlag, Stuttgart

Rogers EM (1962) Diffusion of Innovations. The Free Press, New York

Rogers EM (2003) Diffusion of Innovations. The Free Press, New York

Rüggeberg H (Hrsg) (2009) Innovationswiderstände bei der Akzeptanz hochgradiger Innovationen aus kleinen und mittleren Unternehmen, Paper No. 51, IMB Institut of Management Berlin, Berlin

Schaubmayr C (2007) Vergleichsstudie konventionelle versus IT-gestützte Pflegedokumenation. In: PR-InternNET für die Pflege, Gesamtausgabe Pflegewissenschaft hpsmedia GmbH, gesamte Ausgabe 8/2007 Pflegewissenschaft, S 487–490

Sießegger T (Hrsg) (2009) Kalkulieren, Organisieren, Steuern – 50 Fragen und Lösungen zur Betriebswirtschaft. Vincentz Network, Hannover

Steffan S, Laux H, Wolf-Ostermann K (2007) Einstellungssache IT-gestützte Pflegedokumentation? Ergebnisse einer empirischen Untersuchung. In: Gesamtausgabe Pflegewissenschaft hpsmedia GmbH, gesamte Ausgabe 2/2007 Pflegewissenschaft, PR-InternNET für die Pflege, Nr. 2, S 94–101

Theussig S (2012) AAL für ALLE? Akzeptanzsteigerung von altersgerechten Assistenzsystemen (AAL) durch den Ansatz des Universal Design und Nutzerintegration. Steiner Verlag, Ulm

Treichel S, Heußner M, Mau W (2012) Kongressbroschüre AAL Kongress 2012. Technik für ein selbstbestimmtes Leben – 5. Deutscher AAL-Kongress, 01.24.2011–01.25.2012, Berlin

Tunstall (2010) http://www.tunstall.de/de/telehealthcare/telecare/-adlife_6_77.html. Zugegriffen: 28. Nov. 2017

Tunstall ADLife (2011) Den Patienten in den Mittelpunkt stellen, Broschüre, online im Internet, URL: http://www.tunstall.de/media/1366358113_051-06-129_telehealth-folder_einzelseiten.pdf. Zugegriffen: 28 Okt. 2016

Utterback JM (1971) The process of Innovation – a Study of the Origination and Development of Ideas for New Scientic Instruments. http://dspace.mit.edu/bitstream/handle/1721.1/48779/processofinnovat00utte.pdf?sequ. Zugegriffen: 27. Okt. 2016

Weiber R, Kollmann T (Hrsg) (1995) Die Vermarktung von Multimedia-Diensten – Akzeptanzprobleme bei interaktivem Fernsehen, Forschungsbericht Nr. 3 zum Marketing des Lehrstuhls für Marketing der Universität Trier, Spee Verlag, Trier

**Monika Roth, Dr. sc. hum.,** ist eine Stabsstelle der Geschäftsführung mit der Aufgabe der strategischen Unternehmensentwicklung in der Vinzentiushaus Offenburg GmbH, einem Altenhilfeanbieter mit verschiedensten Versorgungsangeboten für Menschen in und um Offenburg. Sie ist promoviert in Gesundheitswissenschaften mit den Schwerpunkten

Gesundheitspolitik und Gesundheitsökonomie. Als Grundlage besitzt sie ein Diplom der Katholischen Hochschule Freiburg als Dipl. Pflegewirtin im Bereich „Pflegemanagement" mit den Vertiefungsfächern „Krankenhausmanagement und Gerontologische Pflege In der Gesundes Kinzigtal GmbH arbeitete sie von 2008 bis 2016 als Leitung der Abteilung Versorgung, Vernetzung und Forschung an der Entwicklung und Weiterentwicklung neuer Versorgungsangebote über die Regelversorgung hinausgehend und an deren wissenschaftlicher Evaluation. Ebenso begleitete sie dort erfolgreich Forschungsprojekte des BMBF sowie der EU. An verschiedenen Hochschulen ist sie als Lehrbeauftragte für Gesundheitsökonomie, BWL und VWL im Gesundheitswesen tätig.

**Richard Groß,** ist Pflegedirektor in der Vinzentiushaus Offenburg GmbH, einem Altenhilfeanbieter mit verschiedensten Versorgungsangeboten für Menschen in und um Offenburg. Er ist für die Personalbesetzung der stationären, teilstationären und ambulanten Pflegebereiche des Unternehmens zuständig. Des Weiteren ist er für die Weiterentwicklung der pflegerischen Versorgung und der Entwicklung von alternativen Wohn- und Versorgungsformen verantwortlich. Mit langjähriger Erfahrung als Wohnbereichs – und Pflegedienstleitung, absolvierte er 2013 den Bachelorstudiengang Management im Gesundheitswesen an der Katholischen Hochschule Freiburg.

# Sekundärnutzen von Pflegedaten für ökonomische Nachhaltigkeit durch automatisierte Ermittlung hochaufwändiger Pflegefälle aus der Patientendokumentation

Yvonne Frick und Dieter Baumberger

### Zusammenfassung

Ein Klinikinformationssystem (KIS) dient als zentrale Informationsplattform behandlungsrelevanter Daten in Kliniken. Diese werden primär genutzt, um gute Patientenergebnisse in der Praxis zu erreichen. Neue Anforderungen an die Gesundheitsbetriebe, z. B. für Qualitäts- oder Leistungsnachweise, werden oft nicht in Zusammenhang gebracht mit den behandlungsrelevanten Daten eines KIS. Sie werden deshalb nur partiell genutzt, was zu unnötigen Mehraufwänden beim Gesundheitsfachpersonal für die Datenerfassung führen kann. An dieser Stelle besteht ein beachtenswertes Potenzial zur Ressourcenschonung sowie Effizienzsteigerung. Geforderte Daten sollten als „Abfallprodukte" aus der elektronischen Patientendokumentation generiert werden können, um für verschiedene Zwecke sekundär genutzt werden zu können. Am Beispiel des Codes der Schweizerischen Operationsklassifikation (CHOP) 99.C1 Pflege-Komplexbehandlung wird eine Sekundärnutzung von Pflegedaten aus der elektronischen Pflegedokumentation exemplarisch aufgezeigt. Die Daten werden sekundär zur Ermittlung hochaufwändiger Pflegefälle im Rahmen von Swiss Diagnosis Related Groups (SwissDRG) genutzt.

---

Y. Frick (✉)
Hirslanden Klinik Stephanshorn, Bereich Pflege & Pflegeentwicklung
Brauerstrasse 95, CH-9016 St. Gallen, Schweiz
e-mail: yvonne.frick@hirslanden.ch

D. Baumberger
LEP AG, Forschung und Entwicklung, Rheinweg 21, CH-8200 Schaffhausen, Schweiz
e-mail: dieter.baumberger@lep.ch

© Springer Fachmedien Wiesbaden GmbH 2018
M. A. Pfannstiel et al. (Hrsg.), *Digitale Transformation von Dienstleistungen im Gesundheitswesen IV*, https://doi.org/10.1007/978-3-658-13644-4_4

## Inhaltsverzeichnis

| | | |
|---|---|---|
| 4.1 | Einleitung..................................................... | 70 |
| 4.2 | Theoretischer Hintergrund..................................... | 71 |
| | 4.2.1 SwissDRG und hochaufwändige Pflegefälle................ | 71 |
| | 4.2.2 CHOP-99.C1 Pflege-Komplexbehandlung Regelwerk........... | 72 |
| | 4.2.3 LEP Nursing 3......................................... | 72 |
| 4.3 | Best-Practice-Beispiel zur automatisierten Ermittlung hochaufwändiger Pflegefälle.... | 73 |
| | 4.3.1 Praxisprojekt CHOP-99.C1 Pflege-Komplexbehandlung....... | 74 |
| | 4.3.2 Forschungsprojekt CHOP-99.C1 Pflege-Komplexbehandlung... | 77 |
| 4.4 | Schlussbetrachtung............................................ | 79 |
| Literatur........................................................... | | 81 |

## 4.1 Einleitung

Im Swiss Diagnosis Related Groups (SwissDRG) Tarifsystem können seit 2014 pflegeaufwändige Fälle der allgemeinen Pflegestationen erfasst werden. Untersuchungen haben aufgezeigt, dass sowohl die Pflegeaufwände als auch die darauf beruhenden Fallkosten innerhalb der einzelnen DRGs große Streubreiten aufweisen können (Baumberger et al. 2014; Fischer 2002). Aufgrund solcher Ergebnisse wurden pflegerelevante Klassifikationskriterien entwickelt und in die Schweizerische Operationsklassifikation (CHOP) unter dem neuen Code 99.C1 Pflege-Komplexbehandlung aufgenommen (Bundesamt für Statistik 2013). Mit dieser Klassifizierungsmöglichkeit erhalten Gesundheitsbetriebe für Fälle mit hohen Pflegeaufwänden ab 2017 eine leistungsorientierte finanzielle Abgeltung (NursingDRG 2016).

In der Schweiz hat sich für die Erfassung der Pflegeaufwände die Methode LEP® (Leistungserfassung in der Pflege; Baumberger et al. 2016) bewährt. Die neueste LEP-Generation, Nursing 3, ist eine Klassifikation für Pflegeinterventionen und wird in der elektronischen Patientendokumentation in rund 170 Betrieben in Deutschland, Österreich, Italien und der Schweiz eingesetzt (LEP® AG, 2016). Mittels einer automatisierten Erfassung aus der Patientendokumentation werden die LEP-Daten für die Leistungsauswertung, Kalkulation der Pflegekosten, den Nachweis der Behandlungsqualität, die DRG-Codierung und das Benchmarking genutzt (Mai et al. 2014; Willems 2009). So können Doppelerfassungen, respektive redundante Daten verbunden mit unnötigem administrativem Mehraufwand vermieden werden, wobei ein direkter, transparenter Dokumentationsnachweis gleichzeitig gewährleistet ist (Oertle und Baumgartner 2010).

In einer Privatklinik der Schweiz wird LEP Nursing 3 seit 2009 angewendet. Die langjährige Methodenerfahrung bot die ideale Datenlage, um den CHOP-Code 99.C1 automatisiert auszuleiten. Im Rahmen eines Praxisprojektes wurde die automatisierte Ableitung mit einer Softwarelösung (Boxler Informatik AG 2012) eingeführt. Ergänzend dazu konnte in einem nachfolgenden Forschungsprojekt das neue Klassifikationskriterium bewertet werden.

4 Sekundärnutzen von Pflegedaten für ökonomische Nachhaltigkeit ...

Den Leserinnen und Lesern wird in diesem Beitrag ein Praxis- und Forschungsprojekt aufgezeigt, dass die automatisierte Nutzung dokumentierter Pflegedaten für die Auslösung des CHOP-Code 99.C1 Pflege-Komplexbehandlung zum Ziel hatte.

## 4.2 Theoretischer Hintergrund

### 4.2.1 SwissDRG und hochaufwändige Pflegefälle

Das SwissDRG Tarifsystem wurde im Jahr 2012 in allen Akutspitälern der Schweiz tarifwirksam eingeführt. SwissDRG ist ein Patientenklassifikationssystem, welches die stationär behandelten Patientinnen und Patienten in medizinisch und ökonomisch homogene Fallgruppen (DRG) einteilen (SwissDRG AG 2015). Die Hauptdiagnose bei Spitaleintritt ist das wichtigste Zuordnungskriterium. Weitere Kriterien sind Nebendiagnosen, Prozeduren, Alter, Geschlecht, Art des Spitalaustritts, Schweregrad und weitere Faktoren. Die Zuweisung zu einer bestimmten DRG erfolgt über eine Gruppierungssoftware (Grouper). Die Abb. 4.1 visualisiert das SwissDRG System in einer einfachen Darstellung.

Die Vereinigung Schweizer Krankenhäuser H+ und die Schweizerische Gesundheitsdirektorenkonferenz hatten bereits früh darauf hingewiesen, dass der Einbezug der Pflegeleistungen in DRGs noch mangelhaft sei, da die Hauptdiagnosen-Codes in der Regel den tatsächlichen Pflegeaufwand nur unzureichend widerspiegeln würden (H+/GDK, 2002). Vor diesem Hintergrund hat die Schweizerische Vereinigung der Pflegedienstleiterinnen und Pflegedienstleiter (SVPL – neu Swiss Nurse Leaders) und der Schweizer Berufsverband der

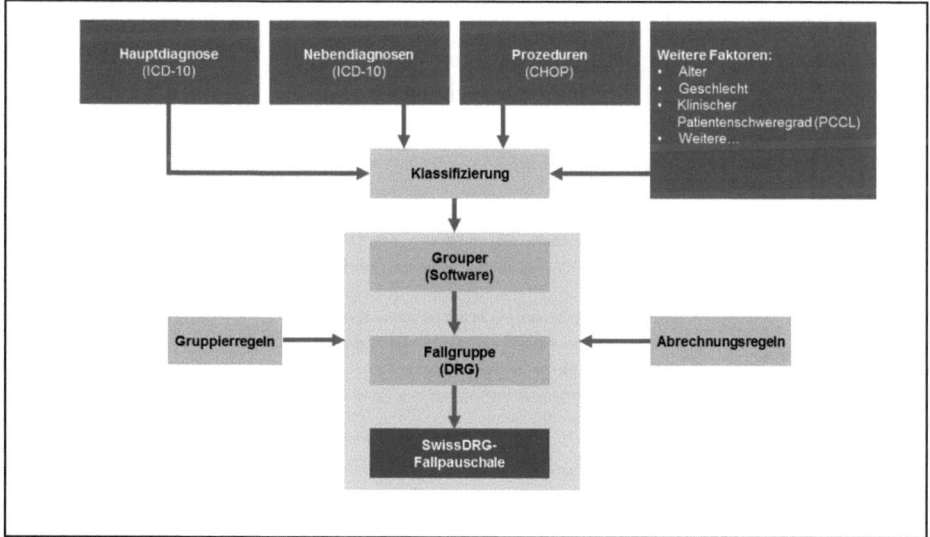

**Abb. 4.1** Das SwissDRG System, eigene Darstellung in Anlehnung an SwissDRG AG (2015)

Pflegefachfrauen und Pflegefachmänner (SBK) im Jahr 2008 das Projekt SwissDRG und Pflege lanciert. Seit 2014 läuft das Projekt unter dem Begriff NursingDRG (NursingDRG 2016) weiter. Dabei wurde ein Set von pflegezustandsbezogener Pflegeindikatoren entwickelt, die unter den aktuellen formalen Bedingungen jedoch nicht SwissDRG-systemkonform sind und in der Folge auf die CHOP in Form handlungsbezogener Kriterien angepasst wurden (Kleinknecht-Dolf et al. 2016, S. 15–17). Aufgrund der Initiative von NursingDRG hat das Bundesamt für Statistik die Klassifikation CHOP um ein zusätzliches Kap. 99.C1 Pflege-Komplexbehandlung per 2014 erweitert (Bundesamt für Statistik 2013).

### 4.2.2 CHOP-99.C1 Pflege-Komplexbehandlung Regelwerk

Der CHOP-Code 99.C1 Pflege-Komplexbehandlung dient der Kennzeichnung besonders pflegeaufwändiger Fälle allgemeiner Pflegestationen, das heißt beispielsweise ohne Intensivstationen, Intermediate Care oder Aufwachräumen (Bundesamt für Statistik 2013, S. 269–274). Es sind sechs Leistungsgruppen definiert: Bewegung, Körperpflege, Ausscheidung, Wundmanagement, Kommunikation und Sicherheit sowie Essen und Trinken. Diese Leistungsgruppen beinhalten jeweils eines oder mehrere Pflegeinterventionsprofile (siehe Beispiel in Abb. 4.2). Der Code ist erlösrelevant, wenn bestimmte Messkriterien und Mindestanforderungen erfüllt sind (Bundesamt für Statistik 2013, S. 273–274) sowie gemäß Regelwerk eine bestimmte Punktezahl erreicht ist (Nursing DRG, 2016).

### 4.2.3 LEP Nursing 3

Die LEP-Klassifikation der Leistungen kann unter anderen für die Berufsgruppe Pflege eingesetzt werden. Weitere Berufsgruppen sind Physiotherapie, Logopädie, Ernährungsberatung, Hebammen, Ergotherapie und Sozialdienst. Für die Patientendokumentation,

| 3 | Leistungsgruppe 3: Ausscheidung | Pflegeinterventionsprofil | Messkriterium / Mindestanforderung | Aufwandspunkte pro Tag |
|---|---|---|---|---|
| 3.1 | Deutlich erhöhter Pflegeaufwand für mindestens ein Pflegeinterventionsprofil der Leistungsgruppe Ausscheidung gegenüber den routinemässig erbrachten Pflegeinterventionen. | Ausscheidungsunterstützung mit Transfer auf die Toilette/Toilettenstuhl, An-/Auskleiden, Hygienemassnahmen und/oder Ausscheidungsunterstützung im Bett mit aufwendiger Körperpositionierung/-lagerung, Hygienemassnahmen | mindestens 4 x tägl. | 1 |
| 3.2 | | Unterstützung bei der Stuhlausscheidung im Bett mit aufwendiger Körperpositionierung/-lagerung, Hygienemassnahmen und Reinigungseinlauf oder Irrigation und/oder digitales rektales Ausräumen | mindestens 1 x tägl. | 1 |

**Abb. 4.2** Leistungsgruppe Ausscheidung aus CHOP-99.C1 Pflege-Komplexbehandlungskriterien (Bundesamt für Statistik 2013, S. 274)

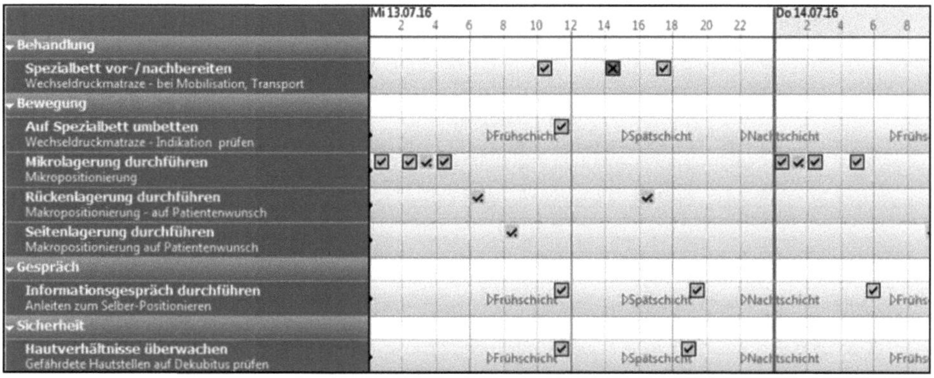

**Abb. 4.3** Auszug aus dem Phönix: Pflegeplan der Hirslanden Klinik Stephanshorn (2016)

die Leistungserfassung und die Leistungsauswertung sind die Leistungen nach dem Ordnungsprinzip der Klassifikation einheitlich geordnet und definiert. Dabei werden Leistungen mit oder ohne Fallzuordnung unterschieden. Leistungen mit Fallzuordnung sind Leistungen, welche an, mit oder für Patientinnen und Patienten erbracht werden (z. B. Köperpflege durchführen). Leistungen ohne Fallzuordnung hingegen sind Leistungen, die keinem Fall direkt zugeordnet werden können (z. B. Ausbildung von Pflegefachpersonal). Für die Ermittlung der CHOP-99.C1-Codes Pflege-Komplexbehandlung sind die Leistungen mit Fallzuordnung relevant. Diese werden vom Pflegefachpersonal in Form von Gesundheitsinterventionen in einer Pflegeplanung dokumentiert. Eine LEP-Pflegeintervention ist in Anlehnung an die World Health Organization (WHO) eine Handlung, die im Auftrag einer Person oder der Bevölkerung durchgeführt wird, um die Gesundheit, Funktionen oder Gesundheitszustände einzuschätzen und zu modifizieren oder zu verbessern (WHO-FIC 2012, S. 6). In Abb. 4.3 ist exemplarisch ein Pflegeplan mit Interventionen dargestellt.

Nachdem eine Pflegefachperson in der Patientendokumentation bestätigt hat, dass eine Gesundheitsintervention durchgeführt wurde, z. B. „Rückenlagerung durchführen", wird diese im Hintergrund automatisiert für die CHOP-Kodierung im Sinne einer Sekundärnutzung ausgeleitet. Somit ist eine separate Leistungserfassung obsolet und Doppelerfassungen (Mehraufwand) für das Gesundheitsfachpersonal und redundante Daten werden vermieden. (Baumberger et al. 2016, S. 6).

## 4.3 Best-Practice-Beispiel zur automatisierten Ermittlung hochaufwändiger Pflegefälle

Aufgrund der mehrjährigen Erfahrung in der Anwendung von LEP Nursing 3 bot sich in einer Privatklinik der Schweiz die automatisierte Ermittlung hochaufwändiger Pflegefälle an. In einem Praxisprojekt wurden die Voraussetzungen in den Software-Systemen

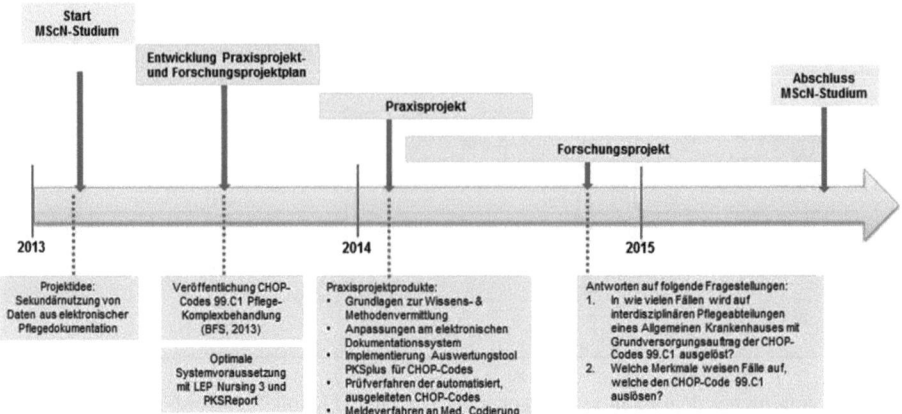

**Abb. 4.4** Zusammenhang Praxis- und Forschungsprojekt CHOP-99.C1 Pflege-Komplexbehandlungskriterien, eigene Darstellung

geschaffen und dazugehörige prozessuale Themen bearbeitet. In der Folge wurde das neue Klassifikationskriterium in einem Forschungsprojekt geprüft und bewertet. Die beiden Projekte wurden im Rahmen des Master of Science in Pflege (MScN) Studiums der Autorin bearbeitet. Die Projektzusammenhänge sind in Abb. 4.4 ersichtlich.

### 4.3.1 Praxisprojekt CHOP-99.C1 Pflege-Komplexbehandlung

Im Praxisprojekt wurden ausgerichtet auf im Voraus festgelegten Projektzielen verschiedene Projektprodukte erarbeitet. Die Erarbeitung erfolgte interprofessionell mit Mitarbeitenden der Pflege, der Informatik, der Softwarefirmen, dem Finanzwesen sowie der Medizinischen Codierung. Folgende Projekteprodukte resultierten aus der Erarbeitung:

1. Grundlagen zur Wissen- und Methodenvermittlung
2. Angepasstes elektronisches Patientendokumentationssystem
3. Implementiertes Auswertungstool für CHOP-Codes
4. Etabliertes Prüfverfahren für die automatisiert ausgeleiteten CHOP-Codes
5. Etabliertes Meldeverfahren an die Medizinische Codierung

Nachfolgend werden die Projektprodukte mit ihren Bearbeitungsinhalten näher erläutert.

#### 4.3.1.1 Grundlagen zur Wissens- und Methodenvermittlung

Zur Erarbeitung der Grundlagen war eine vertiefte Auseinandersetzung mit dem SwissDRG Tarifsystem sowie der dazugehörigen Schweizerischen Operationsklassifikation erforderlich. In der Folge wurden die CHOP-Codes 99.C1 Pflege-Komplexbehandlung im Detail analysiert und mit passenden LEP Nursing 3 Leistungen in Zusammenhang gebracht. Dabei wurde jeweils für jede der sechs Leistungsgruppen, die relevanten LEP Nursing 3 Pflegeinterventionen in Form von Leistungsbündeln in der bestehenden Software visualisiert. Somit wurde für das Pflegepersonal in der bestehenden Patientendokumentation ersichtlich, welche Variablen CHOP-99.C1-relevant sind. Abb. 4.5 stellt den Zusammenhang im Beispiel der Leistungsgruppe Ausscheidung dar. Das Ziel dieses Projektproduktes bestand darin, den Leistungserbringenden Personen (hier dem Pflegepersonal) das neue Klassifikationskriterium mit den vertrauten LEP Nursing 3 Interventionen zu erläutern. Abschließend wurden Schulungsunterlagen anhand von klinikspezifischen Fallbespielen und Pflegeschwerpunkten erstellt.

**Abb. 4.5** Auszug aus dem Phönix: Darstellung der CHOP-99.C1 relevante LEP Nursing 3 Pflegeinterventionen für die Pflegeplanung der Hirslanden Klinik Stephanshorn (2016)

### 4.3.1.2 Angepasstes elektronisches Patientendokumentationssystem

In Ergänzung zur Visualisierung wurden die, für CHOP-99.C1 relevanten LEP Nursing 3 Pflegeinterventionen, mit den häufigsten Pflegediagnosen der betreffenden Klinik verknüpft. Interventionen zur Bewegung sind beispielsweise mit fünf Pflegediagnosen nach der North American Nursing Diagnosis Association (NANDA) NANDA-I 09/11 verknüpft (NANDA International 2013): Gefahr einer Hautschädigung, Aktivitätsintoleranz, Beeinträchtigte Gehfähigkeit, Bewegungsarmer Lebensstil und Verzögerte postoperative Erholung. Das Ziel dieses Projektproduktes bestand darin, die klinische Begründung der Durchführung einer Pflegeintervention via Pflegediagnostik zu gewährleisten.

Die Leistungsgruppe Wundmanagement hat im Unterschied zu den übrigen vier Gruppen spezifische Wundbehandlungskriterien in Ergänzung zur Leistungserfassung (Bundesamt für Statistik 2013, S. 274). Entsprechend bestand das Ziel darin, diese Zusatzkriterien ebenfalls automatisiert aus der Patientendokumentation abzuleiten. Bei den Kriterien handelt es sich um das Vorhandenseins einer Fistel oder einer Wundfläche $\geq 40$ cm². Entsprechend wurde in der Wunddokumentation folgende Abfrage in der Software hinterlegt:

1. Prüfung: Sind Wunddokumentationen im Fall vorhanden?
2. Wenn ja, pro Wunddokumentation prüfen:
    a. ob eine Fistel vorhanden ist und/oder
    b. ob eine Wundfläche $\geq 40$ cm² vorhanden ist (aus Länge × Breite in cm berechnet)
3. Wenn ergänzend zur Leistungserfassung (LEP-Leistungen für die Wundbehandlung) eine Fistel und/oder eine Wundfläche $\geq 40$ cm² vorhanden ist, ist ein Aufwandpunkt zu generieren

### 4.3.1.3 Implementiertes Auswertungstool für CHOP-Codes

Bei der Implementierung des Auswertungstools wurde erreicht, dass die Fälle mit relevanten Leistungen für den CHOP-99.C1 unter Einbezug der korrekten Kostenstelle ermittelt werden können. Das Auswertungstool wurde in Form einer Pivot-Excel-Tabelle installiert. Dafür musste eine Schnittstelle zu Leistungsdaten sowie zu administrativen Falldaten hinterlegt werden. Die größte Herausforderung bestand darin, die korrekten Kostenstellen bzw. relevanten leistungserbringenden Organisationseinheiten zu hinterlegen. Leistungen der nicht allgemeinen Pflegestationen wie Intensivstation, Intermediate Care, des Aufwachraum, der Notfallaufnahme sowie der Geburtshilfe mussten ausgeschlossen werden. Hierbei spielt der Schweiz der korrekte Aufbau der Konten- bzw. Kostenstellenstruktur nach REKOLE® (SwissDRG AG 2013a, S. 23) eine zentrale Rolle. Zudem durften gemäß Regelwerk CHOP-99.C1 Leistungen der allgemeinen Pflegestation am Verlegungstag auf die Intensivstation nicht berücksichtigt werden. Dies konnte nicht automatisiert, dafür mit einer, von der Intensivstation zusätzlich zu erfassenden Variablen gelöst werden. Diese zusätzliche Erfassung wurde in das Routine-Leistungsbündel „Übernahmekontrolle der Spätschicht" integriert. Abschließend wurden noch weitere Ausschlusskriterien integriert, beispielsweise der Ausschluss von Fällen mit einer Aufenthaltsdauer unter drei Tagen.

### 4.3.1.4 Prüfverfahren für die automatisiert ausgeleiteten CHOP-Codes

Zur Kontrolle der Dokumentationsqualität vor Fallabschluss und vor der Medizinischen Codierung wurde ein Prüfverfahren festgelegt. Bei Fällen mit acht oder mehr Punkten wird der für LEP zuständigen Fachperson ein Mail generiert. Nach Mail-Eingang erfolgt eine Fallprüfung anhand einer Checkliste, welche auf der Basis des CHOP-Regelwerkes erarbeitet wurde. Auffälligkeiten in der Patientendokumentation sowie der Leistungserfassung wurden jeweils direkt den verantwortlichen Pflegefachpersonen zurückgemeldet. Mit den Rückmeldungen konnte die Dokumentationsqualität erhöht werden. Dies zeigte sich in nachfolgenden Fallüberprüfungen bei den verantwortlichen Pflegefachpersonen.

### 4.3.1.5 Meldeverfahren an die Medizinische Codierung

Der Prozess der Fallprüfung wurde abschließend ergänzt mit dem Meldeverfahren an die Medizinische Codierung. Hierbei wurde erreicht, dass nur Fälle nach durchlaufenem Prüfverfahren an die Medizinische Codierung gelangen. Als Hilfsmittel wurde hierzu ein Meldeformular, orientiert an den CHOP-Codes 99.C1.XX (Bundesamt für Statistik 2013, S. 269–274) erstellt. Fälle, welche eine Punktezahl von elf oder mehr erreichten, wurden via einem von der für LEP zuständigen Fachperson visiertem Meldeformular an die medizinische Codierung zugestellt.

## 4.3.2 Forschungsprojekt CHOP-99.C1 Pflege-Komplexbehandlung

Im Forschungsprojekt wurde im Anschluss auf das Praxisprojekt geprüft, ob besonders pflegeaufwändige Fälle der allgemeinen Pflegeabteilung erfasst werden. Damit erfolgte eine Bewertung des neuen Klassifikationskriteriums im SwissDRG-Tarifsystem mit Daten aus der Pflegepraxis.

### 4.3.2.1 Fragestellungen

Folgenden Fragestellungen wurde im Forschungsprojekt nachgegangen:

1. In wie vielen Fällen wird auf interdisziplinären Pflegeabteilungen eines Allgemeinen Krankenhauses mit Grundversorgungsauftrag Niveau vier (Typ K122; Bundesamt für Statistik 2006) der CHOP-Code 99.C1 ausgelöst?
2. Welche Merkmale weisen Fälle auf, welche den CHOP-Code 99.C1 auslösen?

### 4.3.2.2 Methode

Mit einem deskriptiv korrelativen Design der quantitativen Forschung (Burns und Grove 2005, S. 231–246) wurde das Klassifikationskriterium mit Daten der pflegerischen Leistungserfassung sowie SwissDRG-Kennzahlen geprüft. Die Prüfung erfolgte über einen Zeitraum von sieben Monaten.

## 4.3.2.3 Ergebnisse und Schlussfolgerungen

Von 1873 geprüften Fällen wurden 1,9 % CHOP-Fälle erfasst, davon löste ein Fall (0,1 %) den CHOP-Code 99.C1 (99.C1.10) aus. Es wurden Fälle aus acht verschiedenen Fachgebieten und 29 Fallgruppen erfasst. Die Kostengewichte (CW) dieser Fälle betrugen sich zwischen 0,6 und 16,4. Die Aufenthaltsdauer der erfassten Fälle bewegte sich zwischen drei bis 56 Tagen. Das Alter in diesen Fällen bewegte sich zwischen 24–87 Jahren. Die Datenprüfung liefert somit Hinweise, dass pflegeaufwändige Fälle erfasst werden können, in dieser Stichprobe unabhängig der Fachgebietszugehörigkeit, der Behandlungsart, des Kostengewichtes (CW) der Aufenthaltsdauer und des Alters.

Das Klassifikationskriterium wurde erstmals mit Praxisdaten eines Allgemeinen Krankenhauses mit Grundversorgungsauftrag geprüft. Die Anzahl der untersuchten Fälle ist nicht ausreichend für verallgemeinerbare Aussagen, liefert aber erste Hinweise, dass mit den Messkriterien des CHOP-Code 99.C1 pflegeaufwändige Fälle erfassen kann. Weitere Untersuchungen mit höheren Fallzahlen aus verschiedenen Spitaltypen sind notwendig, damit das Klassifikationskriterium CHOP-Code 99.C1 auf der Basis hoher Fallzahlen aus allen Fallgruppen überprüft und je nach Ergebnissen weiterentwickelt werden kann.

## 4.3.2.4 Darstellung eines Fallbeispiels

Für die Nachvollziehbarkeit des neuen Klassifikationskriteriums wird in der Folge exemplarisch der Einzelfall aus dem Forschungsprojekt mit dem CHOP-Code 99.C1.10 erläutert. Dabei werden die Resultate aus der Analyse aufgezeigt. Die Systematik des Regelwerks wird dabei nicht bewertet.

Der Fall erreichte einen Punktewert von zwölf. Diese 12 Punkte wurden mit je 6 Punkten aus den beiden Leistungsgruppen Bewegung und Körperpflege generiert (siehe Tab. 4.1).

Hierbei handelt es sich um einen 82 Jahre alten Mann aus dem Fachgebiet der Onkologie-Hämatologie. Der Fall gehörte in die Hauptdiagnosegruppe der Krankheiten des Blutes, der blutbildenden Organe und des Immunsystems. Das effektive Kostengewicht (CW) betrug 1,9 und die Aufenthaltsdauer 11 Tage. Die mittlere Verweildauer dieser Fallgruppe lag bei 12,3 Tagen (SwissDRG AG 2013b). Der Fall wurde ausschließlich auf der

**Tab. 4.1** Übersicht Verteilung CHOP-Punkte

| Leistungsgruppe | Tag 2 | Tag 3 | Tag 5 | Tag 6 | Tag 8 | Tag 10 |
|---|---|---|---|---|---|---|
| Bewegung | 1 | 1 | 1 | 1 | 1 | 1 |
| Körperpflege | 1 | 1 | 1 | 1 | 1 | 1 |
| Ausscheidung | 0 | 0 | 0 | 0 | 0 | 0 |
| Wundmanagement | 0 | 0 | 0 | 0 | 0 | 0 |
| Kommunikation & Sicherheit | 0 | 0 | 0 | 0 | 0 | 0 |
| Essen & Trinken | 0 | 0 | 0 | 0 | 0 | 0 |
| **Total** | 2 | 2 | 2 | 2 | 2 | 2 |
| **Summe über Aufenthalt** | 12 Punkte | | | | | |

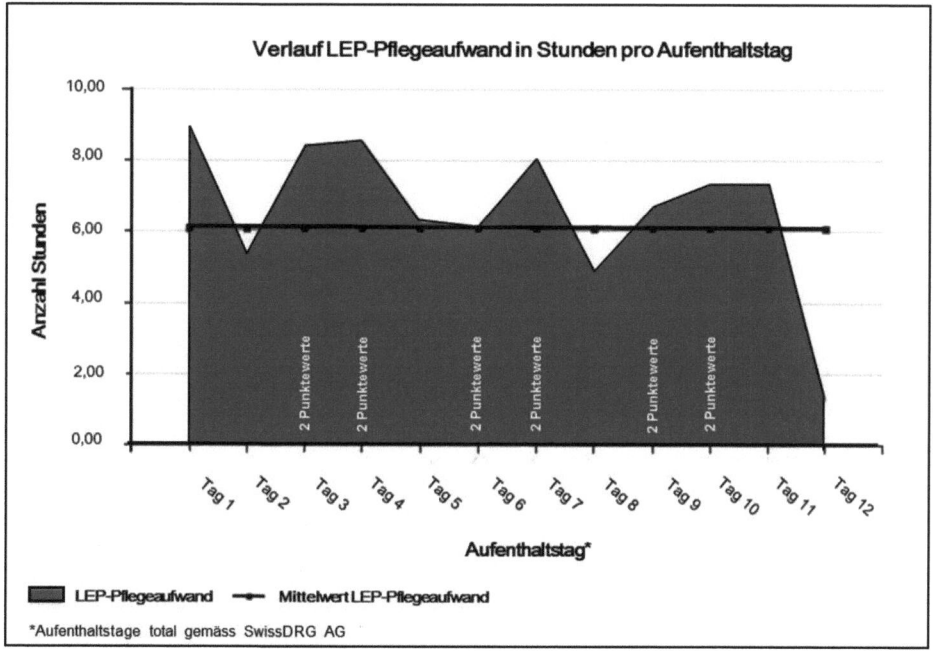

**Abb. 4.6** Fallbeispiel: Verlauf LEP-Pflegeaufwand in Stunden pro Aufenthaltstag, eigene Darstellung

allgemeinen Pflegeabteilung betreut (kein Aufenthalt auf Intensivstation etc.). Der Pflegeaufwand in diesem Fall betrug 74,4 LEP-Stunden während der Hospitalisation. Der durchschnittliche Pflegeaufwand pro Tag der Pflegeabteilung lag bei 6,8 LEP-Stunden, die Abb. 4.6 zeigt den gemessenen Pflegeaufwand pro Aufenthaltstag auf.

Der Fall wies die höchsten Pflegeaufwände in den Leistungsgruppen Bewegung sowie der Körperpflege aus. In der Kategorie Bewegung waren alle LEP-Stunden CHOP-Erfassung relevant. Alle übrigen Leistungsgruppen wiesen nur partiell oder keine für die CHOP-Erfassung relevante LEP Leistungen auf. Die Stunden der CHOP-irrelevanten Leistungsgruppen betrugen 17,7. Dabei wies die Leistungsgruppe Medikation den höchsten Pflegeaufwand aus und die Atmung/der Kreislauf den kleinsten. Die Tab. 4.2 bietet eine Übersicht zu den CHOP-relevanten sowie CHOP-irrelevanten LEP-Stunden dieses Einzelfalles.

## 4.4 Schlussbetrachtung

Empfehlungen für die Praxis:

**Vermeidung von administrativen Zusatzaufwänden** Im Gesundheitswesen sind in akutsomatischen Kliniken verschiedene elektronische Patientendokumentationssysteme zur Dokumentation stationärer Patientenfälle vorhanden. Die Patientendokumentation

**Tab. 4.2** Übersicht CHOP-relevante und – irrelevante LEP-Stunden pro Leistungsgruppe

| Leistungsgruppe | Total LEP-Stunden | CHOP-relevante LEP-Stunden | CHOP-irrelevante LEP-Stunden |
|---|---|---|---|
| Bewegung | 15,6 | 15,6 | 0 |
| Körperpflege | 18,2 | 14,6 | 3,6 |
| Ausscheidung | 5,1 | 3,0 | 2,1 |
| Wundmanagement | 1,7 | 1,7 | 0 |
| Kommunikation & Sicherheit | 13,7 | 6,8 | 6,9 |
| Essen & Trinken | 2,4 | 0 | 2,4 |
| CHOP-irrelevante LEP-Kategorien | 17,7 | 0 | 17,7 |
| **Total** | **74,4** | **41,7** | **32,7** |

gilt als patientenzentrierter Teil eines Klinikinformationssystems (KIS) und spielt eine zunehmend wichtige Rolle bei der Koordination der Leistungen innerhalb und zwischen Gesundheitsbetrieben, während der bisher führende administrative Teil eines KIS auf Hintergrundprozesse zurückgedrängt wird und sich mit seiner behandlungsprozessfernen Funktionalität in den Gesamtprozess der Leistungserbringung und Abrechnung einordnet. Daten für behandlungsprozessferne Funktionalitäten wie dem CHOP-Code 99.C1 sollten aus der behandlungsprozessnahen Patientendokumentation zur Verfügung stehen (Sekundärnutzung). Dies wiederum vermeidet administrative Zusatzaufwände und erlaubt dem Gesundheitsfachpersonal sich auf die behandlungsnahen Kernprozesse zu konzentrieren.

**Forschungsprojekte durch Studierende** Für die Prüfung neu installierter Kriterien eignen sich deskriptive Forschungsprojekte. Durch ein begleitendes oder nachfolgendes Forschungsprojekt können neue Kriterien sowie deren Implementationen eingehend geprüft werden. Zudem liefern Ergebnisse aus Forschungsprojekten einen wesentlichen Beitrag zur Weiterentwicklung von Kriterien. Forschungsprojekte dieser Art können beispielsweise durch Masterstudierende vorgenommen werden.

**Vorhandene Systeme nutzen und Daten verfügbar machen** Aus der elektronischen Patientendokumentation entstehen vielfältige Daten. Vor Systeminstallationen sowie Systemerweiterungen ist es empfehlenswert, die Anforderungen zur Verwendung von Daten aus der Patientendokumentation mit allen beteiligten Anspruchsgruppen vorher festzulegen. Nachträgliches Festlegen von Anforderungen ist in der Regel ineffizient und teilweise nicht mehr realisierbar, bestimmt aber für den einzelnen Gesundheitsbetrieb sehr kostenintensiv. Daten müssen für die betreffenden Professionen verfügbar gemacht werden. Dabei ist die Zugangsschwelle tief zu halten. Mit aufbereiteten Tools, bereits mit Excel machbar, ist eine Datenverfügbarkeit einfach zu realisieren und benötigt keine kostenintensiven Investitionen.

**Regelwerke und Fallbeispiele für eine nachhaltig hohe Erfassungsqualität** Damit Daten sekundär genutzt werden können, sind Regeln für die Patientendokumentation und Leistungserfassung zu definieren sowie deren korrekte Anwendung eine zentrale Voraussetzung. Wie sich im Praxisprojekt zudem gezeigt hat, ist in diesem Zusammenhang eine gezielte Anwenderschulung und kontinuierliche Überprüfung und Begleitung in der korrekten Anwendung zielführend. Für die Schulung eignen sich Fallbeispiele aus der Praxis. Neue Erfassungskriterien, wie die Messkriterien des CHOP-Codes 99.C1 Pflege-Komplexbehandlung, können so optimal an bestehende Methoden-Kenntnisse anknüpfen. Dabei resultieren für Leistungserfasser plausible Zusammenhänge. Für Betriebe im Gesundheitswesen wiederum bedeutet das Anknüpfen an bestehenden Methoden eine Reduktion an Schulungsaufwand und führt somit kostengünstiger.

**Keine Automatisierung ohne Prüfverfahren** Es gibt keine absolute Automatisierung ohne Prüferverfahren. Bevor Daten durch berufsfremde Personen beurteilt werden, sind Daten durch erfahrene Fachpersonen (hier die für LEP und den CHOP-Code 99.C1 zuständige Fachperson) systematisch zu überprüfen. Verantwortlichkeiten im Prüfverfahren sollten direkt bei der betroffenen Profession (hier Pflegeprofession) ansetzen. Der Aufwand kann durch automatisierte Meldeverfahren limitiert und priorisiert werden. Beim Prüfverfahren in Zusammenhang mit den CHOP-Code 99.C1 Kriterien sollten nicht nur gemeldete Fälle geprüft werden, sondern auch jene, welche von der Pflegeprofession subjektiv als besonders pflegeaufwändige Fälle eingeschätzt werden. Auch diese Fallprüfungen tragen zur Erhöhung der Erfassungsqualität aber auch zur Weiterentwicklung des CHOP-Code 99.C1 Pflege-Komplexbehandlung bei.

## Literatur

Baumberger D, Bürgin R, Bartholomeyczik S (2014) Variabilität des Pflegeaufwands in SwissDRG-Fallgruppen. Pflege 27(2):105–115

Baumberger D, Hieber S, Raeburn S, Studer M, Bürgin R, Ranegger R, Caluori Y, Weber P, Jenzer Bücher R (2016) LEP – Aufbau und Anwendung. LEP-AG, St. Gallen

Boxler Informatik AG (2012) PKSplus Individualauswertungen, online im Internet. http://www.boxler.com/individualauswertungen.html. Zugegriffen: 16 Apr. 2016

Bundesamt für Statistik (2006) Statistik der stationären Betriebe des Gesundheitswesens – Krankenhaustypologie, online im Internet. https://www.bfs.admin.ch/bfs/de/home/statistiken/gesundheit/erhebungen/ks.assetdetail.169879.html. Zugegriffen: 24 Okt. 2016

Bundesamt für Statistik (2013) Schweizerische Operationsklassifikation, Systematisches Verzeichnis - Version 2014, online im Internet. https://www.bfs.admin.ch/bfs/de/home/statistiken/gesundheit/nomenklaturen/medkk/instrumente-medizinische-kodierung.assetdetail.349052.html. Zugegriffen: 25. Jun. 2017

Burns N, Grove SK (2005) Pflegeforschung verstehen und anwenden, 1. Aufl. Elsevier, Urban & Fischer Verlag, München

Fischer W (2002) Diagnosis related groups (DRGs) und Pflege: Grundlagen, Codierungssysteme, Integrationsmöglichkeiten, 1. Aufl. Verlag Hans Huber, Bern

H+/GDK (2002) Vergleich von ausgewählten Fallgruppierungssystemen, theoretischer Systemvergleich, online im Internet. http://siprosargl.sytes.net/grd/Bibliograf%EDa/IR%20GRD/Bericht02-d.pdf. Zugegriffen: 03 Juni 2016

Kleinknecht-Dolf M, Baumberger D, Jucker T, Kliem U, Zimmermann N, Spirig R (2016) Die Entwicklung eines Sets von aufwandrelevanten Pflegeindikatoren für die Schweizer Pflegepraxis. Pflege 29(1):9–16

LEP® AG (2016) Methode, online im Internet. https://www.lep.ch/de/warum-lep.html. Zugegriffen: 14 Juli 2016

NANDA International (2013) NANDA-I-Pflegediagnosen 2012–2014: Definitionen und Klassifikation. Herdmann TH. (Hrsg), 1. Aufl., RECOM Verlag, Kassel

NursingDRG (2016) SwissDRG-Zusatzentgelte für Pflege-Komplexbehandlung ab 2017. NursingDRG Newsletter 18.04.2016, online im Internet. http://www.nursingdrg.ch/files/4514/6106/1620/NursingDRG_Newsletter_2016_04_18_de.pdf. Zugegriffen: 03 Juni 2016

Mai T, Henneberger D, Löffler S, Flerchinger C (2014) Kontinuierlicher Verstehensprozess. Pflegemaßnahmenplanung mit LEP® Nursing 3 – eine kritische Reflexion. Pflegezeitschrift 67(4):202–205

Oertle M, Baumgartner A (2010) Ausmaß der vollständigen Automatisierung von Pflegeleistungserfassungen, basierend auf der elektronischen Patientenakte. SGMI Swiss Society for Medical Informatics Proceedings Annual Meeting 26(69):37–41

SwissDRG AG (2013a) Dokumentation zur SwissDRG-Erhebung 2014. Bern, online im Internet. http://www.swissdrg.org/assets/pdf/Erhebung_2014/Dokumentation_zur_SwissDRG_Erhebung_2014pdf. Zugegriffen: 14 Juli 2016

SwissDRG AG (2013b) Fallpauschalen-Kata Bern, online im Internet. http://www.swissdrg.org/assets/pdf/System_30/131118_SwissDRG-Version_3.0_Fallpauschalenkatalog2014_d_geprueft_CHOP2014.pdf. Zugegriffen: 15 Juli 2016

SwissDRG AG (2015) Fallpauschalen in Schweizer Spitälern: Basisinformation für Gesundheitsfachleute. Bern, online im Internet. http://www.swissdrg.org/assets/pdf/Broschuere/150212_SwissDRG_Broschuere_D.PDF. Zugegriffen: 03 Jun 2016

WHO-FIC (2012) ICHI alpha. International classification of health interventions. WHO-FIC Family Development Committee, Brasilia

Willems Y (2009) Developing an electronic nursing record based on a philosophy of care and management tool: The EOC experience. SGMI Swiss Society for Medical Informatics 25(66):33–35

**Yvonne Frick, MScN, RN**. SBK-Kommission „eHealth und Pflege". Leiterin Pflege & Pflegeentwicklung und Mitglied der Klinikleitung in der Hirslanden Klinik Stephanshorn St. Gallen (CH). In der Privatklinikgruppe Hirslanden ist sie für die „Umsetzung des elektronischen Pflegeprozesses" tätig. Zudem ist sie in der Expertengruppe CHOP-Code 99.C1 für das Projekt Nursing DRG aktiv.

**Dieter Baumberger, Dr. rer. medic., MScN, RN.** Mitarbeiter Projekt NursingDRG, SBK-Kommission „eHealth und Pflege" und ICNP Nutzergruppe. Leiter Forschung und Entwicklung und Mitglied Geschäftsleitung LEP AG. In Forschungsprojekten zu Fallpauschalen ist er für die Swiss Nurse Leaders sowie den Schweizer Berufsverband der Pflegefachfrauen und -männer (SBK) tätig. Zudem ist er Mitarbeiter in diversen nationalen und kantonalen Projekten im Themenkreis „Umsetzung von Patientenklassifikationssystemen in Klinikinformationssystemen".

# Game Based Learning in Nursing – didaktische und technische Perspektiven zum Lernen in authentischen, digitalen Fallsimulationen

5

Nadin Dütthorn, Manfred Hülsken-Giesler und Rasmus Pechuel

### Zusammenfassung

Digitalisierungsprozesse erhalten derzeit in allen Handlungsfeldern der beruflichen Pflege zunehmende Bedeutung. Nachdem sich die computergestützte Pflegeplanung und -dokumentation im stationären wie im ambulanten Bereich der Pflege fortschreitend durchsetzt, werden derzeit Assistive Technologien zur Unterstützung von Hilfeempfängern und informellen wie professionellen Helfern in die Pflege getragen, die die unmittelbare Pflegearbeit etwa in Bezug auf Sicherheit, Mobilität oder soziale Interaktion adressieren. Im Bereich der Pflegebildung verweist der technische Fortschritt auf neue Möglichkeiten, komplexe Lernprozesse über eine digitale Aneignung von möglichst realitätsnahen Szenarien aus der beruflichen Pflegepraxis anzustoßen. Dieser Beitrag beschäftigt sich mit den methodisch-didaktischen Potenzialen digitaler Medien zur praxisnahen und lebensweltlich anschlussfähigen Entwicklung pflegespezifischer Kompetenzen bei jungen Auszubildenden in der Pflege. In diesem Zusammenhang werden Möglichkeiten, Herausforderungen und Begrenzungen des Einsatzes von Serious Games in der Pflege diskutiert. Es wird gezeigt, inwiefern es mit Hilfe von authentischen digitalen Simulationen in Serious Games gelingen kann,

N. Dütthorn (✉)
FB Gesundheit, Fachhochschule Münster, Leonardo-Campus 8, 48149 Münster, Deutschland
e-mail: duetthorn@fh-muenster.de

M. Hülsken-Giesler
Pflegewissenschaftliche Fakultät, Lehrstuhl für Gemeindenahe Pflege, Philosophisch-Theologische Hochschule Vallendar Pallottistr. 3, D – 56179 Vallendar, Deutschland
e-mail: mhuelsken-giesler@pthv.de

R. Pechuel
Ingenious Knowledge, Gottfried-Hagen-Str. 60–62, 51105 Köln, Deutschland
e-mail: rasmus.pechuel@ingeniousknowledge.com

© Springer Fachmedien Wiesbaden GmbH 2018
M. A. Pfannstiel et al. (Hrsg.), *Digitale Transformation von Dienstleistungen im Gesundheitswesen IV*, https://doi.org/10.1007/978-3-658-13644-4_5

Lernende mit komplexen, mehrdimensionalen Pflegesituationen zu konfrontieren, sie handlungsdruckentlastet zur Erprobung und Einübung verschiedener Handlungs- und Problemlösungsmuster zu motivieren und dabei die Entwicklung von pflegerelevanten Kompetenzen, etwa einer situativ variablen Urteilsbildung zu fördern. Damit werden erste pflegedidaktische Legitimationen für einen bildungshaltigen Einsatz von Serious Games in der Pflegebildung vorgelegt und Möglichkeiten für eine technische Umsetzung in multivarianten Spieldesigns diskutiert. Im Mittelpunkt steht die Frage, wie pädagogische Zieldimensionen der professionsbezogenen Kompetenzaneignung mit methodischen Elementen eines digitalen Lernens verbunden werden können, die Motivation, Neugier und Lust am Spiel in den Mittelpunkt stellen.

**Inhaltsverzeichnis**

5.1 Digitalisierung in der Pflege – Ausgangslage und spezifische Herausforderungen...... 84
    5.1.1 Pflegedidaktische Anforderungen an digitale Simulationen in Serious Games... 87
    5.1.2 Authentische Fallsimulationen zur Anbahnung der hermeneutischen Fallkompetenz...... 90
    5.1.3 Motivation, Lernerfolg und Spielfreude ...... 92
5.2 Game Design – digitale Umsetzungsstrategien zu Game -Based Learning in Nursing... 93
    5.2.1 Die Herausforderung des Game Designs...... 94
    5.2.2 Die Herausforderung der Aufgabengestaltung...... 95
    5.2.3 Die Herausforderung der Heranführung der Lernenden und Lehrenden...... 96
5.3 Schlussbetrachtung ...... 97
Literatur...... 98

## 5.1 Digitalisierung in der Pflege – Ausgangslage und spezifische Herausforderungen

Wie in allen weiteren Handlungsfeldern der beruflichen Pflege erhalten digitale Medien und neue Technologien auch im Bereich der Pflegebildung heute eine zunehmende Bedeutung (Hülsken-Giesler 2015). International werden Computer bereits seit den 1960er-Jahren zur Unterstützung von Aus-, Fort- und Weiterbildung in der Pflege eingesetzt (Hannah 2002), in Deutschland erhält die Entwicklung und Erprobung von Ansätzen des E-Learning in der Pflege im Rahmen einer ersten Entwicklungs- und Förderwelle seit Beginn der 2000er-Jahre Dynamik (Hülsken-Giesler 2008). Der technische Fortschritt einerseits und die Verkürzung von Innovationszyklen im wissensintensiven Berufsfeld Pflege andererseits führen heute dazu, dass die digitale Unterstützung von Bildungs- und Lernprozessen in der Pflege für nahezu unverzichtbar gehalten wird (Pundt und Garden 2012). Der Einsatz von digitalen Medien richtet sich dabei zunächst auf die Erschließung und Vermittlung von Basisfächern der Grundausbildung, auf die Vorbereitung auf spezialisierte Handlungsfelder sowie auf das Einüben von verschiedenen Methoden der klinischen Entscheidungsfindung in der Pflege (Hübner 2001). Mit der Etablierung und Verbreitung des Internets sowie neuer Möglichkeiten der multimedialen und mobilen Kommunikation und Vernetzung werden die Einsatzmöglichkeiten komplexer, neben der Einrichtung von virtuellen Klassenzimmern, Bibliotheken und Lernumgebungen werden heute zunehmend auch neue Möglichkeiten des kollaborativen Lernens (z. B. über „cloud computing") sowie der online- und evidenzbasierten Wissensgenerierung und Wissenskommunikation in der Pflege erprobt (Kamin et al. 2013).

Dabei wird schon frühzeitig der Gedanke verfolgt, aktuelle Daten aus der klinischen Versorgung (im Sinne der Praxis der Pflege in ambulanten und stationären Bezügen), der Organisation und Koordination von Pflege oder auch aus der Gesundheits- und Pflegeforschung unmittelbar in die Bildungsprozesse einzubinden (Hannah 2002), die verschiedenen Handlungsfelder der „Pflegepraxis", der Pflegeorganisation und der Pflegebildung also zunehmend miteinander zu vernetzen. Anschlussstellen bieten dazu die jüngeren Entwicklungen in der Digitalisierung der Pflege (Hülsken-Giesler 2015). Von besonderer Bedeutung sind dabei Systeme zur IT-gestützten Pflegeplanung und -dokumentation, die im akutstationären Pflegesektor derzeit in ca. ein Drittel aller deutschen Krankenhäuser systematisch verwendet werden (Hübner et al. 2015) und in der langzeitstationären und ambulanten Pflege an Relevanz gewinnen (Hielscher et al. 2015). Ein breites Angebot an pflegespezifischen Softwareprogrammen unterstützt den Daten- und Informationsaustausch im Pflege- und Gesundheitssystem dabei in der Regel entlang des Pflegeprozesses (Sowinski et al. 2015). Entwicklungen aus dem Bereich der Assistiven Technologien erweitern derzeit das Angebot an technischen Unterstützungssystemen in der Pflege (BAuA 2015): Diese technischen Assistenzsysteme werden einerseits dafür eingesetzt, funktionale Aspekte der Pflegearbeit zu unterstützen (z. B. in Bezug auf Sicherheit, Mobilität, Ernährung, Kommunikation der Hilfeempfänger), andererseits zielen sie auf eine verbesserte Vernetzung von Hilfeempfängern, informellen und professionellen Helfern und auf Sicherstellung der Koordination einer bedarfsgerechten Pflegearbeit in komplexen Gefügen (Hülsken-Giesler 2015). Dynamische Entwicklungen werden zukünftig auch für den Bereich der Pflegerobotik erwartet (Becker et al. 2013). Technische Innovationen dieser Art zielen neben der unmittelbaren Unterstützung im Handlungsfeld häufig auch auf die Erhebung und Kommunikation von pflegerelevanten Daten, die potenziell auch für Prozesse der Pflegebildung nutzbar gemacht werden können.

Digitalisierungsprozesse in der Pflege verweisen, über allgemeinere Problemstellungen (z. B. ethische, datenschutzrechtliche und ökonomische Aspekte) hinaus, in pflegewissenschaftlicher Perspektive insbesondere auf die zentrale Herausforderung, die Komplexität und Vielschichtigkeit der Pflege über digitale Entwicklungen angemessen zu adressieren. Theoretische wie empirische Erkenntnisse in arbeitswissenschaftlicher, professionstheoretischer wie pflegewissenschaftlicher Perspektive verweisen darauf, dass sich berufliche Pflegearbeit durch ein hochgradig situatives und exploratives Vorgehen auszeichnet und neben distanzierend kognitiv-rationalen Begründungen auch komplexe sinnliche – also körperlich-leibliche – Wahrnehmungen (z. B. Geräusche, Gerüche oder auch Bewegung, Mimik und Gestik als körperlich-leibliche Entäußerungen eines Hilfeempfängers) in die berufliche Entscheidungsfindung einbezieht (Hülsken-Giesler 2014). Professionelle Pflege basiert damit auf allgemeingültigen und wissenschaftlich begründeten Erkenntnissen und

Wissensbeständen, die jedoch situationsspezifisch und kontextgebunden in die jeweils konkreten Pflegesituationen einzupassen sind. Insbesondere in komplexen Pflegesituationen kann evidenzbasiertes Pflegewissen in der Regel nicht unmittelbar auf den Einzelfall angewendet werden, vielmehr ist zunächst eine einzelfallorientierte Analyse der jeweiligen Pflegearrangements zu leisten. Diese umfasst die Erhebung der biographisch wie sozialisatorisch erworbenen individuellen Bedürfnisse und Präferenzen der Hilfeempfänger ebenso, wie die Freilegung von Interessen und Anforderungen weiterer beteiligter Akteure (z. B. pflegende Angehörige, begleitende Gesundheitsakteure etc.). Dieses ›Fremdverstehen des Einzelfalls‹ ist nicht selten unter Handlungsdruck zu leisten und bleibt konstitutiv auf Aspekte der Interaktions-, Beziehungs- und Gefühlsarbeit sowie auf alltagsweltlich begründete Wissensformen (Erfahrungswissen, Intuition, tacit knowledge) verwiesen (Remmers 2000; Dütthorn 2014; Hülsken-Giesler 2014). Als Hermeneutisches Fallverstehen gilt diese Kompetenz zum situativen Verstehen individueller Bedarfe des Einzelfalls im Kontext professioneller und persönlicher Beziehungen und unter Berücksichtigung der gegebenen gesellschaftlich-institutionellen Rahmenvorgaben als zentrale pflegerische Bewältigungsleistung (vgl. Remmers 2000, 2011).

▶ Hermeneutisch-analytische Kompetenz bezeichnet die Fähigkeit, Informationen des Interaktionspartners in einer Interaktionssituation, richtig aufnehmen zu können, sie zu transformieren und darauf aufbauend eigene Informationen zu erzeugen. Nur mit Hilfe dieser Prozesse können Kommunikationspartner die Gegenstände ihrer Kommunikation kompetent bewältigen und sowohl sich selbst als auch ihre Beziehung zum jeweils anderen einschätzen. (Greb 2010, S. 144)

Die Notwendigkeit, komplexe Pflegesituationen kontextsensibel und situativ angemessen zu bearbeiten, führt weiterhin dazu, dass zur Bewältigung in der Regel keine vollständigen Handlungsstandards eingesetzt werden können (Raven 2007). Gerade auch dieser Umstand erschwert den Einsatz von technischen Unterstützungssystemen in der Pflege sowie die Entwicklung von digitalisierten Lernhilfen in der Pflegebildung. Mit Blick auf die skizzierten Anforderungen an eine professionelle Pflegearbeit bleibt so denn auch zu konstatieren, dass Ansätze, die in Kontexten der Pflegebildung bislang zur Diskussion gestellt wurden, pflegewissenschaftlich wie pflegedidaktisch nur unzureichend begründet und entwickelt sind (Kamin et al. 2014; Hülsken-Giesler 2008; Hülsken-Giesler et al. 2006). Digital unterstütztes Lernen fokussiert in der beruflichen Aus-, Fort- und Weiterbildung bisher weitestgehend auf Informationsweitergabe respektive auf wissensbasierte Vermittlung von Medien- und Fachkompetenzen. Die Lernerfahrungen bleiben damit weitgehend rezeptiv und fokussieren kaum auf ein arbeitsprozessnahes Fallerleben.

Mit diesem Beitrag wird ein pflege- und mediendidaktischer Begründungsrahmen entwickelt, der aufzeigt, inwiefern die Entwicklung von authentischen, digitalen Fallsimulationen in Form von Serious Games einen innovativen Beitrag zur pflegespezifischen Kompetenzentwicklung eines hermeneutischen Fallverstehens leistet. Dabei werden die pflegedidaktischen Anforderungen an die komplexe und multidimensionale Gestaltung der Fallnarrationen vor dem Hintergrund der technischen Möglichkeiten zum Spieldesign diskutiert. Die derzeit erkennbaren Entwicklungspotenziale digitaler Lernmedien verweisen auf zukunftsorientierte Lernszenarien, fordern aber gleichzeitig zu kritischen Reflexionen mit Blick auf die Wahrung von Persönlichkeitsrechten und Datensicherheit auf.

### 5.1.1 Pflegedidaktische Anforderungen an digitale Simulationen in Serious Games

Die Zunahme von komplexen Pflegeanforderungen, die fortschreitende Technikentwicklung und ein damit einhergehender Qualifizierungsbedarf verweisen auf die Notwendigkeit zur Integration neuer digitaler Medien auch in Kontexte der beruflichen Bildung. Pflegeberufliche Bildungsprozesse berücksichtigen einerseits die Pflegepraxis und reflektieren andererseits in einem von Handlungsdruck entlasteten Raum die theoretischen Begründungen dieser Handlungspraxis (Ertl-Schmuck und Fichtmüller 2009). Dabei zielen die Bildungsbemühungen vornehmlich auf den Transfer zwischen Komplexität der berufsweltlichen Erfahrungen in der Pflegepraxis und einem kritisch-reflexiven Verstehen gesellschaftlicher Anforderungen, welche in der Lehrpraxis thematisiert werden. Digitale Medien enthalten in diesem Zusammenhang ggf. das Potenzial, eine pflegedidaktische Brückenfunktion zwischen dem authentischen Erleben einer vielschichtigen, wenig vorhersehbaren pflegerischen Handlungspraxis und der reflexiven Auseinandersetzung mit den in dieser Handlungspraxis erworbenen Wissensanteilen zu übernehmen. Das Medium des Serious Game, so wird in diesem Beitrag argumentiert, ermöglicht dabei in besonderer Weise eine realitätsnahe Simulation der komplexen, multidimensionalen Berufswirklichkeit. Mittel der Aneignung von pflegeberuflichen Kompetenzen zur Bewältigung komplexer Pflegeanforderungen ist dabei das Spiel – ein Serious Game.

Der Begriff Serious Game verweist auf eine digital vermittelte Art eines Videospiels, welche auf unterhaltsame und zugleich lernförderliche Weise eine spezifische Kompetenzentwicklung beim Spieler zu erzielen sucht. Serious Games verbinden Spielcharakteristika mit bildungshaltigen Elementen des Lernens. Sie unterscheiden sich von digitalen Spielen der Unterhaltungsindustrie insbesondere durch ihren expliziten Bildungsgehalt. Der Begriff Serious Games entstand in den 1970ger Jahren, den ersten Entwicklungsjahren der digitalen Spiele, um die Potenziale von digital simulierten Rollenspielen für formelle und informelle Bildungskontexte herauszustellen und die Nutzung in schulischen sowie außerschulischen Bildungseinrichtungen zu etablieren (Breuer 2010). Seither lassen sich mehrere Definitionen ableiten, die im Kern auf ein verbindendes Merkmal verweisen: Serious Games verfolgen neben der Unterhaltung immer auch einen bildungshaltigen Zweck:

▶ As a starting point we define serious games as any form of interactive computer-based game software for one or multiple players to be used on any platform and that has been developed with the intension to be more than entertainment. (Ritterfeld et al. 2009, S. 6).

Serious game is a digital game created with the intension to entertain and to achieve at least one additional goal (e.g., learning or health). (Dörner et al. 2016, S. 3).

Die Spiele erhalten ihren „ernsthaften" Charakter folglich über die anvisierte pädagogische Zielsetzung, die mit dem Spiel verbunden ist (Breuer 2010).

Das Serious Game bewegt sich auf einem Kontinuum zwischen den zunächst gegensätzlich erscheinenden Aneignungsformen von Spiel und Lernen. Während das Spiel grundsätzlich die Merkmale der Zweckfreiheit und Freiwilligkeit bedient und von den Nutzern zum reinen Vergnügen ausgeführt wird, folgen Lernarrangements einer bestimmten didaktischen Zielsetzung und werden in formale, institutionalisierte Bildungsgänge eingebettet (Wechselberger 2012). Das digitale Lernen im Serious Game ermöglicht jedoch eine unterhaltsam-motivierende und doch auch lernförderliche Auseinandersetzung mit beruflichen Szenarien. Das Setting kann zwischen institutionellen Formen des Lernens im Klassenraum wechseln zum selbstbestimmten Lernen im privat häuslichen Umfeld. Wenngleich beim Serious Game eine definierte Kompetenzentwicklung vorgesehen ist, kann nicht vollständig operationalisierbar vorhergesagt werden, welche Kompetenzen sich der Lernende beim Spielen tatsächlich aneignet (Wang et al. 2009; Kerres et al. 2009). Insbesondere komplexe Spielverläufe ermöglichen es den Lernenden, die eigene Kompetenzentwicklung je nach Kenntnisstand und Lerninteresse über die Wahl der jeweiligen Spieloption eigenverantwortlich zu steuern. Didaktisch werden hierbei konstruktivistische Konzepte des Entdeckenden Lernens zum Einsatz gebracht (Bruner 1970 in Edelmann und Wittmann 2000). Die Förderung von Problemlösefähigkeiten, Transfervorstellung, intuitivem und erfahrungsbasiertem Denken sowie intrinsischer Motivation zeichnen das entdeckende Lernen aus und bietet dem Serious Game einen didaktischen Begründungsrahmen. Didaktisches Konzept des entdeckenden, selbstgesteuerten Lernens, pflegeberufliche Professionsanforderungen der Bewältigung komplexer, multidimensionaler Situationen und Charakteristika des Serious Game können in ein sich wechselseitig unterstützendes Bedingungsgefüge zur bildungshaltigen Aneignung professioneller Kompetenzen pflegerischen Handelns gebracht werden. Serious Games und nachhaltiges Lernen lassen sich dabei über folgende gemeinsame Merkmale charakterisieren: „klare Zielformulierung", „Aufmerksamkeit zur Aufgabestellung", „Selbstwirksamkeitserfahrung über Erfolgserleben", „Feedback über Leistungsvermögen", „Motivation zur Zielerreichung", „Komplexität und damit Schwierigkeit der Aufgabe nimmt zu mit Fortschritt bei gleichbleibenden, mittlerem Anforderungsniveau", „selbst gesteuerte Aktivität der Lernenden und Spielenden" (Breuer 2010). Diese Kennzeichen lassen bereits erkennen, warum der edukative Einsatz digitaler Spielsimulationen für das Handlungsfeld der Pflegebildung so gewinnbringend erscheint.

Serious Games im Sinne spielerischer Bildungsangebote unterscheiden sich von Ansätzen des Gamification (siehe Abb. 5.1) durch die Intensität des Spielerlebens, die auch als Eintauchen in die Erfahrungswelt der digitalen Simulation (Flow) beschrieben wird (Gee 2009). Bildungsangebote im Sinne von Gamification integrieren lediglich einzelne Elemente des digitalen Spiels in den Lernprozess, der Lernende ist dabei nicht in einen

**Abb. 5.1** Klassifikation Serious Game (Dütthorn und Pechuel 2016)

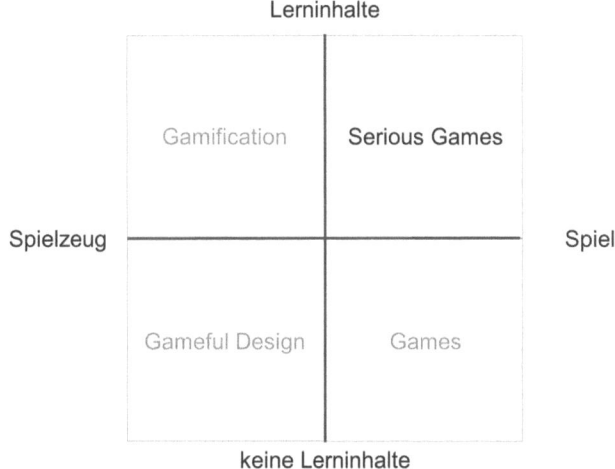

vollständigen Spielablauf integriert (Dörner et al. 2016). Vom Serious Game mit Flow-Erleben kann gesprochen werden, wenn der Lernende als Spielender in die Aufgabe vollständig versunken ist. Häufig ist die Flow-Erfahrung verbunden mit einem veränderten Zeiterleben, der Lernende ist sich des Lernens nicht bewusst, über den edukativ vermittelten Spielspaß werden Außenwelt und Lernräume ausgeblendet. Dieser intrinsisch motivierte Lernzustand kann mit Gefühlen des Glücks bzw. der Euphorie verbunden sein. Voraussetzung hierfür sind angepasste Schwierigkeitsstufen, die innerhalb eines Spiellevels im mittleren Anforderungsniveau des Spielers verbleiben und mit der Kompetenzentwicklung des Lernenden an Komplexität zunehmen (Breuer 2010; Kerres et al. 2009). „Ein eng mit dem Flow-Erleben verwandtes Konzept ist die sogenannte Immersion. Immersion bezeichnet ein Eintauchen und bezieht sich, anders als der eher auf Fähigkeiten bezogene Flow, auf die Fokussierung von Aufmerksamkeit auf mediale Inhalte." (Breier 2010, S. 11) Hierfür sind technische Vorrausetzungen eines sensorischen Erlebens durch Spieldesign und narrative Entwicklung eines Szenarios entscheidend. Im Unterschied zu spielerischen Lehr- und Lernarrangements (Gamification) bei denen der Lernende stets die anvisierte Kompetenzentwicklung im Fokus behält, ermöglicht das Serious Game ein Eintauchen und Aufgehen in der Aufgabe – einem pädagogischen Idealzustand der Kompetenzaneignung.

Serious Games können verschiedene Spielgenres bedienen, beispielsweise Abenteuer, Strategie, Bewegung und Simulation (Ratan und Rittersfeld 2009). Die Simulation als Computerspielgenre verweist auf eine möglichst realitätsnahe Abbildung der Lernsituation (Breuer 2010).

Im Bereich von Pflegebildungsprozessen steht die didaktische Implementation digital gestützten Lernens erst am Anfang. Während bereits eine Vielzahl von Studien zum Lernen mit digitalen Medien im Allgemeinen vorliegt, wurden mediendidaktische Entwicklungen im Bereich der Serious Games bisher weitaus seltener evaluiert (Wang et al. 2009; Ritterfeld et al. 2009; Breuer 2010; Dörner et al. 2016). Zum einen wird dies dem Innovationsgrad dieser Lernangebote zugeschrieben, zum anderen erschwert die starke

Diversität der Ansätze von digitalen Lernspielen in der Entwicklung und Implementierung die Bereitstellung vergleichbare Daten (vgl. Breuer 2010; Schrader 2010). Die vereinzelt vorliegenden Untersuchungen beziehen sich dabei auf die Entwicklung und lerntheoretische Begründung von Serious Games für den Bereich der allgemeinbildenden Schulen, berufspädagogische Bildungsinteressen sind dabei kaum berücksichtigt (Wechselberger 2012). Die Entwicklung und wissenschaftliche Erforschung von digitalen Lehr- und Lernarrangements, die auf spielerische Weise durch virtuelle Simulation komplexer Berufswelten arbeitsprozessnahes Lernen ermöglichen, steht für den deutschsprachigen Bildungsraum noch weitestgehend aus (vgl. Beutner und Pechuel 2011; Beutner 2011). Bisher existieren für den Bereich der beruflichen Bildung wenig erfolgreiche Entwicklungen von Serious Games. Die vorherrschenden Spielkonzepte integrieren dabei kaum die anvisierten Lerninhalte in das Spiel, häufig wird ein schematischer Wechsel zwischen Lernen und Spielen vorgenommen. Im Folgenden werden an diese Desiderata anknüpfend, pflegedidaktische Anforderungen an digitale Simulationen der Szenarien eines Serious Game im Berufsfeld Pflege entfaltet.

### 5.1.2 Authentische Fallsimulationen zur Anbahnung der hermeneutischen Fallkompetenz

Berufliche Pflege als personenbezogene Dienstleistung gilt heute als ein wissensintensives Handlungsfeld, in dem angemessene Problemlösungen wesentlich von der gelungenen Integration fachwissenschaftlich fundierter Wissensbestände mit den kontextgebundenen Herausforderungen des Einzelfalls abhängen (Remmers 2011; Behrens und Langer 2010). Ein wesentliches Ausbildungsziel der Pflege besteht darin, Kompetenzen im Zusammenhang mit der Recherche und Bewertung pflegerelevanten Wissens anzubahnen sowie die Lernenden dazu zu befähigen, angemessene Reaktionen für den berufsbezogenen Einzelfall in der jeweils vorherrschenden Situation abzuleiten. Entsprechende Lernprozesse sind dabei immer an die Komplexität beruflicher Arbeitsprozesse und realer beruflicher Kontexte zu binden. Eine besondere Herausforderung der personenbezogenen Pflegearbeit besteht darin, die Lernenden dazu zu befähigen, berufliche Problemsituationen stets einzelfallorientiert und unter Berücksichtigung verschiedener Perspektiven zu deuten (Darmann-Finck 2010; Greb 2010, Dütthorn und Gemballa 2013). Die Befähigung, auf Interaktion beruhende Aushandlungsprozesse dieser Art in beruflichen Interaktionen zu begründen, gilt als eine Kernkompetenz professionell Pflegender (Hülsken-Giesler und Korporal 2013; Hülsken-Giesler et al. 2010; Dütthorn 2014). Pflegende sind dabei aufgefordert, Fachkompetenz mit den individuellen Bedürfnissen der zu Pflegenden in situationsangemessenen Kommunikations- und Interaktionsbezügen zu verknüpfen. Das erfordert neben einer ausgeprägten Reflexionsfähigkeit und Fachkompetenz immer auch Kompetenzen der situativen Urteilsfähigkeit.

Zur Anbahnung der hier beschriebenen hermeneutischen Kompetenz des Einzelfallverstehens können heute digitale Simulationen aus authentischen Fallszenarien der beruflichen

Pflegepraxis abgeleitet werden. Damit wird es möglich, pflegedidaktische Konzepte der authentischen, multiperspektivischen Fallarbeit (Darmann-Finck 2010; Greb 2010; Dütthorn 2014) erstmals in Formen eines technikgestützten, arbeitsprozessorientierten, realitätsnahen Lehrens und Lernens zu überführen.

Das Konzept der Fallarbeit ist in der Pflegebildung nicht neu (Hundenborn 2007). Es wird jedoch derzeit im berufsbezogenen Unterricht in der Regel als Verfahren zur Illustration oder zur Überprüfung von Lerninhalten, häufig auch in Form von konstruierten Übungsfällen mit geringer Komplexität genutzt (Fichtmüller und Walter 2007). Der Lernende erfährt häufig mit der Aufgabenstellung bereits, welche diagnostisch-therapeutischen Handlungsabläufe anhand des Fallbeispiels zu erarbeiten sind. Neugier, intuitives Gespür und perspektivenreiche Problemlösefähigkeit als Merkmale eines entdeckenden Lernens können in diesen Zusammenhängen nicht angebahnt werden. Weniger verbreitet sind pflegedidaktisch begründete Methoden der authentischen, multiperspektivischen Fallarbeit (Hülsken-Giesler, Dütthorn und Kreutzer 2016; Darmann-Finck 2010; Greb 2010). Den Ausgangspunkt von Lernprozessen bilden hier komplexe authentische Fälle, die didaktisch aufbereitet den Lernenden eine Transferförderung ermöglichen. Fälle dieser Art stehen exemplarisch für ein verallgemeinerbares Wissen, müssen aber zugleich die Pflegerealität glaubwürdig abbilden. In ihrer Komplexität sollen sie sowohl überschaubar als auch facettenreich sein, um die Lernmotivation anzuregen. Authentische Fälle haben gegenüber fiktiven Fällen den Vorteil, dass sie einen stärkeren Aufforderungscharakter besitzen (Hundenborn 2007). Die Komplexität realer Fälle begünstigt zudem die Entwicklung von kreativen Problemlösungskompetenzen. Die Lernenden werden aufgefordert, neuartige Lösungswege zu entdecken und hinsichtlich ihrer situativen Einsatzmoglichkeit in der beruflichen Wirklichkeit zu beurteilen.

Die Möglichkeit, komplexe Pflegesituationen technikbasiert und pflegedidaktisch begründet zu simulieren, stellt eine deutliche Weiterentwicklung gegenüber der textbasierten Fallarbeit dar. Entlastet von der Logik der chronologischen-linearen Erzählung der Textform erhalten die Lernenden die Möglichkeit, verschiedene Problemlösungswege und Handlungsmuster zu erproben und über simulierte Rollen im Serious Game handlungsdruckentlastete Erfahrungen zu sammeln, die einem authentischen Kontext entstammen. Komplexe digitale Fallsimulationen stellen in Aussicht, dass die Lernenden, ähnlich wie in realen Arbeitsprozessen, mit einer Vielfalt an Deutungs- und Handlungsmöglichkeiten konfrontiert werden und über die Erprobung verschiedener Lösungswege klinische Urteilskompetenz und interaktiv begründete Situationsdeutung und Entscheidungsfindung anbahnen, einüben und zunehmend schärfen können. Überdies erfahren die Lernende die Konsequenzen ihres Handelns direkt in der Lernsituation und sind so zur stetigen Reintegration von Erfahrungen aufgefordert. Gelingt die technische Umsetzung im multivariaten Spieldesign, dann kann durch Immersion und Flow-Erleben beim lernenden Spieler ein nahezu reales Wirklichkeits-Bewusstsein erreicht werden. Der Lernende taucht in das Szenario derart tief ein, dass die Spielerfahrung nahezu gleichwertige Kompetenzentwicklungen ermöglicht, wie ein reales Praxishandeln im klinischen Setting. Vorteile von Serious Games können in der Möglichkeit gesehen werden, Lernerfahrungen zu wiederholen, direktes Feedback auf die Aktionen im Rahmen des Lernspiels einzuholen oder auch zu geben und schließlich auch verschiedene Verhaltensmuster handlungsdruckentlastet zu erproben. Gegenüber herkömmlichen Computerspielen wird der Vorteil darin gesehen, dass ein edukativ anvisierter, auf inhaltsspezifischen Wissensdomänen sowie reale, außerhalb der Spielwelt existente Anwendungssituationen bezogener Kompetenzerwerb möglich wird (Schrader 2010). Serious Games haben (je nach konkreter Umsetzung) das Potenzial, die Anlage von implizitem sowie prozeduralem Wissen zu befördern (Wiemeyer et al. 2016; Kerres et al. 2009). Der Kompetenzerwerb erfolgt implizit, aufgrund einer hohen Motivation der Lernenden, den nächsten Spielstand zu erreichen. Es konnte nachgewiesen werden, dass durch technische Simulationen von realen Arbeitssituationen die Lernenden Handlungsroutinen erwerben (Kerres et al. 2009). Die Spielsituation wird, sofern das Spiellevel auf ein mittleren Anforderungsprofil der jeweils Lernenden angepasst ist, nicht als Lernsituation erlebt. Der Kompetenzerwerb erfolgt bestenfalls mit hoher Motivation, Neugier und Freude. Die Lernenden erwerben beim Durchlaufen der Spiellevel, insbesondere durch die Möglichkeit, verschiedene Lösungswege ohne Gefahr ausprobieren zu können, Handlungsroutinen, die sich von der simulierten Spielwelt auf die reale Pflege übertragen lassen (Kerres et al. 2009).

### 5.1.3 Motivation, Lernerfolg und Spielfreude

Digitale Simulationen im Serious Game greifen die Lebenswelt der Lernenden auf. Die Übernahme einer Spielfigur ermöglicht es den Lernenden, sich mit dem Lerngegenstand zu identifizieren und fördert neben explizitem Kompetenzerwerb insbesondere implizite Dimensionen der Aneignung beruflicher Wirklichkeit. Die Motivation des Lernenden, den nächsten Spielstand zu erreichen, wird über ein didaktisch-immersives Spieldesign (Kerres et al. 2009) ermöglicht. Dabei bietet das Spiel durch den didaktisch geleiteten Einsatz von Unterhaltungselementen entlang der Lernpassage, Lernhilfen ohne dass der Spieler bewusst in einen Lernmodus umschalten muss. Eher ungern und zeitlich begrenzt wechselt ein Spieler in den Modus des expliziten Lernens, in dem das eigene Handeln zum Gegenstand der Reflexion wird sowie Informationen durch belehrende Popup-Fenster an den Lernenden weitergegeben werden (Kerres et al. 2009; Breuer 2010). Ziel der didaktischen Intervention ist stets der berufsspezifische Kompetenzerwerb ohne Unterbrechung des Lernflusses im Spielerleben. Herausforderung der mediendidaktischen Gestaltung des Serious Game ist folglich, den Spielspaß als Moderator des Lernens kontinuierlich aufrechtzuerhalten: Die Freude am Spiel wird dabei zum Spaß am Wissenserwerb oder der Verbesserung der individuellen Fähigkeiten. Breuer (2010) empfiehlt zur Umsetzung eines lernförderlichen Motivationsparadigmas, die spielerischen Inhalte des domänespezifischen Gegenstandes zu identifizieren und somit den Lernprozess im Spiel stattfinden zu lassen. Pädagogisch intendierte Hinweise können hierbei didaktisch versteckt im Spielverlauf über weitere Spielfiguren im System gegeben werden. Beispielsweise könnten „non player characters" (Kerres et al. 2009, S. 5) zum Zeitpunkt eines stockenden Spielverlaufs auftauchen und einen Aufforderungscharakter erzeugen, indem sie bestimmte

Handlungsmuster vollziehen. Der Spieler kann dabei beobachten, wie andere Personen diese konkrete Situation bewältigen und den eigenen Spielverlauf neugierig fortsetzen. Weiterhin ist bekannt, dass sich bewegende Objekte mit hoher Wahrscheinlichkeit angeklickt werden, folglich könnte eine motivierende Lernhilfe durch Bewegung oder Farbveränderung implizit die Aufmerksamkeit des Spielers hervorrufen (Kerres et al. 2009). Auch weitere Spieler könnten als Team integriert werden und sich gegenseitig unterstützen, dabei werden Lernformen des kooperativen Lernens (Langmaack und Braune-Krickau 2010) auf natürliche Weise ins Spiel integriert.

Zur Aneignung pflegeberuflicher Kompetenzen empfiehlt es sich, die virtuellen Lernszenarien derart anzulegen, dass die Lernenden über den Kontakt mit weiteren virtuellen Akteuren systematisch an verschiedene Falldeutungen herangeführt werden. Das pflegedidaktisch begründete Prinzip der multi-perspektivischen Situationsdeutung wird hierin eingelöst. Das digitale Serious Game ermöglicht es, hier in besondere Weise komplexe Fallsituationen als didaktisch simulierte Lernerlebnisse zu gestalten, bei denen sich der Lernende aktiv in direkter Interaktion eine Vielfalt an Lerngegenständen der erfahrbaren Arbeitswelt selbstbestimmt aneignen kann. Potenziale dieser Lernform liegen dabei insbesondere in der hohen intrinsischen Motivation, die durch das unmittelbare Feedback im Spielverlauf, die gezielte Einstellung von Schwierigkeitsgraden sowie über das soziales Erlebnis eines gemeinsamen, kooperativen Lernens letztendlich auch das Empfinden von Selbstwirksamkeit steigert (Breuer 2010, S. 16; Wang et al. 2009). Studien verweisen in diesem Zusammenhang darauf, dass didaktische Elemente wie Humor, der Freiheit zwischen unterschiedliche Spielentscheidungen zu wählen und der Möglichkeit zur sozialen Interaktion besonders hohe Motivation zum wiederholten Spiel auslösen (Wang et al. 2009). Flexibles, zeit- wie standortunabhängiges Lernen birgt zwar einerseits Gefahren der Entstrukturalisierung von Lernprozessen (Meister und Kamin 2010), gewährt den Lernenden aber auch neue Möglichkeiten eines selbstgesteuerten und damit effektiven Einsatz ihrer Lernzeiten.

Der hier skizzierte Zusammenhang zwischen Motivation, Lernerfolg und Spielfreunde sollte in Evaluationen gemeinsam untersucht werden. Hier schließen wir uns den Empfehlungen von Breuer (2010) an: „Da die (Langzeit)-Motivation der Spieler und ihr Engagement maßgeblich durch den Spaß am Spiel beeinflusst werden, sollten bei der Evaluation stets auch Messungen zum Spielspaß (Befragung, psychologische Messungen etc.) eingebunden werden. Die Variable der Unterhaltung bzw. der Freude am Spiel kann nicht zuletzt auch dazu genutzt werden, etwaige Effekte oder eben ihr Ausbleiben zu erklären." (Breuer 2010, S. 36)

## 5.2 Game Design – digitale Umsetzungsstrategien zu Game -Based Learning in Nursing

Game-Based Learning ist im Bereich der Pflege bisher nur rudimentär entwickelt. Zwar liegen Erfahrungen mit E-Learning oder auch Blended-Learning-Ansätzen vor, die Erprobung von Game-Based Learning im Kontext der Pflegebildung stellt jedoch eine weitgehend neue Herausforderung dar. Besondere Anforderungen werden im Zusammenhang mit dem Game Design, dem Aufgabendesign sowie in der Heranführung der Lernenden und Lehrenden an eine Spielumgebung gesehen (Barrows und Tamblyn 1980). Alle diese drei Aspekte profitieren jedoch heute vom schnellen Fortschritt in der Entwicklung neuartiger mobiler Geräte (Roschelle 2009). Insbesondere im Bereich von Tablets und Smartphones sind in den vergangenen Jahren erhebliche technische Fortschritte zu verzeichnen. Diese Geräte haben mittlerweile weite Verbreitung gefunden und sie sind mit leistungsfähigen Prozessoren und Bildschirmen ausgestattet, so dass sie auch für komplexere Spiele genutzt werden können. Im Folgenden werden die formulierten didaktischen Anforderungen im Serious Game für pflegeberufliche Bildungsprozesse aus technischer Entwicklerperspektive reflektiert.

### 5.2.1 Die Herausforderung des Game Designs

Im Hinblick auf das Game Design ermöglichen neue mobile Geräte einfach zu erlernende Spiele mit intuitiver Spielsteuerung, insbesondere durch Touchscreens. Andere neuartige Eingabemöglichkeiten werden in Zukunft an Bedeutung gewinnen, wie zum Beispiel Gestensteuerung und Sprachsteuerung (und zukünftig möglicherweise auch Gedankensteuerung). Die Existenz dieser Möglichkeiten bedeutet nicht zwangsläufig, dass sie auch im Game Design genutzt werden, aber sie bieten neue Wege, die Bedienbarkeit von technischen Geräten zu erleichtern und natürlicher zu gestalten. Spiele, deren Design auf diesen Möglichkeiten aufgebaut sind, haben daher die Chance, Zielgruppen zu erreichen (Ebner und Holzinger 2007), die bisher kaum Interesse gezeigt haben.

Eine weitere Herausforderung im Game Design ist die Gestaltung eines Spiels, das Spaß macht und den Lernenden motiviert das Spiel durchzuspielen (Admiraal et al. 2011; Breuer 2010, Wang et al. 2009). Es gibt viele Möglichkeiten Spaß in ein Spiel zu bringen, zum Beispiel durch ein immersives Story-Element (Göbel und Wendel 2015), durch interessante Entdeckungsmöglichkeiten, oder durch Spielaufgaben, die weder zu schwer noch zu leicht sind (Breuer 2010). Diese Herausforderung klingt trivial, da man meinen sollte, dass jedes Spiel Spaß machen muss, die Schwierigkeit liegt hier in der guten Integration der Lerninhalte. Lernen wird in der Regel nicht mit Spaß assoziiert, und wenn Lernende den Eindruck bekommen, dass sie Lernaufgaben bewältigen, wird es in den meisten Fällen schwer, die angestrebte Motivation aufrecht zu erhalten. Aus diesem Grund sollte auch beim Game Design angestrebt werden, die Lerninhalte so ins Spiel zu integrieren, dass sie als Spielelemente wahrgenommen werden und zumindest auf den ersten Blick nicht direkt als Lernelemente zu erkennen sind (De Freitas 2006). Beispielsweise sollte im Spiel kein Wissen direkt abgefragt werden, sondern die Anwendung von Wissen sollte dem Spieler im Spielverlauf Vorteile bringen, so dass die Motivation, das Spiel erfolgreich zu beenden dazu führt, dass der Lernende sich Wissenselemente einprägt (Burguillo 2010). Zentrale Herausforderung im Game Design stellt folglich die enge Verzahnung von Lernaufgaben mit der story line der Spielhandlung dar.

## 5.2.2 Die Herausforderung der Aufgabengestaltung

Eine Aufgabe des Game Design besteht also darin, Lerninhalte ins Spiel zu integrieren. Während die Integration sicherlich eine Herausforderung für das Game Design ist, macht die Aufgabengestaltung eine Integration erst möglich. Gerade bei der Aufgabengestaltung wird in Verbindung mit Serious Games zu schnell der Fehler gemacht, auf bewährte herkömmliche Aufgabentypen zurückzugreifen (Pivec et al. 2003). Ein typisches Beispiel wäre die Wissensabfrage in Form von Multiple Choice. Das könnte im Spiel so aussehen, dass Spieler in eine Situation gebracht werden, in der sie die Entscheidung treffen müssen, ob sie als Reaktion auf einen Notfall Option A, B oder C wählen wollen. Sicherlich kann eine gut gemachte grafische Umgebung und eine gute Storyline dazu beitragen dass Lernende diese Wissensabfrage noch ansprechend finden, aber gerade bei wiederholtem Abfragen verlieren sie schnell das Gefühl, in einem Spiel zu sein und nehmen die Umgebung nur noch als gut aufbereitete Lernabfrage wahr (Beutner und Pechuel 2014).

Allerdings bieten moderne mobile Geräte durchaus neue Möglichkeiten, um Aufgaben innovativ zu gestalten. Die verfügbare Rechenleistung macht es möglich, dass sich der Fokus von einzelnen Aufgaben hin zu Aufgabenketten oder gar ganzen Prozessen ändert. Die Aufgabengestaltung wird dann komplex, wenn mehrere Ergebnisse aufgegriffen werden und Lernende auf verschiedenen Wegen zu einem Lernergebnis geführt werden. Dies wiederum ermöglicht eine praxisnahe Erfahrung, bei der Lernende die Konsequenzen ihrer Erfolge und ihrer Fehler erleben. Somit schafft eine gute Aufgabengestaltung in einem Serious Game die Grundlage für eine nachhaltige Lernerfahrung, die leicht auf die Praxis übertragbar ist (Bergeron 2006).

Da ein Spiel interaktiv ist, können sich Aufgaben im Laufe des Spiels verändern. Das bedeutet, dass sich Aufgaben im digitalen Lernspiel, im Gegensatz zu herkömmlichen Aufgaben auf dem Papier, mit den Lernenden entwickeln können und sich auf ihre individuellen Bedarfe einstellen können. Diese Individualisierung schafft eine ganze Reihe an Möglichkeiten: Zum einen kann dafür gesorgt werden, dass Lernende, wie bereits didaktisch begründet, weder unterfordert noch überfordert werden. Das richtige Maß an Herausforderung in Niveaustufe und Komplexität trägt wiederum zu Spielspaß bei (Breuer 2010). Zum anderen können Lernende auch stärker mit Bereichen konfrontiert werden, in denen sie mehr Übung brauchen oder Nachholbedarf haben. Eine gute Anpassung der Aufgaben an die Lernenden setzt allerdings eine gute Analyse und Interpretation der Lerndaten voraus, sogenannter Learning Analytics (Siemens und Long 2011; Elias 2011; Dörner et al. 2015). Auch auf diesem Gebiet gibt es noch einen großen Entwicklungsbedarf, und vielleicht kann eine neue Generation der Aufgabengestaltung in Serious Games erst vollständig implementiert werden, wenn Daten zu Lernprozessen besser verstanden und ausgewertet werden können. Learning Analytics beziehen sich dabei auf eine Vielzahl von Dimensionen: „Monitoring und Analyse des Lernprozesses für Lehrende zur weiteren Gestaltung des Lernprozesses", „Vorhersage und Intervention der zukünftigen Lernbedarfe und Indikatoren für Lernerfolg, um Lernenden proaktive Lernstrategien zu ermöglichen", „Mentoring und Passung der Lernaufgaben als individuelle Begleitung des

Lernprozesses durch spezifische Aufgaben entsprechend des individuellen Lernstandes", „Assessment und Feedback für Lehrende und Lernende zur formativen und summativen Evaluation des Lernprozesses" (Wiemeyer et al. 2016).

Letztendlich sollte auch bedacht werden, dass neue Sensoren, die in mobilen Geräten vorhanden sind, einen Teil zur Messung und Erfassung der Erfüllung von Aufgaben beitragen können. Beispielsweise könnte ein Smartphone überprüfen, ob der Lernende sich tatsächlich an einen bestimmten Ort begeben hat, indem es die Lokalisierungskoordinaten abfragt. In diesem Zusammenhang deuten sich aber auch die ethischen und datenschutzrechtlichen Herausforderungen dieser neuen Lehr- und Lernformen an, die an dieser Stelle jedoch nicht weiter vertieft werden sollen (Schön und Ebner 2013; Drachsler und Greller 2016). Viele weitere Möglichkeiten können in Betracht gezogen werden, wenn man an die Sensoren von kleinen tragbaren Geräten wie Smart Watches denkt. Allerdings stehen wir auf diesem Gebiet erst ganz am Anfang und sehen bisher kaum Beispiele erfolgreicher Umsetzungen. Dennoch ist unbestreitbar, dass das Potenzial neuer tragbarer Geräte sehr groß ist und sich dank moderner Sensoren Aufgaben auf ganz neue Arten gestalten lassen.

### 5.2.3 Die Herausforderung der Heranführung der Lernenden und Lehrenden

Die Verbreitung mobiler Geräte, insbesondere Smartphones und Tablets, hat dazu geführt, dass die Akzeptanz in der Nutzung auch bei weniger technikaffinen Zielgruppe gestiegen ist (Beutner und Pechuel 2012). Zudem haben Spiele es in den letzten Jahren dank mobiler Geräte geschafft, Einzug in den Alltag von immer mehr Menschen zu erhalten (Beutner 2014). Insbesondere kleine Spiele auf Smartphones werden gerade bei jüngeren Menschen mehrmals täglich zum Zeitvertreib genutzt. Man spricht hier von „Casual Gamers", die Spiele nicht als Hobby betrachten würden, aber sehr wohl gewillt sind, mehrmals täglich ein paar Minuten zu spielen.

Das Phänomen der Casual Gamers führt dazu, dass Lernende schnell bereit sind, ein Serious Game auszuprobieren. Allerdings ist in diesem Zusammenhang wichtig zu verstehen, welche Elemente dazu beitragen können, dass sich die Zielgruppe auch länger mit dem Spiel befassen will. Dabei spielt auch eine große Rolle, in welcher Form das Spiel in den Lernprozess eingebettet werden kann und wie Lernende die Resultate in die Realität übertragen können (Beutner und Pechuel 2013). Da Computer sehr beschränkt in der Interpretation von Handlungen und Verhaltensweisen sind, ist es umso wichtiger, dass die Durchführung eines Serious Games in einen didaktischen Kontext eingebunden wird, in dem Lernende dabei unterstützt werden, die Erfahrungen aus dem Spiel zu reflektieren, zu verstehen und zu verwerten.

Auf der Seite der Lehrenden sieht die Herausforderung anders aus (Schulmeister 2005): Die mögliche Innovation führt dazu, dass Lehrende auf oft ungewohnte Weise gefordert werden. Beispielsweise könnte sich ihre Rolle gegenüber den Lernenden ändern, indem sie kein Wissensvermittler sind, sondern zum Lerncoach werden und die Lernenden bei der Aufarbeitung der Erfahrungen unterstützen (Beutner und Gockel 2012). Bedingt durch die noch geringe Verbreitung von Serious Games, insbesondere im Bereich Pflege, haben viele Lehrende keine Erfahrung im Umgang mit Spielen in der Lehre und müssen einerseits den Umgang lernen, andererseits müssen sie aber auch eine entsprechende Haltung entwickeln für den didaktisch sinnvollen und ethisch reflektierten Einsatz des hier diskutierten Ansatzes der digitalen authentischen Fallsimulation über das Lernmedium Serious Game. Lehrende brauchen hierfür zum einen Hilfsmaterialien, die den Einsatz von Serious Games erleichtern, zum anderen brauchen sie aber auch gut aufbereitete Informationen, die ihnen die Vorteile und Möglichkeiten näher bringen und sie ermutigen, ihre eigenen Erfahrungen zu machen.

## 5.3 Schlussbetrachtung

Das Ansinnen, Neue Technologien in der Pflegebildung zu nutzen, eröffnet neue, bislang unbekannte Möglichkeiten. Diese sind etwa auch darin zu sehen, dass ehemals chronologisch-linear zu erarbeitende Lerngegenstände zukünftig deutlich komplexer – das heißt z. B. mehrdimensional und flexibel – an die Lernenden herangetragen werden können. Dies stellt in Aussicht, ggf. auch komplexe Herausforderungen eines hermeneutischen Fallverstehens in der Pflege über komplexe Simulationen authentischer Szenarien zu vermitteln und handlungsdruckentlastet einzuüben. Die Entwicklung und Erprobung dieser Ansätze in Kontexten der Pflegebildung wird empirisch zu begleiten sein, um zu überprüfen, in wie weit sich diese konzeptionellen Vorstellungen einlösen lassen. Neben pragmatischen Herausforderungen des Game-Designs stellen sich dabei – soweit erkennbar – zumindest vier weitere und weitreichendere Herausforderungen: Zum einen führt gerade das als wesentlicher Vorteil ins Feld geführte Argument, zeit- und ortsunabhängige, selbstgesteuerte Lernprozesse zu ermöglichen, zu einer Entstrukturalisierung von Lernprozessen. Dieses Phänomen geht damit einher, dass die technikgestützte Möglichkeit zu jeder Zeit, an jedem Ort selbstreguliert zu lernen, zunehmend zur Selbstverpflichtung gerät. Weiterhin wird im Blick zu behalten sein, in wie weit das unter pädagogischen Gesichtspunkten durchaus anvisierte Flow- und Immersions-Erleben im Rahmen von Serious Games ggf. auch in Konflikt mit ethischen Fragen von Wahrheit und Wahrhaftigkeit gerät – in wie weit also gegen dieser Form eines technisch induzierten Wohlbefindens letztlich nicht mit einem Täuschungseinwand zu reagieren ist. Die Herausforderungen an Datenschutz und Datensicherheit potenzieren sich darüber hinaus in Kontexten des mobilen Datenflusses und des Learning Analytics. Schließlich wird zu beachten bleiben, dass sich Pflege in virtuellen Lernkontexten auf eben jene Aspekte reduziert, die mit dem Stand der jeweiligen technischen Möglichkeiten zu kommunizieren sind. Insbesondere zentrale pflegerische Aspekte einer sinnlich gestützten Berührungs- und Gefühlsarbeit sind derzeit computerbasiert noch wenig angemessen zu simulieren, so dass weiterhin die Gefahr besteht, entsprechende Lehr-Lernprozesse einseitig auf jene Aspekte zu reduzieren, die entlang des jeweiligen Standes der Technik computergestützt kommunizierbar sind.

## Literatur

Admiraal W, Huizenga J, Akkerman S, Dama G (2011) The concept of flow in collaborative game-based learning. Comput Human Behav 27(3):1185–1194

Barrows H, Tamblyn RM (1980) An approach to medical education. Springer, New York

BAuA (2015) (Hrsg) Intelligente Technik in der beruflichen Pflege: Von den Chancen und Risiken einer Pflege 4.0, Bundesanstalt für Arbeitsschutz und Arbeitsmedizin, Berlin

Becker H, Scheermesser M, Früh M, Treusch Y, Auerbach H, Hüppi RA, Meier F (2013) Robotik in Betreuung und Gesundheitsversorgung. Hochschulverlag AG, Zürich

Bergeron B (2006) Developing serious games, Charles river game development series. Carles River Media, Hingham

Beutner M (2011) Serious Games - Aktuelles E-Learning und Bezüge zur beruflichen Bildung. Kölner Zeitschrift für Wirtschaft und Pädagogik. \26(50)105–120

Beutner M (2014) Mobile Learning in der betrieblichen Aus- und Weiterbildung – Konzepte, Akzeptanz und Einstellungen in Ausbildungs- und Personalabteilungen, 7.50.100, Zweitdruck. 718 Grundlagen der Weiterbildung – Praxishilfen 117-AL. Luchterhand, Neuwied, S 99–116

Beutner M, Gockel C (2012) Schulisch betreute Betriebspraktika in Bildungsgängen des „Übergangssystems" Blended Mentoring Ansätze – Organisationsüberlegungen, Konzepte und erste Befunde. Kölner Zeitschrift für Wirtschaft und Pädagogik (KWP) 51(27):93–128

Beutner M, Pechuel R (2011) Paderborner Vocational Concept (PVEC) for Serious games and „The Fair Project" – Exploring the Potential of Serious Games to create authentic work situations in vocational education and training. Proceedings of world conference on E-learning in corporate, government, healthcare, and higher education, Association for the Advancement of Computing in Education (AACE), Chesapeake (Virginia), S 575–580

Beutner M, Pechuel R (2012) mLearning, Akzeptanz von Mobile Learning, Chancen und Probleme in der betrieblichen Bildung. In: Siepmann F, Müller P (Hrsg) Jahrbuch eLearning und Wissensmanagement 2013, Die Zukunft der Bildung und die Rolle der digitalen Medien, Siepmann Media, Albstedt, S 30–34

Beutner M, Pechuel R (2013) Task based authentic Serious Games in vocational and further education on basis of the PVEC -Paderborn Vocational Education Concept for elearning, The Copy Job - A Bid Comparison of Suppliers, In: Bastiaens T, Marks G (Hrsg) Proceedings of World Conference on E-Learning in Corporate, Government, Healthcare, and Higher Education 2013, Association for the Advancement of Computing in Education (AACE), Chesapeake, VA: S 931–939. online im Internet. http://www.editlib.org/p/114971/. Zugegriffen: 26 Juni 2014

Beutner M, Pechuel R (2014) Didactical use of dialogues in modern authentic e-learning scenarios, presentation at the e-learn, 30.10.2014. New Orleans, USA

Breuer J (2010) Spielend lernen? Eine Bestandsaufnahme zum (Digital) Game-Based Learning. LfM Dokumentation, Band 41, Online im Internet. http://lfmpublikationen.lfm-nrw.de/index.php?view=product_detail&product_id=190. Zugegriffen: 23 Sept. 2015

Burguillo JC (2010) Using game theory and Competition-based learning to stimulate student motivation and performance. Computers & Education 2(55):566–575

De Freitas S (2006) Using games and simulations for supporting learning. Learn Media Technol 31(4):343–358

Dörner R, Göbel S, Effelberg W, Wiemeyer J (2016) Serious games, foundation, concepts and practice. Springer Verlag, Schweiz

Drachsler H, Greller W (2016) Privacy and Analytics – it's a DELICATE issue, a checklist to establish trusted Learning Analytics, 6th Learning Analytics and Knowledge Conference, 25.04.-29.04. 2016, Edinburgh, United Kingdom (UK)

Darmann-Finck I (2010) Interaktion im Pflegeunterricht. Peter Lang Verlag, Frankfurt am Main

Dütthorn N, Pechuel R (2016) GaBa_LEARN: Authentic team learning in the health care sector through an app-based serious game. International nurse education today conference vom 3. bis 6.04. 2016, Brisbane, Australien

Dütthorn N (2014) Pflegespezifische Kompetenzen im Europäischen Bildungsraum – eine empirische Studie in den Ländern Schottland, Schweiz und Deutschland, Publikationsreihe Pflegewissenschaft und Pflegebildung, Band 8. V&R unipress Universitätsverlag, Göttingen

Dütthorn N, Gemballa K (2013) Theorien und Modelle der Didaktik Ernährung und Hauswirtschaft im Spiegel der Pflegedidaktik, in: bwp@ Spezial 6 – Hochschultage Berufliche Bildung 2013, Fachtagung 11, Hrsg.: v. Kettschau I., Stomporowski S., Gemballa K., Ort der Fachtagung und Datum bitte angeben, S. 1–22, online im Internet. http://www.bwpat.de/ht2013/ft11/duetthorn_gemballa_ft11-ht2013.pdf. Zugegriffen 30 Nov. 2016

Ebnr M, Holzinger A (2007) Successful implementation of user-centered game based learning in higher education, An example from civil engineering. Computers & Education 49(3):873–890

Edelmann W, Wittmann S (2000) Lernpsychologie, 7. Aufl. Beltz Verlag, Weinheim

Elias T (2011) Learning analytics, the definitions, the processes, and the potential, online im Internet. http://learninganalytics.net/LearningAnalyticsDefinitionsProcessesPotential.pdf. Zugegriffen: 01 Dez. 2016

Ertl-Schmuck R, Fichtmüller F (2009) Pflegedidaktik als Disziplin: Eine systematische Einführung. Juventa Verlag, Weinheim und München

Fichtmüller F, Walter A (2007) Pflegen lernen. V&R Verlag, Göttingen

Greb U (2010) Die Pflegedidaktische Kategorialanalyse. In: Ertl-Schmuck R, Fichtmüller F (Hrsg) Theorien und Modelle der Pflegedidaktik: Eine Einführung, Juventa Verlag, Weinheim, S 124–165

Gee, J (2009) Deep Learning Properties of Good Digital Games:How Far Can They Go? In: Ritterfeld U, Cody M, Vorderer P (Hrsg) Serious games: Mechanisms and effects, Routledge Publishing, New York, p. 67–82

Hannah KJ, Ball MJ, Edwards MJA, Hübner UH (2002) Pflegeinformatik. Springer Verlag, Berlin

Hielscher V, Nock L, Kirchen-Peters S (2015) Technikeinsatz in der Altenpflege: Potenziale und Probleme in empirischer Perspektive. Nomos Verlag, Baden-Baden

Hübner U (2001) Pflegeinformatik – Daten, Methoden, Anwendungen. In: Kerres A, Seeberger B (Hrsg) Lehrbuch Pflegemanagement II, Springer Verlag, Heidelberg, S 235–258

Hübner U, Liebe JD, Hüsers J, Thye J, Egbert N, Hackl W, Ammenwerth E (Hrsg) (2015) IT-Report Gesundheitswesen – Schwerpunkt Pflege im Informationszeitalter. Hochschule Osnabrück, Osnabrück

Hülsken-Giesler M (2008) Selbstgesteuertes Lernen mit Neuen Medien – Pflege(aus)bildung zwischen Persönlichkeitsbildung und Bildungstechnologie, in: bwp@, Spezial Nr. 4, S 1–6., online im Internet. http://www.bwpat.de/ht2008/eb/huelsken-giesler_ft09-ht2008_spezial4.pdf. Zugegriffen 30 Nov. 2016

Hülsken-Giesler M (2014) Professionalisierung der Pflege: Möglichkeiten und Grenzen. In: Becker S, Brandenburg H (Hrsg) Lehrbuch Gerontologie, Gerontologisches Fachwissen für Pflege- und Sozialberufe – Eine interdisziplinäre Aufgabe, Huber, Bern, S 377–408

Hülsken-Giesler M (2015) Technik und Neue Technologien in der Pflege. In: Brandenburg H, Dorschner S (Hrsg) Pflegewissenschaft 1. Lehr- und Arbeitsbuch zur Einführung in das wissenschaftliche Denken in der Pflege, 3. Aufl., Huber Verlag, Bern, S 262–280

Hülsken-Giesler M, Korporal J (2013) Fachqualifikationsrahmen Pflege für hochschulische Bildung. Purschke + Hensel Verlag, Berlin

Hülsken-Giesler M, Dütthorn N, Kreutzer S (2016) Rekonstruktive Fallarbeit in der Pflege. V&R Verlag, Göttingen

Hülsken-Giesler M, Brinker-Meyendriesch E, Keogh J, Muths S, Sieger M, Stemmer R, Stöcker G, Walter A (2010) Kerncurriculum Pflegewissenschaft für pflegebezogene Studiengänge – eine Initiative zur Weiterentwicklung der hochschulischen Pflegebildung in Deutschland. Pflege & Gesellschaft: Zeitschrift für Pflegewissenschaft 15(3):216–236

Hundenborn G (2007) Fallorientierte Didaktik in der Pflege. Juventa Verlag, München

Kamin A-M (2013) Beruflich Pflegende als Akteure in digital unterstützten Lernwelten: Empirische Rekonstruktion von berufsbiografischen Lernmustern. Springer Verlag, Wiesbaden.

Kamin A-M, Greiner A-D, Darmann-Finck I, Meister DM, Hester T (2014) Zur Konzeption einer digital unterstützten beruflichen Fortbildung – ein interdisziplinärer Ansatz aus Medienpädagogik und Pflegedidaktik, Interdisziplinäre Zeitschrift für Technologie und Lernen. In: Angabe der Zeitschrift???, bitte prüfen, ob Jg. oder Nr. 1, S 6–20

Kerres M, Bormann M, Vervenne M (2009) Didaktische Konzeption von Serious Games: Zur Verknüpfung von Spiel- und Lernangeboten, MedienPädagogik, online im Internet. http://mediendidaktik.uni-due.de/sites/default/files/kerres0908_0.pdf. Zugegriffen: 13 Dez. 2016

Langmaack B, Braune-Krickau M (2010) Wie die Gruppe laufen lernt, 8. Aufl. Beltz Verlag, Weinheim

Meister DM, Kamin A-M. (2010) Digitale Lernwelten in der Erwachsenen- und Weiterbildung. In: Hugger K. U., Walber M. (Hrsg) Digitale Lernwelten: Konzepte, Beispiele und Perspektiven, VS Verlag für Sozialwiss., Wiesbaden, S 103–114

Pivec M, Dziabenko O, Schinnerl I (2003) Aspects og Game-Based Learning, Proceedings of I-KNOW '03, Konferenznamen bitte einmal ausschreiben, 02.-04.07.2003, Graz, Austria

Pundt J, Garden J (2012) Potenziale für Gesundheitsberufe: Distance learning. PUBHEF 20 (4):22. e1–22e3

Raven U (2007) Zur Entwicklung eines „professional point of view" in der Pflege, Auf dem Weg zu einer strukturalen Theorie pflegerischen Handelns. PrInterNet 09(03):196–209

Remmers H (2000) Pflegerisches Handeln: Wissenschafts- und Ethikdiskurse zur Konturierung der Pflegewissenschaft. Huber Verlag, Bern

Remmers H (2011) Pflegewissenschaft als transdisziplinäres Konstrukt, Einleitung. In: Remmers, H. (Hrsg) Pflegewissenschaft im interdisziplinären Dialog, V&R unipress Verlag, Göttingen, S 4–47

Roschelle J (2009) Keynote paper, Unlocking the learning value of wireless mobile devices. In: J Comput Assist Learn 19(03):260–272

Schön M, Ebner M (2013) Das Gesammelte interpretieren, Educational Data Mining und Learning Analytics, In: Ebner M, Schön S (Hrsg) Lehrbuch für Lernen und Lehren mit Technologien, online im Internet., http://l3t.eu/homepage/das-buch/ebook-2013. Zugegriffen: 02 Dez. 2016

Schrader C (2010) Computerbasierte Lernspiele, Stand der Forschung. In: Ganguin S, Hoffmann B (Hrsg) Digitale Spielkultur, Kopaed Verlag, München, S 179–190

Schulmeister R (2005) Welche Qualifikationen brauchen Lehrende für die „Neue Lehre "? Versuch einer Eingrenzung von eCompetence und Lehrqualifikation, online im Internet. http://rolf.schulmeister.com/pdfs/E-Competence_und_Lehrqualif.pdf. Zugegriffen: 01 Dez. 2016

Siemens G, Long P (2011) Penetrating the fog: Analytics in Learning and Education. EDUCAUSE Review 45(5):30–32, 34, 36, 38 und 40

Sowinski C, Kirchen-Peters S, Hielscher V (2015) Praxiserfahrungen zum Technikeinsatz in der Altenpflege. KDA Verlag, Köln/Saarbrücken

Wang H, Cuihua S, Ritterfeld U (2009) Enjoyment of digital games: What makes them „seriously" fun? In: Ritterfeld U, Cody M, Vorderer P (Hrsg) Serious games: Mechanisms and effects, Routledge Publishing, New York, S 25–47

Wiemeyer J, Kickmeyer-Rust M, Steiner C (2016) Performance, Assessment in Serious Games. In: Dörner R, Göbel S, Effelberg W, Wiemeyer J (Hrsg) Serious games, foundation, concepts and practice, Springer Verlag, Schweiz, S. 273–302

Wechselberger U (2012) Spielst du noch oder lernst du schon? Der Einfluss des Framings auf Unterhaltung und Inhaltsrezeption bei Game-based Learning. In: MedienPaed, S 1–19, online im Internet. http://www.medienpaed.com/article/view/185. Zugegriffen: 30 Dez. 2016

**Prof. Dr. phil. Nadin Dütthorn** ist Professorin für Berufspädagogik an der FH Münster, Juniorprofessur an der Philosophisch-Theologischen Hochschule Vallendar, Promotion an der Universität Osnabrück (Pflegespezifische Kompetenzen im europäischen Bildungsraum), Studium der Medizin- und Pflegepädagogik an der Humboldt Universität zu Berlin und Charité Universitätsmedizin Berlin, Krankenschwester u. a. auf eine Neonatologischen Wachstation. Zu ihren Forschungsschwerpunkten gehören folgende Themen: Pflegedidaktik, Kompetenzentwicklung, Lernen mit digitale Medien.

**Prof. Dr. phil. Manfred Hülsken-Giesler** ist Lehrstuhlinhaber für Gemeindenahe Pflege und Prodekan der Pflegewissenschaftlichen Fakultät an der Philosophisch-Theologischen Hochschule Vallendar. Studium der Pflegewissenschaft, Sozialwissenschaften, Erziehungs- und Gesellschaftswissenschaften. Arbeits- und Forschungsschwerpunkte im Bereich der Entwicklung, Erprobung und Bewertung von neuen Technologien in der Pflege.

**Rasmus Pechuel** ist Geschäftsführer von Ingenious Knowledge, einem Unternehmen, das sich dem Ziel verschrieben hat, Innovationen in die Bildung zu bringen. Mit einem Schwerpunkt auf IT-gestützten neuen Bildungslösungen hat das Unternehmen weltweit Impulse gesetzt. Rasmus Pechuel hat sich in den letzten Jahren besonders auf Serious Games spezialisiert, da dieses Forschungsfeld für ihn eine logische Verknüpfung seiner früheren Tätigkeitsbereiche in der amerikanischen Spielebranche und dem Aufbau einer Institution an der Universität zu Köln war.

# Telemonitoring in der Pflege – Chancen für eine bedarfsgerechte Versorgung

## 6

Michael Wahl, Laura Schönijahn und Natalie Jankowski

### Zusammenfassung

Die demographische Entwicklung in den letzten Jahren zeigt deutlich, dass die Gesellschaft immer älter wird und ländliche Regionen infrastrukturelle Mängel vor allen Dingen im Bereich der medizinischen Versorgung zeigen. Diesen Herausforderungen gilt es sich zu stellen. Neue Technologien in Form von Telemonitoring können hier eine Chance bieten alternden Menschen in der Häuslichkeit eine bedarfsgerechte medizinische und pflegerische Versorgung zu ermöglichen. In diesem Beitrag werden Pilotprojekte vorgestellt, die Perspektiven für die Pflege aufzeigen.

### Inhaltsverzeichnis

| | | |
|---|---|---|
| 6.1 | Einleitung | 104 |
| 6.2 | Begriffsbestimmungen | 105 |
| 6.3 | Indikationsübergreifende Projekte | 106 |
| 6.4 | Telemonitoring bei Herz-Kreislauferkrankungen | 107 |
| 6.5 | Telemonitoring zur Sturzprävention | 108 |
| 6.6 | Schlussbetrachtung | 109 |
| Literatur | | 109 |

M. Wahl (✉) · L. Schönijahn · N. Jankowski
Humboldt-Universität zu Berlin, Institut für Rehabilitationswissenschaften, Unter den Linden, 10099 Berlin, Deutschland
e-mail: michael.arnold-wahl@hu-berlin.de; laura.schoenijahn@gmail.com; jankowna@hu-berlin.de

© Springer Fachmedien Wiesbaden GmbH 2018
M. A. Pfannstiel et al. (Hrsg.), *Digitale Transformation von Dienstleistungen im Gesundheitswesen IV*, https://doi.org/10.1007/978-3-658-13644-4_6

## 6.1 Einleitung

Auch im Alter ist es das Ziel vieler Menschen weiter in den eigenen vier Wänden leben zu können. Etwa 2,5 Millionen Menschen über 65 Jahre sind in Deutschland pflegebedürftig (Marburger 2006). Aktuelle Zahlen des Statistischen Bundesamtes zeigen, dass mehr als zwei Drittel aller Pflegebedürftigen, mithilfe informeller und formeller Pflege, zu Hause versorgt werden (Rothgang et al. 2015). Zunehmend sind im Alter spezifische Risikofaktoren zu beachten, die sich auf den Pflegeaufwand und die Art der durchzuführenden Pflege auswirken können. So sind neben dem physischen und psychischen Gesundheitszustand, die Eingebundenheit in soziale und örtliche Netzwerke (Familie, hausärztliche Versorgung, Einkaufsmöglichkeiten etc.) auch Aspekte der kognitiven Leistungsfähigkeit zu beachten. All diese Faktoren sind bei der Planung und Umsetzung von Pflegemaßnahmen zu berücksichtigen. Es gilt eine sorgfältige Abwägung zwischen nötigen Kompensationsleistungen bei nachlassenden Fähigkeiten und der Belastung bei der Bewältigung des Alltags zu finden.

Die pflegerische Versorgung älterer Menschen in der Häuslichkeit hat viele Vorteile, da die Menschen in ihrer gewohnten Umgebung meist stärker gefordert werden und körperlich, geistig, sozial aktiv und integriert bleiben. Es wird zunehmend versucht, die Häuslichkeit als „dritten" Gesundheitsstandort durch den Einsatz von Informations- und Kommunikationstechnologien zu stärken (Fachinger und Henke 2010; Naegele 2013). Doch welchen Beitrag können solche Technologien leisten? Zum einen bieten diese Technologien die Möglichkeit, den Betroffenen und ihren Angehörigen im Einsatz ein erhöhtes Sicherheitsgefühl zu vermitteln. Zum zweiten kann durch Technologien eine sektorenübergreifende Versorgung unterstützt werden. Drittens können Patienten direkte Unterstützung erfahren, indem sie Hilfestellungen im Umgang mit ihrer Erkrankung erhalten, die sich positiv auf Motivation und ihr Selbstmanagement auswirken könnte. Im Ergebnis steht eine Steigerung der Lebensqualität durch optimierte Behandlungspfade und hierdurch reduzierte Aufenthalte im Krankenhaus, in deren Folge die Menschen im Alter länger selbstständig und aktiv bleiben könnten (Fleck und Korb, 2008).

In den letzten Jahren zeigten sich deutliche Tendenzen, dass ländliche Regionen durch das Abwandern der Bevölkerung in städtische Bereiche infrastrukturelle Mängel zeigen. Dieser Trend wird sich in den nächsten Jahren fortsetzen (Bertelsmann-Stiftung 2015). Die Durchmischung verschiedener Altersgruppen wird sich in diesen Regionen nachhaltig ändern (Flintrop 2009). In einigen strukturschwachen Regionen stellen Menschen über 60 Jahren die am stärksten vertretene Altersgruppe (Pachten et al. 2009; Ottensmeier und Jörg 2006). Somit könnte besonders in ländlichen Gebieten der Einsatz innovativer Technologien alleinlebende Ältere unterstützen, weite Entfernungen zu ihren Behandlern zu überwinden. Jedoch sind solche innovativen Technologien nicht voraussetzungslos in der Versorgung zu realisieren (Lohmann 2009; Neumann et al. 2009). Zum einen wird eine entsprechende digitale Infrastruktur benötigt und zum anderen muss neben fehlender Akzeptanz von Nutzerseite auch die Gefahr der Stigmatisierung, Überwachung und der

Schutz der Privatsphäre stets mitgedacht werden. Diese fehlende Akzeptanz ist zumeist auf eine geringe Nutzereinbindung im Produktentwicklungsprozess zurückzuführen.

In diesem Beitrag sollen Potenziale und Barrieren für Telemonitoring-Systeme anhand einiger Projekte in der häuslichen Pflegeversorgung aufgezeigt werden. Besonderes Augenmerk wurde in diesen Projekten auch auf die Einbindung der Nutzer in der Entwicklung gelegt.

## 6.2 Begriffsbestimmungen

Unter Telemedizin wird die Nutzung von Informations- und Kommunikationstechnologien für medizinische Anwendungen verstanden und wird seit Mitte der 1970er-Jahre angewendet (Häcker et al. 2008). Instrumente der Telematik und Telekommunikation werden eingesetzt, um in telemedizinischen Anwendungen die Interaktion und Kommunikation zwischen Ärzten und Patienten (Doc-2-Patient) sowie zwischen Ärzten im Rahmen einer medizinischen Versorgung (Doc-2-Doc) über räumliche Grenzen hinweg zu ermöglichen (Schmidt 2009; Häcker et al. 2008). Telemonitoring ist ein Teilbereich der Telemedizin und beinhaltet die kontinuierliche Überwachung relevanter Parameter, um eine bedarfsgerechte Versorgung, z. B. durch schnelle Anpassung der Medikation zu ermöglichen. Im Fokus des Einsatzes von Telemonitoring stehen die Erhöhung der krankheitsbezogenen Sicherheit sowie die häusliche Überwachung von Patienten in ihrem persönlichen Umfeld (Meyestre 2005). Zugeordnet werden dabei automatisiert messbare oder übermittelbare Vitalparameter aus einer kürzeren oder längeren Zeitperiode, wie z. B. Änderungen des Gewichts, Blutdruck, Blutzucker oder Lungenfunktionsparameter. Verschiedene klinische Parameter können dauerhaft überwacht werden.

Diese Überwachung sollte im besten Fall so erfolgen, dass die Möglichkeiten zur Eigenbewegung maximiert werden. Hier sollten Systeme zum Einsatz kommen, die für die Person leicht nutzbar und verständlich sind, sowie keinen großen Vorbereitungsaufwand (bspw. kompliziertes Anlegen von Sensoren) bedürfen. Die dauerhafte Dokumentation über entsprechende Systeme zeigen ein Bild über den Zustand der Person (Goetz 2011) und bieten den Behandlern die Möglichkeit, Daten des Patienten in seiner normalen Umgebung in die Behandlung einfließen zu lassen.

Telemonitoring hat als Anwendung in der Häuslichkeit große Potentiale die Behandlungsqualität z. B. chronisch kranker Menschen zu verbessern. Einerseits können durch diese Technologien der Gesundheitszustand erhalten, bzw. gesteigert werden, andererseits bieten sie auch auf wirtschaftlicher Ebene Möglichkeiten, eine bezahlbare Gesundheitsversorgung für alle Menschen zu ermöglichen, da bspw. mehrfache Wege zum Arzt minimiert werden können (Braun 2011). Dies führt letztendlich dazu, dass durch eine besser laufende Betreuung chronischer kranker Menschen die Pflege effektiver wird und längeres selbstbestimmtes Leben in der eigenen Häuslichkeit ermöglicht wird.

Der Nutzen von Telemonitoringverfahren in der praktischen Anwendung sowie deren Akzeptanz auch bei älteren Menschen wurden in klinischen Studien belegt (John 2015). Im Folgenden werden Projekte vorgestellt, welche zunächst als Modellvorhaben umgesetzt worden sind, jedoch für den Bereich der Pflege eine deutliche Weiterentwicklungsperspektive darstellen. Zunächst wird ein indikationsübergreifendes Projekt beschrieben, welches als Best-Practice-Modell 2012 ausgezeichnet wurde. Das zweite Projekt beschäftigte sich mit dem Monitoring bei Herz-Kreislauferkrankungen, einer der häufigsten Erkrankungen, die Pflegebedürftigkeit nach sich zieht. Ein drittes Projekt zielte auf die Prävention von Stürzen ab.

## 6.3 Indikationsübergreifende Projekte

Die Europäische Kommission förderte zwischen 2007 und 2011 das Projekt DREAMING (elDeRly-friEndly Alarm handling and Monitoring). Ziel des Projekts war es, bestehende Behandlungs- und Betreuungsangebote für ältere Menschen zu analysieren und neue Standards bei der Betreuung zu entwickeln. Die Umsetzung wurde in einer kontrollierten Follow-up-Studie mit 380 Teilnehmern im Alter von 60 Jahren und älter getestet. Indikationen für die teilnehmenden Patienten waren Diabetes mellitus, chronisch obstruktive Lungenerkrankung (engl. Chronic obstructive pulmonary disease COPD) und chronische Herzinsuffizienz. Die Teilnehmer in sechs europäischen Ländern (Dänemark, Schweden, Deutschland, Estland, Italien und Spanien) erhielten ein Home-Telemonitoring-System von Health Insight Solution (HIS) zur Verfügung gestellt. Die Studie umfasste vier Anwendungen:

- wichtige Sensoren zur Überwachung von Gesundheitsparametern wie Gewicht, Blutdruck, Blutglukosespiegel und EKG-Messwerte
- Umweltsensoren für den Schutz, wie Rauch- und Bewegungsmelder
- ein mobiles Notrufsystem mit Falldetektor und Medikamenten-Erinnerung
- ein TV-basiertes Telekommunikationssystem zur Verbesserung der sozialen Beziehungen.

Die Datenübertragung erfolgt statisch oder mobil über Bluetooth. Die erhobenen Daten wurden verschlüsselt an das zentrale HIS-Portal übertragen, welches sie dann für Untersuchungen und weitere Analysen von autorisierten Personen sowie Patienten und Angehörigen zur Verfügung stellte. Wurden zuvor, individuell gesetzte Parameter überschritten, erhielten die berechtigten Personen Warnungen per E-Mail oder SMS. Messungen wurden auch an die Koordinationsstellen in den Teilnehmerländern und Regelmäßig an die behandelnden Ärzte übermittelt. Die Ergebnisse zeigten eine signifikante Identifizierung von bisher nicht identifizierten Diabetikern, eine 20 %-ige Reduktion der Stürze und einen Rückgang um rund 60 % bei Pflegeheimzulassungen. Darüber hinaus verbesserte sich die Lebensqualität der Patienten. Reduzierte Krankenhauseinweisungen und kürzere Aufenthalte im Krankenhaus hatten einen positiven Einfluss auf die Gesundheitsversorgung (Giannakopoulos et al. 2009; Pflegewerk 2016).

## 6.4 Telemonitoring bei Herz-Kreislauferkrankungen

Herz-Kreislauf-Erkrankungen betreffen Erkrankungen des Herzens und des Gefäßsystems. Im Jahr 2012 waren 50 % aller Todesfälle in Deutschland das Ergebnis einer kardiovaskulären Erkrankung (Vögele 2016). Die Behandlung von Herz-Kreislauf-Erkrankungen ist multifaktoriell. Neben etablierten und gut wirksamen Medikamenten spielt die Compliance der Patienten eine nicht zu unterschätzende Rolle. Ziel ist den Lebensstil des Patienten zu beeinflussen, da Medikamente, Stents an den Organen und andere Behandlungen allein nicht ausreichen, um positive Wirkungen auf die Erkrankungen zu haben. So gilt es vor allen Dingen den Blutdruck kontinuierlich zu messen und zu überwachen. Zu hoher Blutdruck führt zu Strukturveränderungen der Blutgefäße. Da zu hoher Blutdruck keine Schmerzen verursacht, wird er häufig zu spät bzw. unzureichend erkannt und behandelt (Vögele, 2016). Dies führt wiederum dazu, dass die Zahl durch Bluthochdruck verursachter Erkrankungen wie bspw. Schlaganfall, welche wiederum einen erhöhten Pflegeaufwand nach sich ziehen können, zunimmt. Das Projekt „Etablierung eines Versorgungskonzepts für Patienten mit chronischer Herzinsuffizienz und Herzrhythmusstörungen in Rheinland-Pfalz" (E.He.R.) wurde gestartet, um Patienten mit Herzinsuffizienz und Herzrhythmusstörungen eine qualitativ hochwertige medizinische Versorgung zu ermöglichen. Hierbei wurden auch Patienten eingeschlossen, die bis zu 90 Kilometer von der behandelnden Klinik entfernt wohnten. Es wurde vom Ministerium für Arbeit, Soziales, Gesundheit und Demografie in Rheinland-Pfalz zwischen Juni 2012 und Dezember 2014 im Rahmen des Projekts „Gesundheit und Pflege – 2020" initiiert und gefördert. Die Verwendung von Telemonitoring war eine Schlüsselkomponente des E.He.R. Pflege-Konzepts. Die Patienten wurden anhand des New York Heart Association Screenings (NYHA) in Gruppen eingeteilt (NYHA 1994). Während der Projektphase wurden 100 Patienten (mittleres Alter: 64 Jahre) überwacht, von denen 68 % schwer erkrankt waren (NYHA II oder schlechter). Die Patienten wurden mit einer Waage und einem Blutdruckmonitor ausgestattet. Die Messungen aller Geräte wurden drahtlos an eine Übertragungseinrichtung im Haus des Patienten übertragen und von dort aus automatisch an ein Telemedizinzentrum geschickt. Im Telemedizinzentrum wurden die Daten 24 Stunden am Tag, sieben Tage die Woche von medizinischen Experten überwacht. Patienten und ihre Ärzte (darunter Kardiologen und auch Notärzte) wurden regelmäßig für einen Informationsaustausch der Telemedizinzentrale kontaktiert. Wenn es kritische Änderungen der Gesundheit des Patienten gab, konnten Ärzte und Fachleute schnell und effektiv eingreifen. Auf diese Weise konnte jeder Patient mit individuell angepassten Therapien versorgt werden. Die Betreuungsbelastung von Ärzten und Fachärzten konnte ebenfalls aufgehoben werden. Nach sechs Monaten im Pflegeprogramm von E.He.R war bei den Patienten ein Rückgang der typischen Symptome festzustellen: Der Anteil mit schwerer Atemnot verringerte sich von 48 % auf 12 % und der Anteil mit relevanten Ermüdungssymptomen von 33 % auf 16,8 %. Auch körperliche Einschränkungen beim Treppensteigen oder im Garten waren weniger auffällig. Die Patienten zeigten sich hoch bis sehr hoch zufrieden mit dem Programm. Etwa die Hälfte der Patienten gibt an, dass die Maßnahmen einen positiven Einfluss auf ihre Beziehung zu ihren Behandlern hatten. Die Ärzte erwarteten ihrerseits verbesserte therapeutische Optionen und einen besseren Patientenkontakt (Eherversorgt 2016).

## 6.5 Telemonitoring zur Sturzprävention

Stürze sind ein Hauptproblem für ältere Menschen. Aktuelle Statistiken zeigen, dass 30–60 % der unabhängigen Personen über 60 Jahre an mindestens einem Sturz pro Jahr leiden (Granacher et al. 2014). Eine Sturzprävention ist wichtig für die Erhaltung von Mobilität, Autonomie und Lebensqualität im späteren Leben. Faktoren wie z. B. Muskelschwäche, Gleichgewichtsstörungen, kognitive Behinderungen und eingeschränkte Sehfähigkeit verursachen ein erhöhtes Sturzrisiko (Nikolaus 2013) und haben weitreichende Folgen: Neben steigenden Kosten im Gesundheitswesen sind eingeschränkte Mobilität und reduzierte Lebensqualität Auswirkungen auf die Betroffenen (Granacher et al. 2014), was die Menschen zumeist nicht in der Häuslichkeit verbleiben lässt (Funk und Pierbon 2007).

Das Ziel des von der Europäischen Gemeinschaft und der australischen Regierung finanzierten Projektes „iStoppFalls" war die Entwicklung eines Systems zur Vorhersage und Verhütung von Stürzen durch die Überwachung von mobilitätsbezogenen Aktivitäten und anderen Risikofaktoren, die zu Stürzen bei alleinlebenden Älteren führen können. Neben einem kontinuierlichen Sturzrisikomonitoring ist das System darauf ausgerichtet, zusätzliche individuelle Trainingsübungen durchzuführen. Es war daher wichtig, diskrete Messtechniken und adaptive Hilfsfunktionen zu haben, die es älteren Menschen ermöglichen, das System problemlos in ihren Alltag zu integrieren. Das iStoppFalls-System hat unterschiedliche Komponenten in den Bereichen heimbasierende Sensortechnologien, Telemedizin und Videospiele. Der Senior Mobility Monitor (SMM) ist ein Inertialsensor, der die Mobilität im täglichen Leben kontinuierlich überwacht, um Informationen über Frequenz, Dauer und Art der Bewegung sowie Informationen über die Balancefunktion und die Muskelkraft zu gewinnen. Das Gerät kann als Halskette getragen werden und schränkt somit nicht die Beweglichkeit ein. Durch kontinuierliche Datenerfassung können Trendanalysen möglicher Sturzrisikoindikatoren durchgeführt werden. Des Weiteren konnten über ein markerloses Steuersystem (Kinect) individuelle, spielerisch gestaltete Übungen genutzt werden, um die Mobilität zu verbessern, was Stürze verhindern kann. Das System wurde in einem internationalen, multizentrischen, randomisierten Kontrollversuch unter der Leitung der Universität Siegen in Zusammenarbeit evaluiert. Von Januar bis Oktober 2014 nahmen in Deutschland, Spanien und Australien einhundertdreiundfünfzig Menschen über 65 Jahren teil. Es wurde ein Vergleich zwischen einer Interventionsgruppe (n = 78) und einer Kontrollgruppe (n = 75) durchgeführt. Die Kontrollgruppe erhielt nur ein Lehrbuch über allgemeine Gesundheit und Absturzsicherung. Die Teilnehmer der Interventionsgruppe erhielten das Lehrbuch und absolvierten zusätzlich ein 16-wöchiges Übungsprogramm mit individuellen Trainingseinheiten. Das physiologische Risiko des Sturzes fiel deutlich mehr in der Interventionsgruppe als in der Kontrollgruppe.

Des Weiteren erhöhten sich Haltungswirkungen, Stufenreaktion und die Exekutivfunktion. Das iStoppFalls-System erhielt weitestgehend gute Bewertungen von Teilnehmern für Usability, User Experience und Akzeptanz. Dennoch ist es wichtig, bei der Gestaltung der Spiele geschlechtsspezifische Unterschiede zu berücksichtigen und Übungen schaffen, die hinreichend herausfordernd sind. Darüber hinaus wurde die Gestaltung des SMM-Gerätes überprüft, nachdem insbesondere die männlichen Teilnehmer das Tragen des Gerätes wie eine Halskette als unangenehm empfanden (Vaziri et al. 2016; Gschwind et al. 2015; Wieching et al. 2012).

## 6.6 Schlussbetrachtung

Die drei skizzierten Projekte zeigen, dass Telemonitoring in einer bedarfsgerechten Form viele Optionen eröffnet, um die Pflege und die damit verbundenen Prozesse zu optimieren und zu erleichtern. Die demographische Entwicklung und die Zunahme chronischer Krankheiten in Deutschland bedeuten, dass die Gesundheitsversorgung vor großen Herausforderungen steht und eine Verschiebung vor allen Dingen der Pflege in Richtung Häuslichkeit unabdingbar ist. Darüber hinaus werden sich junge Menschen von strukturschwachen Regionen entfernen und den Altersmix in diesen Bereichen verändern. Bereits heute stellen Personen über 60 Jahre in einigen Städten und Gemeinden die größte Altersgruppe dar. Aufgrund dieser demographischen Entwicklung werden die Kosten für die Gesundheitsversorgung weiter zunehmen. Um eine adäquate Gesundheitsversorgung zu gewährleisten, müssen in Zukunft neue Versorgungskonzepte entwickelt werden. Es gilt nunmehr die entsprechenden potentiellen Nutzergruppen der neuen Versorgungskonzepte in die Entwicklung mit einzubinden. Dies bezieht sich auf alle an den Versorgungsprozessen beteiligten Personen, wie die Nutzern, Pflegekräfte und Ärzte.

Die Ergebnisse der Projekte zeigten, dass ältere Menschen mehr Sicherheit durch Technologien erlangen können und dass eine Überwachung von körperlichen Faktoren zur Vermeidung langwieriger Folgeerkrankungen beitragen kann. Zusätzlich können Aspekte der Psychoedukation Patienten helfen, mit ihrer Krankheit zurecht zu kommen, ein besseres Selbstmanagement zu erreichen und motivierter und aktiver im Umgang mit ihrer Erkrankung zu werden. Patienten profitieren von einer besseren Behandlung, besseren Lebensqualität, weniger Notsituationen, weniger Krankenhausaufenthalten und können länger aktiv und selbstständig bleiben.

### Literatur

Bertelsmann-Stiftung (2015) Demographischer Wandel verstärkt Unterschiede zwischen Stadt und Land, online im Internet. https://www.bertelsmann-stiftung.de/de/themen/aktuelle-meldungen/2015/juli/demographischer-wandel-verstaerkt-unterschiede-zwischen-stadt-und-land/ Zugegriffen: 01. Nov. 2016

Braun G (2011). Was ist für den Erfolg von Telemonitoring nötig? In: Picot A, Braun G (Hrsg) Telemonitoring in Gesundheits-und Sozialsystemen, Springer,Berlin, S 123–137

Fachinger U, Henke KD (2010). Der private Haushalt als Gesundheitsstandort. Theoretische und empirische Analysen. Nomos, Baden-Baden

Fleck J, Korb H (2008) Fernabfrage implantierter Defibrillatoren (ICD) – der Housecall-Telemedizin-Service von St. Jude Medical und PHTS Telemedizin. In: Jäckel A (Hrsg) Telemedizinführer Deutschland, Minerva Verlag, Bad Nauheim, S 151–154

Flintrop J (2009) Ärztemangel – Wenn der Nachwuchs fremdgeht. Deutsches Ärzteblatt 106(9):396–397

Funk M, Pierobon A (2007) Sturzprävention bei älteren Menschen: Risiken-Folgen-Maßnahmen. Georg Thieme Verlag, Stuttgart

Giannakopoulos G, Greuèl M, Strohschein J (2009) Telemonitoring in den eigenen vier Wänden – das europäische Modellprojekt „Dreaming". online im Internet, http://www.pflegewerk.com/unternehmen/forschung/projekte/dreaming.html?fsize=0. Zugegriffen 30. Okt. 2016

Goetz CF (2011) Anforderungen der Nutzer an Telemonitoring. In: Picot A, Braun G (Hrsg) Telemonitoring in Gesundheits-und Sozialsystemen, Springer, Berlin, S 39–49

Granacher U, Muehlbauer T, Gschwind YJ, Pfenninger B, Kressig RW (2014) Diagnostik und Training von Kraft und Gleichgewicht zur Sturzprävention im Alter. Zeitschrift für Gerontologie und Geriatrie 47(6):513–526

Gschwind YJ, Eichberg S, Ejupi A, de Rosario H, Kroll M, Marston HR, Aal K (2015) ICT-based system to predict and prevent falls (iStoppFalls): Results from an international multicenter randomized controlled trial. Eur Rev Aging Phys Act 12(1):1

Häcker J, Reichwein B, Turad N (2008) Telemedizin. Markt, Strategien, Unternehmensbewertung. Oldenbourg Wissenschaftsverlag, München

John M (2015) Telerehabilitation 2015 – Medizinische Assistenzsysteme in der Prävention, Rehabilitation und Nachsorge. online im Internet. https://www.fokus.fraunhofer.de/go/bericht. Zugegriffen 15. Juli 2016

Lohmann H (2009) Gesundheitswirtschaft 2020. Vision einer Zukunftsbranche. In: Goldschmidt A, Hilbert J (Hrsg) Gesundheitswirtschaft in Deutschland. Die Zukunftsbranche, Band 1., WIKOM Verlag, Wegscheid, S 732–742

Marburger H (2006) SGB XI-Soziale Pflegeversicherung: Textausgabe mit praxisorientierter Einführung, Walhalla Rechtshilfen. Walhalla Fachverlag, Regensburg

Naegele G (2013) Gesundheitliche Versorgung in einer alternden Gesellschaft. In: Hüther M, Naegele G (Hrsg) Demografiepolitik. Springer Fachmedien, Wiesbaden, S 245–258

Neumann T, Biermann J, Neumann A, Wasem J, Ertl G, Dietz R, Erbel R (2009) Herzinsuffizienz: Häufigster Grund für Krankenhausaufenthalte. Medizinische und ökonomische Aspekte. Deutsches Ärzteblatt 106(16) S 269–275

Nikolaus T (2013) Stürze und Folgen. In: Zeyfang A, Hagg-Grün U, Nikolaus T (Hrsg) Basiswissen Medizin des Alterns und des alten Menschen, . Springer, Berlin,S 113–127

NYHA -The Criteria Committee of the New York Heart Association (1994) Nomenclature and criteria for diagnosis of diseases of the heart and great vessels, 9. Aufl. Little, Brown & Co. Publishing, Boston

Ottensmeier B, Jörg H (2006) Kommunale Seniorenpolitik. In: Bertelsmann S (Hrsg) Wegweiser Demographischer Wandel 2020. Analysen und Handlungskonzepte für Städte und Gemeinden, Verlag Bertelsmann Stiftung, Gütersloh, S. Seitenzahl von bis, da Sammelband

Pachten A, Reif S, Kunze H (2009) Potentialanalyse Telemedizin. Wirtschaftliche Wachstumschancen für die Medizintechnik in Berlin-Brandenburg. In: Jäckel A (Hrsg) Telemedizinführer Deutschland, Verlag bitte nachtragen, Bad Nauheim, S 30–31

Pflegewerk (2016) DREAMING - elDeRly-friEndly Alarm handling and MonitorING. Online im Internet. http://www.pflegewerk.com/unternehmen/forschung/projekte/dreaming.html. Zugegriffen: 01. Nov. 2016

Rothgang H, Kalwitzki T, Müller R, Runte R, Unger R (2015) BARMER GEK Pflegereport 2015. Schwerpunktthema: Pflegen zu Hause. Band 36. Asgard-Verlagsservice, Siegburg

Vaziri DD, Aal K, Ogonowski C, Von Rekowski T, Kroll M, Marston HR, Poveda R, Gschwind YJ, Delbaere K, Wieching R, Wulf V (2016) Exploring user experience and technology acceptance for a fall prevention system: Results from a randomized clinical trial and a living lab. Eur Rev Aging Phys Act 13(1):1–9. https://doi.org/10.1186/s11556-016-0165

Vögele C (2016) Herz-Kreislauf-Erkrankungen. In: Ehlert U (Hrsg) Verhaltensmedizin, Springer, Berlin, S 139–152

Wieching R, Kaartinen N, DeRosario H, Baldus H, Eichberg S, Drobics M, Delbaere K (2012) A new approach for personalized fall risk prediction & prevention: Tailored exercises, unobtrusive sensing & advanced reasoning. J Aging Phys Act 20:120

Eherversorgt (2016) Eherversorgt Hauptseite, online im Internet. http://eherversorgt.de/. Zugegriffen: 31. Okt. 2016

**Prof. Dr. Michael Wahl** studierte Patholinguistik, Kognitionswissenschaften und Gesundheitsökonomie in Potsdam und Berlin. Nach einer 10-jährigen Tätigkeit an der Charité Universitätsmedizin Berlin wechselte er auf die Juniorprofessur für Neue Medien in der Rehabilitation und ihre technischen Voraussetzungen an die Humboldt-Universität zu Berlin. Forschungsschwerpunkte liegen im Bereich Neuer Medien und Technologien in der Rehabilitation, der Sprachtherapie sowie der Unterstützten Kommunikation.

**Laura Schöniahn, B.Sc.** studierte Psychologie an der Otto-von-Guericke-Universität Magdeburg und absolviert derzeit ein Masterstudium im Fach Human Factors an der Technischen Universität Berlin. Sie ist studentische Mitarbeiterin in der Abteilung Rehabilitationstechnik und Neue Medien des Instituts für Rehabilitationswissenschaften der Humboldt-Universität zu Berlin.

**Natalie Jankowski, M.A.** studierte Gerontologie und Europäische Ethnologie in Heidelberg und Berlin. Als wissenschaftliche Mitarbeiterin in der Abteilung Rehabilitationstechnik und Neue Medien des Instituts für Rehabilitationswissenschaften der Humboldt-Universität zu Berlin forscht sie zum Einsatz Neuer Technologien in der Bewegungsrehabilitation.

# Digitalisierung und Sorgeverhältnisse – ein unauflöslicher Widerspruch?

## 7

Barbara Hellige, Michael Meilwes und Sabine Seidel

### Zusammenfassung

Die Digitalisierung aller Lebensbereiche wird derzeit als Chance, aber auch als Bedrohung wahrgenommen. Die Pflegewissenschaft und -forschung hat bisher den Fokus auf die Einsatzfelder der neuen Technologien gelenkt. Weniger im Blick sind die Folgen der Digitalisierung auf das Mensch-Sein selbst, auf die Wahrnehmung, das Selbst- und Körperbild, auf die Beziehungs- und damit Sorgefähigkeiten aller Gesellschaftsmitglieder und die beruflich Pflegenden. Pflegerisches Wahrnehmen, Denken und Handeln bedarf ausgewiesener Care- oder Sorgekompetenzen. Die folgenden Ausführungen gehen der Frage nach, wie sich die Digitalisierung auf das Selbst und die Sorgeverhältnisse auswirken könnte und skizziert Lösungsansätze. Zunächst wird ein idealtypisches Verständnis von pflegerischer Sorgearbeit aufgezeigt, um damit den Stellenwert von Pflegarbeit als Teil der Sorgearbeit zu verdeutlichen. Es wird skizziert, welche Bedeutung sinnliche Wahrnehmungen haben, um eine mimetisch verstehende Annäherung an die Patentinnen und Patienten zu erreichen und welche potenziellen Auswirkungen Technisierung und Digitalisierung aller gesellschaftlichen Lebensbereiche auf unser

---

B. Hellige (✉)
Hochschule Hannover, Fakultät V – Diakonie Gesundheit und Soziales, Blumhardtstr. 2, 30625 Hannover, Deutschland
e-mail: Barbara.hellige@hs-hannover.de

M. Meilwes
Grünaustraße 17, 30455 Hannover, Deutschland
e-mail: michael.meilwes@t-online.de

S. Seidel
Hochschule Hannover, Institut für angewandte Gesundheits-, Bildungs- und Sozialforschung, Fakultät V – Diakonie Gesundheit und Soziales, Blumhardtstr. 2, 30625 Hannover, Deutschland
e-mail: sabine.seidel@hs-hannover.de

© Springer Fachmedien Wiesbaden GmbH 2018
M. A. Pfannstiel et al. (Hrsg.), *Digitale Transformation von Dienstleistungen im Gesundheitswesen IV*, https://doi.org/10.1007/978-3-658-13644-4_7

Mensch-Sein und unsere Beziehungsfähigkeit haben. Abschließend werden Implikationen für die pflegerische Sorgearbeit skizziert und Möglichkeiten aufgezeigt, in der Ausbildung von Pflegenden sorgende, mimetische Kompetenzen zu fördern.

## Inhaltsverzeichnis

| | | |
|---|---|---|
| 7.1 | Problemeingrenzung | 114 |
| 7.2 | Carearbeit als gesellschaftliche Basisarbeit | 115 |
| 7.3 | Das Leib- und Gesundheitsverständnis in einer sorgenden Gesellschaft | 117 |
| 7.4 | Kommunikation im Zeitalter neuer Medien | 119 |
| 7.5 | Der menschliche Leib (Körper) im Griff von Gesundheit und Wellness | 121 |
| 7.6 | Zielperspektive: Ein gesundes Verhältnis von technikorientierter Arbeit und leiborientierter Sorge | 124 |
| 7.7 | Implikationen für die Kompetenzentwicklung von Pflegenden in Ausbildung und Studium | 127 |
| 7.8 | Schlussbetrachtung | 129 |
| Literatur | | 130 |

## 7.1 Problemeingrenzung

Die Digitalisierung der Arbeitswelt und speziell die Technisierung der Pflegearbeit und ihre Folgen für die Interaktionsbeziehungen in der Pflege werden aktuell unter vielfältigen Aspekten diskutiert. Es existieren sowohl pessimistische als auch optimistische Perspektiven. Die Forschungsförderung von Einsatzfeldern für neue Technologien verweist auf die eher positiven Aspekte, z. B. die Erhaltung der Autonomie der älteren Menschen durch altersgerechte Assistenzsysteme (Bundesministerium für Bildung und Forschung (BMBF), Forschungsprogramm „Technik zum Menschen bringen"). Hülsken-Giesler hingegen stellt unter Bezugnahme auf Genth (2002) die Entwicklung eher in technikkritischer Perspektive unter dem Aspekt der Mimesis an die Maschine dar. Mimesis an das Tote – die Maschine – führe zu „Teilnahmslosigkeit, Mitleidslosigkeit und Gefühlskälte" gegenüber der Vielfalt des Lebens (vgl. Hülsken-Giesler 2008, S. 217).

Bisher nur randständig werden in der Pflegewissenschaft die gesamtgesellschaftlichen Folgen der Nutzung von neuen Medien – insbesondere Tablets und Smartphones – auf das, was unser Mensch-Sein ausmacht, in den Blick genommen. Pflegewissenschaft und -pädagogik müssen diese Folgen jedoch antizipieren, wenn die direkte Interaktion Pflege als Kern professioneller Pflege erhalten bleiben soll.

Fürsorgliche Praxis in Pflege- und Gesundheitsberufen, die unter den gegebenen Umständen von medizinisch-technischer Dominanz im Gesundheitswesen, mangelnder beruflicher Autonomie, Personalmangel und rechtlichen Rahmenbedingungen, wie der Pflegeversicherung, nur mit hoher Eigenmotivation umsetzbar ist, läuft nun u. E. Gefahr, sich mehr und mehr zu einer Mimesis an Maschinen zu entwickeln und nicht mehr den Menschen, sein subjektives Erleben, mit allen Sinnen wahrzunehmen. Dieses sinnlich wahrgenommene Wissen sollte situationsangemessen so mit anderen Wissensformen verbunden werden, dass es zum Leben der Menschen, für die Professionelle im Gesundheitswesen tätig sind, passt. Mimesis an Maschinen kann dazu führen, dass wir objektive quantifizierbare Daten überschätzen und unsere sinnliche Wahrnehmung inclusive unseres Bauchgefühls, des impliziten Wissens und der Intuition unterschätzen. Anstatt einer kontextuell ausgerichteten, leibbezogenen Wahrnehmung, die durch mimetische Bewegungen versucht zu verstehen, dominiert heute eine maschinenorientierte Wahrnehmung. Daraus resultiert eine Abwertung von emotionaler Arbeit, Gefühlsarbeit. Emotionale Dissonanzen werden erfahrbar. Letztendlich verlieren wir unsere Körperweisheit. Was bleibt, ist Designer-Emotionalität und Nanosekundenzuwendung (vgl. Bone 2002), abstraktes Wissen und Distanz (vgl. Turkle 2015).

Die amerikanische Psychologin und Professorin für Social Studies of Sciences and Technology an dem Massachusetts **Institute of Technology** (MIT) Turkle stellt die These auf, dass iPhone und iPad nicht nur Einfluss darauf haben, was wir tun, sondern wer wir sind. Während in früheren Betrachtungen der Schöpfer des Spiegels als derjenige betrachtet wurde, der die menschliche Seele vergiftet hat (vgl. Pessoa 2008, S. 440), gerät die Seele heute durch das Handy in Gefahr, gar nicht erst gebildet bzw. verkümmert oder gar zerstört zu werden. Kindheit und Jugend sind zunehmend geprägt durch Nutzung digitaler Medien. Eine Studie aus den USA zeigt, dass bei College-Studierenden die Empathiefähigkeit in den letzten 20 Jahren um 40 % zurückging (vgl. Yarrow 2010).

Eine die ganze Gesellschaft durchdringende Maschinisierung im Sinne von Digitalisierung gebiert zunehmend narzisstische Persönlichkeiten. Es ist keine Zeit für Selbstreflexion, Fühlen von Ambivalenzen und Unsicherheiten (vgl. Diefenbach und Ullrich 2016, S. 205).

Wenn sich die Vorstellung und das Gefühl von Mensch-Sein durch die Nutzung von neuen Medien verändert und Kompetenzen verlernt werden, die unsere Beziehungsfähigkeit ausmachen, hat das auch Konsequenzen für die Qualifizierung von Menschen in den Gesundheits- und Pflegeberufen, ihr Professionsverständnis und ihr professionelles Handeln. Die folgenden Suchbewegungen sind als eine vorläufige Annäherung an das Thema zu verstehen, dabei werden möglicherweise mehr Fragen aufgeworfen als Antworten gegeben.

## 7.2 Carearbeit als gesellschaftliche Basisarbeit

Sorgendes Denken und Handeln sind der Kern der beruflichen Pflegearbeit. Es beinhaltet „lebendige, unmittelbare Interaktion" (Goffman 1971 zit. n. Hielscher et al. 2015, S. 7). Pflegearbeit ist ein Teilaspekt von Care- oder Sorgearbeit. Die gesellschaftlichen Praxen von Carearbeit, die in der Familie, in Institutionen wie Heimen mit familienähnlichen Strukturen, in Krankenhäusern und von Pflegediensten realisiert werden, gelten bis heute als reproduktive, nicht Gewinn schöpfende Arbeit (vgl. Becker-Schmidt 2011,

S. 10). Carearbeit wird immer noch mit Weiblichkeit konnotiert und ist in weiten Bereichen unbezahlt als Kindererziehung oder Pflege von Angehörigen. Im Unterschied zur Arbeit an toten Dingen ist Carearbeit auf direkte Beziehungs- und Austauschprozesse angewiesen. Sie verlangt Nähe und Empathie und sollte sich idealtypisch nach den Bedürfnissen der Nutzerinnen und Nutzer richten.

Für uns ist Carearbeit die gesellschaftliche Basisarbeit, auf der alle anderen gesellschaftlichen Produktionsformen aufbauen (Hellige und Doege 2014). Ohne fürsorgliche Praxis können Menschen nicht existieren. Nicht neoliberale Werte und Normen verbunden mit dem Lohnarbeitsmodell bilden die Basis einer demokratischen und gesunden Gesellschaft, sondern die Sorge- und Reproduktionsarbeit (vgl. u. a. Becker-Schmidt 2011; Biesecker und Hofmeister 2013; Eckardt 2000, 2004).

Menschliches Leben beginnt und endet mit gegenseitiger Abhängigkeit. Während der Zwischenzeit sind wir sowohl in Liebesbeziehungen, in Familienbeziehungen als auch beruflichen Beziehungen abhängig von anderen. Wir lieben und sorgen uns um Freunde, und sie sorgen sich um uns. Wir werden Eltern und wir sorgen uns auf die vielfältigste Art und Weise um unsere Kinder. Wir füttern und wickeln sie, wir erziehen sie, wir sind die Spiegel ihrer Identitätsbildung. Säuglinge werden „unfertig" (Welzer 2008, S. 59) geboren. Im Gegensatz dazu sind Tiere lediglich kurz nach ihrer Geburt abhängig. Menschliche Gehirne sind noch unausgereift, dafür aber sehr entwicklungs- und lernfähig. Lernen – auch soziales – wird durch diese Unfertigkeit erst möglich. Aufgrund dieser Notwendigkeit zu wachsen, sich zu entwickeln, brauchen Menschen andere, die sich sorgen. Wenn wir alt werden, wird die Wahrscheinlichkeit steigen, Unterstützung bei der häuslichen Arbeit zu benötigen: Essen zubereiten, anreichen, Körperpflege, Mobilisierungshilfen und vor allem biografische Arbeit in Verbindung mit Gefühls- und Fassungsarbeit sind zu leisten, um Fähigkeitsverluste zu verarbeiten und dem Leben immer wieder einen roten Faden, Sinn zu geben.

Da Tronto Care- oder Sorgearbeit nicht nur als Basis zur Gestaltung zwischenmenschlicher Beziehungen ansieht, sondern auch als grundlegend zur Entwicklung und Erhaltung von demokratischen Gesellschaften, die derzeit zunehmend durch populistische Bewegungen bedroht sind (2013), folgen wir ihrem Verständnis von Care- oder Sorgearbeit. Daneben gibt es weitere Careverständnisse, auf die hier nur verwiesen sei (vgl. u. a. Kohlen und Kumbruck 2008). Trontos Verständnis fußt auf einer feministischen, moralischen und politischen Perspektive. Sie bietet Lösungsansätze für ein heutiges, zukünftig noch sichtbareres Problem westlicher Gesellschaften: Der wachsende Anteil alter Menschen und Menschen mit Handikap benötigt Sorgearbeit, damit einher geht eine stärkere Nachfrage nach Menschen, die diese Sorgeleistungen erbringen wollen und können. Es geht schon heute, aber in Zukunft noch drängender nicht nur um Fragen der Vereinbarkeit von Kindern mit Berufsarbeit, sondern auch um die Vereinbarkeit von Sorgearbeit für behinderte und pflegebedürftige Menschen mit beruflicher Arbeit.

Für Tronto sind Sorge und policy, verstanden als demokratischer Prozess, nicht zu trennen. Ihr Sorgebegriff (Tronto 2000, 2013) hat zwei Perspektiven: Sorge als Aktivität und Sorge als Disposition. Care als Aktivität ist ein Prozess von fünf miteinander verbundenen Phasen:

- „caring about" meint, aufmerksam zu sein für Situationen, in denen Sorgearbeit benötigt wird;
- „caring for" meint, Verantwortung zu übernehmen;
- „care-giving" meint die praktische Aufmerksamkeit für den zu erfüllenden Bedarf;
- „care-receiving" meint die Resonanz auf die wahrgenommene Aufmerksamkeit und Sorge und
- „caring with" meint die moralischen Aspekte Solidarität und Vertrauen in einer sorgenden Gesellschaft.

Folgt man Tronto, sollten wir Demokratie als aktive Bereitstellung von Sorgeverantwortlichkeiten denken. Sorgearbeit bildet die Basis, den Anteil empathischer Menschen für andere und die Umwelt, sowie die Sorge um sich selbst (Selbstsorge) zu erhöhen. Sorgepraktik ist eine Form demokratischer Praxis, weil wir durch Sorgearbeit wahrnehmen können, wie unterschiedlich die Menschen sind. Demokratisches Leben verlangt Menschen, die tolerant sind und auch anerkennen, wie verwundbar sie selbst und andere Menschen, aber auch Gesellschaften in ihrem (demokratischen) Gefüge sind. Werte wie Respekt, Vertrauen, Kommunikation und Vielfältigkeit sind sowohl Aspekte eines demokratischen Verständnisses als auch von (pflegerischer) Sorgearbeit.

## 7.3 Das Leib- und Gesundheitsverständnis in einer sorgenden Gesellschaft

Westliche Gesellschaften gruppieren sich derzeit in jene, die mit und in Herzwiederherstellungs- und Diabetesprogrammen leben; in jene, die mit Allergien und ökologischen Empfindlichkeiten kämpfen; in jene mit Prothesen und chronischen Krankheiten; in jene, die sich vom Missbrauch erholen und in jene Familien, die ihre tägliche Arbeit immer wieder an die Gesundheitssituation anpassen, um wieder einen Zustand von Normalität und Wohlbefinden zu erreichen. Vor diesem Hintergrund ist es merkwürdig, dass Autonomie so hoch und gegenseitige Sorge so gering bewertet wird. In feministischer und philosophischer Sicht hat Sorge einen wesentlichen, eigenen Wert. Sorge ist kein Instrument, sondern existenziell für das menschliche Sein (vgl. Frank 1995, S. 8). Wir leben somit in einer Gesellschaft, in der der imperfekte Körper der „normale" Körper ist (vgl. Frank 1995). Im Rahmen einer demokratischen Sorgepraxis wäre Gesundheit ein Synonym für einen kommunikativen Leib, dessen Zufälligkeit als Teil einer grundlegenden Zufälligkeit des Lebens verstanden würde. Gesundheit wäre „wie die Liebe und das Glück ein Zustand der Selbstvergessenheit" (Bartens 2009, S. VI).

Der imperfekte Leib behielte seinen Eigensinn, d. h. er ließe sich seine Sinne nicht enteignen. Denn „gegen die Infamitäten des Lebens sind die besten Waffen Tapferkeit, Eigensinn und Geduld. Die Tapferkeit stärkt, der Eigensinn macht Spaß und die Geduld gibt Ruhe" (Hesse, zit. n. Lindenberg 2008, S. 28). Weil der menschliche Leib fragil ist, kann er nicht zerlegt werden in Körper, Seele und Geist. Er korrespondiert mit anderen Leibern.

Kommunikativ meint auch, dass der physische Körper verbunden ist mit geistigen, emotionalen Prozessen. Dies lässt sich an einem Beispiel verdeutlichen: Wenn wir eine Tasse Tee trinken und plötzlich ein außergewöhnliches glückliches Gefühl spüren, erfahren wir eingekörperte Erinnerungen, wie es Marcel Proust in „In search of lost time" (Leuzinger-Bohleber und Pfeifer 2013, S. 14 f.) beschreibt. Sensomotorische Koordination konstruiert den psychologischen Prozess im Moment der Interaktion mit der Umwelt (vgl. Leuzinger-Bohleber und Pfeifer 2013). Der Körper ist in der Lage vergangene Situationen zu erinnern. So schnell wie ein flash – zumeist zunächst unbewusst – erinnert er analoge Körperempfindungen in der Vergangenheit und rekonstruiert sie. Dieses Phänomen wird Einkörperung genannt. Wir fühlen uns berührt, bei der Berührung einer Tasse Tee, dem Schmecken eines Tees, fühlen die eigentlich vergessene Atmosphäre und dann – nach einiger Zeit – sind wir in der Lage, eine bereits erlebte Situation nochmals zu erleben. Das ist eine radikal subjektive, kontextbezogene Perspektive.

Für die Sorgearbeit heißt das, Nähe zuzulassen (vgl. Hellige 2002; 2003), die Erzählungen der anderen zu hören, angerührt zu sein, Mimesis auszuüben, um besser das Erzählte zu verstehen und dann die Bedürfnisse der anderen nach deren Vorstellungen zu befriedigen. Der Körper erinnert sich dann, dass er manchmal Sorgender ist und manchmal der Umsorgte, dass er manchmal berührt und manchmal berührt wird. Gesundheit und Krankheit stehen in einem komplementären Verhältnis (vgl. Keil 2015, S. 39). Das unterscheidet sich sehr von einer technischen Supervision unter der Prämisse der Selbstvermessung.

Bei einer demokratischen Sorgepraxis gibt es verschiedene Zugänge zum Aspekt des Fühlens und Berührens. Fühlen ist nicht nur der Kontakt über Hautberührung, auch andere Dinge produzieren Gefühle. Wir benötigen Körperwissen, um unseren Geist und unsere Seele zu entwickeln. Einkörperung ist eine konkrete Leiberfahrung, mit der sich unser Körperwissen entwickelt. Schon in der Wiege haben wir fühlbare Erinnerungen. D. h. das erste Verstehen unseres Selbst entsteht durch Berührung, durch Fühlen im Raum, durch Begrenzung im Raum. In der 7. pränatalen Woche ist unsere Haut in der Lage, Informationen an unser Gehirn zu senden. Unsere Haut ist mit einer Fläche von 1,7 bis 2 m$^2$ unser größtes Organ. Die Haut ist unsere heimatliche Hülle; sie zeigt uns unsere Grenzen. Sie schützt unser Inneres, sie fühlt die Sonne, aber auch den Schmerz und Druck. Sie ist in der Lage, Medizin aufzunehmen und gibt uns Informationen über unser Alter und Krankheit (vgl. Steudter 2013). Unsere Hände sind spezielle Fühler. Wir sind geradezu permanente Fühler, wenn wir sehen, hören, schmecken, gehen, sprechen.

Senju, ein Neurowissenschaftler, zeigt auf, dass die Teile der Gehirns, die uns ermöglichen, die Gefühle und Intentionen anderer zu verstehen, durch Augenkontakt aktiviert werden (Turkle 2015, S. 170). Rosa, der mit Bezug auf das Resonanzphänomen eine Soziologie der Weltbeziehungen entwickelt, zeichnet eindrücklich nach, dass das Sehen als rein naturwissenschaftlicher rezeptiver passiver Vorgang eine relativ neue und bornierte Vorstellung ist. In die Augen sehen und Welt sehen ist jedoch viel mehr. Studien zeigen, dass das Anschauen der/des Anderen eine „leiblich basierte Resonanzwirkung erzeugt" (Rosa 2016, S. 121). Kulturabhängig können Menschen lachende, weinende, mürrische Gesichter unterscheiden und entsprechend darauf reagieren. Dies kann mit der Funktion der Spiegelneuronen erklärt werden, geht aber nach Rosa weit darüber hinaus.

Mimesis ist eine weitere Form, Körperweisheit und -wissen zu entwickeln. Es ist eine Methode mit seinem Gegenüber durch Gestik, Gesichtsausdruck und Gefühle in Berührung zu kommen. Mimesis ist eine Art Korrektur der Dominanz der Macht der instrumentellen Vernunft. Mimesis sorgt für eine sich annähernde Gleichheit von Subjekt und Objekt. Ein Subjekt, wie etwa Mutter, Vater, Krankenschwester, verhält sich im mimetischen Prozess eher passiv, wird vom Objekt Kind oder Patient dominiert. Dabei bleiben die sinnlichen und somatischen Momente des Prozesses erhalten, die „in einer rein kognitiven Annäherung verloren" (Hülsken-Giesler, o. J., S. 4) gehen. Mimetische Kommunikation zeigt einen talentierten Leib und ist so ein alternativer Entwurf zur Verleugnung der subjektiven Erfahrung im Netz der cartesianischen Perspektive. Wenn wir mimetisch unseren Leib wahrnehmen, werden wir auch fähig sein, den Anderen zu verstehen und in angemessener Weise für ihn zu sorgen. Säuglinge sehen in den Gesichtern der Eltern, wie sich Liebe, Zärtlichkeit, Freude, Wut, Trauer etc. ausdrücken, und umgekehrt vollziehen Eltern mimetische Bewegungen und Gestiken, um ihr Baby besser zu verstehen. Weniger Kognition, mehr Intuition kann eine Brücke zum besseren Verstehen der Anderen sein.

Aber wird diese Form der Sorgepraxis in der gesellschaftlichen Realität, die digitale Kommunikation präferiert, Gesundheit zur neuen Religion auserkoren hat (vgl. Lütz 2008) und den Körper als ein manipulierbares und ständig zu optimierendes Objekt wahrnimmt, der mit technischen Artefarkten vermessen, quantifiziert und bearbeitet wird, eine Chance haben?

## 7.4 Kommunikation im Zeitalter neuer Medien

Die neuen Medien verändern unsere Kommunikation grundlegend. Face-to-Face-Kommunikation mit der sinnlichen Wahrnehmung des Gegenübers wird von Geburt an zugunsten technisch gestützter Kommunikation reduziert.

Wir leben in einer Zeit „downturned eyes" (Turkle 2015, S. 171). Babys liegen schreiend im Kinderwagen, suchen verzweifelt Blickkontakt zu ihren Eltern, während diese ungerührt auf ihr Handy starren und texten. Das Baby gerät in Gefahr, seinen „Wert" oder Sinn darüber zu erhalten, dass es seine Eltern posten können, um ein „like" zu erhalten. Zur Not bekommt das Kind mit etwas Essbarem das „Maul gestopft" (Eisenberg 2015, S. 148), damit man weiter chatten kann. Kinder erleben, dass Beziehungen über Körperkontakt, Sprache, ständig unterbrochen werden können. Säuglinge erleiden Stress, wenn Eltern sie nicht wahrnehmen, wenn Stimme und Mimik, Blickkontakt nicht synchronisiert sind. Wie sollen sich stabile Beziehungserfahrungen ausbilden, wenn diese erste Lebens- und Liebesbeziehung ständig unterbrochen wird? Kinder deprivieren, zeigen Asperger Symptomatik (Turkle 2015, S. 108), haben Angst zu sprechen, reduzieren sich in Gestik und Mimik. Die Augen sind das „Seelenfenster" (Plessner 2003, zit. n. Rosa 2016, S. 115) der Menschen. Resonanzen werden durch diese „verwahrloste Fürsorge" (Becker-Schmidt

2011) unterdrückt, was sich in verdinglichten Weltbeziehungen zeigt (vgl. Rosa 2016, S. 122). Rosa vermutet zudem, dass die „Kultur des gesenkten Blicks" (2016, S. 123) sich auf unser leibliches Verhältnis zur Welt auswirkt.

Kinder und Jugendliche „lernen" am Vorbild ihrer Eltern, dass Gespräche ständig unterbrochen werden können, weil es etwas „Wichtigeres" gibt, auf das sofort reagiert werden muss. Sie imitieren das elterliche Verhalten. In den USA sind mittlerweile 44 % der Teenager niemals offline, 80 % schlafen mit ihren Handys. Studierende nutzen in der Regel vier Medien zur gleichen Zeit. Sie sind auf Facebook, gleichzeitig auf Netflix usw. (vgl. Turkle 2015, S. 42). Turkle beschreibt die Situation an einer Mittelschule in den USA, die sie 2013 aufgrund von massiven Problemen der Lehrenden mit den Schülerinnen und Schülern beraten sollte. Die emotionale Entwicklung der Zwölfjährigen war auf dem Niveau Achtjähriger. Sie sprachen wie Roboter. „They don´t make eye contact. They don´t respond to body language. They have trouble listening. I have to rephrase a question many times before a child will answer a question in class" (Turkle 2015, S. 161). Kinder und Jugendliche verlernen das Zuhören und sich empathisch einzulassen. Sie können zwar Websites produzieren, aber sie wollen nicht mit Lehrenden und Mitschülerinnen und Mitschülern sprechen (vgl. Turkle 2015, S. 162). Ein fünfzehnjähriger Junge bringt es auf den Punkt: „People, he says, are ‚risky'. Robots are ‚safe'"(vgl. Turkle 2015, S. 352). Unsicherheiten, Denkbewegungen und Denkirrwege im Gespräch mit Lehrenden machen zunehmend Angst, daher bevorzugen Studierende die schriftliche Kommunikation, sie gibt das Gefühl von mehr Sicherheit. Turkles Studentinnen und Studenten nutzen ihr Handy während der Vorlesungen, zwei, maximal drei Minuten halten sie es aus, nicht ihre Handys zu checken (vgl. Turkle 2015, S. 210 ff.).

Spitzer, ärztlicher Direktor der psychiatrischen Universität Ulm und Autor des Buches „Digitale Demenz"(2012), kritisiert in diesem Rahmen die Bildungsministerin Wanka mit ihrem Programm „Bildungsoffensive für die digitale Wissensgesellschaft". Ziel ist es, in den nächsten fünf Jahren mit fünf Milliarden Euro Schulen zur Anpassung der Bildung an die digitale Arbeitswelt mit digitaler Infrastruktur zu unterstützen. Seines Erachtens tragen digitale Medien dazu bei, sich unsozial zu verhalten, und es besteht ein hohes Suchtpotenzial. Er verweist darauf, dass in Südkorea schon 1/3 aller Kinder internetsüchtig sind und eine Zunahme von depressiven Erkrankungen droht (vgl. Döhner 2016, S. 11).

Neben der Fähigkeit, sich auf das Gegenüber einzulassen und sich auf eine Situation zu konzentrieren, wird aber auch unsere Glücksfähigkeit durch die neuen Medien irritiert. Diefenbach und Ullrich (2016) stellen die These auf, dass der Online-Modus unsere Identität formt, indem er unsere Wahrnehmung verändert. Wir nehmen nicht den Moment an sich wahr, sondern blicken durch die Handykamera, das Foto ist wichtiger als das Ereignis, nicht das gemeinsame Zusammensein ist zentral, sondern das Foto davon, das „geliket" werden soll. Auf Facebook werden ideale Vorstellungen unseres Selbst gepostet, man ist dem ständigen Vergleich mit Menschen ausgesetzt, die ein noch erfolgreicheres Leben haben (vgl. Diefenbach und Ullrich 2016, S. 84 ff.). Unsere Glücksfähigkeit wird aufs Spiel gesetzt.

Turkle (2015) beschreibt, dass Alleinsein nicht mehr ertragen werden kann. Immerzu müssen Gedanken, Bilder etc. geteilt werden, um zu bestätigen, dass man existiert. An der Fremdwahrnehmung wird Identität festgemacht und kreiert. "Constant connecting is changing the way people think of themselves. I share therefore I am, the other as spare partner to support our fragile self" (Turkle 2015, S. 46 f.).

Die neuen Medien verändern aber auch unser Verständnis von Gesundheit und Berührung. Im Internet wird beim Chatten und bei der Partnersuche der Körper mit seinen sinnlichen Entäußerungen ausgeklammert. „Schwitzende Handflächen, ein beschleunigter Herzschlag, das Erröten der Wangen, das Schütteln von Händen […] Stottern" (Illouz 2012, S. 115) als körperliche Zeichen von Emotionen werden unsichtbar gehalten oder verschwinden als Gefühle bzw. werden überformt. Der Körper wird von Cyber-Schreibern häufig als totes Fleisch bezeichnet, der aktive Geist umhüllt das tote Fleisch und wird als authentisches Selbst verstanden (Lupton 1996, S. 114). So stellt sich die Frage, was für ein Verständnis von Körperlichkeit und Emotionen neue Technologien produzieren. Dem soll im Folgenden nachgegangen werden.

## 7.5 Der menschliche Leib (Körper) im Griff von Gesundheit und Wellness

Vorsorgeuntersuchungen, Superfood, Wellness, Fitness, Selbstkontrolle: Es scheint, als täten die Menschen in den westlichen Gesellschaften alles, um gesund zu sein (vgl. Behrens 2012; Lütz 2008). In der Perspektive der Gesundheits- und Wellnessindustrie, die seit Jahren stetiges Wachstum verzeichnet, ist der menschliche Körper permanent zu optimieren. Versprochen wird ein längeres und glücklicheres Leben, eine „Verbesserung der Lebensqualität" (Rosa, 2016, S. 666). Im Blick der Gesundheits- und Schönheitsindustrie sind unsere Körper oft lediglich Objekt. Tracker berühren, kontrollieren uns. Sie erzählen uns, was wir zu tun haben, um noch gesünder zu werden (vgl. u. a. Diefenbach und Ullrich 2016, S. 63 f.; Gugutzer 2014, S. 3; Steinfeld 2013; o. S., Welzer 2016, S. 121 f.). Wir verlieren die Souveränität über unsere Körper. Ein „normaler" Körper kennt keine Leiden, keinen Schweiß. Wir verlernen unser Körperwissen, das uns mitteilt, wann wir hungrig, ängstlich und krank sind und ob wir lange genug und wie geschlafen haben. „Der Körper wird zu einem dauerhaften Projekt der nie hinreichend gelingenden Verbesserung" (Welzer 2016, S. 121). Der Körper wird als ein manipulatives Instrument erlebt. Die Körpergeschichte ist somit immer auch eine Geschichte der populären Kulturvorstellungen (Frank 1995). Wir lernen unseren Körper zu hassen, er ist imperfekt: zu dick, zu dünn, zu viel Haare, zu wenig Haare, der falsche Geruch, zu langsam etc. Die Selbstvermessung ist zu einem Paradigma für ein technisches Verständnis des Körpers geworden. Unsere Körper drohen zu leeren, funktionierenden Hülsen zu werden. Maschinen teilen uns mit, was gut für uns ist. Keine Seele und kein Gefühl zeigt mehr Widerstand. Wir verlieren die Souveränität über unsere Körper und riskieren damit den Verlust unserer Seelen und unseres Verstandes (vgl. Keil 1996). Oder in den Worten von Adorno und Horkheimer,

Aufklärung mutiert zur Mythologie, wenn wir den technischen Rationalismus nicht auf kritische Weise überdenken (vgl. Horkheimer und Adorno 1990).

Die Kontrollen beginnen immer früher als pränatale Diagnostik und mehr und mehr als genetische Diagnostik in einem breiten Feld von Krankheiten. Das Hauptziel ist die Jagd nach Genen mit allgemeiner Fehlfunktion, „Hunting the Genes für Common Disorders" (Mathew 2001). Nun werden bereits unzweifelhaft gesunde Frauen das Ziel medizinischer Interventionen, z. B. durch den BRCA Test. Es scheint als werde die ganze Gesellschaft medikalisiert, der gesunde Mensch wird lebenslanger Patient (vgl. Feuerstein 2008, S. 178).

Der Körper mit seinen permanenten Lebensimpulsen wird zu einer Ressource der Angst. Ein „normaler" Körper kennt keine Leiden, keinen Schweiß, keine Scham. Er ist nicht länger eine Quelle unseres Bewusstseins. Wir verlernen unser Körperwissen, das uns mitteilt, wann wir hungrig, schmutzig, ängstlich und krank sind.

Aktuell lassen sich zwei Arten von Körperverständnis beobachten, in denen die Körper manipulative Instrumente einer wachsenden Gesundheitsindustrie sind. Da ist zunächst die Geschichte eines disziplinierten Körpers mit einem Selbstregime, dessen größte Herausforderungen die eigene Kontrolle und die Zustimmung zu den medizinischen Verfahren sind. Es ist auch die Geschichte von Ernährung, Chemotherapie und Meditation. Das zweite Körperverständnis ist das eines Spiegels. Es ist die Geschichte des Quantify Yourself. Der Körper als Instrument des Konsums und zugleich dessen Ziel. Gesundheit wird idealisiert, Kranke sind mitleiderregend. Der Körper veranschaulicht das modisch Elegante, was mehr Gesundheit verspricht. Muskeln, die man nicht benötigt werden trainiert, Körperteile als sinnlich und erotisch konstruiert, die ständige Aufmerksamkeit und Pflege verlangen (vgl. Morris 2000, S. 183). Im Sinne von Frank (1995) wird die Körpergeschichte wird so auch zu einer Geschichte der populären Kulturvorstellungen.

Die Selbstvermessung ist ein Beispiel des Einflusses der Digitalisierung auf Menschen und zeigt die Auswirkungen auf das Individuum und die Gesellschaft. Der Markt für die selbstgemessenen Zahlen wird auf gigantische 15 Billion US Dollar wachsen. Es gibt zwar auch positive Aspekte, z. B. können die Pharmafirmen die Daten nutzen, um Nebenwirkungen von Medikamenten zu entdecken. Aber im Blick von Juli Zeh werden die Menschen von diesem Paradigma total aufgesogen. Selbstverbesserung ist Ausdruck von internalisierter gesellschaftlicher Kontrolle. Technik scheint ein Instrument des Selbstmanagements zu sein. Eine neue Art magischen Denkens, eine Wenn-Dann-Logik, ist zu beobachten, die die Komplexität des menschlichen Seins ignoriert. Die Philosophie ist hier: Ich checke mich ab, also bin ich (vgl. Behrens 2012, S. 24).

Weitere technische Dienstleister sorgen sich um uns: Ambient-Assisted-Living-Technologien, Smart Homes, die im Namen von Gesundheit unseren Lebensstil kontrollieren. Social freezing droht die glückliche Erwartung eines Kindes umzuformen in die Furcht, eine falsche Entscheidung zu treffen: erst die Karriere, danach ein Kind bzw. die Familie (vgl. Wolff 2015, S. 2). Die Individuen drohen zu Probandinnen und Probanden kapitalistischer Notwendigkeiten zu werden. Im Namen von Sicherheit und Gesundheit eines optimal selbstvermessenen Status geben wir unsere Freiheit auf. Und nicht zuletzt bindet eine Gesellschaft, die den ganzen Tag im Namen von Gesundheit mit Selbstkontrolle im Sinne von Verhaltensprävention beschäftigt ist, dort ihre Energien, vernachlässigt gesellschaftliche Verhältnisse und hat keine Zeit mehr für politische Einflussnahme (vgl. Erdheim 1993, S. 88).

Was passiert, wenn wir unsere Sorgekompetenz in der Alltagsarbeit und in der Lohnarbeit im Gesundheitswesen verlieren? Turkle zitiert einen Dozenten einer medizinischen Fakultät: „They don`t want to take responsibility for the things that might come up in a conversation, things that would come out during a full patient history. They don´t want to hear that their patients are anxious, depressed, or frightened" (Turkle 2015, S. 282). Die neuen Assessment-Dokumentationssysteme fördern eine Distanz zu den Patientinnen und Patienten. Sie zwingen zudem dazu, Augenkontakt zu vermeiden, da das Gerät ständige Aufmerksamkeit erfordert. Verghese (2011) stellt sogar die These auf, dass Ärztinnen und Ärzte ihre empathischen Fähigkeiten und damit ihre Fähigkeiten, zu lindern und zu heilen, verlieren.

Auch in der Pflege lassen sich solche Entwicklungen aufzeigen. Street (1992) und Bone (2002) zeigen, dass die Dominanz der technikintensiven Leistungen die Entwertung der Sorgekompetenzen beschleunigt. Es bleibt nano-second emotionality (Bone 2002). Nach Hülsken-Giesler findet eine Verschiebung vom Gebrauch der subjektiven Erfahrung hin zum sogenannten objektiven Verstehen statt. Das Resultat ist ein Verlust von sensomotorischer Wahrnehmung, eine Zunahme von Kälte und Mimesis an die Maschinen. An Stelle eines situativen Verständnisses mit einer Mimesis zum kranken Leib dominiert eine maschinenorientierte Mimesis mit Abstand und Abstraktion. Das digitale Zeitalter führt zu einer radikalen Veränderung des Denkens über die Pflege und der Aufzeichnung ihrer Praxis um den Preis des Risikos einer Deprofessionalisierung (vgl. Hülsken-Giesler 2008, S. 271 ff.).

Welchen Weg sollten wir gehen?

Ist unser Körper ein Feind, der Disziplin und totale Kontrolle benötigt, wenn wir ihn als imperfekt verstehen? Ist nur wissenschaftliches Wissen und Quantify-Yourself-Wissen mächtig? Wollen wir mehr und mehr Mimesis an Maschinen in unserem privaten Leben akzeptieren? Effektive Beziehungen, effiziente Liebe? Wollen wir unsere Empathiefähigkeit und mimetischen Fähigkeiten verlernen zugunsten von digitaler Kommunikation? Wollen wir alle Formen der Sorgearbeit outsourcen, uns nur am Arbeitsplatz selbstverwirklichen und so der neoliberalen Flexibilität folgen? Wollen wir die Sorgearbeit entwerten, wollen wir die Familienarbeit als nicht „wertschöpfende" Arbeit, die „nur" der Reproduktion dient, outsourcen in andere Institutionen? Wollen wir eine moderne Sklaverei, indem wir Migrantinnen nutzen, um Sorgearbeit bezahlen zu können (vgl. Satola 2013)?

Oder wollen wir über Sorge in einem sensiblen Diskurs reden? Wollen wir Gesundheit als etwas akzeptieren, das in einem radikalen subjektiven Leib Eigensinn entwickelt und mimetisch talentiert ist? Wollen wir realisieren, dass Berührung und Resonanz bedeutend ist, um Leibverständnis zu entwickeln, Beziehungen zur sozialen Welt zu gestalten und unser Verhältnis zur Welt, der Natur und den Dingen? Wollen wir leiblich denken, wollen wir akzeptieren, dass Gesundheit, Krankheit, Leiden, Erschöpfung, Freude, Angst, Hoffnung, Trauer zu unserem Leben gehören, dass Gesundheit Lebenskompetenz ist? Werden wir Demokratie verstehen als Ansammlung von Sorgeverantwortlichkeiten und so einen gesellschaftlichen Diskurs über Werte des Zusammenlebens führen; im Besonderen über die Rolle des Geschlechts und den Umgang mit Schwachen, Sorge als Diskurs des Verstehens? Werden wir somit Leibwissen und Intuition als Teil menschlicher Vernunft verstehen? Werden wir Sorge für andere als gesundheitliche Ressource nutzen? Werden wir Zeit und Geld in Sorge und Berührung investieren?

## 7.6 Zielperspektive: Ein gesundes Verhältnis von technikorientierter Arbeit und leiborientierter Sorge

Abschließend sollen Lösungsansätze skizziert werden, die Möglichkeitsräume für ein ausbalanciertes Verhältnis von technikorientierter Arbeit und leiborientierter Sorge eröffnen. Es geht nicht darum, die Digitalisierung grundsätzlich in Frage zu stellen, das wäre unrealistisch. Es geht darum, einen vernünftigen Umgang – sprich einen reflektierten Umgang – mit den neuen Technologien zu erreichen. Im Mittelpunkt sollte immer die Frage stehen, geht es um das Erreichen eines gelingenden Lebens oder um die Vernutzung menschlicher Potenziale für eine unhinterfragte Wachstumsideologie und Profitmaximierung?

Wir beziehen uns hier überwiegend auf Ausführungen von Turkle (2015), die sich auf eine Metapher von Thoreau, einen amerikanischen Schriftsteller und Philosophen des 19. Jahrhunderts, beruft, um die unterschiedlichen Beziehungsebenen, auf denen Kommunikation geschieht, zu verdeutlichen. Die drei Ebenen Individuum, zwischenmenschliche private Beziehungen und Gesellschaft eröffnen die Möglichkeit, Kommunikation zu erhalten oder zu erweitern, die zur Entwicklung von Sorgekompetenzen und hier insbesondere von Empathie und mimetischem Verstehen notwendig ist.

„Sitting in one chair": Thoreau bezeichnet die Selbstreflexion, die Metakognition, also das Nachdenken über das eigene Denken und Handeln und das, was ggf. nicht bedacht und in Handlungen „vergessen" wurde, als „sitting on one chair". Selbstreflexion erfordert Zeit, Muße, Langeweile und Abgeschieden sein. Tillich unterscheidet zwischen „loneliness" im Sinne von einsam sein und „solitude" im Sinne von für sich sein. Einsamkeit drückt Schmerz aus, für sich sein kann Glück hervorrufen (vgl. ebenda S. 65). Sich mit Poesie zu beschäftigen, spazieren zu gehen, die Natur wahrzunehmen, die Sinne zu nutzen, bewusst zu schauen, zu riechen, zu schmecken und zu fühlen. Man kann andere beobachten, zuhören. Man kann seinen Gefühlen nachspüren, seinen Unsicherheiten und Stärken. Sitting on one chair ermöglicht uns, unser Selbst zu erfahren, unserem Leib nachzuspüren. Die Neurowissenschaften zeigen auf, dass wir mit unseren Gedanken und Gefühlen allein sein müssen, um ein Gefühl für unser Selbst im Prozess des Lebens zu entwickeln (vgl. Turkle 2015, S. 61). Baron-Cohen, ein Empathieforscher, stellt fest, dass Empathie Hand in Hand geht mit einer guten Selbstwahrnehmung (vgl. Baron-Cohen 2011). Kreative Ideen entwickeln sich durch Langeweile und in solchen Momenten, in denen wir unsere Gedanken wandern lassen können. Wenn Menschen von Kindheit an lernen, auch einmal alleine zu sein mit ihren Gedanken, fühlen sie einen Boden unter ihren Füßen, ihre Phantasien erzeugen ihnen Wohlbefinden. Hanna Arendt nannte es sich selbst begleiten (vgl. Turkle 2015, S. 65). Wir sollten also sukzessive (wieder) üben, offline-Zeiten einzuführen, und uns uns selber aussetzen.

„Sitting on two chairs": Thoreau beschreibt damit die Beziehungen und die Kommunikation in Familien, mit Freunden und in Liebesbeziehungen. Es bedeutet, sich Zeit zu nehmen mit der Familie, mit Freundinnen und Freunden, die Handys und I-Pads bei den Mahlzeiten, bei gemeinsamen Aktivitäten auszulassen. Das Gegenüber bewusst anzusehen, Gestik und Mimik wahrzunehmen, darauf mimetisch zu reagieren; in Kommunikation aushandeln zu lernen, Unsicherheiten auszuhalten, zu zögern, Denkprozesse zuzulassen und zu spüren, wie Konflikte sich anfühlen, wie Freude, Glück, Trauer und Schmerz vom Anderen und mir erlebt werden; dem Eigensinn der Anderen auf der Spur zu sein und den eigenen dagegen zu setzen und Unterschiedlichkeiten auszuhalten; Vertrauen aufzubauen durch Zeigen von Respekt, Erhalten der Würde, Einüben nicht gleich zu richten und zu werten, Sicherheit zu geben, authentisch zu sein, sich einzustimmen und auch übereinzustimmen und zuzugeben, nicht alles besser zu wissen – Attribute einer lebendigen, sich gegenseitig empowernden Beziehung, wie Falk-Rafael (2001) sie beschreibt.

Sitting on three chairs: Für Thoreau ist dies eine Metapher für das Miteinander im öffentlichen gesellschaftlichen Raum. Turkle nimmt diesen Aspekt auf, wobei sie die öffentlichen Kommunikationsräume auf Bildung und Arbeit fokussiert. Sie thematisiert jedoch nicht die Verbindung zwischen Care, ökologischen und ökonomischen gesellschaftlichen Prozessen in einer digitalisierten Welt.

Um „vernünftige" Verhältnisse zwischen diesen Ebenen zu schaffen, müsste die reproduktive Sorgearbeit als Teilbereich einer Ökonomie der Vorsorge anerkannt und entsprechend in der Gestaltung von gesellschaftlichen Produktionsprozessen berücksichtigt werden. Dies würde bedeuten, (re)produktive Sorgearbeit als sinnstiftend zu erleben und sich auf der Makroebene im politischen Raum dafür einzusetzen, dass sie im Sinne Bieseckers und Hofmeisters (2013) als vorsorgendes Wirtschaften in ökonomisches Denken und Handeln mit einfließt. Derzeit werden nur die Phasen der Produktion und Konsumption fokussiert. Die Folgen sind eine Ausbeutung der natürlichen Ressourcen, Klimawandel, Artenverluste, aber auch die Ausbeutung weiblich konnotierter Sorgearbeit mit der Folge von Kinder- und Altersarmut und Pflege(fach)kräftemangel (vgl. Biesecker und Hofmeister 2013, S. 243 ff.). Ökonomische Theorien müssen deshalb die so genannten reproduktiven Phasen des Wirtschaftens, wie die Produktion der natürlichen Stoffe, die zur Herstellung von Dingen (Energie, technischen Geräten, baulicher Infrastruktur etc.) benötigt werden und deren Abbau sowie die überwiegend weiblich erbrachte (Re-) Produktionsarbeit, mit ihren jeweiligen Eigenzeiten, Eigentätigkeiten und ihrem Eigensinn berücksichtigen. Wenn wir das nicht tun, vernichten wir unsere Zukunft. Nach Biesecker und Hofmeister, die sich auf die Zeitforscherin Adam beziehen, sollten wir uns fragen: „Was tun wir für die Zukunft?" (2013, S. 249), weil diese Zukunft auch uns betrifft als ältere pflegebedürftige, sorgebedürftige Menschen, die in einer lebenswerten Umwelt leben möchten.

Sogar Studierende der Volkswirtschaft lehnen zunehmend die Vorstellung des homo oeconomicus, den kalten Nutzenmaximierer, den rationalen, vollkommenen Markt ab (vgl. u. a. Beckenbach et al. 2016). Diese Modelle berücksichtigen nicht die Sphäre der Reproduktion, nämlich die Produktion von Menschen, die produktive Natur, die Energie, Wasser, Luft hervorbringt und die Erneuerung dieser nach der Konsumption (vgl. Biesecker und Hofmeister 2013, S. 245 f.).

Wenn in Zeiten der Digitalisierung damit zu rechnen ist, dass ein Großteil der Arbeitsplätze entfällt und sogar der Siemens Vorstandschef sich für eine neue Form der sozialen Absicherung ausspricht, das bedingungslose Grundeinkommen von Ökonomen und Managern wie dem Telekom Chef Höttges als sinnvoll angesehen wird (vgl. Schäfer 2016, S. 19), könnten Ressourcen in die Care-Berufe umgelenkt werden. Im Bereich der beruflichen Arbeit könnten Care-Berufe gesellschaftlich aufgewertet und entsprechend ihrer hohen Anforderungen entlohnt werden. Denn es kann nicht sein, dass Arbeit mit Technik, wie die Produktion von Autos, besser bezahlt wird als Arbeit an den existenziellen Bedürfnissen von Menschen. Hierzu bedarf es einer Neubewertung von Leiblichkeit und Sorgetätigkeiten. Dies würde existenzsichernde Löhne auch in diesen von Frauen dominierten Berufen bedeuten, was gleichzeitig die Nachfrage nach diesen Berufen erhöhen würde und auch die Kaufkraft dieser Menschen.

Auf der Ebene der Gemeinde sollten die Initiativen der Caring Communities bzw. Compassionate-Communities unterstützt werden (vgl. Klie 2014, Kellehear 2014). Hier können Menschen einen normalen Umgang mit Krankheiten, Leiden, Sterben, Tod erlernen. Das Gesundheitsverständnis könnte hier eine erweiterte Perspektive erfahren, das über das Selbst-Vermessen weit hinausgeht und Umwelt, Gemeinschaft, Teilhabe am gesellschaftlichen Leben, Gestaltungsmöglichkeiten im eigenen Umfeld, einschließt. Es geht um subsidiäre Netzwerke oder – wie Illich sagt – um „Eigenverantwortung und Autonomie im Umgang mit sich und den anderen" (Illich 2003, zit. n. Wegleiter und Heller 2014, S. 10). Dies entspräche dem Demokratieverständnis von Tronto (2013), das sich durch Care Erleben entwickeln kann.

Schulen sollten das Thema „Neue Medien und Digitalisierung" aufnehmen. Dabei könnte das kritische Denken (vgl. Lunney 2007) durch Lehr- und Lernmethoden gefördert werden. So könnten die Schülerinnen und Schüler neben der Auseinandersetzung mit den Chancen der Digitalisierung und der neuen Medien auch Risiken in einem kritischen Diskurs abwiegen lernen, um sie sinnvoll zu gebrauchen. Die „soziale Sorgefähigkeit" (Klie 2014, S. 120) kann durch Lehrinhalte wie „Verantwortung und Herausforderung" (ebenda) gefördert werden. Als Beispiel sei hier die Evangelische Schule Berlin Zentrum genannt. Im Fach „Verantwortung" werden Projekte entwickelt und umgesetzt, die sich mit Umwelt, Kultur und sozialen Themen auseinandersetzen. Im Fach „Herausforderung" werden Schülerinnen und Schüler mit 150 Euro, die sie von kooperierenden Unternehmen erhalten, auf die Reise geschickt, um zu lernen, für sich selbst zu sorgen (vgl. Klie 20154, S. 121 f.). Hartkemeyer (2001) fordert „Kein Text ohne Kontext", d. h. Bildungsinhalte sollten immer einen Bezug zu Kontextbedingungen haben. Wissensproduktionen sollten auf ihren Sinn hin hinterfragt werden dürfen. Weizenbaum spricht denn auch davon, dass es neben der Zugriffsmöglichkeit auf sinnvolle Informationen durch das Internet eben auch zu einer „Quatschexplosion" gekommen ist (vgl. Hartkemeyer 2001, S. 7), die uns sinnvoller Lebenszeit beraubt.

Wissen und Handeln sollten zudem wieder stärker zusammengeführt werden, z. B. auch um Sorgekompetenzen zu fördern. Warum lernen Kinder nicht vermehrt fachliche Kompetenzen, wie Mathematik, Physik und Chemie, methodische Kompetenzen, wie Schreibtechniken und Hauswirtschaft als Basissorgetätigkeit, soziale und personale Kompetenzen durch Zuhören, Einfühlen, Reflektieren, gemeinsames Entwickeln von Plänen, Abstimmung und Koordination und vieles mehr? Warum werden sinnliche Erfahrungen, wie Sehen, Schmecken, Fühlen und Riechen beispielsweise nicht im Rahmen der sorgsamen Herstellung von Lebens-Mitteln, also Mitteln, die zum Leben grundlegend sind, gefördert? Warum sollte zukünftig trotz Vorhandensein neuer Medien nicht regelmäßig der Offline-Modus hergestellt werden, um die Konzentration, das Zuhören im analogen Zustand zu erproben? Teamarbeit, ethisches Handeln und Angstregulation lassen sich nicht digital erlernen, sondern nur face-to-face (vgl. Turkle 2016, S. 230).

## 7.7 Implikationen für die Kompetenzentwicklung von Pflegenden in Ausbildung und Studium

Es ist davon auszugehen, dass in den Tätigkeitsfeldern der Pflegeberufe, die in vielen Bereichen schon einen hohen Anteil von technikintensiven Leistungen zu erbringen haben, die Digitalisierung sich deutlich verstärken wird. Dazu gehören u. a. digital gestützte Dokumentationsformen, E-Health und AAL-Technologien. Zum Schluss sollen deshalb einige Implikationen für die Kompetenzentwicklung von Pflegenden aufzeigt werden, die u. E. eine einseitige verdinglichte, an Technik orientierte Mimesis und eine Abnahme der Empathiefähigkeit verhindern können.

Die Ausbildung bzw. das Studium der Pflege- und Gesundheitsberufe wäre nach der Logik Thoreaus dem „sitting on three chairs" zuzuordnen. Innerhalb dieser Verortung wäre Kompetenzförderung im Sinne des „sitting on one chair" bezogen auf die Entwicklung von Sorgekompetenzen für das Individuum und „sitting on two chairs" als Kommunikation mit Nutzerinnen und Nutzern der Gesundheits- und Pflegeeinrichtungen zu fördern.

Will man also personale Kompetenzen der Auszubildenden oder Studierenden fördern, sollten sie im Sinne des „sitting on one chair" von Beginn an zur regelmäßigen Reflektion ihrer Praxiserfahrungen angeregt werden, z. B. durch das Führen eines Pflege- und Lerntagebuches. Hierdurch können kritisches Denken und Metakognition, das Denken über das eigene Denken und Fühlen gefördert werden. Laut zu denken ist gut geeignet, um Denk- und Entscheidungsstrukturen während einer Pflegesituation herauszuarbeiten, um die Einbeziehung des Erlebens der zu Pflegenden zu reflektieren (vgl. Narayan und Corcoran-Perry 2008). Die Generierung von (reflektiertem) Erfahrungswissen und das

Verbessern der Metakognition durch das Erstellen von Mind-Maps oder Concept Maps von erlebten Pflegephänomenen (vgl. Cahill und Fonteyn 2008; Georg 2015) dienen ebenfalls der Einübung des kritischen Denkens, des kontextuellen Lernens, der Metakognition und können in nachfolgenden Pflegesituationen genutzt werden, um kognitive Empathie und die mimetisch ausgerichtet Praxis zu erweitern.

„Sitting on two chairs" beinhaltet das intensive Erproben von Face-to-Face-Kommunikation und dient dem Erlernen von aktivem Zuhören, Empathie, mimetischem Verstehen, der gelebten Resonanz zwischen Menschen und Umwelten, dem Abbau von Ängsten vor konflikthaften Themen, wie Trauer, Verlust, Sterben, und der Auseinandersetzung mit Nähe-Distanz Problemen (vgl. Hellige 2003). Zunächst sollten diese Interaktionen in Rollenspielen erprobt werden, anschließend durch Praxisbegleitung und Reflektion mit Praxisanleiterinnen und -anleitern.

Szenisches Spiel (Oelke 2007) und trialogische Lehrveranstaltungen (vgl. Hellige und Parada 2015), in denen Patientinnen und Patienten, Angehörige und weitere Professionelle gemeinsam festgelegte Themen, wie Krankheitserleben, Krankheitsbewältigung und gegenseitige Erwartungen erörtern, dienen der Entwicklung von Perspektivwechsel, der Reflektion des eigenen Gesundheits-, Krankheits-, Leibverständnisses und damit der empathischen Fähigkeiten und der Mimesis (vgl. Hellige und Parada 2015). Basale Stimulation und Kinästhetik können ebenfalls die Fähigkeit zu Mimesis an die Menschen fördern.

Brater stellt die These auf, dass Kompetenzen nicht gelehrt werden können, sondern im Tun entstehen, und dass Lehrkräfte Auszubildenden nichts beibringen können. „Niemand kann gelernt werden" (Brater 2016 S. 209). Aus diesem Grund sollten im Rahmen von Bildungsprozessen in den Pflege- und Gesundheitsberufen Praxis und Theorie stärker vernetzt werden, um sorgende Handlungskompetenzen im Vollzug und mit der Möglichkeit, Fehler machen zu dürfen, (weiter) zu entwickeln. Problemorientiertes Lernen und Portfolios (vgl. Löwenstein 2016), in denen eigenständig Kompetenzen durch Belegstücke nachgewiesen und begründet werden, können ebenfalls dazu beitragen, eigene Lerninteressen stärker zu steuern und den Diskurs mit anderen zu erproben. Hierdurch werden Möglichkeiten geschaffen, das eigene Denken und Lernen zu reflektieren und daraus neue Lernziele für sich zu entwickeln.

Um den Theorie-Praxistransfer zeitnah und im Vollzug der Handlung zu reflektieren, wäre es u. E. unabdingbar Pflegeexpertinnen und -experten mit Masterabschluss in allen Arbeitsbereichen einzusetzen, in denen Auszubildende oder Studierende ihren Praxiseinsatz haben. Sie könnten als Vorbild fungieren und hierdurch die berufliche Identität fördern. Sie könnten eine situativ angemessene Verknüpfung von verschiedenen Wissensaspekten (Wissenschaftliches Wissen, Erfahrungswissen) im Sinne eines hermeneutischen Fallverstehens zusammenbringen. Sie wären im Sinne eines emanzipatorischen Erkenntnisinteresses (Habermas) in der Lage zweckrationales, technikorientiertes, an ökonomischen Interessen ausgerichtetes Wissen und Handeln kritisch zu reflektieren und könnten Ideen entwickeln, wie gegenwärtige Strukturen, Beziehungen und sonstige

Konditionen in Richtung „menschenfreundlich" transformiert werden könnten. Unabdingbar wäre u. E. zudem ein Überdenken der Praxiseinsätze insgesamt. Wenn Krankheitserleben und -bewältigung überwiegend in der eigenen Häuslichkeit stattfinden, sollte dies der Ausgangspunkt für ein besseres Verstehen der Nutzenden sein. Das heißt, dass hier die ersten Einsätze stattfinden sollten. Hier könnte auch ein Gefühl dafür entstehen, wie und ob neue Technologien zu Hause eingesetzt werden und welche Erwartungen damit verknüpft sind.

Zuletzt sei angemerkt, dass „sitting on three chairs" auch bedeutet, auf berufspolitischer Ebene einen intensiveren Diskurs über die potenziellen Chancen und Risiken der Digitalisierung zu führen. Auszubildende und Studierende sollten im Rahmen der Ausbildung oder dem Studium auch Kompetenzen trainieren, die sie befähigen, ihre Positionen argumentativ zu vertreten. Als größte Berufsgruppe im Gesundheitswesen sollten sie ihre eigentlich machtvolle Situation nutzen, um Care als Kern ihrer Arbeit, als (re)produktive gesellschaftliche Basisarbeit zu verteidigen und den impliziten Zwang zur Implementation neuer Technologien in den technologiefreundlichen Diskursen auf seinen Sinn zu hinterfragen. Technologien sollten menschenfreundlich sein und nicht Menschen dazu zwingen sich maschinenförmig zu entwickeln.

## 7.8 Schlussbetrachtung

Die Digitalisierung aller Lebensbereiche steht erst am Anfang. Wie in vielen Bereichen der kapitalistisch ausgerichteten Wirtschaft, an der sich auch die Gesundheits- und Pflegeinrichtungen mehr und mehr ausrichten, wird die Sinnfrage oft den ökonomischen Interessenlagen untergeordnet. iPads und Smartphones werden schon jetzt in allen Sphären des Lebens immer häufiger als Verlängerung des eigenen Leibes verstanden und binden einen Großteil unserer kognitiven und emotionalen Ressourcen. Facebook, Instagram, Self-Tracker etc. verändern unser Verständnis über uns selbst, unseren Leib/Körper, unsere Weltbeziehungen, insbesondere unsere Beziehungsfähigkeit und unsere Vorstellungen vom Zusammenleben in einer Gesellschaft. Studien deuten darauf hin, dass die Empathiefähigkeit abnimmt und sich unsere Beziehungsfähigkeit reduziert. Die Gesellschaft als Ganze ist jedoch auf sorgende Menschen angewiesen, um demokratische Prinzipien zu leben. Menschen, die in Pflege- und Gesundheitsberufen tätig sind, benötigen ausgewiesene Sorgekompetenzen, um situativ angemessen in Interaktionen mit den Nutzerinnen und Nutzern handeln zu können. Wenn sich ihr Leibverständnis und ihre Gefühle der maschinenförmigen Logik annähern, hat das Auswirkungen auf ihr Pflegeverständnis und -handeln. Um einen sinnvollen Umgang mit den neuen Medien zu gestalten, sollten Sorgepotenziale deshalb gezielt in der Familie, den Bildungseinrichtungen und den Kommunen gefördert werden. So könnte der maschinenförmigen Logik ein widerständiger Eigensinn, eine Eigenzeit und Eigentätigkeit entgegengehalten werden, die eine menschenfreundliche Entwicklung der Digitalisierung erzwingt.

## Literatur

Baron-Cohen S (2011) The Science of evil: On empathy and the origins of cruelty. Basic Books, New York

Bartens W (2009) Vorsorge dich nicht lebe!, In: Süddeutsche Zeitung, Wochenende, 19./20.12., S V 1/1

Becker-Schmidt R (2011) „Verwahrloste Fürsorge" – ein Krisenherd gesellschaftlicher Reproduktion: zivilisationskritische Anmerkungen zur ökonomischen, sozialstaatlichen und soziokulturellen Vernachlässigung von Praxen im Feld „care work", In: Gender: Zeitschrift für Geschlecht, Kultur und Gesellschaft, Jg. 3 Heft 3, S 9–23, online im Internet. http://nbn-resolving.de/um:nbn:de:0168-ssoar-39577. Zugegriffen: 28. Nov. 2016

Beckenbach F, Daskalakis M, Hofmann D (2016) Zur Pluralität der volkswirtschaftlichen Lehre in Deutschland. Eine empirische Untersuchung des Lehrangebotes in den Grundlagenfächern und der Einstellung der Lehrenden. Metropolis Verlag, Weimar bei Marburg

Behrens Ch (2012) Die Vermessung des Ich. In: Süddeutsche Zeitung. Wissen. 13./14.10.2012,S 24

Biesecker A, Hofmeister S (2013) Zur Produktivität des ≫Reproduktiven≪. Fürsorgliche Praxis als Element einer Ökonomie der Vorsorge. In: Feministische Studien. Sorgeverhältnisse, 2:240–252

Bone D (2002) Dilemmas of emotion work in nursing under market-driven health care. The International Journal of Public Sector Management 15(2):140–150

Brater M (2016) Was sind „Kompetenzen" und wieso können sie für Pflegende wichtig sein? In: Pflege & Gesellschaft, (3):195–213

Cahill M, Fonteyn M (2008) Using mind mapping to improve student´s metacognition. In: Higgs J, Jones MA, Loftus S, Christensen N (Hrsg) Clinical reasoning in the health care professions, Elsevier Verlag, Amsterdam, S 485–491

Diefenbach S, Ullrich D (2016) Digitale Depression. Wie die Medien unser Glückempfinden verändern, mvgverlag, München

Döhner S (2016) Soziale Medien machen unsozial, In: Hannoversche Allgemeine Zeitung, 21.11.2016, S 11

Eckart Ch (2000) Zeit zum Sorgen. Fürsorgliche Praxis als regulative Idee der Zeitpolitik. In: Feministische Studien. Extraheft Fürsorge – Anerkennung – Arbeit, 18(1):9–24

Eckart Ch (2004) Fürsorgliche Konflikte. Erfahrungen des Sorgens und die Zumutungen der Selbstständigkeit. In: Österreichische Zeitschrift für Soziologie (ÖZS), 29(2):24–40

Eisenberg G (2015) Zwischen Amok und Alzheimer. Zur Sozialpsychologie des entfesselten Kapitalismus. Brandes&Apsel Verlag, Frankfurt/Main.

Erdheim M (1993) Therapie und Kultur. Zur gesellschaftlichen Produktion von Gesundheits- und Krankheitsvorstellungen. In: Sippel-Süsse J, Wegeler C, Baumgart, M, Apsel, R (Hrsg) Krankheit, Körper und Kultur. Ethnopsychoanalyse, Bd. 3, Brandes & Apsel Verlag, Frankfurt/Main, S 75–89

Falk-Raphael, AR (2001) Empowerment as a process of evolving consciousness: A modell of empowered caring. Adv Nurs Sci, 24(1):1–16

Feuerstein G (2008) Die Technisierung der Medizin. Anmerkungen zum Preis des Fortschritts. In: Saake I, Vogd W (Hrsg) Moderne Mythen der Medizin. Studien zur organisierten Krankenbehandlung, VS Verlag für Sozialwissenschaften, Wiesbaden, S 161–188

Frank A. Th (1995) The wounded storyteller: Body, illness, and ethics. The University of Chicago Press, Chicago

Genth, R (2002) Über Maschinisierung und Mimesis. Erfindungsgeist und mimetische Begabung im Widerstreit und ihre Bedeutung für das Mensch-Maschine-Verhältnis. Peter Lang Verlag, Frankfurt/Main

Georg J (2015) Concept Mapping und kritisches Denken. In: PADUA, 10(5):311–313

Gugutzer, R (2014) Das Unbehagen an der Selbstoptimierungskultur. Impulse für Gesundheitsförderung, 83:2–3

Hartkemeyer JF (2001) Wir können doch nicht alles wissen. Die Mythen der Bildung und Chancen der Volkshochschulen, In: Süddeutsche Zeitung. Dokumentation, 08.11.2001, S 7

Hellige B (2002) Nähe und Distanz. Kennzeichen pflegerischer Sorge in Langzeitpflegebeziehungen. In: Krankendienst. Zeitschrift für katholische Krankenhäuser, Sozialstationen und Rehaeinrichtungen, 75(7): 203–209

Hellige B (2003) Nähe und Distanz in pflegerischen Langzeitbeziehungen. In: DV Pflegewissenschaft e.V. (Hrsg) Das Originäre der Pflege entdecken. Pflege beschreiben, erfassen, begrenzen, Mabuse Verlag, Frankfurt/Main, S 63–80

Hellige B, Doege M (2014) Neuer Diskurs über Care-Arbeit. In Beziehung zu anderen wachsen In: praxis wissen psychosozial. Zeitschrift für professionelle Pflege, 19:28–31

Hellige B, Parada I (2015) Der Trialog. Besseres Verstehen, In: praxis wissen psychosozial. Zeitschrift für professionelle Pflege, 21:46–48

Hielscher V, Kirchen-Peters S, Sowinski Ch (2015) Technologisierung der Pflegearbeit? Wissenschaftlicher Diskurs und Praxisentwicklungen in der stationären und ambulanten Langzeitpflege In: Pflege & Gesellschaft, 20(1):5–19

Horkheimer M, Adorno Th W. (1990) Dialektik der Aufklärung. Philosophische Fragmente, Fischer Verlag, Frankfurt/Main

Hülsken-Giesler M (2008) Der Zugang zum Anderen. Zur theoretischen Rekonstruktion von Professionalisierungsstrategien pflegerischen Handelns im Spannungsfeld von Mimesis und Maschinenlogik. Pflegewissenschaft und Pflegebildung Bd. 3, Unipress Verlag, Göttingen

Hülsken-Giesler M (o.J.) The Hermeneutical potential of the Body in Nursing Practice: Mimesis Understanding patient`s lived experiences. Unveröffentlichtes Manuskript, Seminar Kritische Theorienentwicklung, Modul C 1 Professionalisierung der Pflege- und Gesundheitsberufe, Wintersemester 2010/11, Masterstudiengang Bildungswissenschaften und Management für Pflege- und Gesundheitsberufe an der Hochschule Hannover, Hannover

Illich I (2003) Medical Nemesis. Original von 1974 – wiederveröffentlicht, J Epidemiol Community Health, 57(12):919–922

Illouz E (2012) Gefühle in Zeiten des Kapitalismus. Suhrkamp Verlag, Frankfurt/Main

Kellehear A (2014) Sorgende Gemeinschaften. Praxis PalliativeCare,23:14–19

Keil A (1996) Die „Kunst" der Pflege und der leidende Körper des kranken Menschen. In: Krueger H, Piechotta G, Remmers H (Hrsg) Innovation der Pflege durch Wissenschaft. Perspektiven und Positionen, Altera Verlag, Bremen, S 84–102

Keil A (2015) Wenn die Organe ihr Schweigen brechen und die Seele streikt. Scorpio Verlag, München

Klie Th (2014) Wen kümmern die Alten. Auf dem Weg in eine sorgende Gesellschaft. Pattloch Verlag, München

Kohlen H, Kumbruck Ch (2008) Care-(Ethik) und das Ethos fürsorglicher Praxis, Literaturstudie, Artec-paper Nr. 151. Bremen, online im Internet. http://www.uni-bremen.de/fileadmin/user_upload/single_sites/artec/artec_Dokumente/artec-paper/151_paper.pdf. Zugegriffen: 21. Nov. 2016

Leuzinger-Bohleber M, Pfeifer R (2013) Embodiment: Den Körper in der Seele entdecken – Ein altes Problem und ein revolutionäres Konzept. In: Leuzinger-Bohleber M, Emde RN, Pfeifer R (Hrsg) Embodiment – ein innovatives Konzept für Entwicklungsforschung und Psychoanalyse, Schriften des Sigmund-Freud-Instituts, Reihe 2: Psychoanalyse im interdisziplinären Dialog, Bd. 17, Vandenhoeck & Ruprecht Verlag, Göttingen, S 14–38

Lindenberg U (Hrsg) (2008) Mein Hermann Hesse – Ein Lesebuch, Brief vom 23. Juli 1950. Suhrkamp Verlag, Frankfurt am Main

Löwenstein M (2016) Förderung der Lernkompetenz in der Pflegeausbildung. Lehr-Lern-Kultur durch Lernportfolios verändern. Springer Verlag, Berlin

Lütz M (2008) Erhebet die Herzen, beuget die Knie, In: ZeitOnline Kultur, S 1–7, online im Internet. https://www.zeit.de/2008/17/Gesundheitswahn?page=all&print=true. Zugegriffen: 07. Nov. 2009

Lunney M (2007) Arbeitsbuch Pflegediagnostik: Pflegerische Entscheidungsfindung, kritisches Denken und diagnostischer Prozess – Fallstudien und –analysen. Huber Verlag, Bern

Lupton D (1996) The embodied computer/user. In: Featherstone M, Burrows R (Hrsg) Cyberspace/Cyberbodies/Cyberpunk. Cultures of technological embodiment, Sages Publishing, London, S 97–112

Mathew Ch (2001) Postgenomic technologies. Hunting the genes for common disorders. In: British Medical Journal,322, 7293, 1031–1034

Morris DB (2000) Krankheit und Kultur. Plädoyer für ein neues Körperverständnis. Kunstmann Verlag, München

Narayan S, Corcoran-Perry S (2008) Teaching clinical reasoning in nursing education. In: Higgs J, Jones MA, Loftus S, Christensen N (Hrsg) Clinical reasoning in the health care professions, Elsevier Publishing, Amsterdam, S 405–411

Oelke U (2007) Szenisches Spiel. In: PADUA,4(3):13–19

Pessoa F (2008) Das Buch der Unruhe. Fischer Verlag, Frankfurt/Main

Plessner H (2003) Lachen und Weinen. Eine Untersuchung der Grenzen des menschlichen Verhaltens. In: Plessner H (Hrsg) Ausdruck und menschliche Natur, Gesammelte Schriften Bd. 7, Suhrkamp Verlag, Frankfurt/Main, S 201–388

Rosa H (2016) Resonanz. Eine Soziologie der Weltbeziehung. Suhrkamp Verlag, Berlin

Satola A (2013) Komplexität und die Paradoxien des Handelns in der häuslichen Pflege am Beispiel der Pflegemigration von polnischen Frauen. In: Jahrbuch für kritische Medizin und Gesundheitswissenschaften, 48. Divergentes Altern, Argument, S 28–46

Schäfer U (2016) Digitalisierung. Die neue soziale Frage, In: Süddeutsche Zeitung. Wirtschaft, 21.11.2016, S 19

Spitzer M (2012) Digitale Demenz. Wie wir uns und unsere Kinder um den Verstand bringen. Droemer Knaur Verlag, München

Steinfeld Th (2013) Das Wollen Sollen, In: Süddeutsche Zeitung, Wochenende, Nr. 22, 26./27.01.2013, o. S

Steudter E (2013) Die Haut das größte Organ des Menschen. In: pflegen: palliativ,5(19):4–5

Street AF (1992) Inside nursing. A critical ethnography of clincal nursing practice. State University New York Press, New York

Tronto J (2000) Demokratie als fürsorgliche Praxis. In: Feministische Studien, Extraheft Fürsorge – Anerkennung – Arbeit, 18(3):25 –42

Tronto S (2013) Caring democracy. Markets, equality, and justice. NYU Press, New York

Turkle S (2015) Reclaiming conversation. The power of talk in a digital age. Penguin Press, New York

Verghese A (2011) Treat the Patient, Not the CT Scan, In: New York Times, 26.02.2011, online im Internet. http://www.nytimes.com/2011/02/27/opinion/27verghese.html. Zugegriffen: 27. Okt. 2016

Wegleiter K., Heller A (2014) Public Care: Die Demokratisierung der Sorge. In: Praxis PalliativCare, (23):10–13

Welzer H (2008) Das kommunikative Gedächtnis: eine Theorie der Erinnerung. Beck Verlag, München

Welzer H (2016) Die smarte Diktatur. Der Angriff auf unsere Freiheit. S. Fischer Verlag, Frankfurt/Main

Wolff J (2015) Die Falle der Selbstoptimierung, In: Süddeutsche Zeitung, 10.02.2015, S 2

Yarrow K (2010) College students failing empathy test, online im Internet. https://www.psychologytoday.com/blog/born-love/201005/shocker-empathy-dropped-40-in-college-students-2000. Zugegriffen: 17. Okt. 2016

**Barbara Hellige,** Prof. Dr. phil., Diplom Sozialwissenschaftlerin, Gesundheits- und Krankenpflegerin. Seit 2000 Professorin an der Hochschule Hannover, Fakultät V, Abteilung Pflege und Gesundheit. Schwerpunkte: Professionalisierung der Pflegeberufe, klinische Entscheidungsfindung, Erleben und Bewältigung chronischer Krankheit, Kultur und Pflege, Beratung von Patienten und Angehörigen, sozialpsychologische Themenfelder. Wissenschaftliche Leitung des Instituts für angewandte Gesundheits-, Bildungs- und Sozialforschung (GBS) in der Hochschule Hannover, Fakultät V – Diakonie, Gesundheit und Soziales.

**Michael Meilwes, Dr. phil. M.A.** ist Politikwissenschaftler und Supervisor. Sein Arbeitsschwerpunkt ist die Beratung von Verbänden der Freien Wohlfahrtspflege zu sozialpolitischen Themen.

**Sabine Seidel, M.A.,** ist Forschungsreferentin und Geschäftsführerin des Instituts für angewandte Gesundheits-, Bildungs- und Sozialforschung (GBS) in der Hochschule Hannover, Fakultät V – Diakonie, Gesundheit und Soziales. Thematisch liegen ihre Schwerpunkte in den Feldern Kompetenzentwicklung und Beratung, Kompetenzermittlung, Validierung und Anerkennung informellen Lernens.

# Nutzerzentriertes Assistenz- und Sicherheitssystem zur Unterstützung von Menschen mit Demenz auf Basis intelligenter Verhaltensanalyse

André Apitzsch, Roman Seidel, Lars Meinel, Michel Findeisen und Gangolf Hirtz

**Zusammenfassung**

Aufgrund des demographischen Wandels gewinnt die Entwicklung technischer Assistenzsysteme im Feld des Ambient Assisted Living zunehmend an Bedeutung. Mittel, die in der Altenpflege zum Einsatz kommen, sind neuartige, nutzerzentrierte Gesundheitssysteme für Gruppen mit speziellen Anforderungen. In diesem Beitrag zeigen wir das Konzept des Projekts AUXILIA, welches ein nutzerzentriertes Assistenz- und Sicherheitssystem zur Unterstützung von Menschen mit Demenz auf Basis intelligenter Verhaltensanalyse beschreibt. Das System unterstützt nicht nur die Patienten selbst, sondern richtet sich an medizinisches Personal, Nutzer aus dem Pflegeumfeld sowie an Angehörige der zu Pflegenden. Mithilfe einer neuartigen Smart-Sensor-Technologie, die es ermöglicht den gesamten Raum zu erfassen, können menschliche Verhaltensmuster bestimmt und an die Nutzergruppen weitergegeben werden.

## Inhaltsverzeichnis

| | | |
|---|---|---|
| 8.1 | Stand der Wissenschaft und Technik | 136 |
| 8.2 | Situation in der Pflege am Beispiel Sachsen | 137 |
| 8.3 | Projektkonzept des Projekts AUXILIA | 138 |
| | 8.3.1 Ziele des Projekts | 139 |
| | 8.3.2 Konzept zur Umsetzung der Projektziele | 140 |
| | 8.3.3 Wissenschaftlich-Technische Innovationen | 143 |

A. Apitzsch (✉) · R. Seidel · L. Meinel · M. Findeisen · G. Hirtz
Technische Universität Chemnitz, Fakultät für Elektrotechnik und Informationstechnik, Reichenhainer Straße 70, 09126 Chemnitz, Deutschland
e-mail: andre.apitzsch@etit.tu-chemnitz.de; roman.seidel@etit.tu-chemnitz.de; lars.meinel@etit.tu-chemnitz.de; michel.findeisen@etit.tu-chemnitz.de; g.hirtz@etit.tu-chemnitz.de

© Springer Fachmedien Wiesbaden GmbH 2018
M. A. Pfannstiel et al. (Hrsg.), *Digitale Transformation von Dienstleistungen im Gesundheitswesen IV*, https://doi.org/10.1007/978-3-658-13644-4_8

8.4  Schlussbetrachtung .................................................. 145
Literatur........................................................................ 146

## 8.1  Stand der Wissenschaft und Technik

Schätzungen der Alzheimer's Disease International aus dem Jahr 2015 zufolge, sind weltweit 46,8 Millionen Menschen an Demenz erkrankt. Es kann davon ausgegangen werden, dass sich die Zahl der Erkrankten bis zum Jahr 2050 verdreifacht. Eine Erhöhung der Anzahl erkrankter Menschen mit Demenz ist durch die prognostizierte Veränderung der Alterspyramide auf Bundesebene zu erwarten, weil mit zunehmendem Lebensalter die Wahrscheinlichkeit an Demenz zu erkranken deutlich steigt (Prince et al. 2015).

Gemäß einer Veröffentlichung der Deutschen Alzheimer Gesellschaft sind in der Altersgruppe der 65- bis 69-Jährigen etwas mehr als 1 % und in der Altersgruppe der über 90-Jährigen bereits etwa 41 % an Demenz erkrankt. Ausgehend vom Jahr 2010 wird bis zum Jahr 2050 eine Zunahme der Anzahl der über 65-jährigen Menschen um etwa 6,6 Millionen auf 23,4 Millionen prognostiziert. Im gleichen Zeitraum wird von einer Verdoppelung der Zahl Demenzkranker auf drei Millionen ausgegangen (Bickel 2014).

Für die Entwicklung zukunftsfähiger Ansätze leitet sich daraus eine wichtige gesundheitspolitische Verantwortung ab. Neue Forschungsansätze müssen insbesondere auf die Bedürfnisse der an Demenz erkrankten Menschen fokussieren, aber eben auch auf gesundheitsökonomische Aspekte. Vor dem Hintergrund der knapper werdenden Personalressourcen kann die Einbindung technisch-assistierender Systeme im Sinne der Mensch-Technik-Interaktion als Chance verstanden werden. An dieser Stelle sollen zahlreiche neue Konzepte, für welche sich der Begriff Ambient Assisted Living (AAL) etabliert hat, einen Lösungsweg bieten. AAL beschreibt technische Systeme zur Erhaltung der Gesundheit und zur Schaffung von mehr Lebensqualität im Alter, sowie entsprechende bauliche Gestaltungsmöglichkeiten und begleitende medizinische, pflegerische, präventive und soziale Dienstleistungen.

Vor diesem Hintergrund wurden in den vergangenen Jahren mehrere Forschungsprojekte zur Entwicklung neuartiger Ansätze zur Unterstützung von Menschen mit Demenz mithilfe von Informations- und Kommunikationstechnologien durchgeführt. Ein Teil dieser Projekte konzentriert sich dabei auf Methoden zur Förderung der Kommunikation zwischen Patienten, Angehörigen und professionell Pflegenden. Im Rahmen des im AAL Joint Programme geförderten Projektes Mylife (Hellman 2012) wurden erste, an die individuellen Einschränkungen von Menschen mit Demenz angepasste Schnittstellen entwickelt.

Ziel des Projektes CONFIDENCE (Schneider et al. 2015) ist die Entwicklung eines mobilen Sicherheitsassistenten für Menschen mit Demenz. Mithilfe eines Video- und Audiokommunikationskanals, einer Tracking-Funktion und einer Navigationssoftware auf einem mobilen Endgerät (Smartphone) soll im Falle eines akuten Zustandes der Verwirrtheit eine sichere Heimkehr gewährleistet werden.

Eine wesentliche Herausforderung bei der Betreuung von Menschen mit Demenz durch Angehörige ist die kompakte und bedarfsgerechte Informationsbereitstellung zu Fragen und Problemen des Pflegealltags. Diesem widmen sich die Projekte easyCare (Saurer et al. 2011) und understAID (Skorupska et al. 2016). Mithilfe von nutzerzentrierten, kontextbasierten E-Learning-Plattformen werden neben der Informationsbereitstellung auch technologieunterstützte Dienstleistungen sowie der Kontakt zu lokalen Pflegedienstleistern angeboten. Eine weitere Gruppe von Projekten zur Unterstützung im Kontext „Demenz" zielt auf die Erkennung des individuellen Tagesablaufes dementer Menschen. Im Wesentlichen unterscheiden sich die Projekte in der Art der verwendeten Sensoren. Dazu zählen körpergetragene, umgebungsbasierte und kamerabasierte (kontaktlose) Sensoren.

Ein Beispiel für die Verwendung tragbarer Sensoren ist das Projekt Fit4Life (2010). Es werden Aktivitäten im häuslichen Umfeld über einen am Körper getragenen Sensor erfasst und somit eventuelle Abweichungen von der Norm für den Probanden bzw. medizinisches Personal ersichtlich. Tragbare Sensoren sind kostengünstig, haben allerdings den Nachteil, dass sie dauerhaft am Körper zu tragen sind. Insbesondere Demenzpatienten besitzen den Drang, solche Systeme abzulegen (Mahoney und Mahoney 2010).

Um dem Probanden das Tragen von unangenehmen Technikelementen zu ersparen, versucht das Projekt BEDMOND (Martínez et al. 2011) unter Verwendung einer Vielzahl heterogener und verteilter Sensoren einen Eindruck über die Lebensweise und entsprechende Veränderungen der Menschen mit Demenz zu gewinnen.

Einen wesentlichen Schritt weiter geht die Einbeziehung optischer Sensoren, wie im Projekt OPDEMIVA (Meinel et al. 2015) gezeigt werden konnte. Dieses Projekt fokussierte auf die Erforschung eines generellen Ansatzes zur Verlängerung des selbstbestimmten Verbleibes demenzkranker Menschen im häuslichen Umfeld.

## 8.2 Situation in der Pflege am Beispiel Sachsen

Der demografische Wandel beschreibt die Auswirkungen der zunehmenden Überalterung der Bevölkerung. In den kommenden Jahren wird es in beinahe allen Regionen Deutschlands zu einem Anstieg des Altersquotienten kommen. Ausnahme bilden hier lediglich große, wirtschaftsstarke kreisfreie Städte, welche durch den Zuzug von jungen Familien eine konstante Entwicklung der Altersstruktur der Einwohner sicherstellen können. Sachsen hat in besonderem Maße diese Herausforderungen zu bewältigen. Die Studie „Alter, Rente, Grundsicherung" von Raffelhüschen et al. (2011) gibt einen detaillierten Einblick in die zu erwartenden Zahlen der Bevölkerungsentwicklung im Freistaat Sachsen und die Entwicklung des Pflegebedarfs.

Wie in Tab. 8.1 ersichtlich, wird für Sachsen eine sinkende Zahl der Gesamtbevölkerung erwartet. Nach diesen Erhebungen wird von 2009 bis 2050 von einem Bevölkerungsrückgang um etwa eine Million Menschen ausgegangen (25 %). Tab. 8.2 macht deutlich, dass diese Entwicklung nicht den prozentualen Anstieg des Anteils der Älteren kompensiert. Die absoluten Zahlen der über 80-Jährigen nehmen deutlich zu. Dies ist von besonderer Bedeutung, da die Pflegeprävalenz ab einem Alter von 80 Jahren deutlich ansteigt.

**Tab. 8.1** Bevölkerungsentwicklung in Sachsen nach Regionen (Raffelhüschen et al. 2011)

| Region | 2009 | 2020 | 2030 | 2050 |
|---|---|---|---|---|
| Bautzen | 325.032 | 288.945 | 258.332 | 209.693 |
| Chemnitz | 243.089 | 228.948 | 212.981 | 181.608 |
| Dresden | 517.052 | 549.748 | 552.675 | 527.672 |
| Erzgebirgskreis | 372.390 | 327.050 | 288.023 | 230.247 |
| Görlitz | 281.076 | 246.144 | 218.565 | 173.983 |
| Leipzig | 269.694 | 250.552 | 232.207 | 192.165 |
| Leipzig Stadt | 518.862 | 538.506 | 534.131 | 501.758 |
| Meißen | 254.483 | 233.217 | 214.222 | 178.357 |
| Mittelsachsen | 332.236 | 293.606 | 262.007 | 214.117 |
| Nordsachsen | 208.661 | 190.142 | 173.642 | 142.050 |
| Sächsische Schweiz-Osterzgebirge | 253.843 | 239.045 | 224.418 | 189.546 |
| Vogtlandkreis | 247.196 | 217.681 | 192.493 | 152.504 |
| Zwickau | 345.118 | 305.626 | 271.778 | 219.999 |
| Sachsen | 4.168.732 | 3.909.210 | 3.635.474 | 3.113.700 |

**Tab. 8.2** Bevölkerungsentwicklung in Sachsen nach Altersgruppen (Raffelhüschen et al. 2011)

| Alter | 2009 | 2020 | 2030 | 2050 |
|---|---|---|---|---|
| unter 20 | 614.662 | 625.492 | 559.463 | 478.000 |
| 20 bis unter 40 | 1.021.427 | 802.069 | 644.485 | 616.200 |
| 40 bis unter 60 | 1.285.621 | 1.077.628 | 947.872 | 656.500 |
| 60 bis unter 70 | 521.259 | 592.537 | 579.789 | 468.200 |
| 70 bis unter 80 | 474.029 | 435.616 | 519.195 | 389.700 |
| 80 bis unter 90 | 223.037 | 315.109 | 286.776 | 372.200 |
| 90 und älter | 28.697 | 60.759 | 97.894 | 132.900 |
| Insgesamt | 4.168.732 | 3.909.210 | 3.635.474 | 3.113.700 |

Abb. 8.1 zeigt, dass die Wahrscheinlichkeit an Demenz zu erkranken ab einem Alter von 80 Jahren deutlich ansteigt. Zudem haben Frauen nach dieser Studie grundsätzlich eine stärkere Disposition zur Entwicklung einer demenziellen Erkrankung.

## 8.3 Projektkonzept des Projekts AUXILIA

Basierend auf den in Sachsen gewonnenen Erkenntnissen hinsichtlich des Pflegebedarfs wurde ein Projektkonzept zur Verbesserung der Pflegesituation demenzkranker Menschen

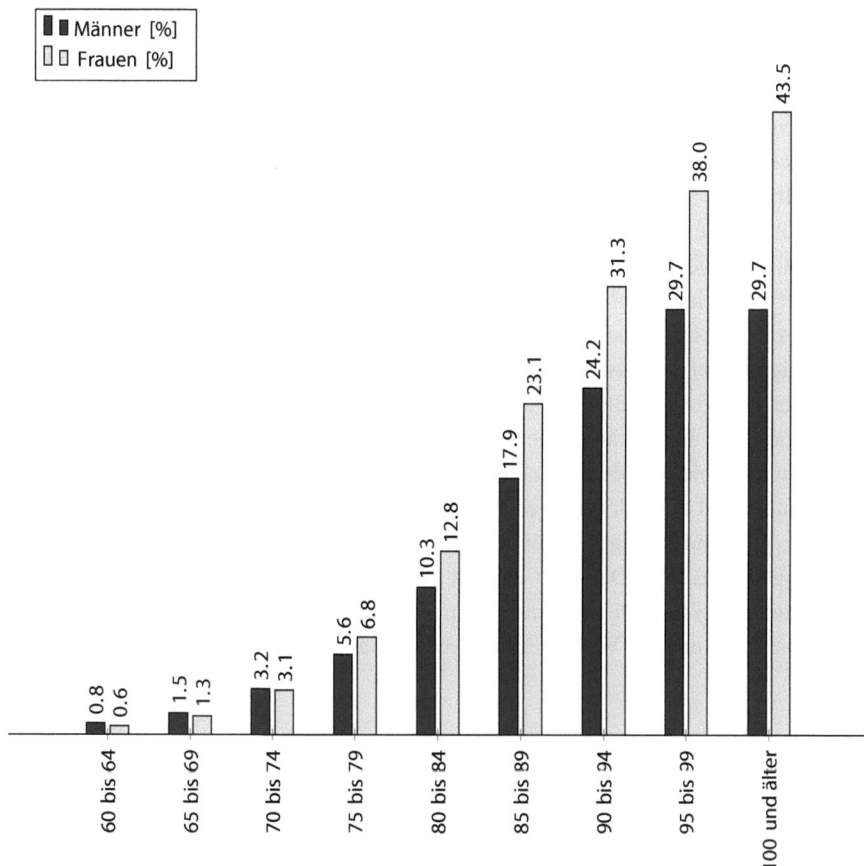

**Abb. 8.1** Pflegeprävalenz in Deutschland nach Altersgruppen und Geschlecht (Ziegler und Doblhammer 2009)

entwickelt. Neben den wissenschaftlich-technischen Innovationen sollen Teilprojekte, wie beispielsweise die Umsetzung als interaktives Assistenzsystem oder die Erhöhung der Sicherheit für alle Nutzergruppen betrachtet werden.

### 8.3.1 Ziele des Projekts

Das Ziel des geplanten Vorhabens ist die Ermöglichung eines längeren, selbstbestimmten Lebens der Menschen mit Demenz in der eigenen Häuslichkeit durch den Einsatz einer neuen Assistenztechnologie. Dies wird in besonderem Maße durch die hohe soziale, gesellschaftliche und volkswirtschaftliche Bedeutung motiviert. Im Vergleich zum Stand der Technik (vgl. Abschn. 8.1) steht dabei vor allem die praxisnahe Umsetzung im Mittelpunkt der Bestrebungen.

Die bisher im Projekt OPDEMIVA unter Laborbedingungen validierten technischen Ansätze zur Unterstützung von Menschen mit Demenz sollen in die Anwendung als praxistaugliches Assistenzsystem überführt werden. Um einen tatsächlichen Mehrwert für die Zielgruppen zu bieten, werden im Rahmen des Projekts neben den zu bewältigenden wissenschaftlich-technischen Innovationen weitere Untersuchungen zur Praxistauglichkeit durchgeführt. Im Sinne der Nutzerzentriertheit soll ein System geschaffen werden, welches mit verschiedenen Funktionen Menschen mit Demenz, Angehörigen und professionell Pflegenden gleichermaßen Unterstützung bieten kann. Basierend auf der Analyse der Bedarfe der verschiedenen Nutzergruppen wurden Zielstellungen definiert, welche die individuellen Anforderungen berücksichtigen.

Unter Abwägung der technischen Realisierbarkeit sowie der Tragweite der zu erwartenden positiven Effekte werden drei zentrale Aspekte betrachtet. Der erste Aspekt ist die Verbesserung der Lebensqualität der Betroffenen durch die Stärkung der Selbstständigkeit und den längeren Verbleib in der eigenen Häuslichkeit, sowie durch die Schaffung eines Sicherheitsgefühls und die Stärkung der Teilhabe am sozialen Leben. Zum Zweiten wird die Entlastung pflegender Angehöriger hinsichtlich zeitlicher, psychischer und moralischer Belastungen adressiert. Der dritte Aspekt ist die Entlastung professionell Pflegender sowie die Optimierung des Pflegeprozesses durch die Zurverfügungstellung zusätzlicher, valider Informationen und die Verbesserung der Qualität der individuellen Pflege.

### 8.3.2 Konzept zur Umsetzung der Projektziele

Zur Erreichung der anvisierten Projektziele wurde ein Projektkonzept entwickelt, welches die individuellen Bedarfe und Anforderungen der verschiedenen Nutzergruppen aufgreift. Im Mittelpunkt steht hierbei ein technisches System zur Erfassung des individuellen Tagesablaufes der Menschen mit Demenz. Durch verschiedene darauf aufbauende Funktionen können die beteiligten Akteure unterstützt werden. Dazu zählt ein interaktiver Erinnerungs- und Mobilisierungsassistent. Besondere Beachtung findet ein an die demenzspezifischen Fähigkeiten der Betroffenen angepasstes Interaktionskonzept. Dabei steht die Stärkung des Selbstvertrauens der Menschen mit Demenz durch bedarfsgerechte Unterstützung in der selbstständigen Alltagsbewältigung im Mittelpunkt.

Des Weiteren ist die Integration einer zuverlässigen Erkennung von Notsituationen und die direkte Alarmierung im Gefahrenfall zentraler Bestandteil im Rahmen des Projekts. Die Erkennung von Gefahrensituationen erfolgt sowohl auf der Grundlage der Erfassung demenzspezifischer Gefährdungen als auch auf der Erkennung akuter Notfälle. Dies verleiht den Betroffenen sowie den Angehörigen ein stärkeres Gefühl von Sicherheit. So können das Wohlbefinden der Menschen mit Demenz gesteigert und Angehörige entlastet werden. Hilfe kann unmittelbar verständigt werden, ohne dass aktiv danach gerufen werden muss. Diese Funktion stellt einen wesentlichen Zusatznutzen im Vergleich zu existierenden Hausnotrufsystemen dar, welche bereits eine sehr gute Akzeptanz in der potenziellen Nutzergruppe aufweisen und dem aktuellen Stand der Technik entsprechen.

Eine bedarfsgerechte Informationsbereitstellung für pflegende Angehörige ist weiterer Bestandteil im Konzept zur Umsetzung der Projektziele. Die Bereitstellung von Informationen in Risikosituationen und zum allgemeinen Zustand des Gepflegten stärkt die Teilhabe der Angehörigen am Pflegeprozess.

Das zu entwickelnde System soll daher die Menschen verbinden und das Verständnis in der Interaktion fördern. Nicht zuletzt ist die Bereitstellung der gewonnenen Informationen für professionell Pflegende und automatische Datenerfassung für das Pflegeprotokoll als Schnittstelle definiert. Die individuelle Pflege soll durch die Zugänglichkeit nützlicher Zusatzinformationen verbessert werden. Besitzt die Person zum Beispiel einen gestörten Tag-Nacht-Rhythmus, ist dieser über die Schnittstelle identifizierbar und kann im Pflegeprozess als valide Information berücksichtigt werden.

Wie in Abb. 8.2 dargestellt, lässt sich bezogen auf die Funktionalität das Projekt AUXILIA in die Teilprojekte Interaktive Assistenz, Sicherheit und Informative Teilhabe aufteilen.

#### 8.3.2.1 Teilprojekt Interaktive Assistenz

Ausgehend von den Unterstützungsbedarfen für ausgewählte Symptome der Demenzerkrankung sollen im Teilprojekt Interaktive Assistenz Hilfestellungen für den Bereich der kognitiven Störungen geschaffen werden. Diese äußern sich insbesondere als unvollständiges Ausführen oder als Vergessen von Aktivitäten des täglichen Lebens, wie der

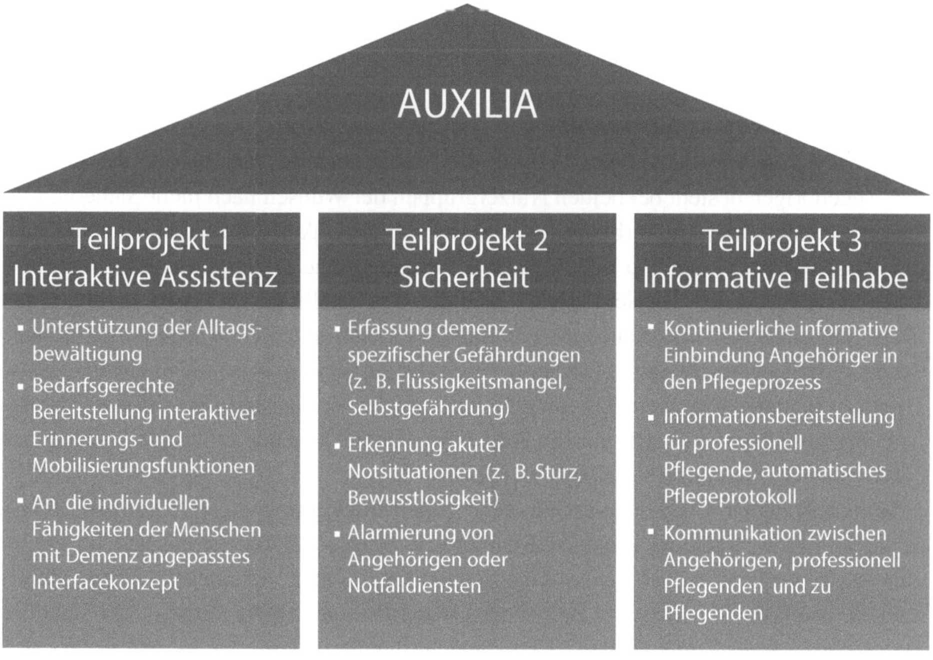

| Teilprojekt 1 Interaktive Assistenz | Teilprojekt 2 Sicherheit | Teilprojekt 3 Informative Teilhabe |
|---|---|---|
| • Unterstützung der Alltagsbewältigung<br>• Bedarfsgerechte Bereitstellung interaktiver Erinnerungs- und Mobilisierungsfunktionen<br>• An die individuellen Fähigkeiten der Menschen mit Demenz angepasstes Interfacekonzept | • Erfassung demenzspezifischer Gefährdungen (z. B. Flüssigkeitsmangel, Selbstgefährdung)<br>• Erkennung akuter Notsituationen (z. B. Sturz, Bewusstlosigkeit)<br>• Alarmierung von Angehörigen oder Notfalldiensten | • Kontinuierliche informative Einbindung Angehöriger in den Pflegeprozess<br>• Informationsbereitstellung für professionell Pflegende, automatisches Pflegeprotokoll<br>• Kommunikation zwischen Angehörigen, professionell Pflegenden und zu Pflegenden |

**Abb. 8.2** Teilprojekte in AUXILIA

Medikamenteneinnahme. Das Arbeitsziel des Teilprojektes ist die Umsetzung einer alltagstauglichen interaktiven Erinnerungs- und Mobilisierungsfunktion auf Basis des individuellen Tagesablaufs der Betroffenen.

Hierfür müssen zunächst Ein- und Ausschlusskriterien für die Nutzbarkeit des zu entwickelnden Assistenzsystems für die Menschen mit Demenz festgelegt werden. Die Definition erfolgt dabei mit Bezug auf die Schweregrade der Erkrankung und verschiedene funktionale Konfigurationen des Assistenzsystems. Die Systemkonfiguration wiederum dient als Anforderungskatalog für die Aktivitätserkennung. Der Forschungs- und Entwicklungsschwerpunkt liegt dabei besonders auf jenen Verhaltensmustern, welche für die Bereitstellung der Assistenzfunktionen erforderlich sind. Dies beinhaltet unter anderem die robuste und zuverlässige Erkennung bei Tag und Nacht. Zur Erfassung des Gesamtkontexts aus den zeitlich abgeschlossenen Aktivitäten besteht zudem Forschungsbedarf auf dem Gebiet der temporalen Verhaltensmodellierung. Um aus den erkannten und protokollierten Aktivitäten Mobilisierungshinweise abzuleiten, ist ein intelligentes Aktivierungssystem auf Grundlage des Gesamtkontextes zu entwickeln.

Die Mobilisierung der Betroffenen kann beispielsweise durch eine passende Meldung „Bitte trinken Sie etwas!" geschehen. Hinsichtlich der Art und Weise einer wirksamen Mobilisierungsmeldung für Menschen mit Demenz, vor dem Hintergrund einer automatischen Assistenz, liegen jedoch bisher keine hinreichenden wissenschaftlichen Erkenntnisse vor. Die Mensch-Maschine-Schnittstelle muss unter Einbindung neuropsychologischer Experten entwickelt werden. Insbesondere das mögliche Kommunikationsmedium (Schrift, Symbolik, Audio oder Kombinationen) ist ein wesentlicher Aspekt der Untersuchung, da das Aufnahmevermögen an Demenz erkrankter Personen in verschiedenen Stufen beeinträchtigt wird.

### 8.3.2.2 Teilprojekt Sicherheit

Ausgehend von der Analyse der Bedarfe der Menschen mit Demenz und der pflegenden Angehörigen besteht bei beiden Nutzergruppen der Wunsch nach mehr Sicherheit im Zusammenhang mit dem Verbleib in der eigenen Häuslichkeit. Hierbei spielen zunächst demenzspezifische kognitive und Verhaltensstörungen eine wichtige Rolle. Ein technisches System, welches vor dem Hintergrund der Bereitstellung von Assistenzfunktionen in der Lage ist, Nutzerverhalten zu identifizieren, kann unter Umständen auch gefährdende Verhaltensmuster identifizieren. Als Beispiel sei hier zunächst die mangelnde Flüssigkeitsaufnahme zu nennen. Kommt der Benutzer den Erinnerungshinweisen des Mobilisierungssystems nicht nach, müssen Angehörige oder Pflegende informiert werden, um entsprechende Maßnahmen einleiten zu können.

Weiterhin zählen Angst, Depression, Verwirrtheit sowie autoaggressive Verhaltensmuster zu den Symptomen der Demenzerkrankungen. Gelingt es, ein technisches System zu entwickeln, welches in der Lage ist, diese demenzspezifischen Verhaltensmuster zu identifizieren, kann die Sicherheit der Betroffenen wesentlich gesteigert werden. Aus Sicht der maschinellen Erfassung sind diese Verhaltensmuster besonders durch einen temporalen

Kontext der Elementarhandlungen gekennzeichnet, weshalb der Forschungsaspekt des individuellen temporalen Verhaltensmodells Grundlage für die Erkennung darstellt.

Zusätzlich spielen somatische Begleiterkrankungen bei der Sicherstellung des Verbleibs in der eigenen Häuslichkeit eine wichtige Rolle. Diabetes, Schlaganfall und Erkrankungen des Stütz- und Bewegungsapparates können zu Ohnmacht bzw. zu Stürzen führen. Ein technisches System sollte in der Lage sein, auch diese akuten Notsituationen zu erfassen und bei Bedarf entsprechende Alarmierungen auszulösen. Vorkenntnisse im Bereich der Sturzdetektion wurden bereits im Projekt Hom-e-Call (Wohlrab et al. 2015) erarbeitet und können hier eingebracht werden.

#### 8.3.2.3 Teilprojekt Informative Teilhabe

Mit dem Teilprojekt Informative Teilhabe sollen die Ergebnisse der Teilprojekte Interaktive Assistenz und Sicherheit aufgegriffen werden sowie hinsichtlich der Bedarfe der Nutzergruppen „pflegende Angehörige" und „professionell Pflegende" nutzbar gemacht werden. Das Teilprojekt umfasst die Arbeiten der Konzeption, Umsetzung und Validierung von Nutzerschnittstellen in organisierter Form und unter Einbeziehung der perspektivischen Anwender.

So ist beispielsweise die informative Einbindung pflegender Angehöriger ein wichtiger Ansatzpunkt, um das Sicherheitsgefühl der Pflegenden zu stärken und das Gefühl zu mindern, ständig verfügbar sein zu müssen, sowie diese in der Konsequenz psychisch zu entlasten. Hierfür müssen Fragestellungen untersucht werden, wie „Welche Informationen sind für die pflegenden Angehörigen relevant?" und „Wie können diese übermittelt werden, ohne zu beunruhigen oder Ängste zu schaffen?".

Ein weiterer wesentlicher Projektaspekt ist die Informationsbereitstellung für professionell Pflegende. Hier stellt vor allem die Möglichkeit der kontinuierlichen Datenerfassung und der statistischen Aufbereitung, vor dem Hintergrund der Erstellung eines automatischen Pflegeprotokolls, eine wertvolle Neuerung für eine qualitativ hochwertige individuelle Pflege dar. Ein weiteres nützliches Instrument für die Verbesserung der Pflegequalität ist die kontemporäre Datenbereitstellung im Pflegeprozess.

Hier soll untersucht werden, welche Daten auf welchem Weg tagesaktuell an das Pflegepersonal kommuniziert werden können, um so im Pflegevorgang Berücksichtigung zu finden.

Entsprechende Maßnahmen müssen im Alltagseinsatz validiert werden. In einem stufenbasierten Testkonzept soll die Eignung der entwickelten Konzepte in der Praxis untersucht werden.

### 8.3.3 Wissenschaftlich-Technische Innovationen

Basierend auf dem definierten Funktionskonzept ergibt sich Forschungs- und Entwicklungsbedarf in den folgenden Bereichen, die als sogenannte Wissenschaftlich-Technische Innovationen bezeichnet werden. Dazu zählen die Ein- und Ausschlusskriterien der

Nutzergruppe „Menschen mit Demenz", ein an die kognitiven Fähigkeiten der Menschen mit Demenz angepasstes Schnittstellenkonzept und ein individuelles, temporales Verhaltensmodell. Zusätzlich soll eine multimodale Sensorplattform zum Einsatz kommen, die eine praxistaugliche Erkennung von Alltagshandlungen ermöglicht, aber auch demenzspezifische Verhaltensstörungen zuverlässig bestimmt.

### 8.3.3.1 Algorithmen zur Verhaltenserkennung von dementen Menschen

Im Rahmen des Projektes OPDEMIVA wurden bereits umfassende Erfahrungen im Bereich der Verhaltensanalyse von Personen gesammelt. Es wurde gezeigt, dass elementare Handlungen im Laborumfeld erkannt werden können. Ausgehend von bereits erfolgten funktionalen Evaluierungen, sollen im Rahmen dieses Projektes die Algorithmen zur Verhaltensanalyse in die Alltagstauglichkeit überführt werden.

Dazu werden die Methoden zur Klassifizierung von Verhaltensmustern zunächst für die Verarbeitung von Infrarotbildern angepasst, um eine Bewegungserkennung bei Nacht zu ermöglichen.

Im Rahmen von umfangreichen und praxisnahen Probandentests werden Verhaltensdaten erhoben, die zur signifikanten Steigerung Aktivitätserkennungsrate eingesetzt werden sollen.

Um den Tagesablauf des Menschen mit Demenz für die Pflege möglichst vollständig dokumentieren zu können, muss der Katalog erkennbarer Elementarhandlungen erweitert werden. Dies schließt im Zusammenhang mit dem Teilprojekt Sicherheit die Erfassung von Verhaltensstörungen, welche die Krankheit Demenz kennzeichnen, mit ein.

Die Erkennung einfacher Handlungen wie „sich bewegen" kann zur Klassifizierung komplexer Bewegungsabläufe erweitert werden. In Verbindung mit einem temporalen Verhaltensmodell können Verhaltensmuster wie „Umherwandern" erkannt werden. Unter Einbeziehung von visuellen aber auch akustischen Daten kann auf „Aggressives Verhalten" und „Apathie" geschlossen werden. Gerade die demenzspezifischen Verhaltensmuster sind aufgrund ihrer Komplexität und Neuheit in Zusammenhang mit einer maschinellen Erkennung in das Gebiet der Grundlagenforschung zu verorten. Ziel im Projekt ist deshalb der prinzipielle Nachweis einer Erkennbarkeit im Laborumfeld.

### 8.3.3.2 Individuelles temporales Verhaltensmodell

Voraussetzung für die adressierten Funktionen ist eine quantifizierbare, zuverlässige Situationserfassung einschließlich der Erfassung des menschlichen Verhaltens. Hinsichtlich der verwendeten Sensorprinzipien existieren hierfür verschiedene Ansätze (vgl. Abschn. 8.1). Im Projekt ist die Verwendung optischer Smart-Sensorik vorgesehen. In dieser erfolgt die Verarbeitung der 3D-Video-Daten mithilfe von Verfahren des maschinellen Sehens (Personenerkennung, Objekterkennung, etc.). Die als Ergebnis eine Menge von Elementarinformationen liefern. Unter Verwendung von Methoden der Automatentheorie wurden Fusionsregeln entwickelt, um basierend auf den Elementarinformationen in Verbindung mit Kontextinformationen (z. B. Raumgrundriss) auf aktuelles Verhalten zu schließen (Verhaltensklassifikation). Aufgrund von Systemgrenzen der optischen Sensorprinzipien ist die Möglichkeit der Einbeziehung weiterer Sensorprinzipien zu untersuchen.

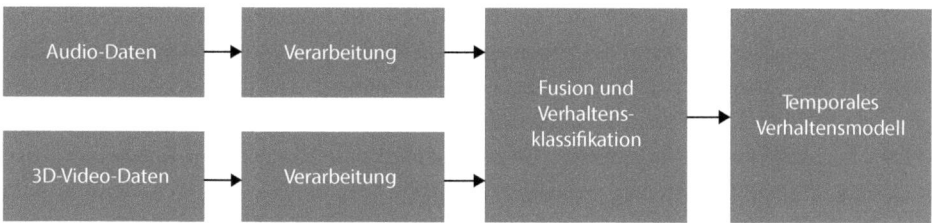

**Abb. 8.3** Temporales Modell der Verhaltenserfassung

Insbesondere die Verwendung von akustischer Sensorik könnte hier mit moderatem technischem Aufwand große Verbesserungen in der Klassifizierungsgenauigkeit zur Folge haben.

Die Verhaltensklassifikation umfasst gegenwärtig jedoch nur zeitlich voneinander getrennte Vorgänge bzw. Augenblickszustände. Zur automatisierten Erfassung langfristiger Verhaltensveränderungen müssen diese zeitlich abgegrenzten Handlungen jedoch in ihrer temporalen Relation erfasst werden. Zur Erfassung des Gesamtkontexts kommt der temporalen Informationsfusion eine große Bedeutung zu, wie in Abb. 8.3 dargestellt.

Neuartige Methoden des maschinellen Lernens, welche nicht nur den zeitlichen Aspekt, sondern zudem auch Wissen über individuelle Verhaltensmerkmale einbeziehen, dienen als Basis der Datenfusion zur Erstellung des temporalen Verhaltensmodells. Dieses Verhaltensmodell beschreibt dabei nicht nur statistisch den Verlauf von Verhaltenskomponenten und ihre Abhängigkeiten, sondern unter Einbeziehung der bereits gewonnen Informationen den individuellen Bezug zur assistierten Person. So ändern sich dynamisch die Parameter des Systems. Als Beispiel dient hier die Aufenthaltshäufigkeit in der Wohnung, die sich automatisch entsprechend der jeweiligen Jahreszeit adaptiert – so wird die Aufforderung „Gehen Sie wieder einmal spazieren" im Winter nicht so oft, wie bei besserem Wetter im Sommer als Mobilisierungsaufforderung erscheinen. Die Modellbildung auf Basis eines lernenden Systems berücksichtigt dabei die individuelle Norm des menschlichen Verhaltens, im Besonderen hinsichtlich der Beschreibung des Verhaltens dementer Menschen.

## 8.4 Schlussbetrachtung

Die geplante Zielstellung im Projekt AUXILIA ist die Ermöglichung eines längeren, selbstbestimmten Lebens der Menschen mit Demenz in der eigenen Häuslichkeit durch den Einsatz einer neuen Assistenztechnologie. Basierend auf bisherigen Ergebnissen steht dabei vor allem die praxisnahe Umsetzung im Mittelpunkt. Um diesen Mehrwert zu schaffen, werden die vorhandenen Erkenntnisse zur Unterstützung von Menschen mit Demenz durch weitere Untersuchungen in ein praxisnahes Assistenzsystem überführt. Daneben wird mit verschiedenen Funktionen Menschen mit Demenz, professionell Pflegenden und Angehörigen gleichermaßen Unterstützung geboten.

Die Assistenzfunktion beinhaltet die Interaktion zur Erinnerung und Mobilisierung. Die Sicherheitsfunktion dient der Erkennung und Reaktion auf Notfallereignisse. Zusätzlich soll die informative Teilhabe pflegender Angehöriger und professionell Pflegender gestärkt werden. Dabei werden unter anderem ein an die individuellen Bedürfnisse der Menschen mit Demenz angepasstes Benutzerschnittstellenkonzept sowie eine neuartige individuelle temporale Verhaltensanalyse erforscht. Das im Projekt geschaffene System soll durch ein mehrstufiges Testkonzept im Labor, im klinischen Umfeld, im Pflegeumfeld und in der Häuslichkeit validiert werden. Wenn es gelingt, die Erkenntnisse aus Vorprojekten zu nutzen und in die Anwendung als praxistaugliches Assistenzsystem zu überführen, dann sind weitreichende positive Effekte in Bezug auf die Lebensqualität der Betroffenen, Verbesserung des Pflegeprozesses in Verbindung mit einer Entlastung der Pflegenden sowie Einsparungen aus volkswirtschaftlicher Perspektive zu erwarten.

## Literatur

Bickel H (2014) Selbsthilfe Demenz – Die Häufigkeit von Demenzerkrankungen, online im Internet. http://www.deutsche-alzheimer.de/uploads/media/infoblatt1_haeufigkeit_demenzerkrankungen_dalzg.pdf. Zugegriffen: 12. Okt. 2016

Fit4Life (2010) Fit4Life – Menschen leben länger selbstbestimmt, online im Internet. http://www.fit4age.org/fit4life.html. Zugegriffen: 12. Okt. 2016

Hellman R (2012) Usable user interfaces for persons with memory impairments. 5. AAL-Kongress, Berlin, S 167–176, 24–25 Jan. 2012

Mahoney EL, Mahoney DF (2010) Acceptance of wearable technology by people with Alzheimer's disease: Issues and accommodations. Am J Alzheimer Dis Other Deme, SAGE Publications 25(6):527–531

Martínez A, Etxeberria I, Aldaz E, Roedl L, Hochgatterer A, Wöckl B, Bund J (2011) Supporting diagnostic decision for early detection of a neurodegenerative disease on a behavioural altered pattern basis, Proceedings of the IADIS International Conference on e-Health, Rom, S 81–88, 20–22 Juli 2011

Meinel L, Richter J, Dayangac E, Schmidt R, Hegewald R, Shehadeh YEH, Findeisen M, Wiede C, Hirtz G, Voigtländer S, Schneider J, Barth T, Holzapfel C (2015) OPDEMIVA: Optimierung der Pflege demenzkranker Menschen durch intelligente Verhaltensanalyse AAL-Kongress. VDE VERLAG, Berlin

Prince M, Wimo A, Guerchet M, Ali G.-C, Wu Y-T, Prina M (2015) World alzheimer report 2015: The global impact of dementia, Alzheimer's Disease International (ADI). veröffentlicht durch Alzheimer's Disease International (ADI), London

Raffelhüschen B, Hackmann T, Metzger C (2011) Alter, Rente, Grundsicherung (ARG) – Eine Studie für Sachsen, Staatsministerium für Soziales und Verbraucherschutz, online im Internet. https://publikationen.sachsen.de/bdb/artikel/12345/documents/14181. Zugegriffen: 31. Okt. 2016

Saurer B. R, Kunze C, Görlitz R, Krämer N, Vetter T, Wieser M (2011) Easycare service plattformsituative Assistenzsysteme und bedarfsgerechte Dienstleistungen für die Unterstützung pflegender Angehöriger. Ambient Assisted Living-AAL, Berlin, 25–26 Jan. 2011

Schneider C, Reich S, Feichtenschlager M, Willner V, Henneberger S (2015) Selbstbestimmtes Leben trotz Demenz, HMD Praxis der Wirtschaftsinformatik,52(4), S 572–584, https://doi.org/10.1365/s40702-015-0148-y, online im Internet. http://dx.doi.org/10.1365/s40702-015-0148-y. Zugegriffen: 31. Okt. 2016

Skorupska E, Mojs E, Samborski W, Millán-Calenti JC, Maseda A, Gregersen R (2016) The project „understAID" – a platform that helps informal caregivers to understand and aid their demented relatives. J Med Sci 83(2):182–188

Wohlrab D, Heß M, Apitzsch A, Langklotz M, Schwarzenberger A, Bilda S, Schulz H, Hirtz G, Mehner J (2015) Hom-e-call – An enhanced fall detection system based on accelerometer and optical sensors applicable in domestic environment in World Congress on Medical Physics and Biomedical Engineering. Springer International Publishing, Toronto, Canada, S 1461–1464, 7–12 . Juni 2015

Ziegler U, Doblhammer G (2009) Prävalenz und Inzidenz von Demenz in Deutschland – Eine Studie auf Basis von Daten der gesetzlichen Krankenversicherungen von 2002. Das Gesundheitswesen 71(5):281–290

## Referenz

Die diesem Beitrag zugrundeliegenden Arbeiten wurden im Rahmen des Projekts AUXILIA aus Mitteln des Europäischen Fonds für regionale Entwicklung (EFRE) gefördert.

**Dipl.-Math. André Apitzsch** ist derzeit wissenschaftlicher Mitarbeiter der Professur Digital- und Schaltungstechnik der Technischen Universität Chemnitz. Seine Arbeitsschwerpunkte sind Objekt- und Personenerkennung sowie die Verhaltensanalyse im Bereich der altersgerechten Assistenzsysteme für ein selbstbestimmtes Leben.

**M.Sc. Roman Seidel** hat Geodäsie und Geoinformatik an der Leibniz Universität Hannover studiert. Seit 2016 ist Herr Seidel wissenschaftlicher Mitarbeiter der Professur Digital- und Schaltungstechnik der Technischen Universität Chemnitz. Wesentliche Schwerpunkte seiner Arbeit sind Themen im Bereich der Bildverarbeitung und die Erkennung von Objekten mittels künstlicher neuronaler Netze. Herr Seidel arbeitet derzeit im Rahmen des AAL-Projekts AUXILIA im Bereich der Objekterkennung in Innenräumen.

**Dipl.-Ing. Lars Meinel** studierte Elektrotechnik/Informationstechnik an der Technischen Universität Chemnitz. Dabei beschäftigte sich Herr Meinel frühzeitig mit den Themenfeldern des maschinellen Lernens und der computergestützten Bilderkennung. In seiner Diplomarbeit entwickelte Herr Meinel einen Algorithmus zur Erkennung und Verfolgung von Personen in Innenräumen unter Nutzung eines an der Raumdecke angebrachten Kamerasystems. Als wissenschaftlicher Mitarbeiter an der TU Chemnitz war Herr Meinel an verschiedenen industriell und öffentlich geförderten Projekten im Applikationsfeld der Erkennung und Lokalisierung von Personen beteiligt. So arbeitete Herr Meinel im Projekt OPDEMIVA, mit dessen Leitung er betraut war, an einem System zu Verhaltensanalyse für Menschen mit Demenz.

**Dr.-Ing. Michel Findeisen** studierte Elektrotechnik/Informationstechnik an der Technischen Universität Chemnitz. Dabei beschäftigte sich Herr Findeisen frühzeitig mit den Themenfeldern des maschinellen Sehens und der computergestützten 3D-Umfeldvermessung. In seiner Doktorarbeit entwickelte Herr Findeisen einen Algorithmus zur omnidirektionalen Erfassung von Innenräumen unter Nutzung eines an der Raumdecke angebrachten trinokularen Kamerasystems.

**Prof. Dr.-Ing. Gangolf Hirtz** ist seit 2008 Inhaber der Professur Digital-und Schaltungstechnik an der Technischen Universität Chemnitz. Die Professur beschäftigt sich einerseits mit Bildverarbeitungsalgorithmen für verschiedene Anwendungsfelder sowie mit maschinellem Lernen. Ein weiteres Forschungsfeld ist die drahtlose Datenübertragung für Applikationen im Umfeld von Industrie 4.0. Die Professur betätigt sich in einer Vielzahl von Forschungsprojekten und vertritt insbesondere die Thematik AAL in mehreren Gremien.

# Kunden und Unterstützungsstrukturen anders denken – Digitalisierung als neue Unternehmensdimension eines Komplexdienstleisters der Sozialbranche

Barbara Steiner, Gerburg Joos-Braun und Verena Pfister

**Zusammenfassung**

Die Bruderhausdiakonie als Komplexanbieter der Sozialdienstleistungsbranche mit ca. 10.500 Kunden in den Geschäftsfeldern Altenhilfe, Behindertenhilfe, Jugendhilfe und Sozialpsychiatrie steht vor einer grundlegenden Neuausrichtung. Mit den gesellschaftlichen und gesetzlichen Veränderungen rückt die einzelne Person mit ihren individuellen Bedarfen in den Fokus, das Wohnen und soziale Bezüge gewinnen gegenüber defizitbezogenen Hilfelagen an Bedeutung. Die Digitalisierung durchdringt dynamisch die Lebens- und Arbeitswelt von Kunden und Mitarbeitenden. Der Beitrag beschreibt die Herausforderungen der Branche für den Komplexträger, der die Ablösung seiner überholten EDV als Innovationsprojekt gestaltet, in dem die geschäftsfeldübergreifende, regionale Perspektive zum Mehrwert werden soll. Durch die Berücksichtigung von Assistenzsystemen, die völlig neue Pflegeprozesse und Dienstleistungen hervorbringen, wird die Informationstechnologie vom passiven Empfänger von Vorgaben durch ökonomische, normative, fachliche und gesellschaftliche Akteure mehr zum aktiven Mitgestalter unternehmerischer Prozesse.

---

B. Steiner (✉)
Leitung Geschäftsfeld Altenhilfe, BruderhausDiakonie, Stiftung Gustav Werner und Haus am Berg, Ringelbachstr. 211, 72762 Reutlingen, Deutschland
e-mail: info@barbara-steiner.de

G. Joos-Braun
Leitung Dienstleistungszentrum Informationstechnologie, BruderhausDiakonie, Ringelbachstr. 211, 72762 Reutlingen, Deutschland
e-mail: gerburg.joos-braun@bruderhausdiakonie.de

V. Pfister
BruderhausDiakonie, Ringelbachstr. 211, 72762 Reutlingen, Deutschland
e-mail: verena.pfister@bruderhausdiakonie.de

## Inhaltsverzeichnis

| | | |
|---|---|---|
| 9.1 | Einleitung. | 150 |
| 9.2 | Die Bruderhausdiakonie als Komplexträger | 151 |
| | 9.2.1 Die Geschäftsfelder | 151 |
| | 9.2.2 Breites Portfolio mit Optionen für Standardprozesse | 152 |
| | 9.2.3 Geschäftsfeldübergreifende regionale Perspektive als Mehrwert | 153 |
| 9.3 | Altenhilfe als Impulsgeber. | 154 |
| | 9.3.1 Der Heimbewohner – Vom Papier zur Elektronischen Datenverarbeitung (EDV) | 154 |
| | 9.3.2 Der häusliche Kunde – Von der EDV zur Informations- und Kommunikationstechnologie (IKT). | 154 |
| | 9.3.3 Der Kunde in neuen Wohnformen – Von der IKT zum digitalen Netz | 155 |
| 9.4 | Die digitale Herausforderung. | 156 |
| 9.5 | Das Projekt. | 157 |
| | 9.5.1 Projektziele | 158 |
| | 9.5.2 Projektstruktur | 158 |
| | 9.5.3 Methode der prozessorientierten Auswahlverfahren | 159 |
| | 9.5.4 Userorientierung | 159 |
| 9.6 | Schlussbetrachtung | 161 |
| Literatur. | | 161 |

## 9.1  Einleitung

Die Bruderhausdiakonie ist ein diakonisches Unternehmen, das seit mehr als 150 Jahren besteht und mit ca. 4000 Mitarbeitenden ca. 10.000 Menschen in den Geschäftsfeldern Altenhilfe, Behindertenhilfe, Jugendhilfe und Sozialpsychiatrie in 15 Stadt- und Landkreisen in Baden-Württemberg unterstützt (Bruderhausdiakonie 2016). In der langen Geschichte des Unternehmens wurden auch immer wieder organisatorische Anpassungen nötig. Mit dem demografischen Wandel, den gesellschaftlichen und damit einhergehenden gesetzlichen Veränderungen stehen grundlegende Neuerungen ins Haus. Die UN-Behindertenrechtskonvention und das Bundesteilhabegesetz in der Eingliederungshilfe, die Pflegestärkungsgesetze in der Altenhilfe, die neuen Heimgesetze wie das Wohn-Teilhabe-Pflegegesetz (WTPG) in Baden-Württemberg, um nur die wichtigsten zu nennen, zielen auf eine neue Sicht auf Klienten bzw. Bewohner ab. Im Mittelpunkt steht mehr und mehr die einzelne Person mit ihren individuellen Bedarfen, das Wohnen und soziale Bezüge gewinnen gegenüber defizitbezogenen Hilfelagen zunehmend an Bedeutung. Die Digitalisierung durchdringt dynamisch die Lebenswelt der Kunden, Mitarbeitenden und den Arbeitsmarkt. Auf diese Neuerungen muss das Unternehmen reagieren.

Die starke Expansion und Diversifikation des Unternehmens bringt das aktuelle EDV-System an seine Grenzen. Aus diesem Grund wurde ein Projekt initiiert, das nicht nur die Implementierung eines neuen Systems zum Ziel hat, sondern auch die Herausforderungen mit einer Innovation des Gesamtunternehmens anzunehmen. Die Gestaltung dieses Projekts, das im Spannungsfeld der Denkweisen und Arbeitsfelder der beteiligten Akteure gemeinsam entwickelt werden muss, wird im Beitrag beschrieben. Erwartungen sind die

Sicherstellung einer leistungsfähigen Branchensoftware und Implementierung eines integrierten Systems für die Stützung fachlicher Prozesse mit Anforderungen an Planung, Dokumentation und Qualitätsmanagement, die Leistungsabrechnung, das Rechnungswesen und die betriebswirtschaftliche Steuerung. Ziel ist es, eine gemeinsame Lösung zu finden, die keinesfalls den kleinsten gemeinsamen Nenner darstellen darf, sondern dem Mehrwert eines Komplexträgers Rechnung tragen muss. Dies stellt zum gegenwärtigen Zeitpunkt eine Herausforderung dar, da viele Prozesse zum einen noch auf die einzelnen Geschäftsfelder bzw. entsprechende Leistungsgesetze bezogen sind, zum anderen noch nicht auf eine gemeinsame zukünftige Perspektive eingespurt sind. Diese findet sich in einer Zukunft, in der beispielsweise technische Assistenzsysteme völlig neue Pflegeprozesse und Dienstleistungen hervorbringen, durch die die Informationstechnologie aus einer Rolle des Empfängers von Vorgaben durch die anderen Player – ökonomische, normative, fachliche und gesellschaftliche – zum Einflussgeber dieser Player wird. Denn während bisher genutzte Dokumentations- oder Workflowsysteme durch eine relative Ferne zum Klienten gekennzeichnet sind und damit der Fachbereich eine Unabhängigkeit in der Erbringung seiner Leistungen besitzt, zeichnet sich eine deutliche Veränderung dieser Bedingungen ab. Auf dem Weg dorthin müssen die Denkweisen der jeweiligen Akteure im Sinne des Innovationsobjekts zusammengebracht werden, um im Entstehungsprozess die Fragen in gemeinsame Erkenntnis münden zu lassen.

## 9.2 Die Bruderhausdiakonie als Komplexträger

Das Portfolio der Bruderhausdiakonie hat sich mit dem gesellschaftlichen Wandel und mit verändernden Bedarfen unterschiedlicher Zielgruppen entwickelt. Während Jugendhilfe und Altenhilfe einen Fokus auf Zielgruppen haben, die stärker mit einem kalendarischen Alter assoziiert sind, richten sich Behindertenhilfe und Sozialpsychiatrie stärker an spezifischen Hilfebedarfen aus. Die Abgrenzung zwischen den einzelnen Geschäftsfeldern spiegelt im Wesentlichen gesetzliche Regelungen und fachlich-professionelle Strömungen wider. De facto ergeben sich vielfach Überschneidungen, die dem gesellschaftlichen Wandel geschuldet sind, wie z. B. der Zunahme im Bereich der chronischen psychischen und somatischen Erkrankungen über alle Altersgruppen hinweg. Mit diesen Einflüssen muss das Trennende und Verbindende stets neu geprüft und einjustiert werden.

### 9.2.1 Die Geschäftsfelder

Bis Anfang der 1980er-Jahre prägen die Jugendhilfe und Behindertenhilfe im Wesentlichen das unternehmerische Handeln. Die Jugendhilfe ist im Bereich der Hilfen zur Erziehung (ambulant und stationär), stationären Wohnangeboten, sozialpädagogischer Familienhilfe, Jugend- und Schulsozialarbeit, Jugendberufshilfe, Schulen und Migration tätig und erreicht mit ihren Angeboten ca. 2000 junge Menschen. Die Behindertenhilfe bietet ca. 2500 erwachsenen Menschen mit Behinderung Wohn- und Arbeitsangebote, Bildungs- und Freizeitangebote, familienentlastende Dienste, Hilfen zur Lebensbewältigung, Assistenz und Beratung. Als eigenständiger Fachbereich besteht das heutige Geschäftsfeld Sozialpsychiatrie seit ca. 1980. Etwa 2500 Menschen mit psychischen Erkrankungen nehmen niederschwellige, ambulante und stationäre Hilfen, Wohn- und Arbeitsangebote, Beratung, Therapie, Pflege, Tagesbeschäftigung, medizinische und berufliche Rehabilitation in Anspruch. Die Altenhilfe spielte bis Mitte der 1990er-Jahre eine vergleichsweise untergeordnete Rolle, wuchs dann innerhalb kurzer Zeit zu einem großen Geschäftsfeld mit differenzierter Angebotsstruktur heran. Mittlerweile erhalten ca. 3500 ältere Menschen Beratung, soziale, hauswirtschaftliche Unterstützung und Pflege in der Häuslichkeit, mit teilstationären und stationären Angeboten, in Betreutem Wohnen, neuen intergenerativen und kleingemeinschaftlichen Wohnformen (Steiner 2016). Eher branchenuntypisch für die Altenhilfe hat das Unternehmen bei der Expansion – getrieben durch die Ambulantisierung der anderen Geschäftsfelder – gleichermaßen auf stationäre und auf ambulante Dienstleistungen gesetzt. Als Mitgesellschafter ergänzen eine psychiatrische Klinik und ein großes Bildungsunternehmen das Angebot.

### 9.2.2 Breites Portfolio mit Optionen für Standardprozesse

Nach der Psychiatrie-Enquete von 1975 hat die Sozialpsychiatrie neben der klinischen Versorgung gemeindenahe Unterstützungsangebote entwickelt. Die Betroffenen und ihre Angehörigen sollen vorrangig in ihren angestammten Lebensfeldern unterstützt werden. Hierzu kooperieren die Einrichtungen und Dienste eng mit unterschiedlichen Akteuren und Trägern im Sozialraum in sogenannten regionalen Gemeindepsychiatrischen Verbünden. Eine wichtige Grundlage für diese am individuellen Bedarf orientierte Arbeit ist die Erarbeitung individueller Hilfepläne. Seit den 1990er-Jahren steht mit dem IBRP (www.ibrp-online.de) ein standardisiertes fachliches Hilfeplanungsinstrument zur Verfügung. Allerdings ist die Anwendung nicht unumstritten (Peukert und Goldbach 2006) und die Erwartungen und Anforderungen aus den Landkreisen als wesentliche Leistungsträger sehr unterschiedlich. Auch die Behindertenhilfe greift mehrheitlich auf dieses Instrument zurück, wobei Art, Ausführung und Organisation der Hilfen prinzipiell allein der Fachkompetenz der Mitarbeitenden einer Institution auch unter Zuhilfenahme anderer Verfahren obliegt. Zur Abrechnung mit Kostenträgern wird das Verfahren „Hilfebedarf von Menschen mit Behinderung" (HMB) nach Metzler (Metzler 2014) angewandt, aber auch hier sind kommunale Anpassungen zu berücksichtigen. In der Altenhilfe wird das bisherige System der Hilfebedarfseinstufung ab 2017 vom sogenannten „Neuen Begutachtungsassessment" (NBA) (Wingenfeld und Gansweid 2013; Medizinischer Dienst des Spitzenverbandes Bund der Krankenkassen 2016) abgelöst, das auf einen neuen Pflegebedürftigkeitsbegriff fußt und die Bedürfnisse älterer Menschen mit psychiatrischen Erkrankungen, insbesondere Demenz, besser abbilden soll. Die Pflegeplanung und Dokumentation obliegt der Fachkompetenz der Einrichtung, allerdings werden spezifische

Anforderungen vom Gesetzgeber gestellt. Dies gilt auch für den ambulanten Bereich, wobei dieser einer anderen Grundlogik folgt. Die Altenhilfe weist nicht nur stationär, sondern auch teilstationär und ambulant eine hohe Streubreite an Konzepten und Prozessen auf. Dies gilt auch für die Jugendhilfe, die in sehr unterschiedlichen Bereichen wie z. B. Schulen, ambulanten und stationären Angeboten tätig ist und sich darüber hinaus auch organisatorisch differenziert darstellt. Die Abrechnung der Leistungen erfolgt mit einer Vielzahl von Kostenträgern. Die Finanzierung über Projektmittel ist im Geschäftsfeld Jugendhilfe besonders ausgeprägt. Eine große Spannbreite von Kooperationen und entsprechender Austausch von Informationen, sowie Web-basierte Dokumentationen erfordern hohe Aufmerksamkeit für den Datenschutz. Die Kommunikation mit Betreuten ist in der Jugendhilfe ebenfalls stark von der Nutzung digitaler Medien bestimmt.

Die Einrichtungen und Dienste auch innerhalb einzelner Geschäftsfelder definieren sich über viele Alleinstellungsmerkmale, was das Argument für einen Mehrwert in der Abbildung einheitlicher Prozesse schwächt. Hinzu kommt, dass die fachliche Perspektive aus der Sozial- und Pflegebranche Standardprozesse tendenziell im Widerspruch zur individuellen und ganzheitlichen Sicht auf den Kunden bzw. Klienten sieht. Gleichzeitig zeichnen sich geschäftsfeldübergreifend bereits viele Überschneidungen im Blick auf den Kunden bzw. Klienten und Optionen auf Standardprozesse ab.

### 9.2.3 Geschäftsfeldübergreifende regionale Perspektive als Mehrwert

Die Bruderhausdiakonie wurde bis 2006 als Spartenorganisation mit geschäftsfeldbezogenen Vorständen geführt. Mittlerweile hat man die geschäftsfeldübergreifende und regionale Perspektive geschärft. In der neuen Matrixorganisation haben die Vorstände regionale Zuständigkeiten und die fachliche Ausrichtung wird durch Geschäftsfeldleitungen sichergestellt. Vor Ort wurden regionale Dienststellen geschaffen, von denen mittlerweile ein Drittel geschäftsfeldübergreifende Dienstleistungen anbietet. Ordnungsrechtliche Voraussetzungen, die die Ausgestaltung institutionell geprägter Wohnformen regeln, und die leistungsrechtlichen Voraussetzungen unterschiedlicher Sozialgesetze stärken die dezentrale und kleinräumige Perspektive, wenn es auch noch viele Verwerfungen im Zusammenwirken gibt. Das Unternehmen möchte seinen Wettbewerbsvorteil nutzen, indem geschäftsfeldübergreifend kleinräumige und individualisierte Dienstleistungen angeboten werden. Das heißt, dass in Quartieren für unterschiedliche Zielgruppen entsprechend gestaltete, durch Technik gestützte Wohnangebote, formell und informell erbrachte Dienstleistungen und Aktivitäten unterschiedlichster Art geplant, koordiniert, dokumentiert und mit unterschiedlichen Stellen abgerechnet werden müssen. Mitarbeitende wünschen flexiblere Optionen für die Ausgestaltung ihrer Arbeitsbedingungen im Sinne einer ausgewogenen Work-Life-Balance. Hohe Individualisierung von Angeboten, die Komplexität der Dienstleistungserbringung und wachsende Personalanforderungen bei einem zunehmend angespannten Arbeitsmarkt und ökonomischem Druck machen auf der anderen Seite eine Bündelung von Prozessen und, wo möglich und sinnvoll, geschäftsfeldübergreifenden

Personaleinsatz nötig. Dazu ist eine wirkungsvolle Informationstechnologie (IT) nötig. Eine Herausforderung ist es, auf Basis des aktuellen Stands der Diversifikation die gemeinsame Zukunftsperspektive mit der Auswahl der IT, die auf eine Perspektive von mind. 10 bis 15 Jahre angelegt ist, zusammenzuführen. Dies stellt hohe Anforderungen an die Methodik und den Prozess des Projekts.

## 9.3 Altenhilfe als Impulsgeber

Der Digitalisierung wurde mit Expansion des Geschäftsfelds Altenhilfe von Anfang an große Bedeutung beigemessen. Diese unternehmensstrategische Entscheidung war motiviert aus den dynamischen Anforderungen der Altenhilfebranche, die aus fachlichen und spezifischen Kunden- bzw. Marktanforderungen entstanden sind und verschiedene Entwicklungsstadien aufweisen.

### 9.3.1 Der Heimbewohner – Vom Papier zur Elektronischen Datenverarbeitung (EDV)

Ein Qualitätsverständnis, das sich in den 1980er-Jahren in der Krankenpflege entwickelte und in der stationären Altenhilfe Fuß fasste, definiert Pflegequalität als Grad der Übereinstimmung zwischen den Zielen des Gesundheitswesens und der wirklich geleisteten Pflege im Rahmen eines nachgeprüften Prozesses (Donabedian 1980). Die Abbildung dieses Pflegeprozesses als Qualitätsnachweis erfolgte in der Pflegedokumentation anfangs noch auf spezifischen Formblättern auf Papier und war in Bewohner-Registermappen hinterlegt. Die Weiterentwickelung des Qualitätsmanagements nach DIN ISO im Unternehmen (Doni und Gresch 2001) führte zur Überleitung in EDV-Form mit Hilfe einer eigens entwickelten Software. Die Abrechnung von Leistungen der Pflegeversicherung war zunehmend mit hohen ordnungs- und leistungsrechtlichen Vorgaben in der Qualitätssicherung v. a. in Pflegeplanung und Dokumentation verbunden. Nicht nur dadurch entstand ein hoher Datenverarbeitungsaufwand. Eine rückläufige Verweildauer in den Pflegeheimen bringt einen häufigen Bewohnerwechsel und damit einen hohen Datendurchlauf mit sich. Unter Marktbedingungen mit hoher privater Kostenbeteiligung der Kunden und damit einhergehendem Kostendruck müssen Verwaltungsprozesse so effektiv und kostengünstig wie möglich gestaltet werden. Folglich gab es v. a. eine Anpassung der Schnittstellen in der Stammdatenverwaltung und im Finanz- und Rechnungswesen.

### 9.3.2 Der häusliche Kunde – Von der EDV zur Informations- und Kommunikationstechnologie (IKT)

Der sukzessive Ausbau der häuslichen Versorgung durch ambulante Pflegedienste brachte neue Anforderungen im Bereich der Digitalisierung mit sich. Durch die Dienstleistungen in der Häuslichkeit der einzelnen Kunden ist eine andere Organisation nötig. Sie muss im Einzugsbereich der Bruderhausdiakonie z. T. über große Wegdistanzen gewährleistet werden, da weitläufige ländliche Gebiete zu versorgen sind. Verwaltungsprozesse und Arbeitsorganisation (z. B. Dienstplanung, Routenplanung, Infomanagement), der individuelle Zuschnitt von Leistungspaketen in der ambulanten Logik des Sozialgesetzbuches XI (SGB XI) auf Wünsche bzw. Budget des Kunden und Abrechnung mit Krankenkassen, Pflegekassen, Sozialhilfeträgern und Privatzahlern, stellte weitere Anforderungen an Rechnungswesen und Controlling und damit an die EDV. Branchenbedingt haben sich unterschiedliche Softwareprogramme und Infrastrukturen für die ambulante und stationäre Altenhilfe herausgebildet, die beim Träger in der EDV mit einer möglichst großen Schnittmenge zusammengeführt werden mussten. Der Einsatz von Mobiltelefonen hat die Kommunikation und Organisation weiter optimiert, gleichzeitig ergaben sich erhöhte Anforderungen an den Träger im Bereich IT. Durch das ambulante Dienstleistungssegment der Altenhilfe hat sich die individuelle Sicht auf den Kunden und seine Bedürfnisse, die Zusammenstellung von maßgeschneiderten Dienstleistungen und die Erbringung der Dienstleistungen an unterschiedlichen Orten in weiteren Anforderungen an das Unternehmen im Bereich der IKT niedergeschlagen.

### 9.3.3 Der Kunde in neuen Wohnformen – Von der IKT zum digitalen Netz

Die Wohnformen für ältere Menschen mit Hilfe- und Pflegebedarf differenzieren sich zunehmend aus (Wahl und Steiner 2013), so auch in der Bruderhausdiakonie. Neben stationäre Einrichtungen in Form von Hausgemeinschaften und „Wohnen mit Service" treten technikunterstütztes häusliches Wohnen und kleingemeinschaftliche und intergenerative Wohnformen (Hölz 2016; Steiner 2014;, Steiner et al. 2012). Die ambulanten Dienste der Bruderhausdiakonie unterstützen die Vielgestaltigkeit des häuslichen Individualwohnens, das sich von einer baulich-technisch angepassten Häuslichkeit bis hin zur häuslichen Intensivbetreuung erstreckt. Die Altenhilfe ist im Bereich des privaten Haushalts auf dem Weg zum dritten Gesundheitsstandort (Fachinger und Henke 2010). Die Altenhilfe beteiligt sich seit 2008 gezielt an landes- und bundesweiten Projekten im Bereich altersgerechter Assistenzsysteme (www.aal-deutschland.de), (Steiner und Pfister 2016). Die Erfahrungen führten zu einer Anpassung der internen Unternehmensstruktur. Nicht nur das Geschäftsfeld Altenhilfe, sondern auch das Dienstleistungszentrum Planen und Bauen, bei dem der Bereich der Hausautomation angesiedelt ist, hat sich um Kompetenzen bezüglich IKT und AAL erweitert (siehe Abb. 9.1). Auch die Rolle des Dienstleistungszentrums IT wurde in den strategischen Zielen des Unternehmens angepasst.

Eine eindimensionale Betrachtung der IT als Dienstleistung im Sinne von „schauen, dass die Software reibungslos läuft" trifft nicht den künftigen Bedarf. Sie muss als integraler Bestandteil der Unternehmensstrategie gelten und neue Geschäftsmodelle des Unternehmens unterstützen. Im Hinblick darauf wurden auch die Kompetenzen in der IT um AAL- und spezifisches IKT-Wissen erweitert. Anknüpfungspunkte zu E-Health und digitalem Quartier werden über gezielte Projekte entwickelt (www.gesundheitsindustrie-bw.

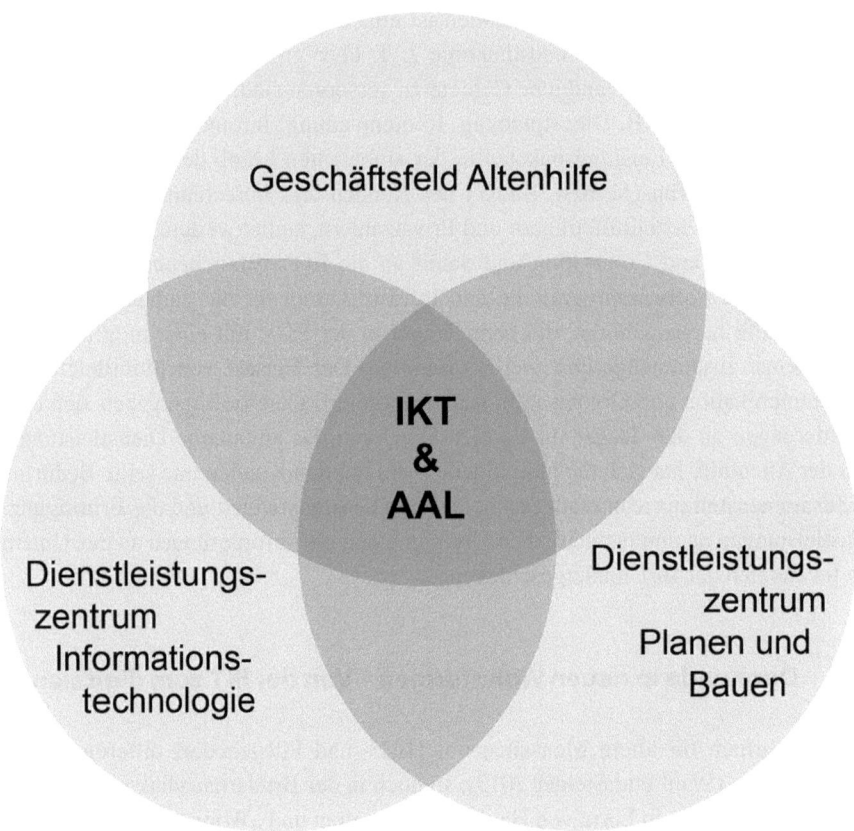

**Abb. 9.1** Schnittstelle AAL und IKT (Quelle: eigene Darstellung)

de/de/fachbeitrag/aktuell/tug-projekt-die-ambulante-geriatrische-versorgung-staerken). Die enge Kooperation der Altenhilfe mit der stationären klinischen Versorgung und Rehabilitation muss noch die digitalen Gräben zwischen Sozial- und Gesundheitsbranche überwinden.

## 9.4 Die digitale Herausforderung

Der aktuelle Stand der Software im Unternehmen hat eine Entwicklungshistorie, die bis ins Jahr 1998 zurückreicht und auf Software-Architektur und -sprache dieser Generation aufsetzt. Die Software des Rechnungswesens, wo neben dem Kassenwesen und einem Programm zur Darlehensverwaltung auch diverse Zusatzmodule für Controlling- und Berichtswesen im Einsatz sind, ist eng und statisch mit dem System der Leistungsabrechnung verknüpft. Probleme in diesen Systemen treten vor allem im Bereich der

Leistungsfähigkeit auf. Durch steigende Nutzerzahlen und enorme Datenmengen ergeben sich erhebliche Einbußen in der Performance. Die Nutzbarkeit für die Endanwender sinkt kontinuierlich. Diese Einbußen stellen auch den Einsatz des Programms für Planung und Dokumentation, das den reibungslosen Ablauf im täglichen Arbeitseinsatz der Mitarbeiterschaft voraussetzt, in Frage und zwingen zum Handeln. Im Kontext der oben ausgeführten Herausforderungen und der schon sichtbaren Einflüsse in den jeweiligen Geschäftsfeldern reicht eine einfache Leistungsverbesserung jedoch nicht aus. Im Widerspruch zur alten Strategie „gemacht wird, was bezahlt wird" erleben die Verantwortlichen ihre Bemühungen um das fachliche Profil als Reibungsfläche, in der neuerdings in der IT die Grenzen umso deutlicher zum Vorschein kommen.

Für eine künftige Software-Landschaft, welche mobile Datenerfassung ermöglicht, aber ebenso Daten-Integration von Sensoren unterstützt, braucht es neue Software-Architekturen. Im Zusammenspiel der Akteure am Markt hat sich im Gesundheitssektor schon der Datenaustausch über eine Datenintegrationsschicht und einen Datenstandard, der den Datenaustausch verschiedener Systeme organisiert, etabliert. Dieser setzt den Maßstab für Flexibilität und Unabhängigkeit. Kooperationsmodelle werden so organisatorisch und technisch wesentlich leichter realisierbar. Die anspruchsvollen Ziele können nur über eine Standardisierung von Kernprozessen erreicht werden. Die Flexibilität im Prozessmanagement garantiert dennoch, dass unterhalb definierter Basisprozesse Varianten pro Dienststelle bzw. Standort gefahren werden können, die die Vielfalt und Passgenauigkeit der einzelnen Angebote weiter ermöglichen. Dienstleistungsplattformen, wie sie bereits im hauswirtschaftlichen Bereich im Kommen sind, werden voraussichtlich auch den Pflegesektor erreichen und könnten Prozessstandards als Leistungspakete mit hinterlegten Preisen erzwingen. Um die verschiedenen Angebotsvarianten beherrschen zu können, müssen besondere ERP-Bausteine mit spezifischen Methoden und Verfahren in den verschiedenen Funktionsbereichen des ERP-Systems vorhanden sein. Wünschenswert wäre, dass durch freiwerdende Ressourcen Zeit für die unmittelbare Arbeit mit den Kunden gewonnen wird. Angesichts des steigenden wirtschaftlichen Drucks in der Sozialbranche ist aber eher davon auszugehen, dass diese organisatorischen Voraussetzungen überhaupt erst eine wirtschaftliche Betriebsführung ermöglichen.

## 9.5 Das Projekt

Das Projekt hat von der Planungs- und Umsetzungsqualität einen hohen Stellenwert im Unternehmen. Es ist nicht nur mit hohen Investitionskosten verbunden, sondern muss für mehr als ein Jahrzehnt Mitarbeitende in unterschiedlichen Geschäftsfeldern und Unternehmensbereichen in ihrer Arbeit unterstützen. Denn das künftige System soll nicht nur die Bedarfe der Geschäftsfelder in Planungs- und Dokumentationsprozessen decken, sondern die Grundlage bilden für Innovation, die Technik als Teil des Pflegeprozesses oder als eigene Dienstleistung implizieren wird.

### 9.5.1 Projektziele

Ziel des Projekts ist eine einheitliche, qualitativ hochwertige und leistungsstarke Branchensoftware und ein ERP-System, das die Geschäftsfelder Altenhilfe, Behindertenhilfe, Sozialpsychiatrie und ebenso alle Management Planungs-, Steuerungs- und Unterstützungsprozesse aus Rechnungswesen und Controlling abdeckt. Die Software muss von der Architektur und Technologie her sicherstellen, dass der Hersteller sie bei Auftreten von inneren und äußeren Einflüssen zeitnah und reaktionsschnell anpassen kann. Zu diesen Einflüssen zählen vor allem Gesetzesänderungen und alternative Angebote für Klienten sowie Aufgaben und Einsatzbereiche für Mitarbeitende. Des Weiteren muss die mobile Datenerfassung sowohl im stationären als auch im ambulanten Setting umgesetzt werden und moderne Technik integrieren können. Damit steht dem Unternehmen aber nicht nur eine neue IT-Plattform zur Verfügung, sondern vor allem neues Wissen in der Ausgestaltung der fachlichen Prozesse und ein Raum für Entwicklung im multirationalen Diskurs. Akteure bekommen in diesem Spannungsfeld neue Rollen, um IT-gestützte Geschäftsmodelle entwickeln zu können, an deren Ende IT als Mitgestalter in der Wertschöpfung eingebunden ist.

### 9.5.2 Projektstruktur

Für das Gesamtprojekt vom Prozess der Entwicklung einer möglichst passgenauen, beteiligungsbasierten Ausschreibung, der Entscheidung für ein Produkt, der Einführung und letztlich Implementierung der Software wurden ca. 3,5 Jahre veranschlagt.

Um das Projekt im skizzierten Rahmen bearbeiten zu können, ist eine passende Projektorganisation notwendig, die im Team die unterschiedlichen Sichtweisen zur Definition von Anforderungen an das integrierte System und von Zielen des Projekts zusammentragen kann. Für die Projektsteuerung wurden eine Lenkungsgruppe und eine Arbeitsgruppe eingerichtet. Die Lenkungsgruppe setzt sich zusammen aus den fachlichen Geschäftsfeldleitungen, den Leitungen Rechnungswesen, Betriebswirtschaft, Informationstechnologie sowie Vertretern der Dienststellenleitungen. Die Arbeitsgruppe wurde interdisziplinär besetzt, erstreckt sich diagonal über die Hierarchien, fungiert als Multiplikator und bezieht so die Nutzer von Beginn an mit ein. Die Arbeitsgruppe umfasst fünf Kleingruppen, die fünf ausgewählte Prozesse vertreten: Klientenverwaltung und Controlling, Planung und Dokumentation, mobiles Arbeiten, Kooperationen sowie geschäftsfeldübergreifende Innovationen. Das Projektmanagement wird durch zwei teilfreigestellte Projektleiter, die aus dem fachlichen und dem IT-Bereich delegiert wurden, wahrgenommen. Um die Erfahrung aus vergleichbaren Projekten einfließen zu lassen, wurde ein externer und herstellerunabhängiger Berater hinzugezogen, der in Form eines Tandems mit den Projektleitern anlass- bzw. themenbezogen zusammenarbeitete.

### 9.5.3 Methode der prozessorientierten Auswahlverfahren

In der Ausschreibung wurde auf die Erstellung eines Pflichtenheftes verzichtet. Das Pflichtenheft dient als „Bauplan" für die spätere Implementierung durch den Technikpartner. Die Problematik eines Pflichtenheftes zum Zeitpunkt der Projektinitialisierung oder Ausschreibung besteht darin, dass je nach Größe und Komplexität des Unternehmens viel Zeit investiert werden muss, bis alle Anforderungen an die Software abgebildet sind. Dies beinhaltet die Gefahr, dass beim Beenden des Pflichtenheftes die ersten aufgenommenen Anforderungen bereits wieder veraltet sind. Stattdessen wurde ein Ausschreibungsansatz gewählt, bei dem ausgewählte Prozesse, die zwingend in der Software umgesetzt werden müssen, möglichen Anbietern schematisch dargestellt werden. Die Anbieter können somit darlegen, ob die Standards und Prozesse des Unternehmens in ihrer Software abgebildet werden können. Nach einer Vorauswahl, die das Ergebnis einer Bewertungsmatrix ist, werden zum „proof of concept" ausgewählte Anbieter dazu eingeladen, die in der Ausschreibung hinterlegten Prozesse in ihrer Software der Arbeits- und Lenkungsgruppe zu präsentieren. Das Projektteam hat dabei die Möglichkeit, die zuvor definierten Prozesse im Live-Betrieb in der Software zu sichten. Der Fokus liegt dabei nicht allein auf der Software, sondern auch auf der zukünftigen Ausrichtung des Softwarepartners, vor allem in Bezug auf technische Neuerungen, wie z. B. mobile Datenerfassung, AAL und auf fachlich getriebenen Anforderungen im SGB-Kontext. Damit ist die Festlegung in einem Lastenheft nicht aufgehoben, aber im Sinne einer prozess- und beteiligungsorientierten Entwicklung anders platziert.

### 9.5.4 Userorientierung

In der Sozial- und Gesundheitsbranche als Dienstleisterbranche muss ein hoher Anteil der Mitarbeitenden – bei der Bruderhausdiakonie ca. 80 % – dieses Handwerkszeug täglich einsetzen, Tendenz weiter steigend. Bei der Heterogenität über verschiedene Alters- und Berufsgruppen und unterschiedlichste Anwendungskompetenzen hinweg sind die Anforderungen an die Usability hoch. Die Einbeziehung der fachlichen Anwender auf verschiedenen Ebenen mit geeigneten Methoden sollte einen möglichst hohen Grad an Usability sicherstellen. So wurden die 25 Prozesse in den Kleingruppen in BPMN (Business Process Model and Notation) *(www.bpmn.org)* modelliert. Die Darstellungsform ist vergleichbar mit einem Flussdiagramm und kann von Leitungskräften gut abgebildet und nachvollzogen werden. Bei innovativen Themen, die jeweils auch einen dedizierten Projektcharakter aufweisen, können Anforderungen an eine Software in „User-Stories" formuliert werden. Sie beschreiben eine Software-Anforderung in Alltagssprache und umfassen in der Regel nicht mehr als zwei Sätze. Bei der Erstellung wird folgende Vorlage genutzt – „Als <Rolle> möchte ich <Ziel/Wunsch>, um <Nutzen>" zu erreichen. Pro Kleingruppe wurden mit dieser Methode jeweils vier

Prozesse aufgenommen, die sich inhaltlich an den Themen der Kleingruppe orientierten. Aufgrund der Komplexität des Unternehmens und der vielfältigen Dienstleistungen in den jeweiligen Geschäftsbereichen wurden nur Kern- und Unterstützungsprozesse in den Kleingruppen dargestellt. Die aufgenommenen Prozesse wurden gemeinsam gesichtet, diskutiert und dann für die Ausschreibung frei gegeben. Die User-Stories stellen die Grundlage im weiteren Entstehungsprozess dar bis hin zum Software-Entwickler, der die gewählte Plattform entsprechend der gewünschten Funktionalität anpasst (siehe Abb. 9.2).

Als Instrument für die Bewertung der Softwareoptionen („proof of concept"), die in die engere Wahl gekommen sind, wurde gemeinsam mit der Arbeits- und Lenkungsgruppe ein Bewertungsbogen erarbeitet. Er enthält Kriterien für „Usability", die ausschlaggebend für die Nutzerfreundlichkeit und -erfahrung einer Software sind und eine wichtige Rolle für die spätere Akzeptanz der Software bei den Mitarbeitenden spielen. Sie wurden der Arbeits- und Lenkungsgruppe im Rahmen eines Workshops vorgestellt und eingeübt. Die Kriterien sind z. B. „Sichtbarkeit des Systemstatus", „Nutzerkontrolle und -freiheit", „Ästhetik und minimalistisches Design" und „Hilfe beim Erkennen und Beheben von Fehlern". Die Kriterien wurden im Rahmen eines laufenden Forschungsprojekts entwickelt und im Auswahlprozess durch UCARE (www.ucare-usability.de) (Schöttler 2016; Klemm 2014) wissenschaftlich begleitet.

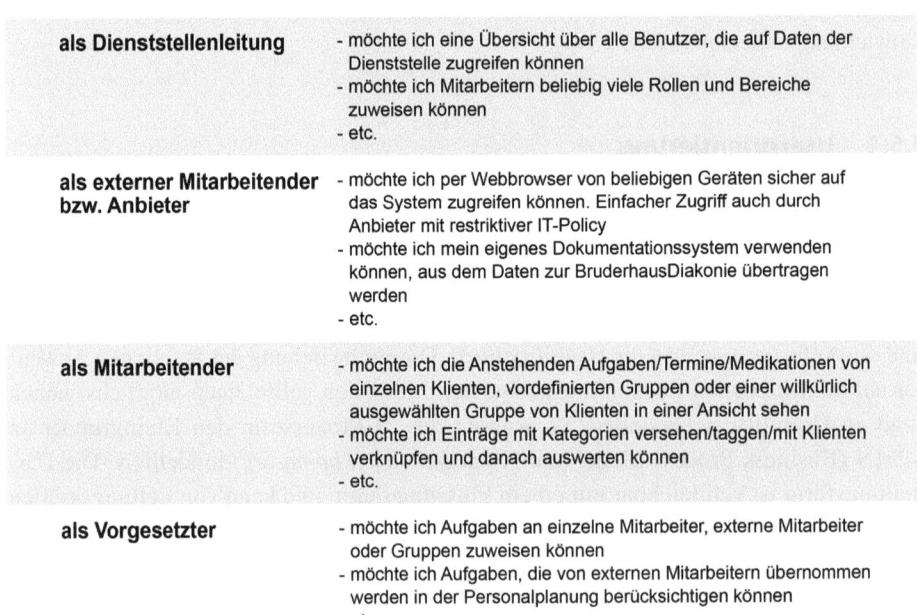

**Abb. 9.2** Beispiel für User Stories (Quelle: eigene Darstellung)

## 9.6 Schlussbetrachtung

Im Beitrag wurde dargestellt, vor welchen Herausforderungen die Bruderhausdiakonie als Komplexanbieter sozialer Dienstleistungen steht, wenn sich grundlegende gesellschaftliche Veränderungen ergeben, sich die Organisation anpassen und die IT vom Dienstleister zum aktiven Mitgestalter neuer Geschäftsmodelle entwickeln muss. Die Sicht auf den Kunden mit seinen individuellen Bedürfnissen, sein Wunsch nach Autonomie und Teilhabe in den gewohnten Bezügen und Dienstleistung vor Ort erzwingen eine stärker kleinräumige, geschäftsfeldübergreifende und regionale Perspektive. Sie muss auch neue Technik und digitale Netze als integralen Bestandteil beinhalten. Damit die notwendige Erneuerung der Software nicht zum Hemmschuh dieser Entwicklungen wird, wurde die Softwareauswahl als Innovationsprojekt gestaltet. Durch die geschäftsfeld- und kompetenzübergreifende Projektstruktur, die Methoden des prozessorientierten Auswahlverfahrens und der Userorientierung ergab sich bei den Beteiligten ein Kompetenzzuwachs im Hinblick darauf, formulieren und einschätzen zu können, welche Prozesse auf unterschiedlichen Anwenderebenen hilfreich, notwendig und zukunftsgerichtet sind. Es zeigten sich Lerneffekte dahingehend, bei aller fachlich geschäftsfeldbezogenen Unterschiedlichkeit Optionen für gemeinsame Standardprozesse zu erkennen. Dies gilt auch für die Schnittstellen zwischen fachlichem und ERP-Bereich. Bei der Präsentation ausgewählter Anbieter zum „proof of concept" konnten die im Prozess entwickelten Kompetenzen gut zur Einschätzung der Softwareoptionen genutzt werden. Augenscheinlich wurde, wie sehr sich die Angebote im Hinblick auf innovative Perspektiven unterschieden.

Digitalisierung führt Sozialunternehmen zur Frage, wie im Kontext obengenannter Komplexität und Widersprüche Innovation gestaltet werden kann, ohne die eine am Markt verfügbare Technik niemals Teil der Geschäftsprozesse werden kann. Diese Frage braucht einen Ort, an dem im interdisziplinären Zusammenwirken der Aushandlungsprozess für das Innovationsprojekt stattfindet. Dabei wird klar, dass dies auch eine Veränderung der Rollen und Einflüsse der Akteure mit sich bringt. Die Bruderhausdiakonie hat im Laufe ihres langen Bestehens mit wechselvollen gesellschaftlichen Entwicklungen die Gestaltung ihrer Organisation aktiv in die Hand genommen. Der Innovationswillen nimmt in diesem Projekt Gestalt an und muss die Organisation in die Lage versetzen, aktiver Teil der künftigen Dienstleistung im Sozialen Sektor zu bleiben.

## Literatur

Ambler S (2016) Introduction to User Stories. Initial User Stories (Formal), online im Internet. http://www.agilemodeling.com/artifacts/userStory.htm. Zugegriffen: 28. Okt. 2016

Bruderhausdiakonie (2016) Zahlen und Daten der BruderhausDiakonie, online im Internet. http://www.bruderhausdiakonie.de/wir-ueber-uns/zahlen-und-daten. Zugegriffen 28. Okt. 2016

Donabedian A (1980) The definition of quality and approaches to its assessment. Vol 1. Explorations in quality assessment and monitoring. Health Administration Press, Michigan

Doni C, Gresch U (2001) Pflegehandbuch. Ein Beitrag zum Qualitätsmanagement in der ambulanten und stationären Altenpflege nach DIN EN ISO 9001, 3. Aufl. Diakonieverlag, Reutlingen

Fachinger U, Henke K (2010) Der private Haushalt als Gesundheitsstandort. Theoretische und empirische Analysen. Vechta, Berlin

Hölz C (2016) Technische Hilfen vermitteln Sicherheit im Alter. In: Bruderhausdiakonie sozial Nr.1/16, S 18–19. Wir kommen zu Ihnen – Pflege und Unterstützung zu Hause. Ambulante Dienste verändern sich, online im Internet. URL: http://www.bruderhausdiakonie.de. Zugegriffen: 28. Okt. 2016

Klemm M (2014) Agile Anforderungserfassung mit User Stories, online im Internet. http://www.mitblick.de/training/agile-anforderungserfassung-user-stories. Zugegriffen: 28. Okt. 2016

Medizinischer Dienst des Spitzenverbandes Bund der Krankenkassen (MDS), Gesetzliche Krankenversicherung (GKV) (2016) Richtlinien zum Verfahren der Feststellung der Pflegebedürftigkeit sowie zur pflegefachlichen Konkretisierung der Inhalte des Begutachtungsinstruments nach dem elften Buch des Sozialgesetzbuches (Begutachtungsrichtlinien – BRi), Köln

Metzler H (2014) (Memento vom 8. Aug 2014 im Internet Archive), „Hilfebedarf von Menschen mit Behinderung" © Fragebogen zur Erhebung im Lebensbereich „Wohnen"/Individuelle Lebensgestaltung – (H.M.B.-W – Version 5/2001), © Dr. Heidrun Metzler, Forschungsstelle „Lebenswelten behinderter Menschen" (Stand: 3. Aug 2014). Universität Tübingen, Tübingen

Peukert R, Goldbach H (2006) Pro und Kontra: Der Integrierte Behandlungs- und Rehabilitationsplan (IBRP) und die Hilfeplankonferenz (HPK). Psychiatrische Praxis 33(1): 3–5

Schöttler R (2016) Innovation in der Sozialwirtschaft, online im Internet. http://www.nordlicht-consultants.com/sites/default/files/vortrag_schoettler_27_04_2016.pdf. Zugegriffen: 28. Okt. 2016

Steiner B (2014) Technikunterstützung in der Praxis – Erfahrungen mit AAL-Lösungen. In: Technik hilft Wohnen. Wie wirken sich technische Hilfen im Alltag aus? KVJS. Stuttgart, 18–23

Steiner B (2016) Altenhilfe in Zahlen. Internes Papier. Bruderhausdiakonie, Reutlingen

Steiner B, Pfister V (2016) Teil haben. Teil sein. Technik. Perspektiven und Projekte der Techniknutzung im Geschäftsfeld Altenhilfe, online im Internet. http://www.bruderhausdiakonie.de/fileadmin/layouts/portal-bruderhausdiakonie/Altenhilfe_Portal/Projektgalerie_Stand_Okt_2016.pdf. Zugegriffen: 28. Okt. 2016

Steiner B, Pflüger M, Kroll J (2012) Automatisierter Notruf sens@home – Ausgewählte Aspekte der Systemanforderung aus Perspektive von Nutzern und Unterstützungsnetzwerk. In: Jahrestagung der Dt. Gesellschaft für Informatik, Biometrie und Epidemiologie. Braunschweig, S 1331–1338

Wahl H, Steiner B (2013) Innovative Wohnformen. In: Pantel J, Schröder J. Sieber C, Bollheimer C, Kruse A (Hrsg) Praxishandbuch der Altersmedizin. Geriatrie – Gerontopsychiatrie – Gerontologie, Kohlhammer Verlag, Stuttgart, S 701–707

Wingenfeld K, Gansweid B (Hrsg) (2013) Analysen für die Entwicklung von Empfehlungen zur leistungsrechtlichen Ausgestaltung des neuen Pflegebedürftigkeitsbegriffs. Abschlussbericht. Im Auftrag des Bundesministeriums für Gesundheit, Bielefeld


**Barbara M. Steiner, Dr. phil., Dipl. Päd.,** ist Leiterin des Geschäftsfelds Altenhilfe der Bruderhausdiakonie. Sie schloss 1990 ihr Diplom in Erziehungswissenschaft am Institut für Erziehungswissenschaft der Eberhard-Karls-Universität Tübingen und 2015 ihre Promotion zum Thema Lebensqualität in neuen kleingemeinschaftlichen Wohnformen für ältere Menschen mit Hilfe- und Pflegebedarf an der Abt. für Psycholog. Alternsforschung am Psychologischen Institut der Ruprecht-Karls-**Universität Heidelberg** ab. Sie hat einen Abschluss in systemischer Therapie und Organisationsberatung und ist Lehrbeauftragte an der evang. Hochschule für Sozialwesen in Ludwigsburg. Sie leitete verschiedene Nonprofit-Unternehmen im Gesundheits-/Sozialwesen und im Bereich Bildung/Qualifizierung und berät Kommunen und Unternehmen der Sozial- und Gesundheitswirtschaft.

**Gerburg Joos-Braun,** ist Leiterin des Dienstleistungszentrums Informationstechnologie der BruderhausDiakonie. Nach Abitur am humanistischen Gymnasium absolvierte sie zunächst eine Ausbildung im Musikinstrumentenbau in traditionellem Handwerksbetrieb in Bayern. 1987 erfolgte der Quereinstieg in die IT Branche. Nach einigen Jahren der IT-Tätigkeit in der Industrie ist sie seit 1996 in der Sozial Branche tätig. Seit 2009 gestalterische Arbeit in der Projektleitung mit innovativen Methoden zur Nutzerbeteiligung, 2010 Qualifizierung zum Steinbeis Certified Consultant und 2011 Gründung des Steinbeis Beratungszentrums IT Service Management. Seit 2012 Trainerin im Rahmen der Akademie des Fachverbands FINSOZ e. V.

**Dipl.-Pflegewirtin (FH)** Verena Pfister hat bis 2010 an der Fachhochschule Frankfurt am Main im Diplom-Studiengang „Pflege" studiert. 2012 erhielt sie ihren Abschluss in dem Masterstudiengang „Barrierefreie Systeme – Case Management für ein barrierefreies Leben". Seit 2012 ist sie als Referentin für Altenhilfe bei der BruderhausDiakonie – Stiftung Gustav Werner und Haus am Berg im Geschäftsfeld Altenhilfe tätig. Dort begleitet sie schwerpunktmäßig Projekte im Bereich AAL und ist im Rahmen der technischen Entwicklungen für die intensive Einbindung von Senioren-Experten und die Überprüfung der Praktikabilität neuer Technik zuständig. Neben der Konzeptionierung ist sie zudem an der Koordination der Umsetzung neuer technikunterstützter Dienstleistungsangebote für Senioren beteiligt.

# Vernetztes Schmerzmanagement durch E-Health in der Pflege

## 10

Thomas Lux

> **Zusammenfassung**
>
> Schmerz und seine Folgen entwickeln sich zunehmend zu einem gesellschaftlichen Problem. Besonders in der Pflege kann eine adäquate Versorgung kaum gewährleistet werden. Die vielen an der Therapie beteiligten Akteure und Professionen erfordern einen sehr hohen Abstimmungsbedarf, der meist kaum möglich ist. Die Entwicklung integrierter Behandlungsprozesse und IT-Unterstützung der Prozesse mit geeigneten Methoden und Konzepten des E-Health ermöglichen hier eine bessere Versorgungsqualität. Im Rahmen dieses Beitrages werden die verschiedenen Facetten des Schmerz(managements) kurz vorgestellt und auch geeignete Lösungsansätze durch die Gestaltung integrierter akteursübergreifender Prozesse und deren Unterstützung durch E-Health-Anwendungen. Exemplarisch werden der Prozess des Schmerzmanagements in der Pflege und dessen Potenziale der Vernetzung aufgezeigt.

## Inhaltsverzeichnis

| | |
|---|---|
| 10.1 Einleitung | 166 |
| 10.2 Schmerz | 166 |
|     10.2.1 Schmerz und Schmerzarten | 167 |
|     10.2.2 Akuter und Chronischer Schmerz | 168 |
| 10.3 Schmerzmanagement in der Pflege | 169 |
|     10.3.1 Schmerzassessment | 170 |
|     10.3.2 Schmerzdokumentation | 171 |

T. Lux (✉)
Hochschule Niederrhein, Fachbereich Gesundheitswesen,
Reinarzsr. 49, 47805 Krefeld, Deutschland
e-mail: thomas.lux@hs-niederrhein.de

© Springer Fachmedien Wiesbaden GmbH 2018
M. A. Pfannstiel et al. (Hrsg.), *Digitale Transformation von Dienstleistungen im Gesundheitswesen IV*, https://doi.org/10.1007/978-3-658-13644-4_10

10.3.3 Schmerzmessung . . . . . . . . . . . . . . . . . . . . . . . . . . . . . . . . . . . . . . . . . . . . . . 172
10.3.4 Schmerztherapie. . . . . . . . . . . . . . . . . . . . . . . . . . . . . . . . . . . . . . . . . . . . . 172
10.4 E-Health – IT im Gesundheitswesen zur Vernetzung der Akteure . . . . . . . . . . . . . . . . . . 173
10.4.1 E-Health. . . . . . . . . . . . . . . . . . . . . . . . . . . . . . . . . . . . . . . . . . . . . . . . . . . . 173
10.4.2 Prozessintegration durch E-Health. . . . . . . . . . . . . . . . . . . . . . . . . . . . . . 174
10.4.3 E-Health-Engineering . . . . . . . . . . . . . . . . . . . . . . . . . . . . . . . . . . . . . . . . 175
10.5 Vernetztes Schmerzmanagement in der Pflege . . . . . . . . . . . . . . . . . . . . . . . . . . . . . . . 177
10.5.1 Soll-Prozess der Vernetzung . . . . . . . . . . . . . . . . . . . . . . . . . . . . . . . . . . . 177
10.5.2 Verbesserter Versorgungsprozess durch Vernetzung der Akteure . . . . . . . . . . . . 177
10.5.3 Beteiligte Akteure . . . . . . . . . . . . . . . . . . . . . . . . . . . . . . . . . . . . . . . . . . . 179
10.5.4 Technologiegestützte Vernetzung der Akteure. . . . . . . . . . . . . . . . . . . . . . . . . . 180
10.6 Schlussbetrachtung . . . . . . . . . . . . . . . . . . . . . . . . . . . . . . . . . . . . . . . . . . . . . . . . . . . 181
Literatur. . . . . . . . . . . . . . . . . . . . . . . . . . . . . . . . . . . . . . . . . . . . . . . . . . . . . . . . . . . . . . . . . 181

## 10.1 Einleitung

Schmerzmanagement in der Pflege nimmt eine immer größere Bedeutung im deutschen Gesundheitswesen ein. Es erfordert eine durchgängige Versorgungskette der beteiligten Akteure, um durch enge Zusammenarbeit der verschiedenen Disziplinen insbesondere die Chronifizierung von Schmerzen zu verhindern. (Grobe Steinmann und Szecsenyi 2016, S. 216ff.) Gerade im Bereich der stationären Pflegeeinrichtungen ist der Anteil chronischer Schmerzpatienten besonders hoch, hingegen wird nur jeder fünfte Patient richtig behandelt. Die richtige Behandlung erfordert die enge Einbindung und Vernetzung aller beteiligten Professionalitäten, und gerade in der Pflege müssten dieser eine zentrale Rolle zukommen. Die elektronische Vernetzung der beteiligten Akteure verspricht hier hohe Potenziale, den strukturierten Informationsaustausch zu verbessern und zu beschleunigen sowie den Versorgungsprozess besser zu koordinieren.

Um die Komplexität des „Volksleidens" Schmerz aufzuzeigen, werden zunächst die wesentlichen Facetten kurz dargestellt, um anschließend aufzuzeigen, wie die Schmerzbehandlung im Rahmen des Schmerzmanagements erfolgen sollte. Diese fachlichen Grundlagen bilden die Basis für die Unterstützung der Schmerzbehandlung und die Verbesserung des Versorgungsprozesses durch den Einsatz von E-Health.

## 10.2 Schmerz

Das Thema Schmerz ist in Deutschland weiter verbreitet. Laut Arztreport 2016 der Barmer GEK leiden 3,25 Mio. Deutsche an chronischem Schmerz, (Grobe Steinmann und Szecsenyi 2016, S. 176) die Deutsche Gesellschaft für Scherzmedizin e.V. geht sogar von 23 Mio. Deutschen aus, die über chronische Schmerzen klagen (DGS 2014a, S. 1). Es gibt unterschiedliche Arten von Schmerz und auch Einflussfaktoren auf das Empfinden von Schmerz.

## 10.2.1 Schmerz und Schmerzarten

Die International Association for the Study of Pain (IASP) definiert Schmerz als „[Pain is] an unpleasant sensory and emotional experience associated with actual or potential issue damage, or described in terms of such damage" (Merskey und Bogduk 1994, S. 210). Die deutsche Übersetzung dazu erfolgte von Schmidt und Struppler, wonach Schmerz „ein unangenehmes Sinnes- und Gefühlserlebnis, das mit einer tatsächlichen oder drohenden Gewebsschädigung verbunden ist oder in Begriffen einer solchen Schädigung beschrieben wird" (Egle 1993, S. 130). Damit besitzt Schmerz eine sensorische und auch emotionale Qualität. Beim Schmerzempfinden spielen neben den körperlichen Komponenten auch physische, soziale, geistige, psychische und kulturelle Faktoren eine entscheidende Rolle. Eine Übersicht über die beeinflussenden Faktoren liefert Abb. 10.1.

Für die Wahl der geeigneten Therapie ist die Schmerzart von grundlegender Bedeutung. Dabei ist zwischen nozizeptiven und neuropathischen Schmerzen zu differenziert.

Nozizeptor-Schmerzen können sowohl akut als auch chronisch hervorgerufen werden, weshalb sie auch als physiologische Schmerzen bezeichnet werden (Klaschik 2009, S. 209). Sie entsteht durch direkte Aktivierung von Schmerzrezeptoren. Diese werden durch mechanische, thermische, chemische oder elektrische Reize wahrgenommen und zur Schmerzempfindung über Nerven und Rückenmark zum Gehirn weitergeleitet. Generell wird der nozizeptive Schmerz in die somatische und viszerale Form unterteilt. Liegt eine direkte Reizung der Nozizeptoren vor, handelt es sich um einen somatischen

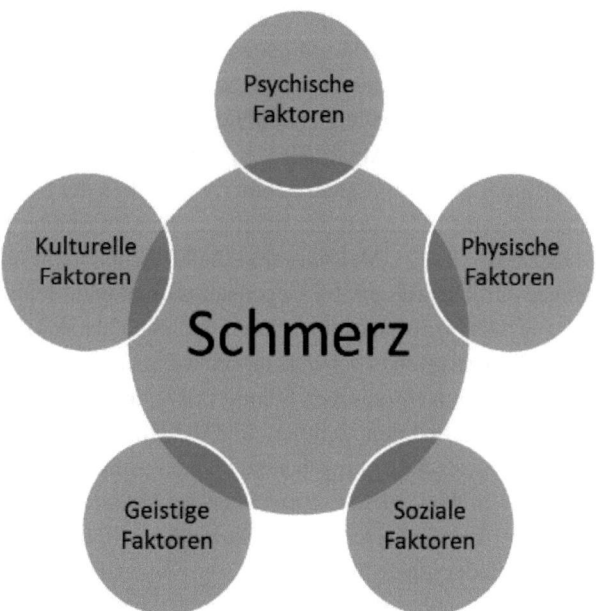

**Abb. 10.1** Einflussfaktoren des Schmerzempfindens (i. A. a. Baumgärtel und Al-Abtah 2015, S. 689)

Schmerz. Dieser wird als Oberflächenschmerz beschrieben, wenn es sich beispielsweise um eine Schnittverletzung der Haut handelt. Dahingegen ist von einem Tiefenschmerz die Rede, wenn es unter z. B. in der Muskulatur zu einem Krampf kommt (Kränzle und Schmid 2014, S. 297).

Ein neuropathischer Schmerz entsteht durch eine Schädigung oder Funktionsstörung des peripheren oder zentralen Nervensystems (ZNS). Dieser kann beispielsweise durch eine Tumorkompression von Nerven oder durch eine Schädigung der Nerven in Folge einer Operation verursacht werden. Eine Form des neuropathischen Schmerzes ist der Deafferenzierungsschmerz als Folge von partieller oder kompletter Durchtrennung des afferenten Nervensystems (z. B. Phantomschmerz, Ausriss zervikaler Wurzeln, Engpasssyndrom u. a.). Der neuropathische Schmerz wird in seiner Schmerzqualität nach der neuralgiformen Variante und dem Dauerschmerz unterschieden. So wird ersteres als schneidender, stechender und attackenweise auftretender Schmerz wahrgenommen. Wohingegen der Dauerschmerz durch seine brennende und bohrende Qualität gekennzeichnet ist (Klaschik 2009, S. 210).

## 10.2.2 Akuter und Chronischer Schmerz

Der akute Schmerz ist ein Warnsignal, um den Körper Schäden zu melden und vor weitergehenden Schädigungen zu schützen. Das ist wichtig, damit der Körper mit entsprechenden Schutzmaßnahmen reagieren kann. Akuter Schmerz tritt häufig in Verbindung mit einer Gewebebeschädigung auf. Merkmale des akuten Schmerzes sind die eher kurze Dauer von weniger als drei Monaten, verbunden mit der Möglichkeit auf Heilung, die gute Lokalisation (häufig der Ort der Schädigung). Das Auffinden der Schmerzursache ermöglicht damit eine gezielte Behandlung mit dem Ziel der Symptom- und Schmerzfreiheit (Baumgärtel und Al-Abtah 2015, S. 691, Huber und Winter 2006, S. 24).

Merkmal des chronischen Schmerzes ist, dass der Schmerzen über einen Zeitraum von mindestens drei Monaten fast ständig vorhanden ist oder häufig wiederkehrt (Menche und Brandt 2013, S. 37). Meistens sind die Ursachen nicht mehr auf fassbare Gewebeschädigungen zurückzuführen. Im Gegensatz zum akuten Schmerz hat der chronische Schmerz die sinnvolle Warnfunktion verloren und ist schlecht lokalisierbar. Aus diesem Grund ist es für die Betroffenen schwer, in den Schmerzen einen Sinn zu erkennen. Das Ziel der Behandlung von chronischen Schmerzen ist in erster Linie ein angemessener Umgang mit der Krankheit und dem Schmerz und die Hilfe zu einem Selbstmanagement, um mit den Schmerz selbstständig umgehen zu können. Außerdem sind bei dem chronischen Schmerz häufig die in Abb. 10.1 beschriebenen Faktoren (physische, soziale, geistige, psychische, kulturelle) beteiligt. Der chronische Schmerz führt auf Dauer zu „erhebliche[n] negative[n] Veränderungen im privaten, sozialen und beruflichen Alltag" (Huber und Winter 2006, S. 24). In diesem Zusammenhang ist die Chronifizierung von hoher Bedeutung. Die Chronifizierung als Prozess soll über den Zeitaspekt hinausgehen und multidimensionale somatische, psychologische und soziale Faktoren erfassen. Das Schmerzgedächtnis steht im Zentrum der Chronifizierung. So reagieren sensible Nervenzellen, die dem Schmerzreiz immer wieder ausgesetzt sind, mit der Zeit empfindlicher auf Reize. Die Schmerzempfindlichkeit nimmt zu und Schmerzen bestehen evtl. selbst nach Wegfall des Schmerzreizes noch fort. Da sich chronischer Schmerz häufig aus akutem Schmerz heraus entwickelt, kann die frühzeitige Therapie von akuten Schmerzen der Entstehung von chronischen Schmerzen vorbeugen (Baumgärtel und Al-Abtah 2015, S. 691).

Grundsätzlich existieren verschiedene Arten chronischer Schmerzen. Wiederkehrende akute Schmerzen treten während des gesamten Lebens oder für eine längere Zeit wiederholt auf, in unabhängigen Schmerzepisoden. Der Patient ist in der Zeit zwischen den Schmerzepisoden fast schmerzfrei, beispielsweise bei einer Migräne. Andauernde zeitlich begrenzte oder chronisch-akute Schmerzen dauern lange an, hören aber mit großer Wahrscheinlichkeit wieder auf. Die Beschwerden können nach der langen Dauer des Schmerzes geheilt oder unter Kontrolle gebracht werden. In einzelnen Fällen können die Schmerzen bis zum Tod des Patienten andauern. Dabei tritt der Schmerz in diesem Zeitraum täglich auf. Schmerzen aufgrund von Krebserkrankungen oder Verbrennungen sind Beispiele hierfür. Chronisch nicht maligne Schmerzen sind Schmerzen, die den Betroffenen sehr einschränken und auf Beschwerden zurückgehen, die als chronisch unbehandelbares, gutartiges Schmerzsyndrom bezeichnet werden. Dieser Schmerztyp hat keine lebensbedrohliche Ursache und reagiert auf keine der vorhandenen aktuellen Methoden der Schmerzbehandlung. Des Weiteren kann er bei den Betroffenen das ganze Leben lang immer wieder auftreten. Die Dauer der Schmerzen beträgt mindestens drei Monate. Dabei tritt der Schmerz in diesem Zeitraum täglich auf. Die Intensität der Schmerzen kann von schwach bis sehr stark reichen. Als Beispiel können Rückenschmerzen, Phantomschmerzen oder rheumatische Arthritis genannt werden (McCaffery Beebe und Latham 1997, S. 34–53).

## 10.3 Schmerzmanagement in der Pflege

Schmerzfreiheit ist das zentrale Ziel des Schmerzmanagements und die Grundvoraussetzung dafür, dass sich der Patient wohlfühlt (Osterbrink 2011, S. 4). Die Deutsche Gesellschaft zum Studium des Schmerzes (DGSS) die Schmerztherapie deklamiert Schmerzfreiheit sogar als grundlegendes Menschenrecht. Danach haben alle Menschen „das gleiche Recht auf angemessene Schmerzlinderung" (Zenz 2007, S. 11).

Dieses Ziel kann nur auf Grundlagen eines umfassenden Schmerzmanagements erreicht werden. Die Pflegenden nehmen dabei eine Schlüsselposition ein, da sie neben der Koordination der Tätigkeiten zwischen Arzt, Pflegenden und dem interdisziplinär agierenden Team auch die Kommunikation zwischen Patient und allen am Prozess Beteiligten fördert. Das Schmerzmanagement umfasst dabei die gezielte und strukturierte Erfassung von Schmerzen sowie von schmerzbedingten Pflegeproblemen, Planung und Koordination geeigneter schmerztherapeutischen Maßnahmen und die Überwachung der Therapiemaßnahmen und deren Wirkung und Nebenwirkung. Eine kontinuierliche Überprüfung der Maßnahmen in einem therapeutischen Team sowie die frühzeitige Information des

Arztes bei Veränderungen des Schmerzustandes sind ebenso Bestandteil des Schmerzmanagements, wie auch die Beratung und Schulung der Patienten und deren Angehörigen (Baumgärtel und Al-Abtah 2015, S. 692). Abb. 10.2 zeigt die vier Phasen des Schmerzmanagements, welche nachfolgend jeweils kurz erläutert werden.

### 10.3.1 Schmerzassessment

Zu Beginn des Schmerzmanagements erfolgt im Rahmen der Pflege und Begleitung von Schmerzpatienten das Schmerzassessment (Phase 1). Damit bildet das Assessment die Grundlage für ein gezieltes und effektives Schmerzmanagement. Das Ziel des Assessments ist die Schaffung einer fundierten Entscheidungsgrundlage auf der Basis relevanter und „richtiger" Informationen. Dies erfordert neben der standardisierten, strukturierten quantitativen und/oder qualitativen Informationssammlung, Bewertung und handlungsleitende Weiterverwendung (Bartholomeyczik 2009, S. 14).

Beim Schmerzassessment erfolgt die systematische Einschätzung und Bewertung von Schmerzen auf Grundlage von geeigneten Assessmentinstrumenten. Die Anwendung von Assessmentinstrumenten in der Pflege dient primär der Unterstützung der Pflegediagnostik. Sie tragen somit dazu bei, „pflegerelevante Phänomene [wie den Schmerz] strukturiert und eindeutig zu erfassen" (Bartholomeyczik 2009, S. 15). Beim Phänomen Schmerz und dem Erleben von Schmerz wirken mehrere der in Abb. 10.1 genannten Faktoren zusammen. Schmerz wird von jedem Betroffenen individuell wahrgenommen und erlebt und

**Abb. 10.2** Phasen des Schmerzmanagements

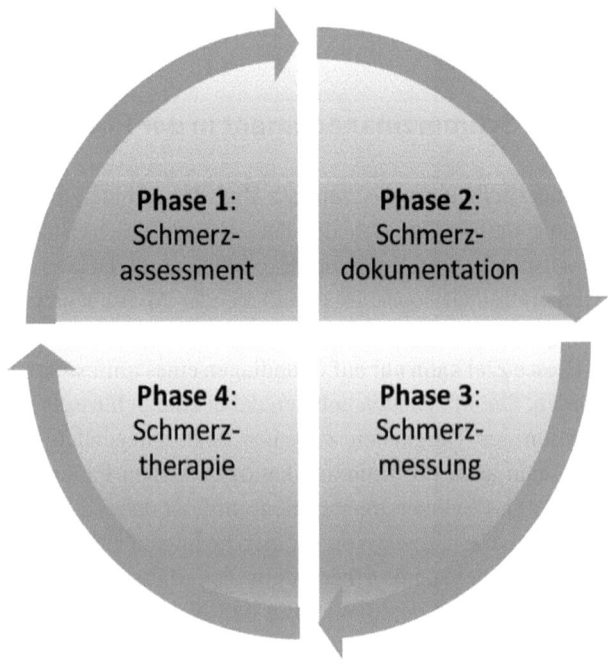

ist daher ein subjektives Phänomen, welches die Mitteilung des Schmerzpatienten essenziell für die Einschätzung macht (Menche Brandt 2013, S. 38). Das Assessment differenziert daher in der Informationssammlung zwischen dem initialen und differenzierten Schmerzassessment.

Das initiale Schmerzassessment erfolgt im Zuge der pflegerischen Behandlung und Anamnese und sollte mit jedem Patienten bei der Patientenaufnahme durchgeführt werden (Gnass et al. 2011, S. 65). Dazu wird der Patient im Rahmen der pflegerischen Anamnese befragt, ob Schmerzen oder schmerzbedingte Probleme vorliegen. Das Grundprinzip der Schmerzeinschätzung untermauert nochmal die Subjektivität des Phänomens Schmerz. Danach gilt die Selbsteinschätzung des Betroffenen vorrangig vor der Fremdeinschätzung durch andere. Der Expertenstandard zum Schmerzmanagement in der Pflege bei akuten Schmerzen des Deutschen Netzwerks für Qualitätsentwicklung in der Pflege (DNQP) empfiehlt im Rahmen des initialen Schmerzassessments den Einsatz der Kurzform des Brief Pain Inventory (BPI). Dieses erfasst neben der Schmerzintensität vor allem den Einfluss des Schmerzerlebens auf die Aktivitäten, die Stimmung und Lebensfreude des Patienten. Neben dem BPI hat sich in der klinischen Praxis ebenso der Einsatz des Erhebungsbogens zur Schmerzeinschätzung nach Mccaffery bewährt (Gnass et al. 2011, S. 66).

Liegt bei einem Patienten eine Schmerzsituation vor, werden zunächst Maßnahmen zur Schmerztherapie eingeleitet, bevor sich im Anschluss an das initiale Assessment ein ausführliches differenziertes Schmerzassessment anschließt. Das differenzierte Schmerzassessment ermöglicht, die Schmerzsituation eines Patienten auch für andere interpretierbar zu machen. Dies erfordert die Zusammenarbeit zwischen Ärzten, Pflegefachkräften und anderer Akteuren. Das Assessment hat neben einer ausführlichen Schmerzanamnese, die die momentane Schmerzsituation des Patienten und die Erhebung der Schmerzgeschichte umfasst, auch eine systematische und standardisierte Erfassung der Schmerzintensität zum Gegenstand (Gnass et al. 2011, S. 66).

### 10.3.2 Schmerzdokumentation

Die Dokumentation von Schmerzen (Phase 2) dient dazu, das subjektive Empfinden des Patienten zu explizieren und damit auch kommunizierbar zu machen. Daher ist es erforderlich, den Schmerz und alle seine relevanten Aspekte sowohl im Hinblick auf die Diagnostik als auch die Therapie zu erfassen und zu dokumentieren. Darüber hinaus zählt die Dokumentation zu den ärztlichen Pflichten und ist zum Zweck der verbesserten Kommunikation sowie zur Qualitätssicherung vorgeschrieben (Gallacchi und Pilger 2005, S. 104).

Zu Therapiebeginn werden im Rahmen der Schmerzanamnese neben den schmerzbedingten Beeinträchtigungen auch das Krankheitsmodell und die Vortherapie des Patienten dokumentiert. Im Behandlungsverlauf erfolgt die Dokumentation von diagnostischen und therapeutischen Verfahren und Vorhaben. Zusätzlich wird die Schmerzsituation des Patienten in Bezug auf qualitative und quantitative Veränderungen hin überprüft und es werden sowohl Schmerz- als auch Therapiefolgen im Verlauf der Therapie beobachtet.

Zum Therapieende hin wird der Erfolg der therapeutischen Maßnahmen dokumentiert (Lindena 2005, S. 94).

Die Dokumentation von Schmerzen wird dabei durch die Nutzung von Skalen und Fragebögen unterstützt. Fragebögen liefern im Verlauf der Therapie, bezogen auf eine notwendige Abänderung, Intensivierung oder auch den Abbruch von Maßnahmen, wichtige Erkenntnisse. Ebenso eignen sich Skalen zur Einschätzung der Schmerzintensität oder auch Schmerztagebücher zur täglichen Verlaufskontrolle und Erfassung (Zenz, Schwarzer und Willweber-Strumpf 2013, S. 17).

### 10.3.3 Schmerzmessung

In den letzten Jahren wurden viele zuverlässige und leicht anwendbare Methoden zur Schmerzmessung (Phase 3) und -dokumentation entwickelt. Zuverlässig bedeutet in diesem Zusammenhang, dass die Ergebnisse der Schmerzerfassung durch die Nutzung der Instrumente bei verschiedenen Untersuchern zu vergleichbaren Resultaten führen. Dies erfolgt durch standardisierte Schmerzeinschätzungsinstrumente. Im Grunde können dabei eine Vielzahl an Daten erhoben werden (Menche und Brandt 2013, S. 40.). Bei der Diagnostik und Therapie von Schmerzen ist die Berücksichtigung sämtlicher Aspekte des Schmerzerlebens entscheidend. So werden unter anderem Schmerzursache, Schmerzlokalisation, Schmerzcharakter, Schmerzintensität, Schmerzempfinden, Schmerzdauer und Schmerzverlauf, Schmerzverarbeitung, schmerzbedingte Beeinträchtigung und sozioökonomische Faktoren erfasst. Zur Dokumentation und Qualitätssicherung werden daher eindimensionale (Schmerzmessinstrumente, die nur einen Aspekt des Schmerzes erfassen, nämlich die vom Patienten angegebene Schmerzstärke bzw. die Schmerzintensität) und mehrdimensionale Methoden angewendet (Lindena 2005, S. 95). Zu diesem Zweck wurden sowohl Fragebögen als auch Skalen entwickelt, die diese Mehrdimensionalität erfassen.

### 10.3.4 Schmerztherapie

Die Schmerztherapie (Phase 4) von chronischen Schmerzen dient in erster Linie der funktionalen Verbesserung des Patienten. Dabei soll durch die Behandlung vor allem ein selbstbestimmtes Leben mit vermindertem Schmerzerleben und verbesserter Befindlichkeit erzielt sowie eine weitere Chronifizierung – soweit möglich – verhindert werden. (Seemann und Nilges 2001, S. 164) Gerade die Therapie von chronischen Schmerzen bedarf dabei auf Grund der vielseitigen Facetten des Schmerzerlebens einer Kombination medikamentöser, physiotherapeutischer und psychologischer Verfahren. Daher erfolgt gerade bei länger andauernden Schmerzerkrankungen die Behandlung als multimodale Schmerztherapie, d. h. eine interdisziplinäre Behandlung, die von mindestens zwei unterschiedlichen Fachdisziplinen und/oder Professionen durchgeführt wird. Die Behandlung des Patienten wird dabei von Ärzten, Physiotherapeuten und Psychotherapeuten gemeinsam aufeinander abgestimmt (Wachter 2014, S. 37).

Damit ist besonders bei der multimodalen Schmerztherapie der Austausch von (strukturierteren) Informationen sowie die Koordination der Zusammenarbeit der beteiligten Akteure eine große Herausforderung und beeinflusst den Erfolg der Therapie maßgeblich. Besonders in Pflegesituation wie der häuslichen Pflege oder auch der voll- bzw. teilstationären Pflege, bei der die beteiligten sich nicht regelmäßig austauschen, wie es in der stationären Versorgung der Fall ist, verspricht die elektronische Vernetzung mit zentraler Bereitstellung der erforderlichen Informationen zur richtigen Zeit und am richtigen Ort eine enorme Verbesserung des Schmerzmanagements. Daher sollen nachfolgend zunächst die Potenziale aufgezeigt werden, welche E-Health zur Vernetzung der Akteure bietet.

## 10.4 E-Health – IT im Gesundheitswesen zur Vernetzung der Akteure

Die Einsatzpotenziale von IT im Gesundheitswesen sind sehr vielseitig und täglich erreichen neue Lösungen und Konzepte den Markt. Hier den Überblick zu behalten und besonders die für die jeweiligen Anforderungen geeignete Lösung zu finden, scheint kaum noch möglich. Mit der Beschreibung von E-Health sollen hier noch mal auf die großen Chancen der Vernetzung der Akteure im Gesundheitswesen durch IT hingewiesen werden, um fachliche Prozesse besser zu verbinden, zu integrieren. Das E-Health-Engineering zeigt die verschiedenen Ebenen der prozessorientierten Gestaltung auf.

### 10.4.1 E-Health

Das Verständnis und die begriffliche Definition von E-Health sind sehr unterschiedlich (Die Unterschiedlichkeit beginnt schon bei der Schreibweise. In der Literatur finden sich alle möglichen Kombinationen vor. Im Rahmen dieses Beitrages (außer bei Zitaten) wird die Schreibweise „E-Health" verfolgt, welche auch in deutschen Veröffentlichungen beispielsweise des E-Business gängig ist und im Duden in diesem Kontext als gebräuchliche Schreibweise anerkannt. ). So beschreibt die World Heath Organization (WHO) E-Health als „eHealth is the use of information and communication technologies (ICT) for health. Examples include treating patients, conducting research, educating the health workforce, tracking diseases and monitoring public health" (WHO 2015).

Die WHO stellt den Einsatz von Informations- und Kommunikationstechnologien (IuK-Technologie) im Gesundheitswesen in den Mittelpunkt und erweitert diesen Begriff um einige Anwendungsbeispiele wie die Behandlung der Patienten, Forschung, Schulung, Versorgungsforschung. Die WHO sieht E-Health als umfassendes Konzept, welches in viele Bereiche der gesundheitlichen Versorgung hinein wirkt und Innovationspotenzial entfaltet (Lux 2017, S. 5–7). Definitionen weiterer Organisationen und Autoren variieren überwiegende darin, ob weitere Aspekte über die reine IT-Unterstützung von Leistungsprozessen im Gesundheitswesen relevant sind.

Dabei lässt sich E-Health als wesentlich umfassender definieren, über die reine Nutzung von Technologien hinaus mit dem Ziel, geeignete Konzepte, Methoden und Werkzeuge bereit zu stellen, um die bislang getrennten Anwendungen der Akteure im Gesundheitswesen und besonders deren fachliche, insbesondere patientenorientierte, Prozesse zu integrieren und zu vernetzen. Damit sind die wesentlichen Eigenschaften von E-Health (Lux 2017, S. 20–21):

- Vernetzung der Akteure im Gesundheitswesen durch Bereitstellung geeigneter fachlicher und technischer Konzepte, Methoden und Werkzeuge.
- Integration der Prozesse in einer Unternehmung und akteursübergreifende Integration der Prozesse, insbesondere der Behandlungspfade der Patienten, unterstützt durch den Einsatz integrierter IT-Systeme
- Interoperabilität der Prozesse und IT-Systeme auf syntaktischer und semantischer Ebene

Darüber hinaus ist E-Health Enabler neuer, innovativer, vernetzter, akteursübergreifender Prozessorganisationen im Gesundheitswesen (Lux 2017, S. 21).

### 10.4.2 Prozessintegration durch E-Health

Vernetztes Arbeiten im Schmerzmanagement erfordert die Verbindung (Integration) der Arbeitsabläufe bzw. Prozesse der beteiligten Akteure. Dabei ist zwischen der horizontale und der vertikalen Integration zu unterscheiden. Die horizontale Integration ist durch die Integration entlang der Wertschöpfungskette gekennzeichnet. Im Krankenhaus ist eine solche Integration entlang einer Wertschöpfungskette bspw. die Verknüpfung vom Aufnahmeprozess über den gesamten Behandlungsprozess bis zum Entlassungsprozess. Die vertikale Integration hingegen ist durch die Verknüpfung verschiedener Hierarchieebenen gekennzeichnet. Damit erfolgt die Integration vertikal ablaufender Prozesse, zwischen hierarchisch über- und untergeordneten Abteilungen bzw. Bereichen.

Die Abb. 10.3 visualisiert die vertikale und horizontale Integration am Beispiel eines Krankenhauses. Auf der administrativen und dispositiven Ebene finden sich die primären wertschöpfenden Tätigkeiten. Hier sind verschiedene Fachabteilungen, Funktionsbereiche sowie die pflegerischen, medizinischen und ambulanten Leistungen angesiedelt. Letztendlich bildet die Diagnose und Therapie einen bereichsübergreifenden Prozess, der – in Form eines klinischen Behandlungspfades – netzwerkartig und akteursübergreifend innerhalb der verschiedenen Bereiche stattfindet. Die unterstützenden Tätigkeiten, wie die Termin- und Ressourcenplanung, Material- oder Medikalwirtschaft, unterstützen sämtliche Bereiche gleichermaßen und haben daher eine Querschnittsfunktionalität (Lux und Raphael 2016).

Bezogen auf das Schmerzmanagement stellen die vier Phasen (Schmerzassessment, -dokumentation, -messung und -therapie) mit ihren Tätigkeiten den wertschöpfenden

**Abb. 10.3** Horizontale und vertikale Prozessintegration im Gesundheitswesen (Lux und Raphael 2016, S. 285)

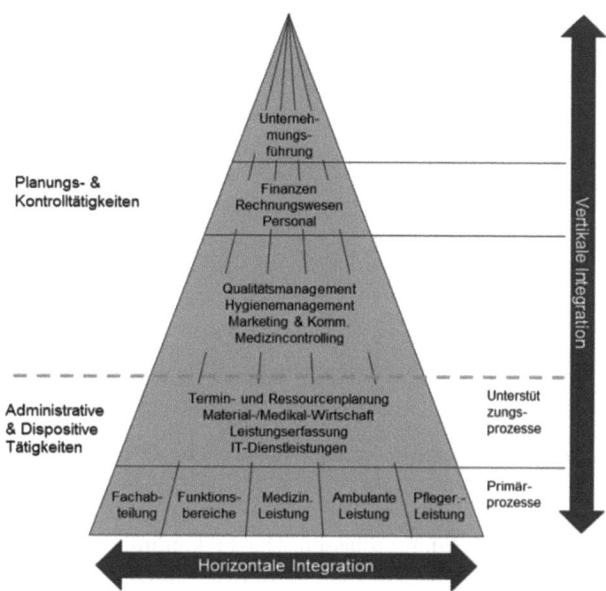

Prozess dar. Darüber hinaus ist die Planung und Kontrolle der Teilprozesse erforderlich, so die zeitlich-räumliche Abstimmung der Tätigkeiten oder auch die Kontrolle der regelmäßigen Durchführung (z. B. der Schmerzmessung) und auch längerfristige Auswertungen über den Verlauf der Behandlung.

### 10.4.3 E-Health-Engineering

Zur prozessorientierten Integration und Vernetzung der verschiedenen Dienste und Services im Gesundheitswesen sind geeignete Gestaltungsansätze und Betrachtungsebenen erforderlich, um ausgehend vom technisch-organisatorischen System der Leistungserstellung (akteursübergreifende) Prozesse und deren Unterstützung durch vernetzte, interoperable IuK-Systeme zu unterstützen, zu analysieren, zu planen und zu steuern. Das E-Health-Engineering basiert auf dem Hospital Engineering (Lux et al. 2012) und bietet sich hier als ein geeignetes Gestaltungs- und Engineering-Konzept an.

E-Health-Engineering bezeichnet die systematische Gestaltung vernetzter Anwendungen im Gesundheitswesen aus Management- und aus IT-Sicht. Dabei erfolgt die differenzierte Betrachtung der vier Architekturebenen „Strategie", „Prozess", „Anwendung", „Software und Datenbanken". Die Strategieebene umfasst überwiegend Gestaltungs- und Managementaufgaben, während die Ebenen drei und vier die Architektur des IT-Systems beschreiben. Ziel des E-Health-Engineering ist die Transformation und Realisation der strategischen Entscheidung auf die darunter liegende Prozessebene, unterstützt durch Informations- und Kommunikationstechnologie. Damit liegt der Fokus auf der Prozessebene und damit der fachlichen Vernetzung der Akteursprozesse, welche auch die

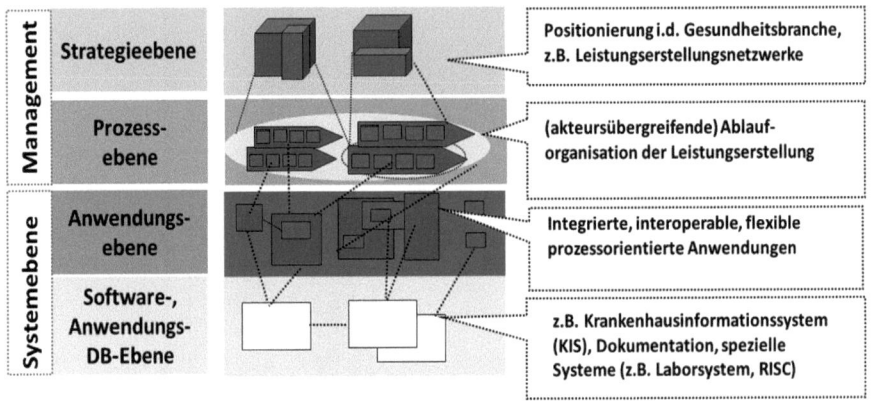

**Abb. 10.4** E-Health-Engineering (Quelle: Lux, 2017, S. 19)

Leistungserstellung umfassen. Der IT kommt eine Schlüsselrolle als Enabler neuer Prozessorganisationen zu. Abb. 10.4 visualisiert diesen Gestaltungsrahmen.

Auf der Strategieebene erfolgen die Festlegung des Leistungsangebote im Netzwerk, die Positionierung und strategische Ausrichtung. Die Detaillierung dieser Entscheidungen als realisierbare Handlungsanweisungen erfolgt auf der Prozessebene durch Analyse, Modellierung und Implementierung der Ablauforganisation, welche arbeitsteilig und akteursübergreifend erfolgt. Dabei gilt es, Diagnose, Therapie- und Pflegeprozesse zu beschreiben z. B. in Form klinischer Pfade und deren Umsetzung sicher zu stellen. Die Unterstützung der Prozessebene durch IT und die Integration der verschiedenen IuK-Systeme erfolgt auf der Anwendungsebene. Sie ist Bindeglied zwischen den bei den Leistungserbringern vorhandenen Software-, Anwendungs- und Datenbanksystemen (4. Ebene), wie z. B. dem zentralen Krankenhausinformationssystem, Dokumentationssystem, spezielle Systeme (Röntgeninformationssysteme, Laborsysteme, Medikationssysteme, Planungssysteme usw.) und auch z. B. telemedizinische Systeme. Dabei integriert die Anwendungsebene die vorhandenen Systeme innerhalb einer einheitlichen Sicht, um letztendlich den (akteursübergreifenden) Behandlungsprozess – den Leistungserstellungsprozess – als zentralen Ausgangspunkt der Betrachtung zu wählen.

Übertragen auf das Schmerzmanagement erfordert damit die strategische Ebene zunächst eine genaue Charakterisierung, welcher Akteur beteiligt ist und welche Rolle er einnehmen (kann). Gerade im Rahmen der multimodalen Therapie, in der häuslichen Pflege und unter Einbezug der pflegenden Verwandten wäre genau zu erörtern, wie die Strategie des Schmerzmanagements bezogen auf den individuellen Patienten zu konfigurieren ist und welche Akteure einzubeziehen sind (Schmerzarzt, Hausarzt, Pharmazeut, Schmerz-Pflege, Pflegedienst, Angehörige und Patient). Auf der Prozessebene (Ebene 2) erfolgt die Beschreibung der Tätigkeiten jedes Akteurs und auch die Beschreibung der Schnittstellen der Akteure. Auf der Prozessebene sind die beschriebenen fachlichen Anwendungsfälle in einem (akteursübergreifenden) Anwendungssystem umzusetzen bzw. anzupassen. Auf der Software- und Datenbankebene wäre beispielsweise zu klären, wo und wie die Datenhaltung erfolgt, unter Berücksichtigung gängiger Standards und (IT-Sicherheits-)Anforderungen.

## 10.5 Vernetztes Schmerzmanagement in der Pflege

Schmerzpatienten in der stationären Pflege sind überwiegend unterversorgt bzw. nur jeder fünfte Patient ausreichend versorgt (vgl. Grobe Steinmann und Szecsenyi 2016, S. 203ff.). Besonders die Rolle der Pflege (und auch pflegender Angehörige in der häuslichen Pflege) gilt es hier neu zu definieren. Obwohl hier regelmäßiger enger Kontakt zu den Patienten besteht, ist der mögliche Handlungsrahmen im Schmerzmanagement doch eher gering und die Unsicherheit hoch, Kompetenzen zu überschreiten. Die Vernetzung der Akteure könnte hier deutliche Verbesserungen erzielen durch die Verbesserung des Informationsaustauschen und auch durch konkrete und verlässliche Beschreibung der Rollen und Aufgaben in dem individuellen Behandlungsszenario des Patienten.

Nachfolgend erfolgt die exemplarische Konzeption eines vernetzten Schmerzmanagements als Resultat unterschiedlicher Projekte in diesem Umfeld mit exemplarischen Schmerzmanagement-Prozess.

### 10.5.1 Soll-Prozess der Vernetzung

Der Fokus liegt dabei auf der Kommunikation und Kooperation zwischen Pflege und Arzt, welche ein gut abgestimmtes Schmerzmanagement ermöglichen sollen. Besonders rücken hierbei die Schnittstellen in den Vordergrund, welche eine genaue Einschätzung über das Schmerzbefinden des Patienten erfordern. Die Unterscheidung zwischen akuten und chronischen Schmerzen kann so zum Beispiel auf Grundlage einer gemeinsamen Beurteilung von allen Akteuren durchgeführt werden. Der Pflegende soll möglichst bei der genauen Beurteilung der Schmerzsituation unterstützt werden. Der Erfolg von Therapiemaßnahme soll neben den Pflegefachkräften auch seitens der Ärzte auf seine Wirksamkeit hin überprüft werden.

Abb. 10.5 visualisiert den Beispielprozess in einer stationären Pflegeeinrichtung in der Notation einer ereignisgesteuerten Prozesskette (EPK). Dabei wurden bewusst nur die wesentlichen Informationen abgebildet und weiterführende Informationen und Details des Prozesses (z. B. der Einsatz von Dokumenten) nicht berücksichtigt. Die Funktionen bzw. Tätigkeiten orientieren sich an den bereits im Rahmen des Schmerzmanagements dargestellten Phasen.

### 10.5.2 Verbesserter Versorgungsprozess durch Vernetzung der Akteure

Der Begriff Vernetzung umschreibt eine Form der Zusammenarbeit, die über die Kooperation und Koordination hinausgeht. Sie erfordert das Ineinandergreifen (integrieren)

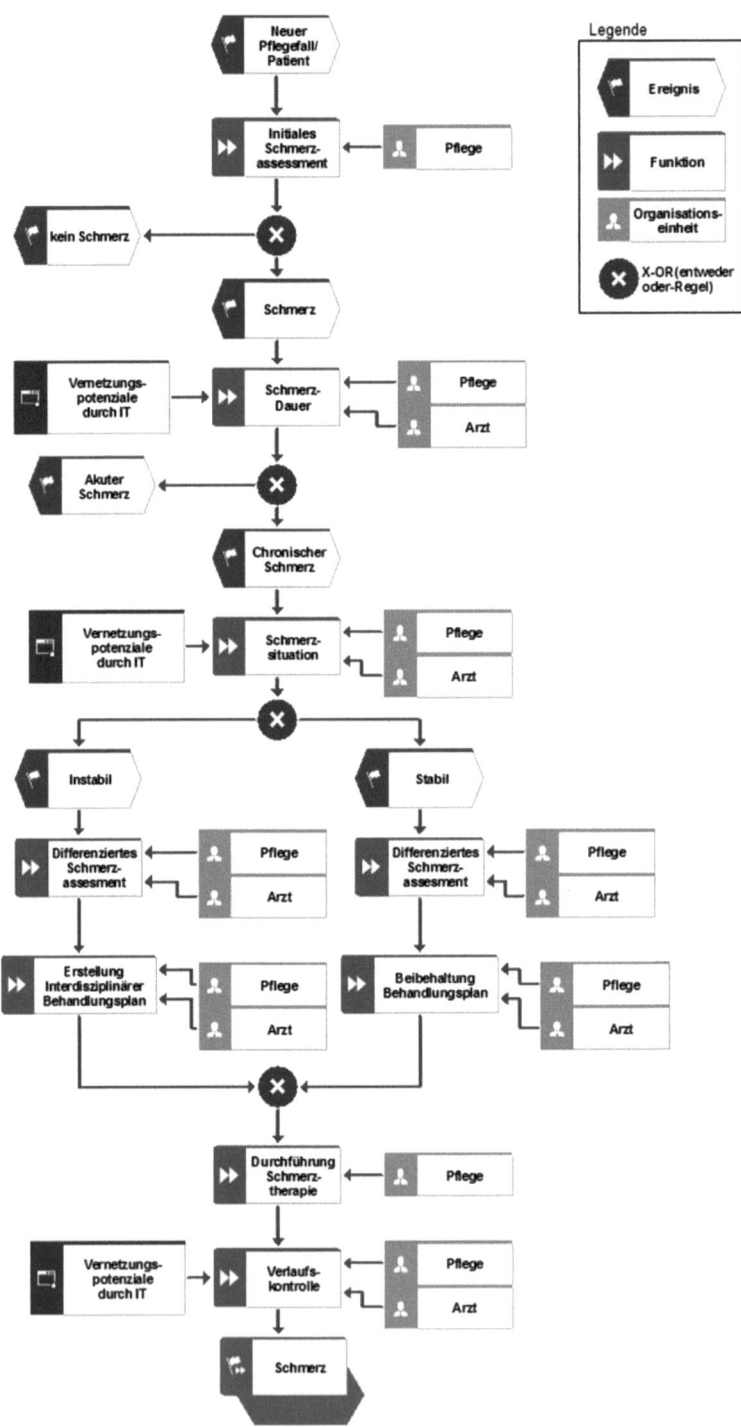

**Abb. 10.5** Beispielprozess vernetztes Schmerzmanagement in der Pflege

unterschiedlicher Arbeitsformen auf Grundlage einer gemeinsamen Struktur (Ballsieper et al. 2012, S. 56). Eine interdisziplinäre und sektorenübergreifende Vernetzung ist demnach gekennzeichnet durch eine Zusammenarbeit von mindestens zwei Akteuren aus unterschiedlichen Berufsgruppen, die ein gemeinsam umschriebenes Ziel verfolgen. Ziele der Vernetzung sind insbesondere die Vermeidung von Brüchen im Versorgungsablauf sowie die Optimierung der Patientenversorgung. Gerade in der Versorgung von chronischen Schmerzpatienten spielt die Vernetzung zwischen dem ambulanten und stationären Sektor eine entscheidende Rolle, um möglichen Therapiebrüchen in der Behandlung entgegenzuwirken. So hat sich das Erfordernis einzelne Maßnahmen einander anzugleichen sowie vorhandene Informationsbarrieren zwischen den beteiligten Akteuren abzubauen durch die zunehmende Entwicklung an chronischen Erkrankungen verstärkt. Dennoch ist die Anzahl der Akteure, die sich konsequent mit der Umsetzung von vernetzungsfokussierten Konzepten wie der Integrierten Versorgung (IV) auseinandersetzen, gering (Ballsieper et al. 2012, S. 54). Die IV ermöglicht, die bisherige starre Arbeitsteilung zwischen ambulanter und stationärer Versorgung, zwischen Haus- und Fachärzten, ärztlichen und nicht-ärztlichen Leistungserbringern und zwischen den verschiedenen Sektoren gezielt zu durchbrechen. Gerade bei komplexen Behandlungsprozessen, in denen mehrere Akteure involviert sind, ist der Einsatz solcher Vernetzungen erfolgversprechend. Besonders im Hinblick auf den demografischen Wandel, die steigende Pflegebedürftigkeit und die hohe Zahl an chronischen und multimorbiden Patienten ist die IV von großer Bedeutung. Die verbesserte Vernetzung der Akteure kommt dabei in erster Linie den Patienten zugute, da Informations- und Wissensaustausch zwischen den Beteiligten sowie die klare Abstimmung der Therapieziele wesentliche Erfolgsfaktoren für eine erfolgreiche und effiziente Versorgung sind (Göbel et al. 2009, S. 654).

### 10.5.3 Beteiligte Akteure

Beteiligte Akteure beim Schmerzmanagement z. B. in stationären Pflegeeinrichtungen sind die zuständigen Pflegefachkräfte, die Haus- und Fachärzte sowie die betroffenen Bewohner bzw. deren Angehörigen. Ergänzt wird das Team durch weitere Therapeuten und Akteure wie Physio- und Ergotherapeuten und Psychotherapeuten, die abhängig von der Schmerzsituation und -zustand des Bewohners mit in der schmerztherapeutischen Versorgung involviert sind. Die Rolle der wichtigsten Akteure wird im Folgenden kurz dargelegt.

Pflegefachkräfte nehmen besonders in der Versorgung von Bewohnern mit chronischen Schmerzen eine entscheidende Schlüsselrolle ein, da sie in der Regel den regelmäßigen und intensiven Kontakt mit den Betroffenen haben und auch Ansprechpartner sind. Sie sind zuständig für das Schmerzassessment und somit für die Erhebung des Schmerzzustandes. Darüber hinaus sind sie dafür verantwortlich, „dass bei einem Schmerzassessment von mehr als 3/10 in Ruhe oder von mehr als 5/10 auf der NRS [Numerische

Rating-Skala] bei Belastung/Bewegung in Absprache mit den Betroffenen Interventionen eingeleitet werden sowie die Kommunikation mit allen an der Schmerzversorgung Beteiligten wie ärztlichem und therapeutischem Personal, Mitarbeitern von beliefernden Apotheken [...] oder weiteren Mitgliedern des Behandlungsteams stattfindet" (Wulff et al. 2012, S. 530).

Gerade im stationären Pflegebereich ist es auf Grund der arztfernen Versorgungsbereiche wichtig, festgelegte Kommunikationswege mit den an der Versorgung beteiligten Akteuren zu schaffen. Pflegefachkräfte bilden dabei eine wichtige Schnittstelle zwischen dem behandelnden Arzt und den Bewohnern. Zu den wichtigsten pflegerischen Aufgaben gehören in der medikamentösen Therapie unter anderem die Erhebung des Schmerzmittelbedarfes, die Informierung des behandelnden Arztes über Schmerzen, veränderte Schmerzzustände sowie über die Durchführung und vor allem die Verlaufskontrolle von therapeutischen Maßnahmen, um die Effektivität sicher zu stellen und auch Nebenwirkungen von Maßnahmen frühzeitig zu erkennen. Zudem ist für ein adäquates Schmerzmanagement ein umfassendes Wissen zum Thema Schmerz und Therapie gerade für Pflegefachkräfte eine wichtige Voraussetzung. Denn sie sind verantwortlich dafür, dass möglichst alle Möglichkeiten der Intervention ausgeschöpft werden und der zu Pflegende entsprechend über das Schmerzmanagement informiert sowie in den Ablauf der Therapie involviert wird. In allen genannten Bereichen birgt die IT-gestützte Vernetzung hohe Potenziale, einen nahezu optimalen Versorgungsprozess sicher zu stellen (Menche und Brandt 2013, S. 51 und Wulff et al., 2012, S. 530).

### 10.5.4 Technologiegestützte Vernetzung der Akteure

Durch den Einsatz von mobilen Gesundheitsdiensten soll in Zukunft die Gesundheitsversorgung grundlegend verändert werden. Aktuelle Schlagworte sind mobile Health (mHealth), Health Apps und ähnliches. Wie bereits erwähnt, sind die Angebote vielfältig und entwickeln sich ständig weiter. Besonders im Bereich von Wellness, Fitness, Lifestyle und Co. existiert ein enormer (digitaler) Markt. Auch im Bereich des Schmerzmanagements existieren einige Projekte bzw. Lösungen, wie die Anwendungen iDocLive (Deutsche Gesellschaft für Schmerzmedizin e.V. 2014) oder die painApp (Paracelsus Medizinische Privatuniversität/smartQ 2016), deren Einsatz durchaus Verbesserungen ermöglicht. Allerdings bleiben noch viele Bereiche ungenutzt. So sind beispielsweise nicht alle Akteure mit in den Prozess eingebunden. Auch entstehen teilweise neue Insellösungen, welche nicht in die bestehenden IT-Anwendungen der Akteure integriert sind. Daten werden dann zusätzlich redundant gehalten und es entsteht zusätzlicher Aufwand. Auch überrascht es, dass in Anbetracht der hohen Zahlen von Schmerzpatienten die Zahl der ernstzunehmenden Projekte sehr gering ist. Nehmen wir die genannten Zahlen ernst, dann sind zumindest 4/5 von 3,25 Mio. Patienten unzureichend versorgt. Der gesundheitsökonomische Nutzen sollte doch eigentlich offensichtlich sein.

## 10.6 Schlussbetrachtung

Gerade Prozesse mit vielen beteiligten Akteuren stellen hohe Anforderungen an die Koordination, Transparenz und den Austausch von Informationen zwischen den Akteuren. Der Einsatz von IT bietet hier genügend Potenzial, welches aber oftmals nicht ausreichend genutzt wird bzw. werden kann. Das Schmerzmanagement zeichnet sich, wie auch andere Bereiche im Gesundheitswesen, gerade dadurch aus, dass viele verschiedene Akteure an der Versorgung eines Patienten beteiligt sind. Gerade die Interprofessionalität der Akteure ist hier eine weitere Hürde, die es zu überwinden gilt. Die Methoden und Konzepte des E-Health bieten hier geeignete Lösungspotenziale, nicht nur IT-Lösungen zu stricken, sondern gerade den Prozess des Schmerzmanagements mit seinen verschiedenen Phasen, mit den Beteiligten und ihren Tätigkeiten zu definieren und optimal aufeinander abzustimmen, um entsprechend der fachlichen Anforderungen geeignete IT-Lösungen einzusetzen.

## Literatur

Ballsieper K, Lemm U, Von Reibnitz C (2012) Überleitungsmanagement. Praxisleitfaden für stationäre Gesundheitseinrichtungen. Springer Verlag, Berlin

Bartholomeyczik S, Halek M (2009) Standardisierte Assessmentinstrumente: Verwendungsmöglichkeiten und Grenzen. In: Bartholomeyczik S, Halek M (Hrsg) Assessmentinstrumente in der Pflege. Möglichkeiten und Grenzen (Pflege- bibliothek: Wittener Schriften), 2. Aufl., Schlütersche Verlagsgesellschaft, Hannover, S 13–26

Baumgärtel F, Al-Abtah J (2015) I care – Pflege. Thieme Verlag, Stuttgart

Deutsche Gesellschaft für Schmerzmedizin e.V (2014a): Schmerzzentrum DGS Bonn Bad-Godesberg. Downloads. iDocLive Patienteninformation, online im Internet. http://www.praxis-kuester.de/bonn/downloads/Patienteninformation_iDocLive.pdf. Zugegriffen: 30. Dez. 2016

Egle UT (1993) Das chronische Schmerzsyndrom. In: Egle UT, Hoffmann SO (Hrsg) Der Schmerzkranke: Grundlagen, Pathogenese, Klinik und Therapie chronischer Schmerzsyndrome aus biopsycho-sozialer Sicht, Schattauer Verlag, Stuttgart, S 130–172

Gallacchi G, Pilger B (2005) Schmerzkompendium. Schmerzen verstehen und behandeln, 2. Aufl. Thieme Verlag, Stuttgart

Grobe TG, Steinmann S, Szecsenyi J (2016) Barmer GEK Arztreport 2016, Schriftenreihe zur Gesundheitsanalyse, Bd 37. Barmer GEK, Berlin

Gnass I, Schüßler N, Osterbrink J (2011) Schmerz und Schmerzerleben. In: Deutsches Netzwerk für Qualitätsentwicklung in der Pflege (Hrsg) Expertenstandard Schmerzmanagement in der Pflege bei akuten Schmerzen. 1. Aktualisierung 2011, Schriftenreihe des Deutschen Netzwerk für Qualitätsentwicklung in der Pflege, Osnabrück, S 58–107

Göbel H, Heinze A, Heinze-Kuhn K, Henkel K, Roth A, Rüschmann H-H (2009) Entwicklung und Umsetzung der integrierten Versorgung in der Schmerztherapie. Das bundesweite Kopfschmerzbehandlungsnetz, Schmerz, 23(6): 653–670

Huber H, Winter E (2006) Checkliste Schmerztherapie (Checklisten der aktuellen Medizin). Thieme Verlag, Stuttgart

Klaschik E (2009) Schmerztherapie und Symptomkontrolle in der Palliativmedizin. In: Husebø S, Klaschik E (Hrsg) Palliativmedizin: Grundlagen und Praxis, 5. Aufl., Springer Verlag, Heidelberg, S 207–313

Kränzle S, Schmid U (2014) Symptomlinderung. In: Kränzle S, Schmid U, Seeger C (Hrsg) Palliative care: Handbuch für Pflege und Begleitung, 5. Aufl., Springer Verlag, Berlin, S 291–338

Lindena G (2005) Dokumentation und Qualitätssicherung. In: Wieden T, Sittig HB (Hrsg) Leitfaden Schmerztherapie, Elsevier und Urban & Fischer Verlag, München, S 94–119

Lux T (2017) E-Health – Begriff und Abgrenzung. In: Müller-Mielitz S, Lux T (Hrsg) E-Health-Ökonomie, Springer Verlag, Verlagsort bitte angeben, S 3–22.

Lux T, Raphael H (2016) Vorgehensweise bei der Post Merger Prozessintegration. In: Timmreck C (Hrsg) Mergers & Acquisitions im Krankenhaussektor, Privatisierung und Konsolidierung, 1. Aufl., Kohlhammer Verlag, Stuttgart, S 277–290

Lux T, Gabriel R, Wagner, A Bartsch, P (2012) Hospital Engineering – Business Engineering in Health Care. In: Jordanova M, Lievens F (Hrsg) Med-e-Tel 2012 Electronic Proceedings: The International eHealth, Telemedicine and Health ICT Forum for Educational, Networking and Business, International Society for Telemedicine & eHealth (ISfTeH), Luxembourg, S 231–235

McCaffery M, Beebe A, Latham J (1997) Schmerz. Ein Handbuch für die Pflegepraxis. Ullstein Mosby Verlag, Berlin

Menche N, Brandt I (2013) Pflege konkret. Innere Medizin, Pflege konkret, Bd. 4, 6. Aufl. Elsevier und Urban & Fischer Verlag, München

Merskey H., Bogduk N (1994) Classification of chronic pain: Descriptions of chronic pain syndromes and definitions of pain terms, 2. Aufl. IASP Press, Seattle

Osterbrink J (2011) Vorwort zum aktualisierten Expertenstandard. In: Deutsches Netzwerk für Qualitätsentwicklung in der Pflege (Hrsg), Expertenstandard Schmerzmanagement in der Pflege bei akuten Schmerzen, 1. Aktualisierung 2011, Schriftenreihe des Deutschen Netzwerk für Qualitätsentwicklung in der Pflege, Osnabrück, S 3–6

Paracelsus Medizinische Privatuniversität und smartQ (2016) A: Projekt. Mobiles Schmerzmonitoring. Zur Verbesserung des multiprofessionellen Schmerzmanagements. Paracelsus Medizinische Privatuniversität und smartQ (Hrsg), online im Internet. http://painapp.de/projekt.html. Zugegriffen: 28. Dez. 2016

Seemann H, Nilges P (2001) Schmerzdokumentation. In: Zenz M, Jurna I (Hrsg), Lehrbuch der Schmerztherapie: Grundlagen, Theorie und Praxis für Aus- und Weiterbildung, 2. Aufl. Wissenschaftliche Verlagsgesellschaft (WVG), Stuttgart, S 159–174

Wachter M von (2014) Chronische Schmerzen. Selbsthilfe und Therapiebegleitung, Orientierung für Angehörige und konkrete Tipps und Fallbeispiele, 2. Aufl. Springer Verlag, Berlin

WHO (2015), Health Topics eHealth. World Health Organization (WHO, Hrsg.), online im Internet. http://www.who.int/topics/ehealth/en/. Zugegriffen: 28. Dez. 2016

Wulff I, Könner F, Kölzsch M, Budnick A, Dräger D, Kreutz R (2012) Interdisziplinäre Handlungsempfehlung zum Management von Schmerzen bei älteren Menschen in Pflegeheimen. In: Gerontologie und Geriatrie, 45(6):505–544

Zenz M. (2007) Ethik-Charta der DGSS: Schmerz in Deutschland. Deutscher Schmerzverlag, Köln

Zenz M, Schwarzer A, Willweber-Strumpf A (2013) Taschenbuch Schmerz. Ein diagnostischer und therapeutischer Leitfaden (Für die Kitteltasche), 4. Aufl. Wissenschaftliche Verlagsgesellschaft (WVG), Stuttgart

**Prof. Dr. rer. oec. Thomas Lux** ist seit 2013 Inhaber der Professur „Prozessmanagement im Gesundheitswesen" am Fachbereich Gesundheitswesen der Hochschule Niederrhein, Gründer und leitender Direktor des Competence Center eHealth an der Hochschule Niederrhein. 2012/2013 vertrat er die Professur „Wirtschaftsinformatik I: Geschäftsprozessmanagement und Informationsmanagement" an der Technischen Universität Chemnitz. Er gründete und leitete das Competence Center eHealth Ruhr (CCeHR) (2009–2013) an der Ruhr-Universität Bochum. Nach dem Studium der Wirtschaftswissenschaft an der Ruhr-Universität Bochum folgte 2005 die Promotion zum Dr. rer. oec. an der Fakultät für Wirtschaftswissenschaft. Thomas Lux war weiterhin von 1999–2004 Wissenschaftlicher Mitarbeiter am Lehrstuhl für Wirtschaftsinformatik (Ruhr-Universität Bochum), von 2005–2007 Wissenschaftlicher Assistent (Habilitand) und bis 2012 Geschäftsführender Assistent am Lehrstuhl für Wirtschaftsinformatik der Ruhr-Universität Bochum. Weiterhin leitete er zahlreiche wissenschaftliche und praxisorientierte Projekte im Gesundheitswesen.

# An app a day keeps the doctor away? Der Einsatz von mHealth in der kommunalen Prävention von kardiovaskulären Erkrankungen

## 11

Sarah Unterweger

### Zusammenfassung

Mit 32.000 Todesfällen pro Jahr stellen kardiovaskuläre Erkrankungen die häufigste Todesursache in Österreich dar. Die Prävention bietet sowohl eine Möglichkeit die Hypertonie zu vermeiden, als auch die Folgen und Risikofaktoren von kardiovaskulären Erkrankungen zu minimieren. Auf Grund von fehlenden oder nicht wahrgenommenen Symptomen dieser Erkrankung erkennen Betroffene die Notwendigkeit eines kardiovaskulären Präventionsprogramms oftmals nicht rechtzeitig und lehnen auf Grund dessen die Teilnahme daran ab. Weshalb es Maßnahmen braucht, die sowohl auf die Verhaltens- als auch auf die Verhältnisebene des Einzelnen abzielen. Im folgenden Beitrag gilt es zu diskutieren, inwieweit mHealth eine Möglichkeit darstellt, die Prävention von kardiovaskulären Erkrankungen innerhalb der Verhältnisebene aus Sicht der Betroffenen zu verbessern. Dabei werden zwei Fragestellungen diskutiert: Erkennt die kommunale Bevölkerung einen Nutzen in der Implementierung von mHealth im Hinblick auf die Prävention von kardiovaskulären Erkrankungen? Können Ansatzpunkte für die Gestaltung einer Applikation im Sinne von mHealth für die Praxis generiert werden? Der Beitrag zeigt den notwendigen Handlungsbedarf innerhalb des Sektors der Prävention von kardiovaskulären Erkrankungen im kommunalen Bereich auf.

### Inhaltsverzeichnis

11.1 Problembeschreibung.................................................. 186
11.2 mHealth............................................................. 187
11.3 Prävention von kardiovaskulären Erkrankungen in Verbindung mit mHealth......... 189

---

S. Unterweger (✉)
Stuhlfelden 247, A-5724 Stuhlfelden,
Österreich
e-mail: s.unterweger@sbg.at

© Springer Fachmedien Wiesbaden GmbH 2018
M. A. Pfannstiel et al. (Hrsg.), *Digitale Transformation von Dienstleistungen im Gesundheitswesen IV*, https://doi.org/10.1007/978-3-658-13644-4_11

11.3.1 Einstellung zu mHealth .................................................. 189
11.3.2 Gestaltungsmöglichkeiten eins mHealth-gestützten Präventionsprogrammes . . 190
11.4 Diskussion ......................................................................... 191
11.5 Schlussbetrachtung .................................................................. 193
Literatur. ................................................................................ 194

## 11.1 Problembeschreibung

Der ökonomische Aspekt von kardiovaskulären Erkrankungen lässt sich in direkte und indirekte Kosten unterteilen. Wobei direkte Kosten den Verbrauch der Mittel im Gesundheitswesen beschreiben, die direkt durch eine medizinische, präventive oder pflegerische Maßnahme, sowie eine Behandlung oder Rehabilitation entstanden sind. Indirekte Kosten definieren sich hingegen durch Arbeitsunfähigkeit, Invalidität und dem vorzeitigen Tod des Erwerbstätigen. Auf Basis dieser Unterscheidung lässt sich anhand der Auflistung des Bundesministeriums für Gesundheit erkennen, dass jährlich in etwa 1,3 Millionen Euro für den akutstationären Bereich aufgewendet werden müssen. Erheblich erscheint dabei, dass sich 64 % dieser Ausgaben auf der Tatsache von kardiovaskulären Erkrankungen begründen. Hinzu kommen indirekte Kosten wie 13.900 Krankenstände, sowie 600.000 Krankenstandstage und 1.000 Verstorbene, die sich ebenfalls auf der Grundlage von kardiovaskulären Erkrankungen begründen lassen (BMG 2014, S. 44). Dem gegenüber sind die Ausgaben für die Prävention in Österreich zu stellen. Diese lagen im Jahr 2014 bei 513 Millionen Euro. Auf den ersten Blick scheint dies eine beträchtliche Summe darzustellen, werden diese 513 Millionen Euro jedoch in Relation zu den gesamten im österreichischen Staat öffentlich getätigten Ausgaben gesetzt, so lässt sich erkennen, dass diese Summe mit dem Sprichwort „einen Tropfen auf den heißen Stein gießen" umschrieben werden kann. Die gesamten Gesundheitsausgaben im öffentlichen Bereich umfassen laut Statistik Austria 36.253 Millionen, wovon sich die Ausgaben für die Prävention prozentuell gerechnet auf 1,9 % belaufen. Zusätzlich muss angemerkt werden, dass sich diese 1,9 % nicht allein auf die Prävention verteilen, dieser Betrag inkludiert zudem Ausgaben für öffentliche Gesundheitsdienste, wie beispielsweise die Seuchenbekämpfung, sanitäre Aufsichten über Gesundheitsberufe, die Gesundheitsberichterstattung etc.. Hinzu kommt, dass diese 1,9 % größtenteils in die Tertiärprävention, die sich durch die Vermeidung und Progression von Folgeerkrankungen definiert, fließen (BMG 2014, S. 6; Statistik Austria 2015). Des Weiteren lässt sich anhand der Daten von Statistik Austria erkennen, dass sozial „Schwächere", also Personen unter der Armutsgrenze, einen dreimal so schlechten Gesundheitszustand, wie jene mit einem höheren Einkommen aufweisen und zudem doppelt so oft krank und dreimal so oft von chronischen Krankheiten betroffen sind (Riffer und Schenk 2015, S. 2). Richter und Hurrelmann (2009) entsprechend wirkt sich die soziale Ungleichheit im Sinne von Wissen, Macht, Geld und Prestige auf die unterschiedlichen gesundheitlichen Beanspruchungen, Ressourcen und Belastungen aus. Diese Faktoren nehmen in weiterer Folge auf die unterschiedlichen gesundheitsrelevanten

Lebensstile Bezug, wodurch respektive gesundheitliche Ungleichheit im Hinblick auf Morbidität und Mortalität entsteht (Richter und Hurrelmann 2009, S. 391). Demnach kann die Aussage getroffen werden: Je niedriger der Bildungsstand des Einzelnen, desto höher liegt das Risiko eine chronische Erkrankung zu erleiden (Riffer und Schenk 2015, S. 2–4; S. 6). Auf Basis dieser Daten gilt es einen Weg zu finden die Prävention, welche die Veränderungen des Lebensstils umfassen, im weiteren Sinn des Gesundheitsverhaltens und die damit im Zusammenhang stehenden Kompetenzen und Lebensbedingungen, als auch medikamentöse Interventionen, für alle Bevölkerungsschichten auszubauen und der Manifestation von Herz-Kreislauferkrankungen entgegen zu wirken (BMG 2014, S. 6). Es braucht Maßnahmen, welche über das individuelle Gesundheitsverhalten hinausgehen und demnach die Gesundheitsdeterminanten des Individuums ins Zentrum rücken. In Folge dessen erscheint es unausweichlich, dass die zukünftig gesetzten Maßnahmen der Prävention sowohl auf die Verhaltens- als auch auf die Verhältnisebene des Einzelnen Einfluss nehmen. Wobei im Hinblick auf die Thematik dieses Beitrages allein auf die Verhältnisprävention im Sinne von mHealth eingegangen wird.

## 11.2 mHealth

Große Effekte hinsichtlich des Verhaltens der Bevölkerung bezüglich der Prävention können oftmals nur sehr mühsam erreicht werden. Da vor allem in der Primärprävention die Symptomatik einer möglichen in der Zukunft liegenden Erkrankung fehlt, fehlt es dem Individuum an Motivation, präventive Maßnahmen im täglichen Leben umzusetzen. Weshalb es wichtig erscheint, Prävention mit sekundären Motivationen zu verbinden und für das Individuum eine „Win-Win-Situation", im Sinne von Anreizen zu schaffen (Schwartz et al. 2003, S. 200).

Ein möglicher Anreiz, im Sinne eines sozialen Netzwerkes, könnte durch den Einsatz von mHealth geschaffen werden. MHealth definiert sich anhand von Diensten, die den Zugang zu wissenschaftlichen Veröffentlichungen im Bereich Gesundheit oder den Gebrauch von Datenbanken mit Hilfe von Mobiltelefonen ermöglichen (WHO 2011, S. 54). Durch den Einsatz von SMS-Techniken oder Applikationen wären die Personen untereinander verknüpft, wodurch wiederum soziale Netze ausgebaut werden könnten.

Die amerikanische Herzerkrankungsvereinigung (Heart Disease Association, HDA) bezieht sich in der Herzerkrankungs- und Schlaganfall-Statistik aus dem Jahr 2013 unter dem Punkt der evidenzbasierten gesundheitsfördernden Systemischen Ansätze zur Verbesserung des Gesundheitsverhaltens und der Gesundheitsrisiken von kardiovaskulären Erkrankungen auf die Wichtigkeit des Einsatzes von elektronischen Systemen für die Planung und Begleitung in der Übergangsphase nach dem Krankenhausaufenthalt von kardiovaskulär bedingten Erkrankungen (Go et al. 2013, S. 21). Weiterhin empfiehlt sich laut Go et al. (2013) elektronische Systeme einzusetzen, damit die Patienten ihren Fortschritt in der Veränderung ihres Lebensstils, sowie gleichzeitig sowohl ihr Gesundheitsverhalten als auch ihre Risiken während, vor und nach dem Besuch im Krankenhaus rückmelden (Go et al. 2013, S. 21).

Mobiltelefone stellen eine neue Form der Kommunikation in der Gesundheitsförderung dar. Der Begriff „community mobilization" meint dabei den Gebrauch von Textnachrichten (SMS), um gesundheitsrelevante Informationen an die Bevölkerung zu transportieren. Diese Technik wird vor allem im Hinblick auf Public-Health-Themen, wie HIV/Aids, Prävention von chronischen Erkrankungen, Immunisierung oder auch Blutspenden vorzugsweise eingesetzt (WHO 2011, S. 40).

Des Weiteren umfasst mHealth den Bereich der „mHealth information initiatives", gemeint sind damit Dienste, die den Zugang zu wissenschaftlichen Veröffentlichungen im Bereich Gesundheit oder den Gebrauch von Datenbanken mit Hilfe von Mobiletelefonen ermöglichen. Der World Health Organisation (WHO) mHealth Report zeigt, dass die meisten Mitgliedsstaaten (83 %) der WHO mindestens eine mHealth-Initiative in ihrem Land umsetzen und nutzen, wobei Europa Platz drei im Ländervergleich erreichte. Die häufigsten Angebote stellten dabei zu 59 % die Gesundheits- Callservices, sowie zu 55 % Notfalltelefone und zu 49 % Mobile Gesundheitsinformationen am Telefon dar. Dabei macht die Erhebung der WHO sichtlich, das die Angebote der Gesundheits-Callservices in allen Regionen relativ stark angenommen wurden. In den afrikanischen Regionen war der Gebrauch von Mobiltelefonen vor allem im Hinblick auf Notfallsituationen sehr hoch. 48 % aller Regionen nutzten Mobiltelefone in Notfall- und Katastrophensituationen (WHO 2011, S. 14).

Hinzu kommt der Aspekt der sozialen Ungleichheit, wie anhand der Armutskonferenz Studie (2015) dargestellt wurde. Dabei wurde eine qualitative Erhebung von Armutsbetroffenen in Österreich durchgeführt, wobei im Hinblick auf die Verhältnisprävention, ihre Erfahrungen und ihr Wissen über die Gesundheitsversorgung und die Möglichkeiten zur Verbesserung von identifizierbaren Problembereichen im Mittelpunkt standen. Auf Basis dieser erhobenen Daten konnten 15 Punkte für weniger Barrieren im Gesundheitssystem entwickelt werden. Punkt vier umfasst dabei die Prävention und Rehabilitation, im engeren Sinn die Notwendigkeit eines erleichterten Zugangs zu präventiven Gesundheitsmaßnahmen. Zusätzlich umfasst Punkt sechs die bessere räumliche Erreichbarkeit von Gesundheitseinrichtungen. Immerhin 41 % der Befragten aus Gemeinden unter 5000 Einwohnern gaben an, dass die Erreichbarkeit medizinischer Versorgung eher schlecht ist. Demnach gibt es bei Einwohner mit besonders niedrigen Einkommen, vor allem in den ländlichen Gebieten, große Barrieren Gesundheitseinrichtungen zu erreichen. Entsteht die Verbindung zwischen Armut und Krankheit, so ist die Mobilität gänzlich eingeschränkt. Punkt 10 beschreibt die Wichtigkeit der gleichen Behandlung, unabhängig vom sozialen Einkommen, wie bereits innerhalb der Problembeschreibung dargestellt wurde (Armutskonferenz 2015).

Zudem wird die Verständlichkeit und Lesbarkeit diskutiert. Es braucht eine angemessenere, besser verständliche Sprache und des Weiteren muss mehr Zeit in die Erklärung von Diagnosen und Therapien investiert werden (Armutskonferenz 2015). Werden diese

Punkte beachtet und der Versuch angestrebt, diese in einem Präventionsprogramm für kardiovaskuläre Erkrankungen zu inkludieren, so bietet mHealth eine Möglichkeit, diese Barrieren und Probleme zu reduzieren.

MHealth definiert sich als eine Komponente von eHealth, wobei sich bis zu diesem Zeitpunkt noch keine standardisierte, einheitliche Begriffsdefinition für mHealth durchsetzen konnte. Die Global Observatory for eHealth (GOe) versuchte mHealth als eine Form der Unterstützung der Volksgesundheit, im engeren Sinn Public Health und der Verbreitung der medizinischen Praxis, durch den Einsatz von Mobilgeräten, wie zum Beispiel Mobiltelefonen, Bluetooth oder auch GPS, zu definieren. Wobei mHealth sowohl den Gebrauch von SMS, GPRS, 3G/4G-Systemen als auch Bluetooth und Applikationen, kurz Apps, umfasst (WHO 2011, S. 6).

## 11.3 Prävention von kardiovaskulären Erkrankungen in Verbindung mit mHealth

Ausgehend von den steigenden Gesundheitsausgaben und der bereits beschriebenen Problematik erscheint der Einsatz und Ausbau der Prävention in Zukunft als unerlässlich. Weshalb anhand einer qualitativen Untersuchung betroffene Probanden aus dem kommunalen Bereich hinsichtlich ihrer Einstellungen zur Prävention von kardiovaskulären Erkrankungen und dem Einsatz von mHealth befragt wurden. Die Ergebnisse werden im Hinblick auf den Nutzen einer mHealth-Implementierung und den Vor- und Nachteilen, die sich daraus ergeben können, im Folgenden dargestellt. Ferner werden auch die möglichen Ansatzpunkte zur Gestaltung eines mHealth-gestützten Präventionsprogrammes, welche anhand mehrerer leitfadengestützter Interviews generiert werden konnten, abgebildet.

### 11.3.1 Einstellung zu mHealth

Die Einstellung der Probanden mHealth gegenüber zeigte sich durchwegs positiv. Der Einsatz von mHealth wurde als eine geeignete Methode deklariert, um Wissen an den „Mann" oder die „Frau" zu transportieren. Respektive würde dies eine Möglichkeit darstellen, gezielte Ernährungsvorschläge, Aufklärungsansätze über Risikofaktoren, automatische Erinnerungen für Blutdruckmessungen oder im simpelsten Fall die Krankheit Hypertonie mehr in das Bewusstsein der Bevölkerung zu rücken (Unterweger 2016).

Ein besonderes Augenmerk muss dabei, den Wünschen der Betroffenen entsprechend, auf den Datenschutz gelegt werden. Denn circa zwei Drittel der Befragten äußerten ihre Ängste, dass personenbezogene Daten für die Allgemeinheit aufbereitet und im Anschluss daran für Marktforschungszwecke, Prämienberechnungen, etc. verwendet werden würden (Unterweger 2016).

## 11.3.2 Gestaltungsmöglichkeiten eins mHealth-gestützten Präventionsprogrammes

Bei der Auswertung der Daten im Hinblick auf die Gestaltungsansätze eines mHealth-gestützten Präventionsprogrammes konnte festgestellt werden, dass sich der Wunsch der betroffenen Bevölkerung im kommunalen Bereich in einer „Mischprävention", im Sinne eines Treffens und der Anwendung einer Applikation oder einer SMS, äußert. Den Angaben der Probanden entsprechend, braucht es eine zusätzliche Anlaufstelle, in der sich Betroffene treffen und in Verbindung mit anderen treten können. Der Vorteil wird darin gesehen, dass Menschen in der Gruppe besser zu motivieren sind und Ziele in der Gemeinschaft oftmals besser umgesetzt werden können. Zudem wird darin der Vorteil erkannt, dass sich betagte Menschen mit der Applikation allein überfordert fühlen könnten. In der Gemeinschaft könnte dieser Faktor, den Angaben der Befragten entsprechend, reduziert oder gar ausgeschaltet werden (Unterweger 2016).

Hinsichtlich der Gestaltung eines „gemischten Präventionsprogrammes" waren sich die Befragten einig, dass es einerseits Ernährungs- und Bewegungstipps, andererseits allgemeine Informationen bezüglich einer Umstellung des Lifestyles braucht. Als wichtiger zu integrierender Punkt kann demnach die Informationsvermittlung herausgearbeitet werden. Ein Großteil der Probanden verwies auf die Problematik, dass viele Personen nicht wissen, was Hypertonie auf lange Zeit betrachtet in ihrem Körper anstellen kann und demnach eine vermehrte Aufklärung diesbezüglich stattfinden muss. Es gilt eine einfache Informationsvermittlung zu gestalten, in der genau beschrieben wird, wie Lebensgewohnheiten einfach verändert und dem Krankheitsbild entsprechend adaptiert werden können. Im Vordergrund steht dabei für die Betroffenen die Reduktion der Medikamenteneinnahme, wobei im besten Fall gänzlich auf die Medikamente verzichtet werden kann. Zusätzlich wurde der Wunsch nach Erinnerungsfunktionen geäußert, so dass beispielsweise im Falle einer Nicht-Beachtung der Blutdruckwerte der Nutzer aufgefordert wird, diesen noch einmal zu messen oder sich zu bewegen sowie sich gesünder zu ernähren (Unterweger 2016).

Prinzipiell konnte der Wunsch nach einer einfach konstruierten Applikation oder SMS, die anschaulich, übersichtlich und einfach gestaltet ist, herausgearbeitet werden. Optimal wäre diesbezüglich, wenn entsprechende Links zu neuen Erkenntnissen über Hypertonie und deren Risikofaktoren sowie Therapien erstellt werden könnten.

Im Hinblick auf die gemeinsamen Treffen, würde es den Proabenden entsprechend Sinn machen, dass sich Betroffene verabreden und sich in der Gruppe gegenseitig für Spaziergänge oder Workouts im Fitnessstudio motivieren. Eine Gruppe, die sich unter dem Dachbegriff medizinische Prävention wiederfindet. Neben der mHealth-Anwendung würde ein Treffen einmal die Woche genügen, wenn dabei spezielle Gymnastikübungen oder Schulungen zum Thema Ernährung durchgeführt werden.

Mehrmals wurde der Wunsch geäußert, dass sich eine kompetente Ansprechperson hinter der Applikationsanwendung oder SMS befinden müsste. Jemand, der sich einschalten würde, sobald die eingegebenen Werte zu hoch erscheinen, oder bei Unklarheiten und akuten Fragen kontaktiert werden könnte (Unterweger 2016).

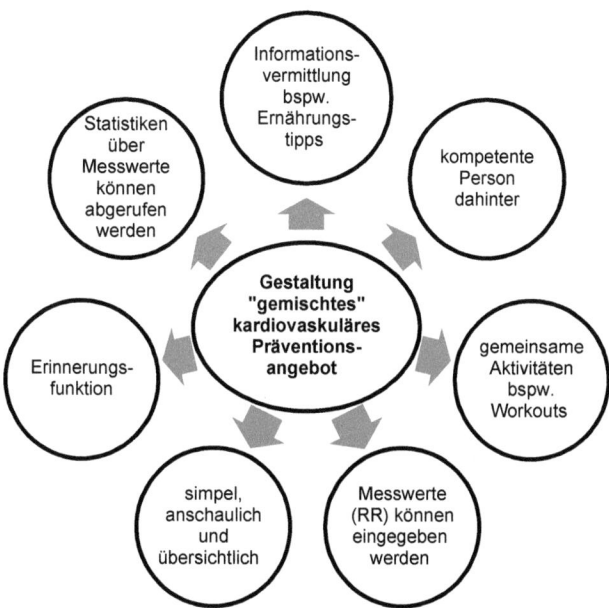

**Abb. 11.1** Gestaltungsansätze eines gemischten kardiovaskulären Präventionsprogramms

Die Abb. 11.1 zeigt anhand einer konstruierten Grafik, die einzelnen Punkte, die den Betroffenen entsprechend in der Konstruktion einer „Mischprävention" berücksichtigt werden müssten.

## 11.4 Diskussion

Fakt ist, dass es Disease-Management-Programme (DMP) braucht um den Gap zwischen den Krankenhäusern, den niedergelassenen Bereichen und dem Patienten selbst zu schließen, so Heidt et al. (2014). Einerseits kann dadurch der klinische Langzeitverlauf, sowie die Lebensqualität des Individuums, als auch in weiterer Folge die Kosteneffektivität erhöht werden. Dies verlangt umfassende Schulungen der Betroffenen, was auch die bereits dargestellten Ergebnisse zeigen (von der Heidt et al. 2014).

MHealth basierte Gesundheitsversorgung, im Sinne einer mobilen Gesundheitsprävention und Überwachung, stellt eine neue Möglichkeit dar die Problematik zu reduzieren und die bereits erwähnten Lebensstilansätze in die Prävention zu inkludieren. So kann durch den Einsatz von mHealth die Compliance der Betroffenen verbessert und das Empowerment der Betroffenen erhöht werden (van der Heidt et al. 2014). Das systematic review von Free et al. (2010) untersuchte das Outcome des Einsatzes von mHealth Anwendungen und erkannte dabei ebenso einen positiven Aspekt in der Einfachheit und Verständlichkeit der Anwendungen für den Patienten/ die Patientin. Kenntnisse und Fertigkeiten der Patienten in Bezug auf ihre Erkrankung können verbessert werden. Zudem konnten erfolgreiche

Disease Managements, einen positiven Einfluss auf Blutzuckereinstellungen und Hypertonie verzeichnen. Die Krankheiten können besser überwacht, auf abnorme Werte schneller reagiert und somit die Herzereignisse und Sterblichkeit reduziert werden (Free et al. 2010). Auch Spark et al. (2015) führte eine randomisierte kontrollierte Studie im Hinblick auf die Lebensqualität des Individuums und mHealth Anwendungen durch. Dabei verglichen sie ein mHealth basiertes- mit einem herkömmlichen Präventionsprogramm. Der Inhalt fokussierte sich auf eine Gewichtsreduktion, eine Steigerung der körperlichen Fitness und der Ausdauer. Im Durschnitt erzielten die Probanden über einen Zeitraum von 18 Monaten einen Gewichtsverlust von 4,2 kg ($p < 0{,}001$), sowie eine Steigerung ihrer körperlichen Aktivitäten auf 10,4 Minuten pro Tag ($p < 0{,}003$) (Spark et al., 2015). Alvarez erkannte bereits 2002 neben dem Nutzen für den Betroffenen einen weiteren positiven Aspekt in Bezug auf mHealth: die Reduktion der gesundheitlichen Herausforderungen. Gemeint ist damit, Alvarez (2002) entsprechend, dass geografische Probleme, sowie Probleme der Zugänglichkeit oder Verantwortlichkeit auf ein Minimum reduziert werden können (Alvarez 2002).

Anhand der vorliegenden Ergebnisse lässt sich seitens der Betroffenen ebenso ein durchwegs positives Bild im Hinblick auf mHealth-Anwendungen erkennen. Alle Probanden sehen darin Möglichkeiten ihr Krankheitsbild zu verbessern. Wobei immer wieder die Problematik des Datenschutzes angesprochen wird. Dieser Aspekt darf, den Ergebnissen der qualitativen Untersuchung entsprechend, innerhalb der Konstruktion der mHealth-Anwendung nicht außer Acht gelassen werden. Immerhin ermöglichen mHealth-Applikationen eine kontinuierliche Erfassung und Auswertung gesundheitsbezogener Daten der Betroffenen, wodurch einerseits Massenverarbeitungsproramme die wissenschaftliche Forschung, Technik, Effizienzsteigerung und Qualitätsverbesserung gefördert werden könnten. Andererseits müssen diese Vorteile des Einsatzes eines elektronischen Systems immer auch den Nachteilen der datenschutzrechtlichen Sicherheitsrisiken gegenüber gestellt werden. Dies verpflichtet die Entwickler von mHealth-Produkten, bereits während der Konzeption der App oder SMS technische Vorkehrungen im Sinne der Datensicherheit vorzunehmen (Rübsamen 2015).

Während es für die Bevölkerung normal erscheint, mobile Dienste für Bankdienstleistungen oder aber auch für die Partnersuche zu verwenden, muss unter Berücksichtigung des Datenschutzes des Individuums ebenso eine Sensibilisierung für mHealth-gestützte Präventionsangebote für Betroffene erreicht werden. Die Ergebnisse der Untersuchung zeigen, dass die Befragten immer wieder die Wichtigkeit einer kompetenten Person im Hintergrund betonen. Dem Tätigkeitsbereich der Gesundheits- und Krankenpflege entsprechend, fällt dieser Tätigkeitsbereich in den Kompetenzbereich der Pflege. Denn laut GuKG § 11 ist der gehobene Dienst für Gesundheits- und Krankenpflege der pflegerische Teil der gesundheitsfördernden, präventiven, diagnostischen, therapeutischen und rehabilitativen Maßnahmen zur Erhaltung und Wiederherstellung der Gesundheit und zur Verhütung von Krankheiten. Dies inkludiert laut Abs. 2 sowohl die Pflege und Betreuung von Menschen aller Altersstufen hinsichtlich körperlichen und psychischen Erkrankungen, als auch die Pflege und Betreuung behinderter, schwerkranker und sterbender Menschen, zudem die pflegerische Mitwirkung an der primären Gesundheitsversorgung, der Rehabilitation, sowie die Förderung der Gesundheit und die Verhütung von Krankheiten im intra- als auch extramuralen Bereich (GuKG §11 1997). Auf Grundlage dieser Gesetzestexte bezieht sich der Tätigkeitsbereich der Pflege nicht allein auf das „Gesund werden", sondern vielmehr auf das „Gesundsein", was Macleod entsprechend das Eingehen auf die Individualität des Einzelnen und unterstützendes und verhandelndes Verhalten der Patienten umfasst (Macleod 2015, S. 5–7). Weshalb folglich die praktizierende Ärzte und Angehörige der Gesundheits- und Krankenpflege ein gewisses Maß an Verantwortung im Hinblick auf die Prävention von Krankheiten tragen sollten. Wobei hier der Fokus nicht allein auf den praktizierenden Ärzten liegen sollte, denn im Sinne des aktuellen berufspolitischen Themas, der potenziellen Neuverteilung der Aufgabenbereiche zwischen Ärzten und Angehörigen der Gesundheits- und Krankenpflege, stellt dies ein Handlungsfeld dar, dass überwiegend von der Pflege übernommen werden könnte. Um nur kurz auf diese Thematik einzugehen, wird sich voraussichtlich bis zum Jahr 2020 die Anzahl der Hausärzte um ca. 24.000 Stellen reduzieren, wobei die Nachbesetzung dieser Stellen eine große bis unüberwindbare Hürde darstellt. Gleichzeitig stehen Angehörige der Gesundheits- und Krankenpflege mit vielfältig ausgebildeten Kompetenzen, durch duale Studien und entsprechende berufsqualifizierenden Weiterbildungen in den „Startlöchern", was den vermehrten Einsatz der Gesundheits- und Krankenpflege in der Prävention unausweichlich erscheinen lässt (Giese 2015).

In diesem Sinne könnte eine Anpassung an die Entwicklungen im Ausland stattfinden und eine community nurse als die von den Betroffenen bezeichnete „kompetente Person dahinter", für diesen Aufgabenbereich herangezogen werden. Denn neben den allgemein gängigen Pflegetätigkeiten bezieht sich der Aufgabenbereich der community nurse auf Individuen, Gruppen, Gemeinden, Bevölkerung, sowie die Forschung und die Lehre. Dabei bezieht sich einerseits ihr Handlungsfeld auf die Betreuung von Familien und Personengruppen, die an chronischen Erkrankungen leiden, andererseits auf das Erstellen von Angeboten auf kommunaler Ebene, beispielsweise Programme zur Gesundheitsedukation, im präventiven, beratenden, administrativen und organisatorischen Sinn (Görres et al., 2004).

## 11.5 Schlussbetrachtung

Angesichts der rasanten Veränderungen in unserem gesundheitsbezogenen Versorgungssystem sind die Auswirkungen kardiovaskulärer Erkrankungen in diesem Ausmaß nicht länger tragbar. Das Ziel dieses Beitrags war es die zwei Fragestellungen zu klären: Erkennt die kommunale Bevölkerung einen Nutzen in der Implementierung von mHealth im Hinblick auf die Prävention von kardiovaskulären Erkrankungen? Können Ansatzpunkte für die Gestaltung einer Applikation im Sinne von mHealth für die Praxis generiert werden? Wobei erstere mit einem klaren Ja beantwortet werden kann. Die betroffene Bevölkerung erkennt sehr wohl einen Nutzen in dem Einsatz von mHealth-Produkten und sieht darin auch eine Chance die Wissenslücken hinsichtlich der Symptome und möglicher nicht medikamentöser Therapieansätze durch gezielte Informationsvermittlung zu reduzieren und im besten Fall gänzlich zu schließen.

Die zweite Fragestellung konnte ebenso anhand der dargestellten Ergebnisse beantwortet werden. Wobei die Gestaltung eines mHealth-gestützten Präventionsprogramms, den Angaben der Betroffenen entsprechend, den Schwerpunkt auf einen „Mischansatz" im Sinne eines gemeinschaftlichen Miteinanders bei Treffen und Informationsvermittlungen per mHealth für eine adäquate Prävention, legen muss. De facto sind Programme notwendig, die effektiv Betroffene in eine gesundheitsfördernde Richtung – im Sinne weg von der Pathogenese und hin zur Salutogenese – motivieren können. Es bräuchte in Zukunft Maßnahmen und Strategien, die Menschen dahingehend zu motivieren bereits in frühen Stadien ihrer Erkrankung Maßnahmen zu setzen, so dass ein weiteres Fortschreiten ihrer Erkrankung im Sinne der Primärprävention hinausgezögert oder gar verhindert werden kann.

Dabei erscheint es interessant an die Theorie von Antonovsky anzuknüpfen, der mit dem Modell des „guten Schwimmers" diese Situation treffend beschreibt: Der Mensch schwimmt im Strom des Lebens, wobei er immer wieder auf verschiedenste Bedingungen trifft, die direkt oder indirekt seine Gesundheit beeinflussen. Es können Strömungen, Stromschnellen und Strudel entstehen, die das Vorankommen im Fluss erschweren. Folglich gilt es herauszufinden, wie sich jeder/ jede Einzelne zu einem hervorragenden Schwimmer in diesem „Strom des Lebens" entwickeln kann. Und gerade hier erscheint der Einsatz von modernen elektronischen Systemen, im Sinne von mHealth, als absolut geeignetes Navigationsinstrument!

## Literatur

Alvarez R (2002) The promise of e-Health – a Canadian perpective. EHealth Intern, 1(4):1–6, doi: 10.1186/ 14767-3591-1-4

Armutskonferenz (2015) Armutskonferenz – Studie. 15 Punkte für weniger Barrieren im Gesundheitssystem. Gesundheit und soziale Ungleichheit: Lücken und Barrieren im österreichischen Gesundheitssystem aus Sicht von Armutsbetroffenen, online im Internet. http://www.ots.at/ presse aussendung/OTS_201508 18_OTS0107 /armutskonferenz-studie-15-punkte-fuer-weniger-barrieren-im-gesundheitssystem. Zugegriffen: 19. Aug. 2015

Bmg (2014) Herz – Kreislauf – Erkrankungen in Österreich. Angina Pectoris, Myocardinfarkt, ischämischer Schlaganfall, periphere arterielle Verschlusskrankheit. Epidemiologie und Prävention, online im internet. http://bmg.gv.at/cms/home/attachments/8/7/1/CH1075/CMS1421311013881/ hke_bericht_2015.pdf. Zugegriffen: 27. Mai 2015

Free C., Phillips G., Felix L., Galli L., Patel V., Edwards P (2010) The effectiveness of M-health technologies for improving health and health services: A systematic review protocol, online im Internet. http://www.biomedcentral.com/1756-0500/3/250. Zugegriffen: 26. Feb. 2016

Giese K (2016) Übertragung heilkundlicher Tätigkeiten auf Gesundheits- und Krankenpfleger nach § 63, Abs. 3c SGB V aus Nutzersicht. empirische Untersuchung, an Frauen mit Diabetes mellitus Typ 1, Procare, 21(1–2):7–12

Go A, Mozaffarian D, Roger V, Benjamin E, Berry J, Bordon W, Bravata D, Dai S, Ford E, Fox C, Franco S, Fullerton H, Gillespie C, Hailpern S, Heit J, Howard V, Huffman M, Kissela B, Kittner S, Lackland D, Lichtman J, Lisabeth L, Magid D, Marcus G, Marelli A, Matchar D, McGuire

D, Mohler E, Moy C, Mussolino M, Nichol G, Paynter N, Schreiner P, Sorlie P, Stein J, Turan T, Virani S, Wong N, Woo D, Turner M (2013) Heart Disease and Stroke statistics – 2013 Update. A report from the American heart association, online im Internet. https://circ.ahajournals.org/content/127/1/e6.full.pdf+html. Zugegriffen: 13. Aug. 2015

Görres S., Böckler U (2004) Innovative Potenziale und neue Handlungsfelder für zukünftige Dienstleistungen in der Pflege, Ergebnisse einer Delphi-Studie. Pflege,17(2)S 105–112

GuKG § 11 (1997) Bundesgesetzblatt I für die Republik Österreich – GuKG, 108/ 1997 idF BGBl I 185/ 2013, Bundesgesetz über Gesundheits- und Krankenpflegeberufe (Gesundheits- und Krankenpflegegesetz – GuKG)

Macleod C (2015) From Sick- Nursing to Health- Nursing: Evolution or Revolution, online im Internet. http://www.rcn.org.uk/__data/ assets/pdf_file/0004/581854/JMC_ inaugural_10Sep1992.pdf. Zugegriffen: 02. Sept. 2015

Richter M, Hurrelmann K (2009) Gesundheitliche Ungleichheit, Grundlagen, Probleme, Perspektiven. Springer Verlag, Wiesbaden

Riffer F., Schenk M (2015) Lücken und Barrieren im österreichischen Gesundheitssystem aus Sicht von Armutsbetroffenen. Eine partizipative Erhebung. Die Armutskonferenz – österreichisches Netzwerk gegen Armut und soziale Ausgrenzung (Hrsg.), online im Internet. http://www.armutskonferenz.at/files/armkon_barrieren_luecken_gesundheitssystem-2015_1.pdf. Zugegriffen: 19. Aug 2015

Rübsamen K (2015) Rechtliche Rahmenbedingungen für mobileHealth, online im Internet. http://download.springer.com/static/pdf/964/art%253A10. Zugegriffen: 20. Aug. 2015

Schwartz F, Badura B. Busse R. Leidl R. Raspe H. Siegrist J, Walter U (2003) Das Public Health Buch: Gesundheit und Gesundheitswesen, Urban & Fischer Verlag, München

Spark L., Fjeldsoe B., Eakin E., Reeves M (2015) Efficacy of a Text Message-Delivered Extended Contact Intervention on Maintenance of Weight Loss, Physical Activity, and Dietary Behavior Change, in: JMIR mHealth and uHealth, 3(3),1–13. doi:10.2196/mhealth.4114

Statistik Austria (2015) Gesundheitsausgaben in Österreich laut OECD, online im Internet. http://www. statistik.at/web_de/statistiken/menschen_und_gesellschaft/gesundheit/gesundheitsausgaben/019701.html. Zugegriffen: 27. Feb. 2015

Unterweger S (2016) An app a day keeps the doctor away, die Implementierung einer mHealth Prävention von kardiovaskulären Erkrankungen im kommunalen Bereich, veröffentlicht und freizugänglich, Masterthesis. Paracelsus Medizinische Privatuniversität, Salzburg

Von der Heidt A, Ammenwert E, Bauer K, Fetz B, Fluckinger T, Gassner A, Grander W, Gritsch W, Haffner I, Henle-Taliriz G, Hoschek S, Huter S, Kastner P, Krestan S, Kufner P, Modre-Osprian R, Noebl J, Radi M, Raffeiner C, Welte S, Wiseman A, Poelzl G (2014) HerzMobil Tirol network: rationale for and design of a collaborative heart failure disease management program in Austria. Wiener klinische Wochenschrift, 126: 734–741. doi:10.1007/ s00508-014-0665-7

WHO (2011) mHealth, new horizons for health through mobile technologies, based on the findings fo the second global survey on eHealth, online im Internet. http://www.who.int/goe/publications/goe_mhealth_web.pdf . Zugegriffen: 04. Aug. 2015

**Sarah Unterweger, MScN,** besitzt ein Diplom der Gesundheits- und Krankenpflegeschule Zell am See, einen BScN der UMIT Wien mit Schwerpunkt „Pflegepädagogik" und Schwerpunkt „Pflegemanagement", einen Masterabschluss der PMU Salzburg. Im Seniorenheim Mittersill arbeitet sie sowohl als DGKS im Stationsbetrieb, als auch als Assistenz der Heimleitung in der Verwaltung. An der Krankenpflegeschule Zell am See war sie als Lehrkraft tätig. Im Sommer 2016 hat sie ihr Masterstudium an der PMU mit der Thesis: „An app a day keeps the doctor away? Die Implementierung einer mHealth Prävention von kardiovaskulären Erkrankungen im kommunalen Bereich" abgeschlossen.

# E-Health in der Pflege - Wirksamkeit von pflegegeleiteten Interventionen bei älteren Menschen

**12**

Arne Buss, Pavo Marijic und Steve Strupeit

### Zusammenfassung

E-Health-Ansätze greifen in der Gesundheitsversorgung vermehrt um sich. Insbesondere die Pflege und Versorgung älterer vulnerabler Gruppen birgt Potential für die Umsetzung E-Health-gestützter Interventionen. Pflegende können in diesem Zusammenhang eine zentrale Rolle einnehmen. Neben den (potentiellen) Kosteneinsparungen bedarf es eines Nachweises für eine ausreichende Evidenz zur Wirksamkeit umgesetzter Interventionen auf die gesundheitsbezogenen Outcomes bei den Patienten und deren Inanspruchnahme von Gesundheitsleistungen. Der folgende Beitrag fasst die Studienlage zu diesem Thema aus pflegerischer Sicht zusammen und zieht Schlussfolgerungen für Wissenschaft und Praxis.

## Inhaltsverzeichnis

| | |
|---|---|
| 12.1 Einleitung | 198 |
| 12.2 Wirksamkeit von pflegegeleiteten Interventionen auf gesundheitsbezogene Outcomes und Inanspruchnahme von Leistungen | 199 |
| 12.2.1 Telemonitoring | 199 |
| 12.2.2 Andere E-Health-Interventionen | 208 |
| 12.3 Schlussbetrachtung | 209 |
| Literatur | 210 |

A. Buss (✉) · P. Marijic · S. Strupeit
Hochschule für angewandte Wissenschaften München, Fakultät für angewandte Sozialwissenschaften, Am Stadtpark 20, 81243 München, Deutschland
e-mail: arne.buss@hm.edu; pavo.marijic@hm.edu; steve.strupeit@hm.edu

© Springer Fachmedien Wiesbaden GmbH 2018
M. A. Pfannstiel et al. (Hrsg.), *Digitale Transformation von Dienstleistungen im Gesundheitswesen IV*, https://doi.org/10.1007/978-3-658-13644-4_12

## 12.1 Einleitung

In der jüngeren Vergangenheit haben, im Zuge einer zunehmenden Technisierung der Gesundheitsversorgung, sogenannte E-Health-Ansätze mehr und mehr Einzug in die Versorgungspraxis gehalten. Die Weltgesundheitsorganisation (WHO) definiert E-Health wie folgt:

> eHealth is the use of information and communication technologies (ICT) for health. Examples include treating patients, conducting research, educating the health workforce, tracking diseases and monitoring public health. (WHO 2016)

Auf internationaler Ebene finden entsprechende Technologien breiten Anklang im Rahmen nationaler Politik. So investierte die englische Regierung 12,8 Milliarden Pfund in ein nationales Programm für Informationstechnologie für die nationale Gesundheitsversorgung und die USA investierten 38 Milliarden US-Dollar in e-Health (Black et al. 2011). Auch in Deutschland soll mit dem e-Health-Gesetz der Bedeutung des Themas Rechnung getragen werden. Aus pflegerischer Sicht lässt sich, aufgrund des vermehrten Einsatzes von Technologien in den relevanten Versorgungsbereichen, die Notwendigkeit einer Auseinandersetzung mit dem Thema nicht von der Hand weisen. Pflegende stellen die zahlenmäßig größte Berufsgruppe aller in der Gesundheitsversorgung tätigen professionellen Akteure dar (Böhm et al. 2009). Sie kommen zwangsläufig in die Lage, sich mit E-Health-Technologien auseinanderzusetzen. Dies gilt insbesondere für das Setting der häuslichen Versorgung und die Gruppe älterer multimorbider Menschen in ländlichen Regionen, denn dort steigt die Zahl der Pflegebedürftigen, während ein Rückgang der Anzahl niedergelassener Ärzte zu verzeichnen ist (Sachverständigenrat 2014). Neben anderen Zielen verfolgen E-Health-Interventionen den Zweck die Versorgung bzw. Betreuung von Patienten kosteneffektiver umsetzen zu können, indem, grob gesagt, der Faktor Mensch durch Technik ersetzt wird, wie beispielsweise beim Monitoring bestimmter gesundheits- bzw. krankheitsabhängiger Parameter in der häuslichen Umgebung des Patienten oder Web-basierte Interventionen, in denen Edukationsprogramme Pflegefachkräfte „ersetzen". Neben der Frage nach der Kosteneffektivität, Anwender- und Nutzerfreundlichkeit, muss jedoch, unabhängig davon und in gleichem Maße wie bei anderen Interventionen, die Wirksamkeit der Interventionen überprüft werden. Im vorliegenden Beitrag wird daher die Frage nach der Wirksamkeit von pflegegeleiteten E-Health-Interventionen auf gesundheitsbezogene Endpunkte und die Inanspruchnahme von Gesundheitsleistungen bei älteren Menschen gestellt. Hierzu wird eine Auswahl an Studien herangezogen, die im Rahmen einer systematischen Literaturrecherche ermittelt wurden. An dieser Stelle weisen wir explizit darauf hin, dass die Ausführungen den Anforderungen einer systematischen Übersichtsarbeit nicht genügen können, da eine geeignete Darstellung den Rahmen dieses Beitrags überschreiten würde; entsprechende methodische Schritte wurden daher nicht durchgeführt.

## 12.2 Wirksamkeit von pflegegeleiteten Interventionen auf gesundheitsbezogene Outcomes und Inanspruchnahme von Leistungen

Im folgenden Abschnitt werden die einzelnen Studien, einschließlich ihrer Ziele, der jeweiligen Methodik sowie erzielter Ergebnisse, zusammenfassend dargestellt und kritisch reflektiert. In einem ersten Unterkapitel folgen zunächst alle Studien, in welchen Telemonitoring den Kern der Intervention ausmachte. Darauf folgen, in einem weiteren Unterkapitel, alle Studien, die sich nicht unter dieser oder anderen Kategorien zusammenfassen ließen. Tab. 12.1 gibt eine Übersicht über die herangezogenen Studien.

### 12.2.1 Telemonitoring

Die zweifellos am häufigsten untersuchten Interventionen beinhalten im Kern das sogenannte Telemonitoring. Unter Telemonitoring wird der Einsatz von Informationstechnologie zur Überwachung (Monitoring) von Patienten aus der Entfernung verstanden (Meystre 2005). Die Wirksamkeit von Telemonitoring wurde in einer Reihe von Studien untersucht.

Im Rahmen einer systematischen Übersichtsarbeit und Meta-Analyse untersuchten Kamei et al. (2013) die Wirksamkeit einer umfassenden pflegegeleiteten Intervention zur Überwachung in der häuslichen Umgebung auf gesundheitsbezogene Endpunkte und die Inanspruchnahme von Gesundheitsleistungen bei Patienten mit schwerer bis sehr schwerer chronisch obstruktiver Lungenerkrankung (Chronic Obstructive Pulmonary Disease, COPD). Die Intervention (Telehome Monitoring-based Telenursing, THMTN), wurde von den Autoren der oben genannten Übersichtsarbeit in Japan entwickelt (Kamei et al. 2013) und umfasst die Überwachung der Patienten durch ein Telemonitoring-Zentrum, wobei der körperliche und psychische Status täglich dokumentiert, früh auftretende Verschlechterungen des Gesundheitszustands identifiziert, und letztlich edukative und beratende Maßnahmen angeboten werden. Alle Komponenten der Intervention erfolgen dabei aus der Ferne. Es wurden neun Studien mit insgesamt 550 Teilnehmenden in die Meta-Analyse eingeschlossen. Die Ergebnisse der Analyse zeigten eine Reduktion der Hospitalisierungsrate, eine Reduktion von Besuchen in der Notaufnahme sowie der durchschnittlichen Verweildauer in einer Klinik als Folge der Intervention, im Vergleich zur konventionellen Behandlung. Die Dauer der Intervention war dabei nicht entscheidend. Die Mortalitätsrate konnte durch die Intervention nicht gesenkt werden. Die Autoren der Studie schlussfolgern, dass die Intervention die Inanspruchnahme von Gesundheitsleistungen signifikant verringert. Insgesamt handelt es sich bei der Arbeit von Kamei et al. (2013) um einen relevanten Beitrag zur Effektivität von pflegegeleitetem Telemonitoring in der untersuchten Zielgruppe. Die beschriebene methodische Umsetzung sowie die genauere Betrachtung der Ergebnisse geben jedoch Anlass dazu, die Ergebnisse unter der Beachtung gewisser Limitationen in Glaubwürdigkeit und Aussagekraft zu betrachten. So sind beispielsweise die

**Tab. 12.1** Übersicht Studien zur Wirksamkeit von E-Health Interventionen

| Erstautor (Publikationsjahr) | Studiendesign | Zielgruppe | Anzahl Studienteilnehmer | Interventionen | Vergleichsgruppe(n) | Follow-up | Ergebnismaß | Effekte |
|---|---|---|---|---|---|---|---|---|
| Boyne et al. (2014) | Randomisiert-kontrollierte Studie | Patienten mit Herzinsuffizienz | 382 | Monitoring mithilfe einer Vorrichtung (inklusive Bildschirm), verbunden mit dem Internet zur Rückmeldung an die Patienten | Herkömmliche Versorgung | 12 Monate | Wissen, Selbstpflege, Selbstwirksamkeit, Adhärenz | Besseres Wissen, Selbstwirksamkeit, Adhärenz (Wiegen, Trinken, Empfehlungen zur Aktivität, Medikation) |
| Dansky et al. (2016) | Randomisiert-kontrollierte Studie | Patienten mit Herzinsuffizienz | 284 | Monitoring mit synchronen Videokonferenzen | Monitoring/Herkömmliche Versorgung | 60 und 120 Tage nach Entlassung | Hospitalisierung, Notaufnahme, Mortalität, Symptome | Geringere Hospitalisierungsrate und weniger Inanspruchnahme der Notaufnahme, (nur nach 60 Tagen), Reduktion der Symptome |
| Emme et al. (2014) | Randomisiert-kontrollierte Studie | Patienten mit chronisch obstruktiver Lungenerkrankung (COPD) | 50 | Telemonitoring anstelle von Krankenhauseinweisung bei Exazerbation | Herkömmliche Versorgung | 3 Monate | Selbstwirksamkeit | Keine |

**Tab. 12.1** (Fortsetzung)

| Erstautor (Publikationsjahr) | Studiendesign | Zielgruppe | Anzahl Studienteilnehmer | Interventionen | Vergleichsgruppe(n) | Follow-up | Ergebnismaß | Effekte |
|---|---|---|---|---|---|---|---|---|
| Feldman et al. (2005) | Randomisiert-kontrollierte Studie | Patienten mit Herzinsuffizienz | 628 | „email reminder" (basierend auf klinischen Leitlinien) an die Pflegefachkraft bei jedem neuen Patienten | E-Mail Reminder (basierend auf klinischen Leitlinien) an die Pflegefachkraft + zusätzliches schriftliches Material (Karten)/ Herkömmliche Versorgung | 45 Tage nach Entlassung | Medikationsmanagement, Ernährungs- und Gewichtsmanagement, Spezifische krankheitsbezogene Outcomes, gesundheitsbezogene Lebensqualität, Depression, Institutionalisierung, Kosten | Bessere spezifische Outcomes, Bessere gesundheitsbezogene Lebensqualität, Intervention ohne zusätzliches Material war kosteneffektiver, positiver Einfluss auf Medikationswissen, Ernährung und Gewichtsüberwachung |
| Finkelstein et al. (2006) | Randomisiert-kontrollierte Studie | Zu Hause lebende Ältere pflegeabhängige Menschen | 68 | Virtuelle Videokonferenzen und physiologisches Monitoring | Virtuelle Videokonferenzen/Herkömmliche Versorgung | Für die Dauer des Pflegebedarfs und bis zu 6 Monate nach Ende der Inanspruchnahme | Mortalität, Morbidität, Versorgungstransfers, Zufriedenheit, Kosten | Beide Gruppen zeigten bessere Aktivitäten des täglichen Lebens (ATL) bei Studienende, beide Interventionen waren kostengünstiger als herkömmliche Versorgung |

Tab. 12.1 (Fortsetzung)

| Erstautor (Publikationsjahr) | Studiendesign | Zielgruppe | Anzahl Studienteilnehmer | Interventionen | Vergleichsgruppe(n) | Follow-up | Ergebnismaß | Effekte |
|---|---|---|---|---|---|---|---|---|
| Gellis et al. (2012) | Randomisiert-kontrollierte Studie | Patienten mit Herzinsuffizienz/COPD | 115 | Monitoring inklusive individuelle Beratungseinheit und bedarfsweise hausbesuche | Herkömmliche Versorgung und Patientenedukation | 12 Monate | Depression, Lebensqualität, Hospitalisierung, Inanspruchnahme der Notaufnahme, Inanspruchnahme von Home care | Bessere allgemeine Gesundheit und soziale Funktion, weniger Depression, weniger Inanspruchnahme der Notaufnahme |
| Graziano & Gross (2009) | Randomisiert-kontrollierte Studie | Patienten mit Typ II Diabetes | 120 | Tägliche automatische Sprachnachrichten zum Verhalten, inkl. Abfragen mit Empfehlungen | Herkömmliche Versorgung | 3 Monate | HbA1c Level, | Keine |
| Kamei et al. (2013) | systematische Übersichtsarbeit | Patienten mit COPD | 550 | Umfassende pflegegeleiteten Telemonitoring-Interventionen zur Überwachung in der häuslichen Umgebung | Herkömmliche Versorgung | Nicht bekannt | Gesundheitsbezogene Endpunkte und die Inanspruchnahme von Gesundheitsleistungen | Reduktion von Hospitalisierung (Rate sowie im Mittel), der Inanspruchnahme der Notaufnahme, der durchschnittlichen Versorgungstage im Krankenhaus |

Tab. 12.1 (Fortsetzung)

| Erstautor (Publikationsjahr) | Studiendesign | Zielgruppe | Anzahl Studienteilnehmer | Interventionen | Vergleichsgruppe(n) | Follow-up | Ergebnismaß | Effekte |
|---|---|---|---|---|---|---|---|---|
| Martorella et al. (2005) | Randomisiert-kontrollierte Studie | Patienten nach Herz OP | 60 | Virtuelles Computerprogramm, inklusive Assessment und Beratung | Herkömmliche Versorgung | 1, 2, 3 und 7 Tage nach der OP | Schmerzintensität, Einfluss von Schmerz auf ATL | Geringerer Einfluss von Schmerz |
| Schwarz et al. (2008) | Randomisiert-kontrollierte Studie | Patienten mit Herzinsuffizienz | 84 | Telemonitoring, bei Bedarf Kontaktierung der pflegenden Angehörigen bzw. Ärzte | Herkömmliche Versorgung | 90 Tage | Wiedereinweisungen ins Krankenhaus, Inanspruchnahme der Notaufnahme, Kosten Risiko der Wiedereinweisung ins Krankenhaus, Depression, Lebensqualität | Keine |
| Vitacca et al. (2009) | Randomisiert-kontrollierte Studie | Patienten mit chronischen Atemwegserkrankungen | 240 | Bedarfsweise Telefonische Beratung (Patienten in beiden Gruppen erhielten ein Sauerstoffmessgerät) | Herkömmliche Versorgung | Nicht bekannt | Hospitalisierung, Exazerbation, Kosten | Weniger Hospitalisierung, weniger Exazerbation, Intervention war kosteneffektiver als die herkömmliche Versorgung |

**Tab. 12.1** (Fortsetzung)

| Erstautor (Publikationsjahr) | Studiendesign | Zielgruppe | Anzahl Studienteilnehmer | Interventionen | Vergleichsgruppe(n) | Follow-up | Ergebnismaß | Effekte |
|---|---|---|---|---|---|---|---|---|
| Wakefield et al. (2011) | Randomisiert-kontrollierte Studie | Veteranen mit Diabetes mellitus und Bluthochdruck | 302 | Telemonitoring und pflegerische Versorgungssteuerung | Telemonitoring und pflegerische Versorgungssteuerung mit geringerer Intensität als die Interventionsgruppe / Herkömmliche Versorgung | 6 und 12 Monate | Depression, Adhärenz, HbA1c Wert, systolischer Blutdruck | Nach 6 Monaten besserer HbA1c Wert in der Interventionsgruppe, stetig besserer Blutdruck in der Gruppe mit höherer Intensität |
| Whitten und Mickus (2007) | Randomisiert-kontrollierte Studie | Patienten mit COPD/Herzinsuffizienz | 161 | Kombination aus traditionellen persönlichen Besuchen und Echtzeit-Videokonferenzen einschließlich Monitoring (Vitalzeichen) | Herkömmliche Versorgung | Nicht bekannt | Lebensqualität | Keine |

Quelle: Eigene Zusammenstellung (2016).

Kriterien zur qualitativen Beurteilung der einzelnen Studien nicht transparent dargestellt. Es werden lediglich die dafür herangezogenen Referenzen genannt. Weiterhin gestaltet sich die Vergleichbarkeit der in den einzelnen Studien untersuchten Interventionen schwierig: Im Gegensatz zu dem vorangestellten Ziel, ein bestimmtes Konzept (THMTN) zu untersuchen, weisen die Interventionen aus den einzelnen Studien eine relativ hohe Heterogenität auf. So wurden Studien mit Telemedizinischer Video-Beratung oder einem Chronic Disease Management Team eingeschlossen.

Im Rahmen einer Reihe von randomisiert-kontrollierten Studien (Randomized Controlled Trials, RCTs) wurde die Wirksamkeit von Telemonitoring-Interventionen auf verschiedene gesundheitsbezogene Outcomes und Inanspruchnahme von Gesundheitsleistungen bei älteren Menschen untersucht. Sämtliche hier berücksichtigten Studien untersuchten spezifische Populationen, das heißt ältere Patienten mit bestimmten (chronischen) Erkrankungen. Überwiegend wurden Studien an Patienten mit Herzinsuffizienz durchgeführt.

In drei Studien wurde die Effektivität der Interventionen unter anderem auf die Inanspruchnahme von Gesundheitsleistungen untersucht. Dansky et al. (2008) stellten in ihrer Studie an insgesamt 284 Patienten zwei Varianten einer Intervention einer Kontrollgruppe (herkömmliche Versorgung) gegenüber. Eine Interventionsgruppe (Gruppe A) erhielt ein einfaches Monitoring. Eine weitere (Gruppe B) erhielt ein Monitoring mit synchronen Videokonferenzen. Beide Interventionsgruppen erhielten ein Telehomecare-System. Patienten in der Gruppe A konnten selbst gemessene Werte (z. B. Blutdruck oder Gewicht) an das Monitoring-Zentrum senden. Dies geschah in der Regel täglich. Wenn die überwachende Pflegefachkraft außergewöhnliche Werte feststellte, kontaktierte diese die Patienten bzw. Pflegefachkraft aus der häuslichen Versorgung. Gruppe B erhielt zusätzlich eine Videokamera mitsamt entsprechender Hardware. Damit war es möglich, mit der überwachenden Pflegefachkraft synchron zu interagieren. Es fanden regelmäßige (etwa zwei bis dreimal wöchentlich) Sitzungen statt, worin die Pflegefachkraft mit dem/der Patienten/in über seinen/ihren aktuellen Zustand sprach.

Gellis et al. (2012) untersuchten die Effektivität einer Monitoring-Intervention bei 115 Patienten, im Vergleich zur herkömmlichen Versorgung mit zusätzlicher persönlicher (Face-to-Face) Beratung. Die Teilnehmer in der Interventionsgruppe erhielten einen initialen Hausbesuch zur Bereitstellung des Monitoring-Systems sowie zur Einweisung im Umgang mit der Technik. Zusätzlich fand eine individuelle Beratungseinheit zu Krankheitsbild und Gesundheitsverhalten statt. Die zuständige Pflegefachkraft war in der Folge täglich telefonisch erreichbar und führte bei Bedarf kurzfristig Hausbesuche durch. Die Pflegefachkraft überwachte täglich die Daten, welche die Patienten über das Internet an das Monitoring-Center sendeten. Bei ungewöhnlichen Werten kontaktierte die Pflegefachkraft die Patienten. Die Kontrollgruppe erhielt, zusätzlich zur herkömmlichen Versorgung, eine persönliche Beratung im Rahmen eines Case Management durch eine Pflegefachkraft mit wöchentlichen Hausbesuchen.

In einer Pilotstudie an 84 Patienten und ihren pflegenden Angehörigen wurde Telemonitoring mit herkömmlicher Versorgung verglichen (Schwarz et al. 2008). Die Interventionsgruppe erhielt ein Telemonitoring-System, mit welchem die Patienten Daten an das zuständige Krankenhaus sendeten. Die überwachende Pflegefachkraft überprüfte täglich die ankommenden Daten. Traten Werte außerhalb des Normbereichs auf, kontaktierte die Pflegefachkraft zunächst den pflegenden Angehörigen des Patienten, um die Situation näher einschätzen zu können bzw. eine Beratung oder Anpassung der Medikation vorzunehmen. Bei Bedarf wurde der Haus- bzw. Facharzt kontaktiert.

Während Dansky et al. (2008) eine Reduktion der Hospitalisierungsrate und Besuchen in der Notaufnahme, und Gellis et al. (2012) ebenfalls eine Reduktion von Notaufnahmebesuchen feststellen konnten, zeigte die Intervention in der Studie von Schwarz et al. (2008) keine Effekte auf die Rehospitalisierung bzw. Inanspruchnahme der Notaufnahme. Weiterhin zeigten sich widersprüchliche Ergebnisse zur Reduktion von Depressionen: Gellis et al. (2012) wiesen positive Effekte nach, während bei Schwarz et al. (2008) keine Reduktion zu beobachten war. Dies gilt ebenso für Effekte auf die Lebensqualität. Die Mortalität (Dansky et al. 2008) und die Inanspruchnahme häuslicher pflegerischer Versorgung (Gellis et al. 2012) blieben ebenfalls unbeeinflusst. Die methodische Qualität aller drei Studien ist insgesamt als gut zu beurteilen. Allerdings wurde für keine der Studien eine Fallzahlanalyse berichtet, was die Glaubwürdigkeit der Arbeiten einschränkt. Die Effekte in der Studie von Dansky et al. (2008) zeigten sich lediglich 60 Tage nach Beginn der Studie; 60 weitere Tage später waren keine Effekte mehr zu verzeichnen.

Zwei weitere Studien an Patienten mit Herzinsuffizienz (Boyne et al. 2012) bzw. einer Stichprobe aus Patienten mit COPD oder Herzinsuffizienz (Whitten und Mickus 2007) untersuchten die Effektivität ihrer Interventionen auf die Selbstwirksamkeit bzw. Lebensqualität der Teilnehmer. In einer Studie von Boyne et al. (2012) überprüften die Autoren die Wirksamkeit von Telemonitoring mithilfe einer bestimmten Vorrichtung (den Health Buddy®) an 382 Patienten im Vergleich zu herkömmlicher Versorgung. Die Interventionsgruppe erhielt den Health Buddy®, eine Art handlicher Monitor mit Bildschirm und vier Tasten, angeschlossen an die Telefonleitung. Über die Vorrichtung erhielten die Patienten täglich voreingestellte Dialoge und Fragen zu ihren Symptomen, Wissen und Verhalten. Die Beantwortung der Fragen erfolgte per Knopfdruck. Die Antworten wurden an die überwachende Pflegefachkraft in Form von Risikoprofilen (gering, moderat oder hoch) weitergeleitet. Bei alarmierenden Antworten bzgl. der Symptome reagierte die Pflegefachkraft unmittelbar. Defizite im Wissen bzw. im Verhalten wurden mit dem Patienten besprochen. Bei vorliegender Depression wurden die Patienten kontaktiert und bei Bedarf weitere Unterstützung eingeleitet. Whitten and Mickus (2007) evaluierten die Effektivität einer Kombination aus aufsuchenden Hausbesuchen und Telemedizin bei 161 Patienten mit COPD oder Herzinsuffizienz. Die Interventionsgruppe erhielt sowohl Hausbesuche als auch Videokonferenzen (mindestens einmal pro Woche). Teilnehmer in der Kontrollgruppe erhielten nur persönliche Hausbesuche.

Eine Studie (Emme et al. 2014) verglich die Wirksamkeit einer „virtuellen Einweisung" als Form von Telemonitoring auf die Selbstwirksamkeit bei 50 Patienten mit COPD, im Vergleich zu einer tatsächlichen Einweisung. Die Interventionsgruppe erhielt vor der Entlassung aus der Klinik eine Schulung im Umgang mit dem Telemonitoring Equipment. Anschließend wurde die Hardware in der Häuslichkeit der Patienten installiert.

Bei Verschlechterung ihres Gesundheitszustandes wurden Patienten in der Interventionsgruppe nicht ins Krankenhaus eingewiesen, sondern nahmen entsprechende Messungen (z. B. mit einem Puls Oximeter, Spirometer) selbst in ihrer Häuslichkeit vor. Die Daten wurden täglich von einer zuständigen Pflegefachkraft bzw. einem Arzt mit Fachexpertise überwacht. Diese kontaktierten jeden Patienten mindestens einmal täglich. Bei gegebenen Voraussetzungen (z. B. klinische Stabilität, Sauerstoffsättigung > 90 %) wurde der Patient aus dem virtuellen Krankenhaus entlassen. Die Kontrollgruppe erhielt die herkömmliche Behandlung in der Klinik. Hinsichtlich der Verbesserung der Selbstwirksamkeit zeigen sich widersprüchliche Erkenntnisse. Während Boyne et al. (2012) einen positiven Effekt der Intervention feststellen konnten, blieb in der Studie von Emme et al. (2014) ein solcher Effekt aus. Die Ergebnisse von Whitten und Mickus (2007) decken sich mit denen von Schwarz et al. (2008), die ebenfalls keine Wirksamkeit auf die Lebensqualität nachweisen konnten. Die Ergebnisse von Emme et al. (2014) und von Whitten und Mickus (2007) sind möglicherweise von der Stichprobengröße beeinflusst worden, da erstgenannte keine Fallzahlanalyse berichten und bei letzteren die Fallzahl zu Ende der Studie nicht ausreichend war. Auch bei Boyne et al. (2012) könnte die relativ hohe Drop-out Quote von etwa 26% die Ergebnisse beeinflusst haben.

Eine Studie an 302 Veteranen mit Diabetes mellitus und Bluthochdruck (Wakefield et al. 2011) untersuchte die Effektivität von zwei ähnlichen Interventionen (häusliches Telemonitoring mit pflegerischer Versorgungssteuerung von unterschiedlicher Intensität). Anhand eines Telemonitoring-Systems übermittelten die Patienten Blutdruck- und Blutzuckerwerte an das Studiencenter, wo diese überwacht wurden, und beantworteten vorformulierte Fragen an das Monitoring-System. Eine zuständige Pflegefachkraft überprüfte Antworten und Werte und leitete bei Bedarf (schlechte Werte) Interventionen ein bzw. (bei falschen Antworten an das Monitoring-System) informierte und unterstützte den Patienten. Im Gegensatz zur Interventionsgruppe mit hoher Intensität erhielt die Gruppe mit geringerer Intensität weniger Fragen, die nicht auf einem leitlinienbasierten Algorithmus beruhten. Eine dritte Gruppe (Kontrolle) erhielt die herkömmliche Versorgung. Die Ergebnisse zeigen eine Verbesserung des HbA1c-Wertes in beiden Interventionsgruppen nach sechs Monaten gegenüber der Kontrollgruppe, allerdings hielt dieser Effekt nicht über eine Zeit von sechs Monaten nach Ende der Interventionsphase hinaus an. Dagegen waren stetig bessere Blutdruckwerte in der Gruppe mit höherer Intensität zu beobachten. Limitationen der Studie bestanden unter anderem darin, dass die Studienteilnehmer zu Beginn der Studie relativ gute Blutzucker- und Blutdruckwerte hatten und sich die Ergebnisse fast ausschließlich auf weiße männliche Patienten anwenden lassen (Wakefield et al. 2011).

Finkelstein et al. (2006) untersuchten eine Gruppe von 68 zu Hause lebenden pflegebedürftigen älteren Menschen. Diese erhielten häusliche Versorgung aufgrund von Herzinsuffizienz, COPD oder einer chronischen Wunde. Auch Finkelstein et al. (2006) evaluierten zwei Interventionen im Vergleich mit einer Kontrollgruppe (herkömmliche häusliche Versorgung). Eine Interventionsgruppe erhielt virtuelle Videokonferenzen mit einer Pflegefachkraft, die andere Videokonferenzen und ein zusätzliches physiologisches Monitoring. Die Videokonferenzen wurden zweimal wöchentlich durchgeführt. Den

Teilnehmern der zweiten Interventionsgruppe wurden, entsprechend ihres Krankheitsbildes, Messgeräte (z. B. Spirometer bei COPD oder Blutdruckmessgeräte bei Herzinsuffizienz) ausgehändigt. Die Interventionen hatten positive Effekte auf die Aktivitäten des täglichen Lebens. Zudem erwiesen sich beide Interventionen als kostengünstiger, im Vergleich zur Kontrollgruppe (persönliche Hausbesuche). Ein Einfluss auf die Mortalität konnte nicht nachgewiesen werden. Die Glaubwürdigkeit der Ergebnisse aus der Studie von Finkelstein et al. (2006) sowie ihre Aussagekraft sind aufgrund der geringen Fallzahl und der fehlenden statistischen Tests zur Effektivität (Kosten) einzuschränken.

### 12.2.2 Andere E-Health-Interventionen

Weitere Studien untersuchten die Wirksamkeit anderer Formen von E-Health-Interventionen, die sich allerdings nicht zusammenfassend kategorisieren lassen. Diese sollen daher für sich stehend aufgeführt werden.

**Telefonische Beratung** Vitacca et al. (2009) untersuchten die Wirksamkeit einer bedarfsweisen telefonischen Beratung. Alle Teilnehmer (N = 240) erhielten ein Oximeter. Die Interventionsgruppe erhielt geplante Telefonanrufe durch eine Pflegefachkraft. Ungeplante Anrufe wurden an den diensthabenden Pneumologen weitergeleitet. Zusätzlich wurde eine 24-Stunden-Telefonberatung angeboten. Für die Kontrollgruppe waren ambulante Follow-up-Besuche in der Klinik im Abstand von drei Monaten geplant. Die Intervention führte zu einer Reduktion von Exazerbationen sowie der Hospitalisierungsrate und war darüber hinaus kosteneffektiver als die Kontrollintervention. Was die methodische Qualität betrifft, weist die Studie kaum Mängel auf.

**Virtuelle Beratung** In einer Studie an 60 Patienten nach einer Herzoperation testeten Martorella et al. (2012) die Effektivität einer virtuellen Web-basierten Pflegeberatung auf postoperative Schmerzen. Die Intervention umfasste eine etwa 30-minütige Sitzung vor der Operation sowie zwei persönliche, kurze postoperative Auffrischungssitzungen. Die Webseite reflektierte den individuellen Patienten und generierte gezielte Nachrichten in Form von Videos, Animationen, Erzählungen und Texten. Während sich keine Effekte hinsichtlich der Schmerzintensität einstellten, war ein Rückgang des Einflusses von Schmerzen auf die Patienten zu verzeichnen. Da es sich hier um eine Pilotstudie mit geringer Fallzahl handelt, sind diese Ergebnisse jedoch eingeschränkt zu interpretieren.

**Sprachnachrichten** Im Rahmen einer Studie an 120 Patienten mit Diabetes Typ II überprüften Graziano and Gross (2009) die Wirksamkeit einer auf Sprachnachrichten basierenden Intervention im Vergleich zu herkömmlicher Versorgung. Die Intervention umfasste täglich wechselnde vorab eingesprochene Sprachnachrichten zum Gesundheitsverhalten bei Diabetes. Die Zeit des Empfangs der Nachricht konnte individuell bestimmt werden. Insgesamt konnten bis zu drei Nachrichten pro Tag empfangen werden. Die jeweilgen

Nachrichten enthielten jeweils zunächst einen kurzen Hinweis, gefolgt von einer Frage, worauf, je nach Antwort durch den Teilnehmer, eine weitere Frage folgte oder, z. B. am nächsten Tag, mit der nächsten Nachricht fortgesetzt wurde. Die Abfolge der Fragen folgte einem Algorithmus. Die Autoren konnten keinen Effekt auf den HbA1c-Wert feststellen.

**Email-Reminder** Feldman et al. (2005) testeten die Effektivität von Email-Remindern bei 628 Patienten mit Herzinsuffizienz. Dabei kamen zwei alternative Interventionen und eine Kontrollgruppe (herkömmliche Versorgung) zum Einsatz: Im Rahmen der ersten Intervention erhielten Pflegefachkräfte bei jedem ihnen neu zugeteilten Patienten mit Herzinsuffizienz eine E-Mail mit sechs klinischen Leitlinien. Die zweite Interventionsgruppe erhielt zusätzlich zu den E-Mails laminierte Karten mit Informationen zum Medikationsmanagement, eine Karte zur Förderung der Kommunikation zwischen Ärzten und Pflegenden, einen Selbstpflege-Leitfaden für Patienten und einen Follow-up-Besuch durch eine/n Clinical Nurse Specialist. Es konnten positive Effekte auf die gesundheitsbezogene Lebensqualität der Teilnehmenden beider Interventionsgruppen, verglichen mit der Kontrollgruppe, gezeigt werden. Zudem erwies sich die erste Intervention (Gruppe mit ausschließlich Email-Remindern) bei der Verbesserung klinischer Outcomes als kosteneffektiver als die erweiterte Variante. Eine Limitation der Studie lag in der Unausgewogenheit zwischen den Gruppen: Bezüglich der Geschlechterverteilung, des Alters und des Einkommens wiesen die Gruppen Unterschiede auf.

## 12.3 Schlussbetrachtung

Zusammenfassend betrachtet zeigt sich eine insgesamt limitierte bzw. kaum vorhandene Evidenz zur Wirksamkeit von pflegegeleiteten E-Health-Interventionen auf gesundheitsbezogene Outcomes und Inanspruchnahme von Gesundheitsleistungen bei älteren Menschen.

Zu einzelnen hier berücksichtigten Interventionen (z. B. Sprachnachrichten oder Webseiten) lassen sich kaum Aussagen hinsichtlich ihrer Effektivität treffen. Dies liegt schlichtweg an der mangelnden Anzahl an Studien. Ergebnissen aus einzelnen Studien können durchaus vielversprechend sein, wie beispielsweise zur telefonischen Beratung. Allerdings bleiben hier weitere Studien abzuwarten, welche die vorliegenden Ergebnisse möglicherweise bestätigen.

Im Hinblick auf die Wirksamkeit von pflegegeleitetem Telemonitoring lassen sich, trotz Vorliegen von Ergebnissen aus einer Reihe von Studien hoher Evidenzklasse, keine eindeutigen Empfehlungen ableiten. Einerseits liegen positive Effekte vor. Allerdings müssen diese unter der Berücksichtigung nicht unerheblicher methodischer Schwächen betrachtet werden. Im Rahmen dieses Beitrags wurden Studien herangezogen, in denen die Interventionen von Pflegenden geleitet bzw. umgesetzt wurden. Studien mit anderen Intervenienten als Pflegekräften wurden nicht berücksichtigt. Ebenso zeigen einzelne RCTs positive Effekte. Hier liegen jedoch insgesamt nicht ausreichend viele Ergebnisse (aus mehreren

Studien) vor. Darüber hinaus lassen sich auch hier die Interventionen nicht ohne weiteres miteinander vergleichen und, ungeachtet dessen, liegen teilweise widersprüchliche Ergebnisse vor.

Folglich bleibt die Wirksamkeit von pflegegeleiteten E-Health-Interventionen weiter zu überprüfen. Hierzu bedarf es weiterer qualitativ hochwertiger Studien mit geeigneten Designs. Studienübergreifend sollte auf die Vergleichbarkeit von Interventionen geachtet werden. Insbesondere sollte auch die Kosteneffektivität, in Verbindung mit der Wirksamkeit auf gesundheitsbezogene Endpunkte und Inanspruchnahme von Gesundheitsleistungen, untersucht werden. Konkrete Empfehlungen für die Praxis lassen sich, wie oben bereits erwähnt, nicht ableiten. Da E-Health-Interventionen, offensichtlich ungeachtet nachweisbarer Wirksamkeit, aber vermehrt umgesetzt werden, sollte es in erster Linie darauf ankommen, keine negativen Wirkungen zu verursachen. In Einzelfällen sollten daher mögliche schädliche oder nachteilige Wirkungen anhand der vorliegenden externen Evidenz überprüft werden.

## Literatur

Böhm K, Afentakis A, Statistisches Bundesamt (2009) Beschäftigte im Gesundheitswesen, aus der Reihe „Gesundheitsberichterstattung des Bundes", Heft 46. Robert Koch Institut, Berlin

Boyne JJ, Vrijhoef HJ, Crijns HJ, De Weerd G, Kragten J, Gorgels AP (2012) Tailored telemonitoring in patients with heart failure: Results of a multicentre randomized controlled trial. Eur J Heart Fail 14(7):791–801

Black AD, Car J, Pagliari C, Anandan C, Cresswell K, Bokun T, et al., et al. (2011) The impact of eHealth on the quality and safety of health care: a systematic overview. PLoS Med 8: e1000387- https://doi.org/10.1371/journal.pmed.1000387 pmid: 21267058.

Dansky KH, Vasey J, Bowles K (2008) Impact of telehealth on clinical outcomes in patients with heart failure. Clin Nurs Res 17(9):182–199

Emme C, Mortensen EL, Rydahl-Hansen S, Ostergaard B, Svarre Jakobsen A, Schou L, Phanareth K (2014) The impact of virtual admission on self-efficacy in patients with chronic obstructive pulmonary disease – a randomised clinical trial. J Clin Nurs 23:21–22, 3124–3137

Feldman PH, Murtaugh CM, Pezzin LE, McDonald MV, PENG TR (2005) Just-in-time evidence-based e-mail „reminders" in home health care: Impact on patient outcomes. Health Serv Res 40 (3):865–885

Finkelstein SM, Speedie SM, Potthoff S (2006) Home telehealth improves clinical outcomes at lower cost for home healthcare. Telemed J E Health 12(2):128–136

Gellis ZD, Kenaley B, McGinty J, Bardelli E, DaVitt J, Ten Have T (2012) Outcomes of a telehealth intervention for homebound older adults with heart or chronic respiratory failure: A randomized controlled trial. Gerontologist 52(4):541–552

Graziano JA, Gross CR (2009) A randomized controlled trial of an automated telephone intervention to improve glycemic control in type 2 diabetes. ANS Adv Nurs Sci 32(3):E42–E57

Kamei T, Yamamoto Y, Kajii F, Nakayama Y, Kawakami C (2013) Systematic review and meta-analysis of studies involving telehome monitoring-based telenursing for patients with chronic obstructive pulmonary disease. Jpn J Nurs Sci 10(2):180–192

Martorella G, Cote J, Racine M, Choiniere M (2012) Web-based nursing intervention for self-management of pain after cardiac surgery: pilot randomized controlled trial. J Med Internet Res 14(6):e177

Meystre S 2005. The current state of telemonitoring: A comment on the literature. Telemed J E Health 111:63–69

Sachverständigenrat (2014) Bedarfsgerechte Versorgung – Perspektiven für ländliche Regionen und ausgewählte Leistungsbereiche – Gutachten 2014. Sachverständigenrat zur Begutachtung der Entwicklung im Gesundheitswesen, Bonn

Schwarz KA, Mion LC, Hudock D, Litman G (2008) Telemonitoring of heart failure patients and their caregivers: A pilot randomized controlled trial. Prog Cardiovasc Nurs 23(1):18–26

Vitacca M, Bianchi L, Guerra A, Fracchia C, Spanevello A, Balbi B, Scalvini S (2009) Tele-assistance in chronic respiratory failure patients: A randomised clinical trial. Eur Respir 33(2):411–418

Wakefield BJ, Holman JE, Ray A, Scherube, M., Adams MR., Hillis SL, Rosenthal GE (2011) Effectiveness of home telehealth in comorbid diabetes and hypertension: A randomized, controlled trial. Telemed J E Health 17(4):254–61

Whitten P, Mickus M (2007) Home telecare for COPD/CHF patients: Outcomes and perceptions. J Telemed Telecare 13(2):69–73

WHO (2016) Health Topics – eHealth, World Health Organization (WHO, Hrsg), online im Internet. http://www.who.int/topics/ehealth/en/.Zugegriffen: 25. Okt. 2016

**Arne Buss, M.Sc., B.A.,** ist wissenschaftlicher Mitarbeiter an der Hochschule für angewandte Wissenschaften München und Promovend an der Charité Universitätsmedizin Berlin. Er absolvierte die Studiengänge „Pflegewissenschaft" an der Fachhochschule Osnabrück und „Nursing Science" an der Charité Universitätsmedizin Berlin mit den Abschlüssen Bachelor of Arts bzw. Master of Science. Er arbeitet seit 2012 in pflegewissenschaftlichen Projekten und befasst sich in seiner Forschung unter anderem mit Pflegeabhängigkeit, Mobilität und Lebensqualität bei älteren vulnerablen Gruppen.

**Pavo Marijic, B.Sc.,** ist wissenschaftlicher Mitarbeiter an der Hochschule für angewandte Wissenschaften München und Student des Masterstudiengangs „Public Health" an der Ludwig-Maximilians-Universität München. Er absolvierte den Studiengang „Pflege" an der Hochschule für angewandte Wissenschaften München mit dem Abschluss Bachelor of Science. Er arbeitet seit Februar 2016 in einem pflegewissenschaftlichen Projekt und befasst sich in seiner Forschung mit Autonomie und Teilhabe von Pflegeheimbewohnern.

**Prof. Dr. Steve Strupeit, M.Sc., Diplom-Pflegewirt (FH), B.A.,** ist Professor für Pflegewissenschaft mit dem Schwerpunkt Entwicklungsfelder in der Pflege an der Hochschule für angewandte Wissenschaften München. Er absolvierte die Studiengänge „Pflegewissenschaft/Politikwissenschaft" an der Universität Bremen, „Pflegemanagement" an der Hamburger Fernhochschule und „Nursing Science" an der Charité Universitätsmedizin Berlin und provierte an der Charité Universitätsmedizin Berlin zur Thematik „Evidenzbasierte Grundlagen für gesundheitsförderliche und präventive Ansätze im Kontext einer erweiterten pflegerischen Versorgungspraxis am Beispiel Mobilität und Lebensqualität". Er war in einer Reihe von pflegewissenschaftlichen Projekten tätig und forscht schwerpunktmäßig u. a. auf den Gebieten Mobilität und Lebensqualität, Wundheilung und Wundversorgung und Gesundheitsförderung und Prävention.

# Simulierte Patientenreisen für Service Design im Gesundheitswesen – Patient Journey meets Simulation

Hans-Günter Lindner

**Zusammenfassung**

Eine Patientenreise beschreibt den Behandlungsweg eines Patienten. Die beteiligten Personen können sich mit Hilfe der Reise besser in den Patienten hineinversetzen. Dadurch sollen Behandlungs- und Heilungsprozesse neu gestaltet oder optimiert werden können. Bisher werden die unterschiedlichen Methoden aus dem Service Design und der Geschäftsprozessmodellierung unabhängig voneinander eingesetzt. Das Ergebnis sind Schaubilder und Tabellen zur Dokumentation. Sollen die Ergebnisse interaktiv erfahrbar sein, dann ist die Simulation eine erfolgversprechende Methode. Sie erlaubt die intuitive Exploration von Patientenreisen. Somit treffen bei simulierten Patientenreisen drei Welten aufeinander: Technik, Wirtschaft und Design. Während die beiden ersten exaktes und logisches Arbeiten erfordern, bedient sich das Service Design kreativer und künstlerischer Verfahren. Die Kombination verspricht daher einen sehr wirkungsvollen und neuartigen Ansatz, der die Vorteile beider vereint. Der Artikel setzt sich mit den grundlegenden Begriffen für simulierte Patientenreisen auseinander und beschreibt Anforderungen, um die drei Welten sinnvoll zusammen zu führen. Es wird eine Methodik aufgezeigt, die Vorteile verbindet ohne Nachteile zu übernehmen. Kontinuierliche Innovation und Exploration werden mit Hilfe eines praxiserprobten Vorgehensmodells in Anlehnung an lernende Organisationen in kürzest möglicher Weise nutzbar. Zwei Beispiele zeigen die konkrete Umsetzung simulierter Patientenreisen.

---

H.-G. Lindner (✉)
TH Köln, Fakultät für Wirtschafts- und Rechtswissenschaften, Schmalenbach Institut für Wirtschaftswissenschaften, Claudiusstr. 1, 50678 Köln, Deutschland
e-mail: hans-guenter.lindner@th-koeln.de

## Inhaltsverzeichnis

13.1 Problemstellung .................................................. 214
13.2 Service Design und Patientenreisen ................................ 214
13.3 Geschäftsprozessmodellierung für Patientenreisen .................. 216
13.4 Simulation von Patientenreisen .................................... 218
13.5 Ziele und Anforderungen simulierbarer Patientenreisen ............. 219
13.6 Ein Vorgehensmodell zur Erstellung simulierbarer Patientenreisen .. 220
13.7 Beispiele simulierter Patientenreisen ............................. 222
13.8 Schlussbetrachtung ................................................ 226
Literatur .............................................................. 226

## 13.1 Problemstellung

Medizinische Dienstleistungen werden traditionell von der Leistung her und nicht vom Patienten aus betrachtet. Die fachlichen Verfahren stehen im Vordergrund. Traditionell waren medizinische Organisationen nach Fachkompetenzen und Zuständigkeiten organisiert. Der Patient ist Teil der Behandlungen und nicht ein zentrales Element medizinischer Dienste. Zertifizierte Prozesse sind vielerorts vorhanden, adressieren aber nicht die Emotionen und Erwartungen der Patienten, beteiligten Pflegefachkräfte und Ärzte.

In den letzten Jahren verstärkte sich der wirtschaftliche Druck auf das Gesundheitswesen. Zudem kann der Individualisierung im Rahmen des gesellschaftlichen Wandels nicht mehr aus dem Weg gegangen werden. Notwendige Kostenreduktion en verlangen nach Prozessoptimierung und lernenden Organisationen. Der Patient rückt daher zunehmend ins Zentrum der Betrachtungen.

Zur Lösung der Probleme werden derzeit viele Prozesse neu gestaltet oder verändert. Zwei Ansätze aus unterschiedlichen Disziplinen finden dabei Einsatz. Einerseits die Geschäftsprozessmodellierung aus der Informationstechnik und der Betriebswirtschaftslehre, andererseits das Customer Journey Mapping aus der historisch jüngeren Disziplin des Service Design. Beide Ansätze haben die Erstellung, Optimierung und Dokumentation von Prozessen zum Ziel, unterscheiden sich jedoch hinsichtlich der Methoden. Während sich das Service Design eher am Patienten ausrichtet und affektive Komponenten berücksichtigt, ist die Geschäftsprozessmodellierung kognitiv orientiert und verlangt messbare Details. Zudem ermöglicht sie die Simulation der Prozesse und damit einen intuitiven aber auch analytischen Zugang zur Optimierung. Die Kombination beider Methoden verspricht daher einen sehr wirkungsvollen und neuartigen Ansatz, der die Vorteile beider vereint.

## 13.2 Service Design und Patientenreisen

> Service Design gestaltet Funktionalität und Form von Dienstleistungen aus der Perspektive von Kunden. So werden Service Interfaces für immaterielle Produkte gestaltet, die aus der Sicht der Kunden nützlich, nutzbar und begehrenswert sind, aus der Sicht der Anbieter effektiv, effizient und singulär. (Mager 2007, S. 361).

Ein Werkzeug zur Darstellung der Kundensicht ist die sogenannte „Customer Journey", die in der Gesundheitsbranche als „Patient Journey" bezeichnet wird. Die Erarbeitung und Betrachtung einer Patientenreise soll ein besseres Verständnis für die Bedarfe und die Emotionen der Patienten schaffen. Eine ästhetische Gestaltung in Kombination mit Fakten soll die Empathie der Betrachter aber auch das rationale Denken fördern. Ziele der Modellierung können die Dokumentation, das Erstellen neuer oder die Verbesserung bestehender Leistungen sein.

Eine Patientenreise beschreibt die Reihenfolge von Ereignissen und Tätigkeiten am Beispiel eines Patienten, der eine Geschichte von der Ursache einer Krankheit über die Diagnose und die Behandlung bis hin zur Genesung und weiteren Nachsorge erlebt. Aber auch die Erlebnisse davor und danach können Teil der Reise sein.

Von der Patientenreise im heutigen Sinne sind frühere Studien aus den 1960er-Jahren zu Bewegungspfaden von Patienten zu unterscheiden (siehe Millard et al. 2009, S. 3). Aus dieser Tradition versteht eine Vielzahl von Autoren die Patientenreise noch heute als den physischen Weg durch die Einrichtung. Ziele sind beispielsweise verkürzte Transportwege und Kosteneinsparungen (z. B. in Kozier et al. 2008, S. 26). Eine große Verbreitung der Patientenreise hat bisher nicht stattgefunden, wie Percival et al. 2009 konstatieren (Percival et al. 2009, S. 150). Während im englischsprachigen Raum der Begriff „patient journey" verwendet wird (NHS 2016), fehlt eine Nennung der Patientenreise und der Ansatz einer patientenorientierten Prozessbetrachtung im aktuellen deutschen Standardwerk „Pflege heute" gänzlich (Menche 2014). Jedoch wird der Begriff „patient journey" in der englischen Sprache auch für erweiterte Behandlungspläne verwendet (siehe Australian Government 2016).

Die Beschreibung von Patientenreisen im Sinne des Service Design ist nicht formal definiert, d. h. es gibt keine offiziellen Spezifikationen und keine formale Logik zur Konstruktion. Häufig sind die Resultate eine farbige Skizze, die „Patient Journey Map", und zugehörige Tabellen. Die grafisch gestaltete Karte zeigt den übersichtlich skizzierten Weg eines Patienten mit seinen Stationen, Aktivitäten, spezifischen Wünschen, Erwartungen und Gefühlen sowie Einflüsse anderer Beteiligter. Ein typisches Beispiel der Dokumentation zeigen die im Web bereitgestellten Werkzeuge für Patientenreisen des National Health Service (NHS 2016); Aspekte der Prozessoptimierung beschreibt die NHS Modernisation Agency in „Process Mapping, analysis and design" schon 2005 (NHS 2005).

Prinzipiell enthält eine Patientenreise einen Hauptprozess mit dem Starterereignis (die Ursache) und den drei folgenden Phasen Diagnose, Behandlung und Genesung. Jeder Teil des Hauptprozesses wird in Tabellen, einer Grafik oder in einer Kombination beider konkretisiert durch Aktivitäten, Rollenträger wie z. B. Ärzte und Pfleger, Schlüsselereignisse, Bedarfe, Emotionen u.v.a.m. Hervorzuheben sind zusätzlich die Schnittstellen des Patienten, die sog. Touchpoints oder Kontaktpunkte, die im Service Design eine herausragende Rolle spielen (Mager 2007, S. 363) Abb. 13.1 zeigt den prinzipiellen Aufbau einer typischen „Patient Journey Map", die Grafik und Tabelle vereint.

Weitere Verfeinerungen aber auch Anwendungen finden sich in Curry, Percival et al. (vgl. Curry 2008, S. 223; Percival et al.2009, S. 150). Hier werden auch physische Wege,

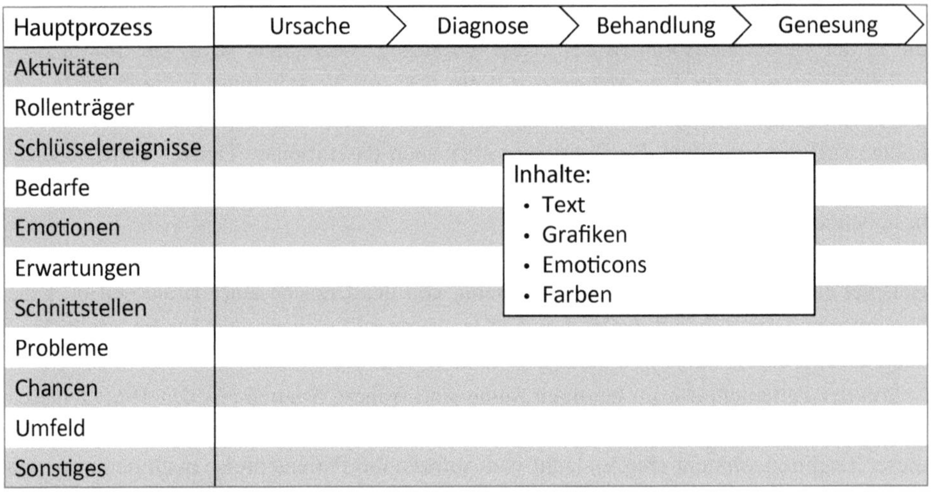

| Hauptprozess | Ursache | Diagnose | Behandlung | Genesung |
|---|---|---|---|---|
| Aktivitäten | | | | |
| Rollenträger | | | | |
| Schlüsselereignisse | | | | |
| Bedarfe | | Inhalte: | | |
| Emotionen | | • Text | | |
| Erwartungen | | • Grafiken | | |
| Schnittstellen | | • Emoticons | | |
| Probleme | | • Farben | | |
| Chancen | | | | |
| Umfeld | | | | |
| Sonstiges | | | | |

**Abb. 13.1** Prinzipielle Inhalte einer Patientenreise

Informationssammlungen wie Formulare oder Aktualisierungen, Kennzahlen im Krankenhaus, Richtlinien, strategische Ziele u. a. ergänzt. McCarthy u. a. stellen eine Vorlage für Patientenreisen vor, die zusätzlich noch die Begegnungsstätten („Encounters") und Sicherheit berücksichtigt (McCarthy 2016, S. 363).

Praktische Umsetzungen von Patientenreisen in Verbindung mit analytischen Servern zeigen Apps wie Health Storyline (self care catalysts 2016), die Patient Journey App (Health Care Labs 2016) oder der Apple HealthKit (Apple 2016). Hin zu einer Automatisierung befürworten Percival u. a. eine Methodologie, mit deren Hilfe Patientenreisen vom Computer erzeugt werden können (Percival et al.2009, S. 160). Auch im Rahmen von „Process Mining" können Prozesse in Krankenhausinformationssystemen rund um den Patienten automatisch erzeugt werden wie Mans u. a. zeigen (Mans et al. 2008, S. 430). Diese Art der Automatisierung entspricht jedoch weder dem Denken des Service Design, das die Kreativität neuer Dienste fördern will, noch hilft es beim Change Management, da das persönliche Erarbeiten durch die Beteiligten fehlt.

## 13.3 Geschäftsprozessmodellierung für Patientenreisen

Ein Prozess ist nach DIN IEC 60050-351 die „Gesamtheit von aufeinander einwirkenden Vorgängen in einem System, durch die Materie, Energie oder Information umgeformt, transportiert oder gespeichert werden." (DIN IEC 2014, S. 32). Ein Geschäftsprozess wird im DIN-Fachbericht 158 definiert als „Vorgang mit einem definierten Anfang und einem definierten Ende, der durch eine oder mehrere Bedingungen ausgelöst und in seinem Ablauf durch die beteiligten Akteure entsprechend ihrer Rolle und unter Einsatz von Sachmitteln bzw. durch Regeln mit dem Ziel gesteuert wird, definierte Leistungen (Produkte oder Dienstleistungen) von Wert für interne und externe Kunden oder Prozesse zu erzeugen." (DIN 2009, S. 7).

Ziel der Modellierung ist die Abbildung von Geschäftsprozessen zur Dokumentation sowie Neu- und Umgestaltung. Dabei sollen auch das Verständnis und die Kommunikation über die Abläufe und Verantwortlichkeiten dokumentiert und im Folgenden die Prozesse verbessert werden. Damit ähnelt diese Art der Modellierung der Erstellung einer „Patient Journey Map", jedoch stehen bei der Geschäftsprozessmodellierung logische, semantische und formale Aspekte im Vordergrund. Im Idealfall sollen daraus direkt ablauffähige Anwendungen erstellt werden können.

Sowohl bei der Geschäftsprozessmodellierung als auch bei beim „Patient Journey Mapping" steht die Abfolge von Tätigkeiten im Vordergrund. Jedoch muss jedes Modell auch die Abfolge von Zuständen berücksichtigen, da Prozesse auch als Abfolge von Zuständen beschrieben werden können. Insbesondere im Gesundheitssektor ist dies von Bedeutung, da Krankheiten häufig zustands- oder ereignisorientiert beschrieben werden und sich dies auch in der Kommunikation mit Patienten widerspiegelt.

Die Ästhetik des Prozessmodells richtet sich nach der Methodik des eingesetzten Werkzeugs und unterwirft sich damit den Gesetzmäßigkeiten der dabei verwendeten, grafischen Beschreibungssprache. Einen Überblick über eine Vielzahl an Methoden zur Prozessmodellierung im Krankenhaus geben Chabrol u. a. (s. Chabrol et al. 2009, S. 95). Hier soll jedoch nur auf BPMN 2.0 (Business Process Model and Notation) der Object Management Group (OMG 2011) eingegangen werden, da BPMN der ISO/EC-Standard 19510:2013 ist (ISO 2013). BPMN ermöglicht eine Verbindung vom Prozessdesign bis hin zur Implementierung und hat das Ziel für alle Beteiligten verständlich zu sein (OMG 2011, S. 1). Die Methode hat den großen Vorteil, dass die Kommunikation zwischen den Beteiligten in Form von „Pools" und „Messages" explizit abgebildet werden kann. Emotional geladene Inhalte wie „Pain Points" oder Emotionen sind in der Spezifikation nicht genannt. So weisen auch Percival u. a. darauf hin, dass die Modellierungstechniken für Produktion und Geschäftsprozesse Aspekte der soziokulturellen Bedürfnisse nicht berücksichtigen (Percival et al. 2009, S. 150). Jedoch können typische BPMN Elemente wie Ereignisse, Zustände oder Bemerkungen hierfür verwendet werden. Emotionen und soziokulturelle Bedürfnisse sind somit auch in BPMN umsetzbar.

Eine häufige Kritik an der Geschäftsprozessmodellierung ist die strikte Reihenfolge der Aktivitäten in den Prozessen. Die OMG hat diesem Sachverhalt Rechnung getragen und deshalb das Case Management Model and Notation (CMMN) entwickelt (OMG 2016). CMMN berücksichtigt die in der Realität vorhandenen situativen und ad-hoc benötigten Entscheidungen über Tätigkeiten besser. Da jedoch CMMN erst im Mai 2014 und die Version 1.1 erst 2016 dokumentiert wurde, sind die Erfahrungen noch sehr gering, obwohl das „Case Management" im Gesundheitswesen ausdrücklich als eine der treibenden Kräfte für CMMN genannt wird (OMG 2016, S. 1).

Hier offenbart sich die Schwachstelle klassischer Geschäftsprozessmodellierung. Die Modellierer benutzen eine logisch einheitliche und grafisch abstrakte Sprache, die Beteiligte wie Pflegekräfte und Ärzte nicht sprechen. Abstrakte Modelle erfordern mehr Zeit zur

Einarbeitung als realitätsorientierte Symbole und Emotionen. Sie berücksichtigen daher weniger die Vorstellungen der Patienten und der medizinischen Dienstleister. Die Abstraktion führt dazu, dass Patienten, Pflegekräfte, Ärzte und andere Beteiligte, die logische Notation im Alltag nicht nutzen, da sie dort keinen Wert hat. Ein Umsetzen modellierter Ziele wird somit unmöglich, denn es kann nicht gemessen werden, was nicht bewusst ist.

Zudem wird im Rahmen der Geschäftsprozessmodellierung häufig auf stereotype betriebswirtschaftliche Ziele verwiesen, die höhere Qualität bei Reduktion von Kosten und Zeit fordern. Das stößt unweigerlich auf Ablehnung, da sich die Betroffenen dann als Teile einer technokratisch und betriebswirtschaftlich getriebenen Kosten-Nutzen-Maschine sehen. Jedoch scheint der klassische Ansatz der Prozessmodellierung immer noch so attraktiv, dass auch neuere Veröffentlichungen technologische getriebene Ansätze der Lean Production auf Patientenreisen übertragen (vgl. Liberatore und Vetterli 2016). Service Design und simulierbare Patientenreisen haben hingegen zum Ziel, die Fehler einer zu technisch orientierten Prozessoptimierung zu vermeiden.

## 13.4  Simulation von Patientenreisen

Das gedankliche Durchspielen von Plänen und die Auseinandersetzung damit können allgemein als Simulation bezeichnet werden (vgl. Bossel 2004, S. 13). Der VDI definiert Simulation als das „Nachbilden eines Systems mit seinen dynamischen Prozessen in einem experimentierbaren Modell, um zu Erkenntnissen zu gelangen, die auf die Wirklichkeit übertragbar sind; insbesondere werden die Prozesse über die Zeit entwickelt." (VDI 2014, S. 3). Diese Definitionen müssen jedoch schärfer gefasst und die Lauffähigkeit des Modells auf einem Computer hinzugefügt werden. Der deutsche Wissenschaftsrat definiert deshalb in einem Papier zur Bedeutung und Weiterentwicklung der Simulation in der Wissenschaft Simulationen als „…Experimente mit einem formalen Modell („in silico"-Experimente), die Fragestellungen adressieren und Erkenntnisse erzielen, die nicht oder nur mit großem Aufwand über direkte Beobachtung und Messung oder über ein reales Experiment (wie z. B. ein in vitro- oder in vivo-Experiment) gewonnen werden können." (Wissenschaftsrat 2014, S. 9).

Simulation wird immer dann eingesetzt, wenn ein Experimentieren am realen System schwer möglich, wenn nicht gar unmöglich ist. Im Falle der Patientenreise ist dieses Problem gegeben: Das Experimentieren an realen Patienten, die per Definition krank sind, wäre moralisch nicht vertretbar, selbst wenn es eine genau spezifizierbare Stichprobe an Patienten mit gewünschten Merkmalsmustern gäbe. Dazu kommt, dass sich in der Realität das Verhalten der Probanden mit dem Wissen über die Messung ändern würde.

Simulation im hier verwendeten Sinn ist nicht die möglichst reale Abbildung und deren Dynamik, sondern eine Modellbildung zweiter Ordnung als auch ein Symbolsystem (siehe hierzu Saam 2016, S. 80–82). Die Modellbildung zweiter Ordnung entspricht einer Meta-Modellierung, also der Modellierung einer Modellierung: Das Modell wird durch ein Zusammenspiel zwischen Experimentieren und Modellieren kontinuierlich ausformuliert.

Als Symbolsystem zeigt sich das Vorgehen im Sinne eines vorstellenden Herstellens: Eine Gruppe Beteiligter erstellt gemeinsam ein Simulationsmodell mit gemeinsamen Zielen und mindestens einer Vision.

Das Bauen der Simulation, aber auch die Beobachtung führen zu Lerneffekten. Die Beobachtung im Rahmen der Simulation kann im nachfolgenden Handeln zu einer Optimierung von Patientenreisen führen. Beobachter erkennen, welche Parameter sinnvoll veränderbar sind oder welche Fehler vermieden werden können, um einen gewünschten Zustand oder ein optimales Verhalten in Bezug auf vorher gesetzte Ziele zu erreichen. Ohne, dass Fehler sich auf die Realität auswirken, können die Experimentierenden die Auswirkungen ihres eigenen Handelns testen und geeignet verändern.

Mathematische Optimierungsverfahren oder statistische Simulationen von Patientenreisen sind nicht sinnvoll anwendbar, da die Modellierung des Verhaltens einzelner Personen algorithmisch kaum gelingt und hier ein definierter Prozess plus frei handelnden Beteiligten nachgebildet werden muss. Dazu kommen eine Komplexität und eine hohe Interaktion während der Patientenreise sowie Ad-hoc-Entscheidungen aufgrund von zufallsbedingten Ereignissen. Für diese Art der Problemstellung wurde die agentenorientierte Simulation entwickelt, die sich grundlegend von der prozessorientierten ereignisgesteuerten Modellierung für die Geschäftsprozesse unterscheidet. Beide Arten sollten jedoch kombinierbar sein. Lord u. a. empfehlen die diskrete ereignisgesteuerte Simulation im medizinisches Umfeld, da diese natürlicher und verständlicher sei als Markov-Ketten oder Entscheidungsbäume (siehe Lord 2013, S. 131). Im Zusammenhang mit der geforderten Modellierung der Geschäftsprozesse bedeutet dies, dass sowohl die ereignisorientierte Simulation, die Agentensimulation und insbesondere im medizinischen Bereich auch Zustandsmodelle Anwendung finden müssen. Es wird daher eine Multi-Methoden-Modellierung gefordert, die bei Borshchev beschrieben ist (Borshchev 2013).

## 13.5 Ziele und Anforderungen simulierbarer Patientenreisen

Die Patientenreise als Ergebnis des Service Design ist statisch. Sie repräsentiert eine grafische Form mit Semantik, kann aber die Auswirkungen nur als Hinweise speichern. Szenarien können durchgespielt werden, wenn z. B. beteiligte Szenen wie in einem Theater spielen oder die Patientenreise als Brettspiel nutzen. Soll mit dem Ergebnis jedoch der Prozess optimiert und in der Realität später messbar validiert werden, dann reicht die Karte und eine künstlerische Gestaltung nicht mehr aus. Hier setzt die Geschäftsprozessmodellierung an, die in einem weiteren Schritt den Prozess mit allen Beteiligten formal und standardisiert dokumentiert. Dabei ist zwar die nötige Konkretisierung gegeben, die Darstellung bleibt jedoch auch hier statisch und ist nur eingeschränkt im Sinne einer „Was-wäre-wenn-Analyse" erfahrbar.

Ist Interaktion für ein exploratives Erkunden gewünscht und soll die Analyse von Beteiligten durchgeführt werden, die keine algorithmischen und statistischen Qualifikationen besitzen, dann ist die Simulation das geeignete Werkzeug. Die Simulation soll die

Patientenreise und die grafische Karte nachbilden. Durch Experimente sollen die Beobachter der Simulation ein besseres Verständnis komplexer Vorgänge erlangen, Empathie gegenüber anderen Beteiligten entwickeln und Entscheidungsunterstützung erhalten. Eine zentrale Notwendigkeit für die Simulation von Patientenreisen ist die individuelle Modellierung von Personen. Es sind die Eigenschaften des einzelnen Patienten und dessen Veränderungen abzubilden. Aber es muss auch möglich sein, die Auswirkungen auf Personengruppen hochzurechnen. Dabei sollen die gefundenen Szenarien nachvollziehbar und verständlich sein.

Wie in Abschn. 13.4 erläutert, ist eine Multi-Methoden-Modellierung gefordert. Deren Komplexität stellt besondere Anforderungen an die Machbarkeit hinsichtlich Zeit des Projektes und der Qualifikation aller Beteiligten. Dazu soll beispielhaft eine Schätzung aus der Schulung in den Ingenieurwissenschaften hinzugezogen werden. Für den Einsatz einer Simulation mussten vor 20 Jahren intensiv Mathematik und die jeweilige Fachdomäne geschult werden. Dazu kamen Trainingseinheiten analytischer Fertigkeiten, Programmierung, Systemanalyse u. a., die noch 1994 auf insgesamt 720 Stunden geschätzt wurden (Savory und Mackulak 1994).

Soll eine Patientenreise simulationsfähig gemacht werden, dann erfordert dies konkrete Details, um sowohl einer formalen Modellierung gerecht werden zu können als auch ausreichend Werte für einen Simulationslauf zu besitzen. Es müssen mindestens Messwerte wie Zeiten, Kosten, Anzahl an Ressourcen sowie die statistischen Verteilungen der Messwerte geschätzt werden. Hinzu kommen im vorliegenden Fall noch messbare Aussagen zu sogenannten weichen Faktoren wie z. B. Erwartungen und Emotionen. Erschwerend kommt hinzu, dass qualitative Kennzahlen aus Dienstleistungsprozessen meist nicht digitalisiert verfügbar sind und nur wenig objektiv validierte Daten zur Verfügung stehen. Die Messwerte für personenintensive Dienstleistungen können nur von den Beteiligten selbst gewonnen werden. Hier ist ein induktives Vorgehen erforderlich, d. h. dass Einzelfälle zuerst einer Einschätzung dienen und dann schrittweise generalisiert und validiert werden müssen. Das muss schnell gehen, denn idealerweise hat die erste Simulation gegen Ende eines Workshops mit den Beteiligten funktionsfähig zu sein.

Betrachtet man diese Fakten, würde dies nach klassischem Denken ein Scheitern des Vorhabens bedeuten. Die Anforderungen an Aufwand, Komplexität und notwendiger Detaillierung sind hoch, können jedoch mit einem besonderen Vorgehensmodell und dem Einsatz einer Multi-Methoden-Simulationssoftware erfüllt werden.

## 13.6 Ein Vorgehensmodell zur Erstellung simulierbarer Patientenreisen

Das nachfolgend beschriebene Vorgehensmodell erfüllt die vorher genannten Anforderungen an eine simulierbare Patientenreise. Es kombiniert die Erfahrungen aus der Erstellung von Patientenreisen mit denen simulierbarer Geschäftsprozesse. Lindner und Falkenberg führten die Simulation von Geschäftsprozessen zur Optimierung der Pflege 2011 in

Deutschland erfolgreich ein und entwickelten die Methode seitdem kontinuierlich weiter (Lindner und Falkenberg 2011; Lindner 2011). Eine leicht veränderte Form des Vorgehensmodells wird seit 2 Jahren in der Lehre eingesetzt. Mehr als 300 Studierende nahmen bisher an dieser Lehrveranstaltung teil und wendeten das Vorgehensmodell an.

Das Vorgehensmodell wurde in Anlehnung an ein „rapid prototyping" entwickelt. Die Zyklen in Abb. 13.2 ähneln dem IHI-Collaborative-Modell (IHI 2003, S. 5), jedoch bestehen diese nur aus zwei Phasen. Zudem liegt es in seiner Wirkungszeit von ein bis zwei Monaten deutlich unter dem von der IHI angegebenen Rahmen von 6 bis 15 Monaten (IHI 2003, S. 1).

In der Initiierungsphase wird zuerst der Auftrag geklärt. Dann werden die Ziele priorisiert und sensitive Punkte ermittelt. Das können z. B. Befindlichkeiten der Betroffenen, rechtliche Aspekte oder technische Abhängigkeiten sein. Danach werden die Teilnehmer für den initialen Workshop bestimmt.

In der zweiten Phase wird der Workshop vorbereitet. Parallel zur Einladung der Beteiligten werden Modelle mit Experten und danach Referenzsimulationen präpariert. Die Modellierung umfasst die Erstellung einer Prozesslandkarte und einer formalen Spezifikation, idealerweise in BPMN.

Im Workshop selbst steht das gemeinsame Erarbeiten der Prozesse mit Hilfe der Methoden des Service Design im Vordergrund. Das Ergebnis soll eine Patientenreise in grafisch ansprechender und tabellarischer Form sein. Liegt dieses vor, werden Einschätzungen der Teilnehmer zu konkreten Zeiten und deren Verteilungen ermittelt. In einer Pause des Workshops werden die geschätzten Werte in den Prototypen für die weitere Simulation eingegeben. Danach startet der Moderator des Workshops die Simulation mit den Werten der Teilnehmer und erläutert die Ergebnisse. Die Teilnehmer diskutieren Auffälligkeiten und klären die Abweichungen von ihren Erwartungen.

Im Anschluss an den Workshop erhalten die Teilnehmer Formulare zu Erfassung ihrer Beobachtungen. Die Teilnehmer vermessen sich im Alltag zunächst subjektiv selbst. Sie

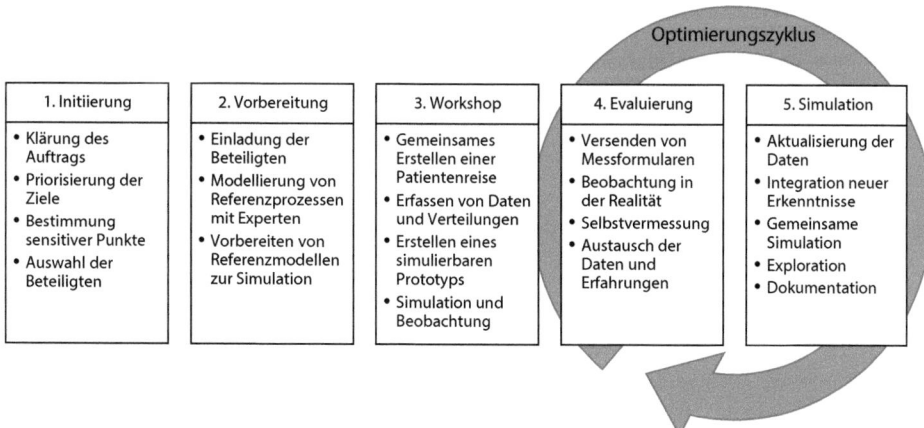

**Abb. 13.2** Ein Vorgehensmodell simulierbarer Patientenreisen

erfassen die Daten tabellarisch z. B. Aktivitäten, Zustände, Zeiten, handelnde Personen, Auffälligkeiten etc. Diese Tabellen werden dann zu einem vorher bestimmten Stichtag gesammelt und die Aggregationen allen als Feedback zurückgespielt.

In Phase 5 aktualisiert der Moderator die Daten und integriert sie in das Simulationsmodell. Unter Anleitung des Moderators explorieren die Teilnehmer die neuen Simulationsergebnisse. Er dokumentiert die Ergebnisse und geht zu Phase 4 über, indem er veränderte oder detailliertere Messformulare verteilt. Der Zyklus zwischen den letzten beiden Phasen wiederholt sich so lange, bis die Ergebnisse sich den definierten Zielen aus Phase 1 hinreichend annähern.

Phase 3 und der Zyklus der letzten beiden Phasen lehnen sich an die Funktion des SECI-Modells an (siehe Nonaka et al. 2000), kombiniert dies jedoch mit den 5 Disziplinen nach Peter Senge (Senge 2006, S. 6 ff.). Implizites Wissen wird durch gemeinsame Erfahrungen in den Phasen 3 und 5 geteilt (Sozialisierung). Prozessschritte und Werte werden konkret von und bei den Teilnehmern erhoben (Externalisierung) und in das Simulationsmodell als komplexeres Symbolsystem übertragen (Kombination). In beiden Fällen wird implizites Wissen explizit. Phase 4 hilft, das explizite Wissen in die täglichen Handlungen zu übernehmen (Internalisierung), wobei durch die Selbstvermessung wiederum eine Externalisierung stattfindet. Hier knüpft das Vorgehensmodell an Senges „Personal Mastery" an, die eine kontinuierliche Klärung und schrittweise Objektivierung der eigenen Person bedeutet. Der Zyklus findet in Phase 4 intrapersonell und in Phase 5 interpersonell statt (Senges „Team Learning"). Das gemeinsame Bauen des Modells legt die sogenannten „Mental Models" frei. Dabei zeigen sich die Voreinstellungen und Leitbilder der Beteiligten. Die Exploration in den Phasen 3 und 5 liefert Muster der Zukunft (Senges „Building shared vision"). Das Simulationsmodell und seine Funktion sind das Kernelement der fünften Disziplin, das Systemdenken, das alle anderen integriert.

Das Verfahren erlaubt, Prozesse mit wenig verfügbaren Daten simulierbar zu erstellen. Die Iterationen helfen, weitere Daten zu erhalten, die dabei gleichzeitig validiert werden. Das Lernen aus Erfahrung erfolgt mit Hilfe der Simulationen und ist nicht auf das alleinige Beobachten realer Situationen angewiesen (wenn diese überhaupt dazu geeignet sind, eine Lernsituation darzustellen). Dazu findet der Erfahrungsaustausch synchronisiert statt, sodass die Beteiligten klar zwischen Lernen und Anwenden unterscheiden können.

## 13.7 Beispiele simulierter Patientenreisen

Es können zwei Arten der Simulation von Patientenreisen unterschieden werden. Erstens filmbasierte Animationen und zweitens prozessorientierte Visualisierungen. Während die ersteren Elemente von „serious games" enthalten, sind die zweiten ein direktes Abbild der Patientenreise.

Am Beispiel von „Conversation For Health" soll die erste Gruppe erläutert werden (siehe Kognito 2016). Ziel des Durchspielens der interaktiven Simulationen ist die Verbesserung der Kommunikation. Die Anwendung fordert den Nutzer heraus, sich selbst

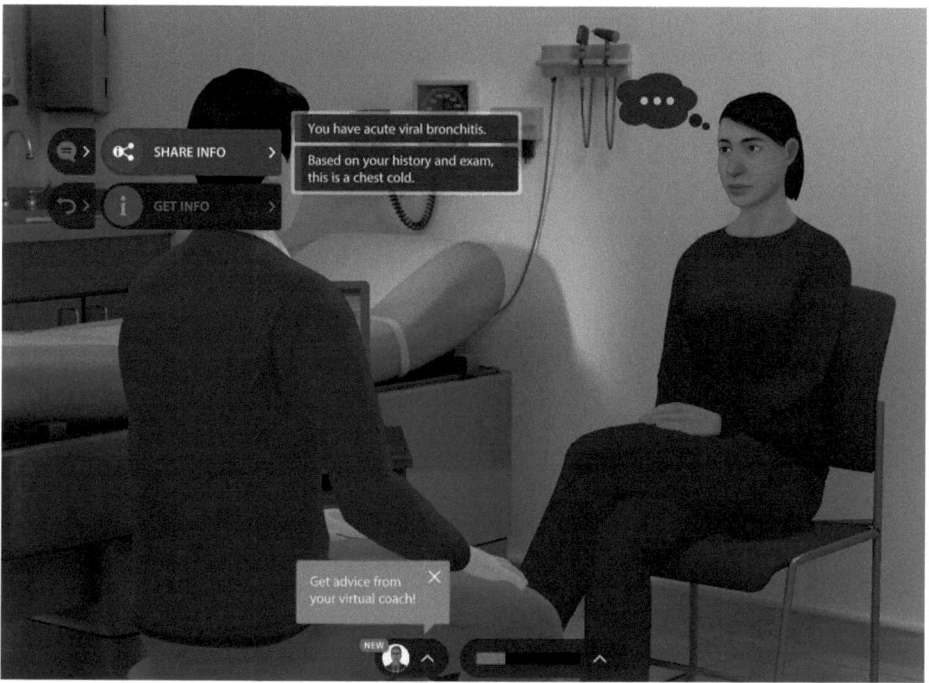

**Abb. 13.3** Filmbasierte Simulation einer Patientenreise (https://conversationsforhealth.com/)

einzuschätzen und dann eine Rolle zu übernehmen. In Abb. 13.3 sind der Bildschirmaufbau und die Kontrollelemente für das Spiel aus der Sicht des Arztes ersichtlich. Der Nutzer wählt dazu oben links die Verhaltensweisen „Share Info" für Mitteilungen oder „Get Info" für Fragen. Je nach Spielverlauf sind mehrere Alternativen verfügbar, die zu Veränderungen des Patienten führen. Die Gedanken und Gefühle des Patienten können über einen Klick auf die Sprechblase mit den Punkten links neben dem Kopf des Patienten abgehört werden. Ein Coach steht am unteren Bildschirmrand für eine persönliche Beratung zur Verfügung. Daneben befindet sich eine Leiste, die eine Bewertung über die Qualität des Gesprächsverlaufs liefert.

Vorteile dieses Modells sind, dass der Nutzer keinen abstrakten Prozess benötigt und keine Kennzahlen berücksichtigen muss, um sich auf die Kommunikation konzentrieren zu können. Auswirkungen des eigenen Handelns werden im Verlauf der Simulation deutlich. Das Verhalten des Modells ist jedoch vorab durch die Regie festgelegt. Alternative Szenarien können nicht selbst gestaltet werden; alles ist vorgedacht. Die Beobachtung der Auswirkungen auf eine größere Anzahl von Patienten ist nicht möglich, da ausschließlich eine individuelle persönliche Beziehung Teil des Drehbuchs ist.

Eine direkte Umsetzung des zweiten Typs zeigt Abb. 13.4. Diese Patientenreise ist eine prototypische Vorlage, sozusagen ein „Blueprint", der bei Bedarf verfeinert werden kann. Als Simulationsumgebung wird AnyLogic 7.3.6 eingesetzt, da AnyLogic schon in vorangegangenen Versionen als einziges Simulationswerkzeug die Anforderungen an

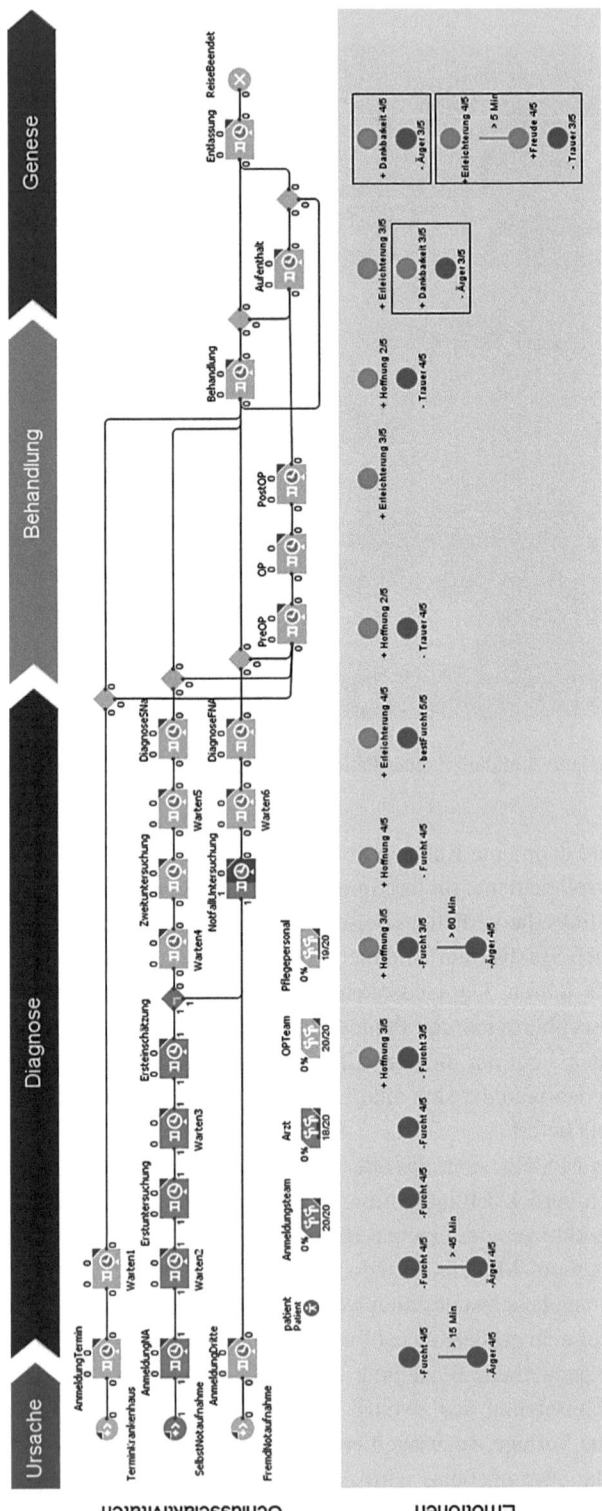

**Abb. 13.4** Ein prozessorientiertes Simulationsmodell einer Patientenreise

eine Multi-Methoden-Simulation erfüllte (s. Abschn. 13.5) und beliebige Visualisierung ermöglicht.

Der Hauptprozess ist oben als eine Kette von vier Unterprozessen grafisch dargestellt. Darunter befinden sich drei verfeinerte Szenarien, die sich durch die Starterereignisse unterscheiden. Entweder erfolgte die Anmeldung geplant durch Terminierung oder es handelt sich um eine Notaufnahme. Diese unterscheidet sich wiederum darin, dass der Patient selbst das Krankenhaus besucht oder durch einen Dritten wie z. B. einen Krankenwagen gebracht wird. Im grafischen Bereich des Prozesses, der an BPMN angelehnt ist, sind unten die Agenten und Ressourcen des Modells aufgeführt: Patient, Anmeldungsteam, Arzt, OP-Team und Pflegepersonal.

Darunter befindet sich analog zu Abb. 13.1 eine Zeile mit Emotionen des Patienten. Grüne Kreise sind positive, rote sind negative Emotionen. Unterhalb des Kreises befinden sich das jeweilige Vorzeichen, die Bezeichnung der Emotion und ein Skalenwert zwischen 1 und 5. Ist mehr als ein Emotionspaar vorhanden, werden zusammengehörige Emotionen umrandet, die über eine Entscheidung ausgelöst werden. Verändert sich eine Emotion anhand eines Schwellwertes, dann ist dies durch eine Verbindung zwischen zwei Kreisen und der Angabe des Wertes zu sehen. Das in die Simulation integrierte Emotionsmodell bildet das von Steunebrink (Steunebrink 2010, S. 31–33) erweiterte OCC Modell ab (Ortony et al. 1988, S. 19).

Die im Vorgehensmodell ermittelten Daten parametrisieren die Prozesskette und die Agenten. Die Aktivitäten schicken Nachrichten an die Agenten. Diese beinhalten Zustandsmodelle und reagieren deshalb flexibel. Der Prozess und seine Aktivitäten entsprechen damit einem Drehbuch, in dem die Agenten handeln können. Es ist für die Beteiligten jederzeit möglich, die Eigenschaften der Agenten und die Abfolge zu verändern. Zudem sind die Anzahl der Agenten und die Wahrscheinlichkeitsverteilungen jederzeit änderbar.

Damit die Auswirkungen der unterschiedlichen Szenarien schnell analysiert werden können, ist ein Leitstand zur Prozessanalyse wichtig (s. Abb. 13.5). Rechts befindet sich eine 3D-Animation, die die einzelnen Rollen als Animation zeigt. Die Farbe des Oberteils des Patienten nimmt die Farbe der Emotion an, die zum Simulationszeitpunkt überwiegt. Links davon befinden sich Angaben zur Situation und Kennzahlen, darunter die Emotionen des Patienten in prozentualer Verteilung.

Dieser zweite Ansatz erfüllt die Anforderungen aus Abschn. 13.5. Die Vorteile des zweiten Ansatzes liegen in seiner Flexibilität. Jeder Teil des Modells kann im Zyklus des Vorgehensmodells verändert werden. Die „Patient Journey Map" ist weitgehend abbildbar und im Weiteren simulierbar. In der 3D-Animation kann der Nutzer die Sichtweise einer Person einnehmen, jedoch sind im Vergleich zum ersten Beispiel die Interaktionsmöglichkeiten des Nutzers geringer, da die Parameter vor dem Simulationslauf bestimmt werden müssen. Die Beteiligten können Parameter ändern, jedoch müssen tiefergreifendere Änderungen wie z. B. Agenteneigenschaften oder die Reihenfolge von Aktivitäten vom Moderator durchgeführt werden.

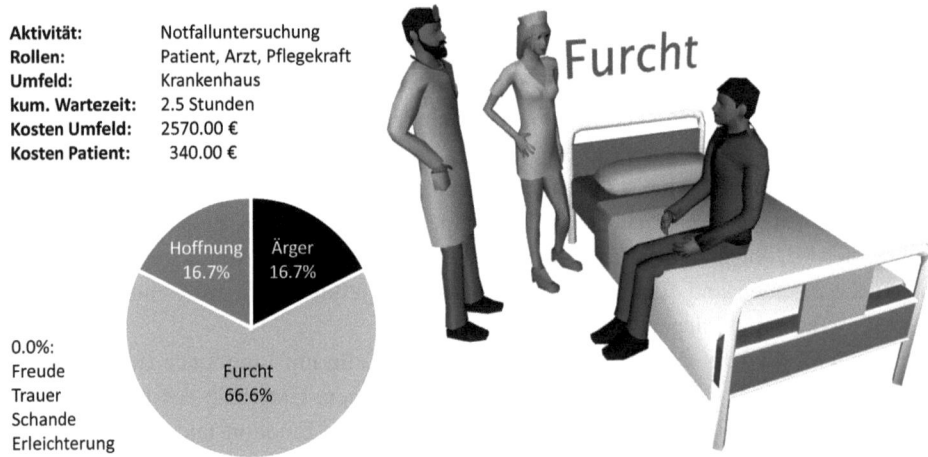

Abb. 13.5 3D-Visualisierung und Kennzahlen der Simulation

## 13.8 Schlussbetrachtung

Die Kombination aus Service Design und Simulation eröffnet hohes Potenzial zur Gestaltung und Optimierung patientenorientierter Dienstleistungen. Beide Verfahren in Kombination vereinen die jeweiligen Vorteile ohne die Nachteile zu übernehmen. Während Service Design die Beteiligten für eine ganzheitliche und dabei personenzentrierte Sichtweise öffnet und ein vielfältiges Spektrum an interaktiven Methoden bereithält, erlaubt die Simulation der konkretisierten Ergebnisse eine kontinuierliche Verbesserung und Weiterentwicklung an einem dynamischen Modell. Die Simulation umfasst dabei nicht nur ökonomische Daten, sondern auch Emotionen und andere qualitative Daten. In Kombination mit dem beschriebenen Vorgehensmodell und dem Einsatz einer Multi-Methoden-Simulationsplattform können Simulationen noch während eines Workshops in 3D präsentiert werden. Das dabei gewonnene Wissen, die gewonnenen Modelle und Erfahrungen, sind nicht auf den betrachteten Zeitraum beschränkt, sondern dienen als Basis für künftige Explorationen und Veränderungen im Alltag. Zwar sind beide Verfahren an sich ausgereift, aber das Zusammenspiel ist empirisch weiter zu verifizieren. Die Verfahren sind induktiver Natur, d. h. sie starten beim Einzelbeispiel und führen hin zu einer Verallgemeinerung. Um eine valide Basis für empirisch belastbare Daten zu erhalten, sind künftige Projekte mit Hunderten von Teilnehmern wünschenswert.

## Literatur

Apple (2016) Apple HealthKit, online im Internet. https://developer.apple.com/healthkit/. Zugegriffen: 15. Nov. 2016

Australian Government (2016) A patient/client journey for use in the community, online im Internet. http://www.health.gov.au/internet/publications/publishing.nsf/Content/delirium-care-pathways-toc~delirium-care-pathways-excom. Zugegriffen: 14. Nov. 2016

Borshchev A (2013) The big book of simulation modeling: Multimethod modeling with anylogic 6. Anylogic North America, Chicago

Bossel H (2004) Systeme, Dynamik, Simulation: Modellbildung, Analyse und Simulation komplexer Systeme. Books on Demand, Norderstedt

Chabrol M, Gourgand M, Rodier S (2009) Methodological approach and software tools for the hospital systems. In: McClean S, Millard P, El-Darzi E, Nugent C (Hrsg.) Intelligent Patient Management, Springer, Berlin, S 93–111

Curry J M (2008) A Meta-Methodology for the Design and Modeling of Patient Journeys, Dissertation, University of Western Sydney

DIN (2009) DIN-Fachbericht 158:2007-10. DIN Deutsches Institut für Normung e. V., Berlin, September 2009

DIN IEC (2014) DIN IEC 60050-351: 2014–2009, 351-42-33. DIN Deutsches Institut für Normung e. V., Berlin, September 2014

Health Care Labs (2016) Patient Journey App, Health Care Labs B.V., online im Internet. https://patientjourneyapp.com/. Zugegriffen: 15. Nov. 2016

IHI (Hrsg)(2003) The breakthrough series, IHI's collaborative model for achieving breakthrough improvement. Institute for Healthcare Improvement, Cambridge

ISO (2013) ISO/IEC 19510:2013, Information technology – Object Management Group Business Process Model and Notation, online im Internet. https://www.iso.org/obp/ui/#iso:std:iso-iec:19510:ed-1:v1:en. Zugegriffen: 13. Nov. 2016

Kognito (2016) Conversations For Health, online im Internet. https://conversationsforhealth.com/. Zugegriffen: 15. Nov. 2016

Kozier B, Erb G, Berman A, Snyder S, Lake R, Harvey S (2008) Fundamentals of nursing. concepts, process and practice. Pearson Education Limited, Harlow

Liberatore F, Vetterli C (2016) Patient-Journey. In: Angerer A, Brand T (Hrsg) LHT-BOK – Lean Healthcare Transformation Body of Knowledge. Version 1.0. Winterthur 2016, online im Internet. https://www.zhaw.ch/de/sml/institute-zentren/wig/projekte/leanhealthch/wissensdatenbank/leanhealth-konzeptsammlung/patient-journey/. Zugegriffen: 22. Nov. 2016

Lindner H-G, Falkenberg A (2011) Transparente Prozesse. Häusliche Pflege 20:20–26

Lindner H-G (2011) Subject Modeling in Residential Car Services, Third International Conference, S-BPM ONE 2011, Proceedings, Vol. 213, S 190–211, Springer Verlag, September 29–30, 2011, Ingolstadt, Germany, online im Internet. http://link.springer.com/chapter/10.1007/978-3-642-23471-2_10. Zugegriffen: 22. Nov. 2016

Lord J, Willis S, Eatock J, Tappenden P, Trapero-Bertran M, Miners A, Crossan C, Westb M, Anagnostou A, Taylor S, Mavranezouli I, Wonderling D, Alderson P, Ruiz F (2013) Economic modelling of diagnostic and treatment pathways in National Institute for Health and Care Excellence clinical guidelines: The Modelling Algorithm Pathways in Guidelines (MAPGuide) project. Health Technol Assess, Bericht 17(58)

Mager B (2007) Service Design. In: Erlhoff M, Marshall T (Hrsg) Wörterbuch Design: Begriffliche Perspektiven des Design. Birkhäuser Verlag, Basel, S 361–364

Mans RS, Schonenberg MH, Song M, van der Aalst WMP, Bakker PJM (2009) Application of process mining in healthcare – a case study in a dutch hospital. In: Fred A, Filipe J, Gamboa H (Hrsg): BIOSTEC 2008, CCIS 25, Springer Verlag, Berlin, S 425–438

McCarthy S, O'Raghallaigh P, Woodworth S, Lim YL, Kenny LC, Adam F (2016) An integrated patient journey mapping tool for embedding quality in healthcare service reform. In: Journal of Decision Systems 25(1):354–368. https://doi.org/10.1080/12460125.2016.1187394

Menche N (2014) Pflege heute, 6. Aufl. Elsevier Verlag, München

Millard PH, Rae B, Busby W (2009) Methodological approach and software tools for the hospital systems. In: McClean S, Millard P, El-Darzi E, Nugent C (Hrsg) Intelligent patient management, Springer Verlag, Berlin S 3–24

NHS (2005) Improvement leader's guide, process mapping, analysis and redesign – general improvement skills, NHS modernisation agency, best practice guidelines. Department of Health Publications, London

NHS (2016) „A patient journey" – a toolkit for teachers, online im Internet. https://www.healthcareers.nhs.uk/career-planning/offering-careers-IAG/teaching-resources/patient-journey-toolkit-teachers. Zugegriffen 10. Nov. 2016

Nonaka I, Toyama R, Konno N (2000) SECI, Ba and leadership: A unified model of dynamic knowledge-creation. Long Range Plann 33(1):5–34. https://doi.org/10.1016/S0024-6301(99)00115-6

OMG (2011) Business Process Model and Notation (BPMN) Version 2.0. Object Management Group, Needham

OMG (2011) Business Process Model and Notation (BPMN) Version 2.0, OMG Document Number: formal/2011-01-03, Object Management Group, Needham, online im Internet. http://www.omg.org/spec/BPMN/2.0. Zugegriffen: 22. Nov. 2016

OMG (2016) CMMN 1.1, OMG Document Number: formal/2016-12-01, Object Management Group, Needham, online im Internet. http://www.omg.org/spec/CMMN/1.1/. Zugegriffen: 22. Jun. 2017

Ortony A, Clore GL, Collins A (1988) The cognitive structure of emotions. Cambridge University Press, Cambridge

Percival J, Catley C, McCregor C, James A (2009) A Design for modelling the impact of information and communication technologies on patient journeys in neonatal intensive care units. In: McClean S, Millard P, El-Darzi E, Nugent C (Hrsg) Intelligent Patient Management, Springer Verlag, Berlin S 147–170

Saam NJ (2015) Simulation in den Sozialwissenschaften. In: Braun N, Saam NJ (Hrsg) Handbuch Modellbildung und Simulation in den Sozialwissenschaften, Springer Verlag, Wiesbaden, S 61–95

Savory P, Mackulak G (1994) The science of simulation modeling. industrial and management systems engineering. Faculty Publications, University of Nebraska, Paper 29. online im Internet. http://digitalcommons.unl.edu/imsefacpub/29. Zugegriffen: 22. Nov. 2016

Self Care Catalysts (2016) Self care catalysts homepage. online im Internet. http://www.selfcarecatalysts.com/. Zugegriffen: 15 Nov. 2016

Senge P (2006) The Fifth Discipline (Rough Cut), Doubleday/Currency. Crown Business, New York

VDI (2014) 3633, Simulation von Logistik-, Materialfluss und Produktionssystemen, Grundlagen. In: VDI-Richtlinien,Blatt 1, Verein Deutscher Ingenieure e.V., Düsseldorf

Steunebrink B (2010) The logical structure of emotions, SIKS Dissertation Series No. 2010-23, Dissertation, Universiteit Utrecht. online im Internet. http://people.idsia.ch/~steunebrink/Publications/The_Logical_Structure_Of_Emotions_%28Steunebrink_dissertation_2010%29.pdf. Zugegriffen: 24. Sept. 2016

Wissenschaftsrat (2014) Bedeutung und Weiterentwicklung von Simulation in der Wissenschaft, Positionspapier, Drucksachennummer (Drs.) 4032–14, Dresden. online im Internet. http://www.wissenschaftsrat.de/download/archiv/4032-14.pdf, S.8 f. Zugegriffen: 05. Nov. 2016

**Prof. Dr. rer. pol. Hans-Günter Lindner, Dipl.-Wirtsch.-Ing. (Elektrotechnik),** ist Professor für Betriebswirtschaftslehre und Wirtschaftsinformatik an der TH Köln, Fakultät für Wirtschaftswissenschaften, Schmalenbach Institut für Wirtschaftswissenschaften. Vorher arbeitete er als Professor für Informatik an der FH Frankfurt am Main und als Wissenschaftler am Bundesforschungszentrum für Informationstechnik (GMD/Fraunhofer).

Er besitzt umfangreiche Erfahrungen in der Praxis als Führungskraft, Unternehmensberater, Gründer und Innovator. Sein Forschungsschwerpunkt ist „der Mensch im Rechner". Die Werte von Dienstleistungen und Menschen untersucht er im betriebswirtschaftlichen Geschehen. Neben zahlreichen Veröffentlichungen zu Mensch-Maschine-Interaktion, künstlicher Intelligenz und Personalwesen entwickelte er Design und Konzepte für international agierende Softwareunternehmen.

# Patientenorientierter Pflegeprozess – Digitalisierung als Herausforderung und Chance

Waltraud Haas-Wippel, Andrea Frießnegg

**Zusammenfassung**

Im Hinblick auf die Entwicklungen im Gesundheitssystem und nicht zuletzt aufgrund der gesetzlichen Bestimmungen und der Fokussierung auf Ökonomie und Transparenz wird es zukünftig keine Frage mehr sein, ob Digitalisierung im Pflegebereich notwendig ist - sondern wie. Daher werden wir neuen smarten Technologien und Anwendungen, die der Pflegeinformatik zuzurechnen sind, in Zukunft noch mehr Aufmerksamkeit schenken müssen. Der sinnvolle Einsatz moderner Technologien im Zusammenwirken mit Prozessoptimierungen und ethischen Anforderungen kann eine qualitätsvolle Pflege unterstützen und so einen Mehrwert für die Patienten und für die Einrichtung bringen. Dieser Beitrag beschäftigt sich mit den Herausforderungen im Pflegebereich und wie mit Unterstützung der Pflegeinformatik die Pflegeprozesse in ihrer Effizienz und Effektivität verbessert werden können.

## Inhaltsverzeichnis

| | |
|---|---|
| 14.1 Einleitung | 232 |
| 14.2 Relevanz der Digitalisierung von Dienstleistungen im Gesundheitswesen | 233 |
| 14.3 Theoretische Grundlagen | 233 |
| 14.3.1 Patientenorientierter Pflegeprozess | 234 |
| 14.3.2 ELGA – die elektronische Gesundheitsakte | 234 |
| 14.4 Chancen und Herausforderungen einer digitalen Pflegedokumentation | 235 |
| 14.5 Implementierung einer digitalen Pflegedokumentation in den Geriatrischen Gesundheitszentren der Stadt Graz | 236 |
| 14.6 Schlussbetrachtung | 239 |
| Literatur | 240 |

W. Haas-Wippel (✉) · A. Frießnegg
Albert-Schweitzer-Gasse 36, A – 8020 Graz, Österreich
e-mail: waltraud.haas-wippel@stadt.graz.at; andrea.friessnegg@stadt.graz.at

© Springer Fachmedien Wiesbaden GmbH 2018
M. A. Pfannstiel et al. (Hrsg.), *Digitale Transformation von Dienstleistungen im Gesundheitswesen IV*, https://doi.org/10.1007/978-3-658-13644-4_14

## 14.1 Einleitung

Gegenwärtig können wir erleben, dass sich eine tiefgehende Evolution abzeichnet, die eine exponentiell wachsende Komplexität in fast allen Lebensbereichen zu bewältigen hat. Die Welt wird zunehmend vernetzter und es entsteht durch die neue Dimension der vernetzten Digitalisierung eine Dynamik eines beschleunigten Wandels.

Innovationen und Anstrengungen zeigen nur dann Früchte, wenn alte Paradigmen verlassen und etwas Neues geschaffen wird. Prozesse und Strukturen sind neu zu denken und erfordern neue Antworten – auch und gerade im Pflegebereich und Gesundheitswesen. Diesen Veränderungen und Herausforderungen haben sich die Geriatrischen Gesundheitszentren der Stadt Graz (GGZ) mit Innovationsmut gestellt.

Die Geriatrischen Gesundheitszentren der Stadt Graz (GGZ) sind ein Unternehmen der Stadt Graz. Sie betreuen rund 850 Patienten, Bewohner und Klienten in verschiedenen Versorgungssettings und mit unterschiedlicher Betreuungsintensität. Im Kompetenzzentrum für Altersmedizin und Pflege erfolgt seit 15 Jahren ein kontinuierlicher Aufbau von bedarfsgerechten, abgestuften geriatrischen Versorgungsstrukturen auf Basis wissenschaftlicher Prinzipien der Versorgungsforschung und Versorgungsplanung gemeinsam mit Universitäten, Fachhochschulen und den Instituten der öffentlichen Gesundheitsplanung. Es bietet ein umfassendes Versorgungsportfolio von geriatrischer Akutmedizin über spezielle Betreuungseinrichtungen für Menschen mit Demenz bis zur palliativgeriatrischen Versorgung in stationären, teilstationären und ambulanten Settings. Das Ineinandergreifen von Patientenbetreuung, Forschung und Lehre garantiert eine Versorgungsqualität auf höchstem Niveau und eine kontinuierliche Weiterentwicklung von Medizin, Pflege und geriatrischen Betreuungsmodellen. Zu den Leistungsangeboten der GGZ gehören die Albert-Schweitzer Klinik (ASK) I und II mit einer Akutgeriatrie/Remobilisation und einer Tagesklinik sowie einer medizinischen Geriatrie, einer Apallic Care Unit und einem stationären Hospiz mit einem Tageshospiz. Weiterhin betreiben die GGZ vier Pflegeheime und zwei Tageszentren. Das Ziel der GGZ ist es, eine umfassende Betreuung für ältere Menschen durch eine Differenzierung und Vielfalt im Versorgungsangebot anzubieten, die sich jeweils am individuellen Betreuungs- und Pflegebedarf der Menschen orientiert, um die Selbstständigkeit und Autonomie auch im hohen Alter zu ermöglichen und zu fördern.

Derzeit sind in Österreich ca. 1,5 Millionen Menschen älter als 65 Jahre. Alt sein und alt werden sind daher Themen, die alle betreffen. Der demografische Wandel wird nicht als Problem gesehen – sondern als Glücksfall! Gerade darum ist es wichtig, nicht nur die besten Angebote für eine gute Betreuung und Pflege im Alter zu schaffen, sondern auch neue Möglichkeiten (weiter) zu entwickeln, die die Pflegequalität, die Patientensicherheit und auch die Mitarbeiter unterstützen.

Dies auch unter dem Fokus, dass die Anforderungen an die Verantwortungsträger im Pflege und Sozialbereich immer weiter zunehmen und die Aufgaben effektiv und effizient durchzuführen sind. Die Verantwortlichen stehen vor der Herausforderung, die Leistungsfähigkeit und die Wirksamkeit ihrer Arbeit noch nachvollziehbarer und transparenter darstellen zu müssen. Pflegepersonen nehmen hier eine Schlüsselrolle ein. Um diese Herausforderungen und Aufgabenfelder besser bewältigen zu können, kann die digitalisierte Pflegedokumentation eine wichtige Unterstützung sein (vgl. Waltraud Haas-Wippel 2015, S. 9).

Die Digitalisierung eines patientenorientierten Pflegeprozesses sehen wir als eine wesentliche Unterstützung für eine optimierende Patientenbetreuung im Sinne der Qualitätsverbesserung, Patientensicherheit und Transparenz unserer Pflegeleistungen.

Diese Entwicklung zur Digitalisierung sollte alle Stationen und Settings umfassen, d. h., beginnend bei der Dokumentation vor Ort bei der Patientin, als auch interdisziplinär und multiprofessionell mit allen Health Professionals. Weiters muss der Datentransfer zwischen den unterschiedlichen Pflegeeinrichtungen sowie zu den Kooperationseinrichtungen und Stakeholdern gewährleistet sein.

## 14.2 Relevanz der Digitalisierung von Dienstleistungen im Gesundheitswesen

Die EDV-Unterstützung für medizinische und pflegerische Abläufe ist in den letzten Jahren massiv gestiegen – Digitalisierung gehört längst in vielen Bereichen zum Alltag. Aufgrund der demografischen Entwicklung sowie der immer kürzeren Verweildauer von Patienten und der damit verbundenen Arbeitsverdichtung in Krankenhäusern wächst der Bedarf an einer optimal strukturierten und nachvollziehbaren Patientendokumentation. Hinzu kommt eine ständig wachsende Bürokratisierung im Kontext gesetzlicher Vorgaben, die einen erheblichen Dokumentationsaufwand auslösen, der letztendlich zu unübersichtlichen und nur schwer auswertbaren Ergebnissen führt. Vor diesem Hintergrund ist der Einsatz von digitalen Dokumentationssystemen sowohl aus qualitativer als auch ökonomischer Sicht unverzichtbar.

Eine effizientere und qualitativ hochwertige Gesundheitsversorgung ist nur mittels moderner Medizinischer Informationssysteme sowie einer informationstechnologischen Vernetzung aller Versorgungssektoren des Gesundheitswesens möglich (vgl. Haas 2005, S. 2).

Des Weiteren erfordert die Auswahl, Einführung und der Betrieb dieser Systeme eine gute Planung und Vorbereitung, die von aufgeklärten und motivierten Benutzern getragen werden muss. In diesem Zusammenhang wird die optimale Unterstützung der Mitarbeiter in ihrer Arbeit als wesentlicher Bestandteil gesehen (vgl. Haas 2005, S. 4 f.).

## 14.3 Theoretische Grundlagen

Im folgenden Kapitel werden relevante Begriffe definiert, um ein einheitliches Verständnis zu gewährleisten. Ferner wird die Erfordernis von IT-Systemen zur Patientenversorgung näher erläutert, die am Beispiel von ELGA zeigt, dass ohne IT-Unterstützung eine durchgängige Betreuung der Patienten nur im eingeschränkten Ausmaß möglich ist und behandlungsrelevante Informationen über andere Kommunikationswege eingeholt werden müssen.

### 14.3.1 Patientenorientierter Pflegeprozess

Die patientenorientierte Pflege stellt einen komplexen Prozess innerhalb des Behandlungsverlaufs einer PatientIn dar, der maßgeblich für die individuelle Pflege und Behandlung verantwortlich ist und einen kontinuierlichen Informationsaustausch innerhalb des multiprofessionellen Teams erfordert.

Die gängige Definition eines Prozesses nach EFQM (European Foundation for Quality Management) lautet: „Ein Prozess ist eine Folge von Schritten, welche aus einer Reihe von Inputs (z. B. Pflegeminuten) einen Output (Heilen) erzeugt und dadurch einen Mehrwert (Gesundheit) schafft" (Blonski und Stausberg 2003, S. 107).

Der Pflegeprozess als theoretisches Handlungskonzept und Methode ist ein wichtiger Teil professioneller Pflege, der unabdingbar mit theoriegeleiteten Inhalten verknüpft sein muss. Er dient im Wesentlichen dem Systematisieren, um individuelle Pflegephänomene zu identifizieren, um Entscheidungen zu treffen, die zu pflegerischem Handeln führen und er ermöglicht die Bewertung von Pflegeergebnissen (Rappold et al. 2010, S. 10).

Die pflegerischen Kernkompetenzen des gehobenen Dienstes für Gesundheits- und Krankenpflege umfassen die eigenverantwortliche Erhebung des Pflegebedarfes sowie Beurteilung der Pflegeabhängigkeit, die Diagnostik, Planung, Organisation, Durchführung, Kontrolle und Evaluation aller pflegerischen Maßnahmen (Pflegeprozess) in allen Versorgungsformen und Versorgungsstufen, die Prävention, Gesundheitsförderung und Gesundheitsberatung im Rahmen der Pflege sowie die Pflegeforschung (RIS – Gesamte Rechtsvorschrift für Gesundheits- und Krankenpflegegesetz – Bundesrecht konsolidiert 2016).

### 14.3.2 ELGA – die elektronische Gesundheitsakte

Voraussetzung für die Anbindung an ELGA ist ein Krankenhausinformationssystem (KIS), indem Dokumente entsprechend den Vorgaben von ELGA anzupassen sind. Mit etwas Geschick und Weitblick kann die Anbindung als Chance genutzt werden, die Prozesse zu verbessern und die Strukturqualität zu erhöhen.

Patienten sind derzeit häufig selbst die Informationsträger der eigenen Gesundheitsdaten, die ärztliche und pflegerische Entlassungsbriefe aus Krankenhäusern, Laborbefunde oder Röntgenbilder zu verschiedenen Ärzten, Pflegediensten oder anderen Gesundheitseinrichtungen mitbringen müssen. Die Dokumentenverwaltung sollte nicht zu einer zusätzlichen administrativen Belastung für Patienten werden.

Als modernes Informationssystem erleichtert ELGA Patienten sowie berechtigten ELGA-Gesundheitsdiensteanbietern – behandelnden Ärzten, Spitäler, Pflegeeinrichtungen oder Apotheken – den Zugang zu Gesundheitsdaten (Abb. 14.1). Ein wichtiges Ziel von ELGA ist somit insbesondere die Unterstützung der medizinischen, pflegerischen und therapeutischen Behandlung und Betreuung durch einen besseren Informationsfluss, vor allem, wenn mehrere Gesundheitseinrichtungen oder Berufsgruppen entlang einer Behandlungskette zusammenarbeiten (ELGA – die elektronische Gesundheitsakte, ELGA im Überblick 2016).

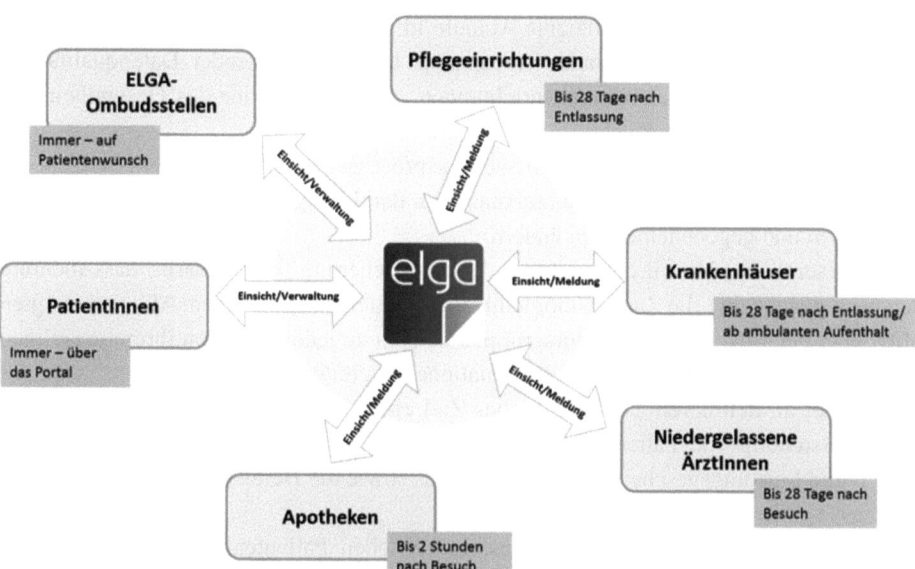

Abb. 14.1 Zugriffsmöglichkeiten auf ELGA. Quelle: Eigene Darstellung (2016)

## 14.4 Chancen und Herausforderungen einer digitalen Pflegedokumentation

Seit 1997 ist in Österreich nach § 5 GuKG die Dokumentationspflicht für die Gesundheits- und Krankenpflegeberufe entsprechend verankert und stellt seit Bestehen dieses Gesetzes eine große Herausforderung dar. Wichtige Ziele der Pflegedokumentation sind die Unterstützung der Patientenversorgung, der Qualitätssicherung, die Erfüllung rechtlicher Rahmenbedingungen sowie die Unterstützung der Professionalisierung in der Pflege, der Pflegeforschung und der Ausbildung. Die Dokumentation dient der Transparenz und Nachvollziehbarkeit erbrachter Leistungen, der Rechenschaftslegung und Beweissicherung, wird aber oft in der Praxis als zeitraubende Belastung empfunden.

Insbesondere werden stark abweichende Erwartungshaltungen der verschiedenen Berufsgruppen an ein System als Herausforderung gesehen. Diese reichen vom Wunderwerkzeug, das viele Organisationsprobleme und administrative Aufgaben einfach von selbst erledigt, bis hin zu der Einschätzung, dass es sich hier um überflüssige Technisierung handelt, die nur zu Mehrarbeit führt (vgl. Behrendt 2009, S. 187).

Hussa definiert den Nutzen eines Krankenhausinformationssystems sehr vielseitig, von der Kostenreduzierung, Qualitätssteigerung in der Patientenversorgung bis zur Unterstützung der Prozesse im Klinikum. Um die Effizienz und Effektivität im Prozessmanagement zu gewährleisten, ist es erforderlich, die Abläufe zu erheben, zu dokumentieren, zu steuern und kontinuierlich zu verbessern. Nur so können die Vorteile eines Krankenhausinformationssystems effektiv genutzt werden (vgl. Hussa 2014, S. 20).

Nach Behrendt gehören ineffiziente Abläufe in der Patientendokumentation, Doppeluntersuchungen aufgrund fehlender Transparenz und unzureichender Datenqualität für das Management von Gesundheitseinrichtungen zur Alltagsroutine des Gesundheitswesens (vgl. Behrendt 2009, S. 81).

Im Sinne des kontinuierlichen Verbesserungsprozesses ist es von großem Nutzen, ein Prozessverständnis in der Pflege aufzubauen, um damit eingefahrene Arbeitsprozesse zu überdenken und gegebenenfalls zu ändern.

Ein wesentlicher Vorteil der zentralen Datenspeicherung besteht darin, dass mehrere Personen gleichzeitig die Zugriffsmöglichkeit auf Patientendaten haben. Alle berechtigten Mitglieder der verschiedenen Berufsgruppen können zu jeder Zeit, von ihrem jeweiligen Arbeitsplatz aus, auf die benötigten Informationen zugreifen.

Leiner et al. definieren als wesentliches Ziel eines Krankenhausinformationssystems die Bereitstellung von Patienteninformation, die Qualität der Patientenversorgung, das Kosten und Leistungsgeschehen im Krankenhaus sowie die Bereitstellung medizinischen Wissens (vgl. Leiner et al. 2012, S. 88).

Laut Behrendt besteht ein Spannungsfeld zwischen Patientenindividualität und der Standardisierung medizinischer Leistungen, die in der Behandlungspraxis zu einer großen Anzahl individueller und teilstandardisierter Arbeitsprozesse und Organisationsformen führt. Weiters ist die Einführung klinischer Systeme immer auch von der Anpassung der Software an die Gegebenheiten des Krankenhauses oder der Abteilung geprägt (vgl. Behrendt 2009, S. 189).

In diesem Zusammenhang betont Haas, dass es immer darum gehen muss, Anwender in ihrer Arbeit optimal zu unterstützen und nicht neue den Arbeitsprozess behindernde Tätigkeiten einzuführen (vgl. Haas 2005, S. 5).

Hinsichtlich der Informatikanwendungen sind Mitarbeiter in Kliniken sehr unterschiedlich qualifiziert. Manche Anwender sind sehr geübt, andere hingegen benötigen noch Grundschulungen über die Bedienung von PC. Die Ausrichtung von KIS-Systemen muss demzufolge eine breite Streuung von Vorkenntnissen berücksichtigen (vgl. Behrendt 2009, S. 199).

## 14.5 Implementierung einer digitalen Pflegedokumentation in den Geriatrischen Gesundheitszentren der Stadt Graz

Ziel unseres Projektes war es, ein an unseren Krankenhausprozessen orientiertes Softwaresystem, das die Gesamtabläufe des Krankenhauses und der vor- und nachgeschalteten Prozesse umfassen soll, zu implementieren, um einerseits eine Dokumentationsplattform für alle Berufsgruppen rund um die Patienten zu schaffen und andererseits diese Plattform als Datenquelle für Auswertungen zu nutzen.

Ausgehend von einer Bedarfsanalyse, Modifizierung der Prozesse bis hin zur Testphase und Begleitung der Mitarbeiter auf den Stationen reichte die Bandbreite des Vorgehens.

Im Folgenden wird nur auf die Einführung der mobilen elektronischen Pflegedokumentation eingegangen.

Was muss wo und wie oft dokumentiert werden? Welche Maßnahmen gehören in welches Formular und wie müssen sie beschrieben werden? Mit diesen Fragen befassen sich viele Pflegepersonen in der täglichen Arbeit. Um den Anspruch einer professionellen Pflege gerecht zu werden und den patientenorientierten Pflegeprozess im Sinne der Schlüssigkeit und Vernetzung einzelner Pflegeprozessschritte darzustellen bzw. abzubilden, wurde im Rahmen der Einführung der elektronischen Pflegedokumentation das Care-Management (Abb. 14.2) entwickelt, welches in seiner grafischen Darstellung für alle diplomierten Gesundheits- und Krankenpflegepersonen die Verknüpfung der Elemente des Pflegeprozesses vor dem Hintergrund der Qualitätssicherung aufzeigt. Hieraus ergibt sich die Möglichkeit, alle für die Pflege relevanten Komponenten einfach und schnell aufzurufen.

Des Weiteren erfolgte eine Analyse der täglichen Arbeitsabläufe im Pflegealltag, um das Dokumentationsverhalten der Pflegepersonen zu erkennen. Demzufolge entschied man sich für den Einsatz mobiler Laptopwägen, die das notwendige Equipment für die tägliche Arbeit an Patienten beinhalten. Um eine zeitnahe Dokumentation zu gewährleisten ist die Zugriffsmöglichkeit auf das System überall dort gegeben, wo es im Stationsalltag erforderlich ist. Dies bedeutet, dass der Mobilität der Hardware keine Grenzen gesetzt sind. Darüber hinaus fanden im Sinne der Qualitätssicherung Schulungen für alle Mitarbeiter der Pflege hinsichtlich des Dokumentationsprozesses statt.

Im Anschluss startete die Pilotphase auf einer Station in der ASK mit 25 Betten. Somit konnten alle Prozesse sowie deren Umsetzung geprüft und modifiziert werden. Hier zeigte sich, dass mit der frühzeitigen Einbindung der Pflegepersonen in den Entwicklungsprozess

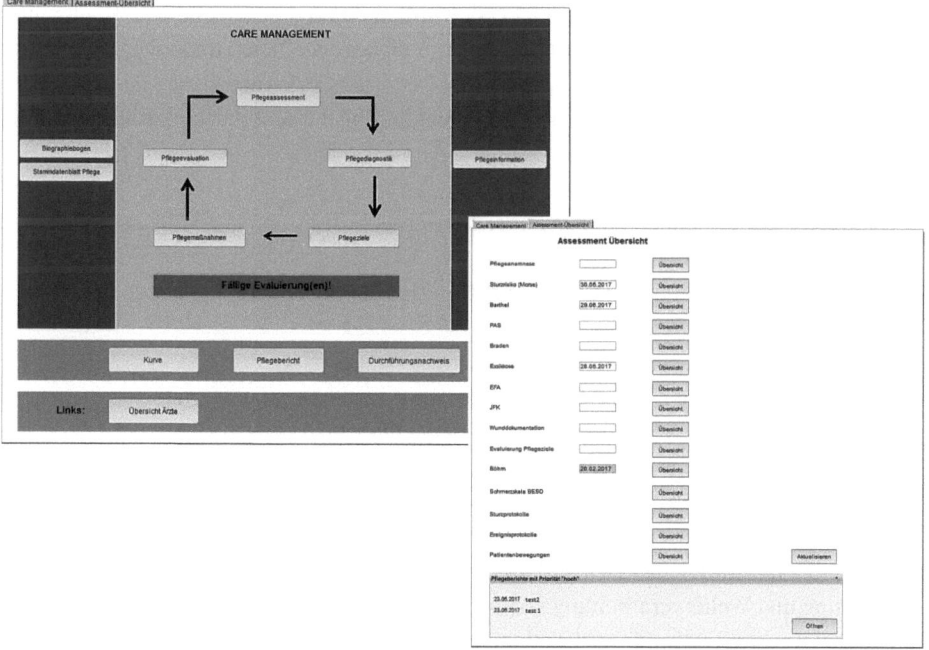

**Abb. 14.2** Care-Management in den GGZ. Quelle: Eigene Darstellung (2016)

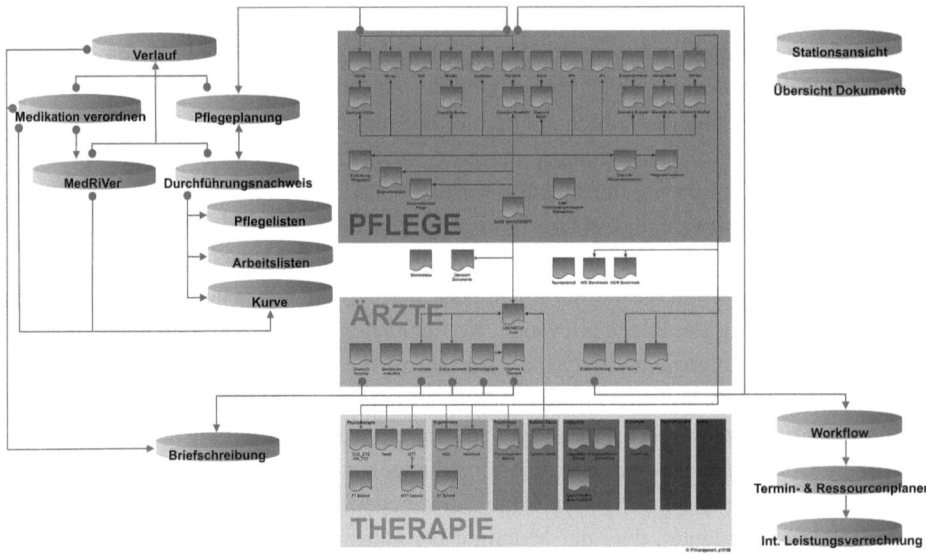

**Abb. 14.3** KIS-Formulare und Module. Quelle: Eigene Darstellung (2016)

und der Abbildung von inhaltlich vertrauten Formularen (Abb. 14.3) eine hohe Akzeptanz erzielt werden konnte. Bereits während der Pilotphase wurde im laufenden Betrieb die Software den Abläufen und Anforderungen der Nutzer angepasst. Die Mitarbeiter auf der Station wurden engmaschig begleitet, sie wurden durch die zeitnahe Umsetzung ihrer Anregungen in die Optimierung des Systems mit einbezogen. Hierzu fanden regelmäßige Besprechungen im Team statt.

Nachstehende Ziele konnten mit der Implementierung der mobilen elektronischen Pflegedokumentation erreicht werden:

- Erhöhung der Dokumentationsqualität hinsichtlich Transparenz, Vollständigkeit und Nachvollziehbarkeit
- Graphische Darstellung des Pflegeprozesses als Einstiegsmaske
- Einheitliche Pflegesprache
- Vermeidung von Doppeldokumentationen
- Korrekte und lesbare Darstellung der erbrachten Leistungen
- Mobile und zeitnahe Dokumentation am Patientenbett
- Erfassung aller (pflege)relevanten Daten entsprechend den gesetzlichen Vorgaben
- Elektronische Abbildung von vorhandenen Formularen – hohe Wiedererkennungswert der Inhalte
- Einsehbarkeit für alle am Behandlungsprozess beteiligten Personen
- Nutzung und Weiterverarbeitung von bereits im KIS erfassten Daten
- Überleitung der Daten für nachstationäre Einrichtungen (ELGA)

## 14.6 Schlussbetrachtung

Der Wechsel von vertrauter Papierdokumentation zu Neuem war durchaus auch problematisch und vor allem eine emotionale Herausforderung, die gerade ältere Mitarbeiter zum Teil massiv überforderte. Dies hat, trotz intensivem Zuspruch und Unterstützung, aufgrund der durchaus gegebenen Komplexität der elektronischen Dokumentation zu Schwierigkeiten in der Umsetzung des Pflegeprozesses geführt.

Dennoch ist mit der Einführung der mobilen elektronischen Patientendokumentation eine Zusammenführung von den bisher isolierten Dokumentationen der verschiedenen Berufsgruppen gelungen. Die „multiprofessionelle" Dokumentation stellt einen wichtigen Schritt in Richtung Qualitätsverbesserung und Patientensicherheit dar. Durch die Einsichtnahme in die Dokumentation anderer Berufsgruppen kann die Fokussierung auf gemeinsame Ziele und auf die Zielerreichung besser gelingen und gewährleistet eine gesetzeskonforme Dokumentation.

Angesichts der Tatsache, dass keine nachträgliche Dokumentation von Tätigkeiten möglich ist, wurde bei den Pflegepersonen das Bewusstsein gesteigert, dass der patientenorientierte Pflegeprozess noch stärker als zuvor von jedem Einzelnen selbst zu verantworten ist.

Durch die benutzerfreundliche Handhabung des Systems konnte aber doch eine hohe Akzeptanz der Mitarbeiter erreicht werden. Hinsichtlich der Lesbarkeit und Transparenz der dokumentierten Leistungen bewerteten die Mitarbeiter die Software als praxistauglich, da es sie in ihrer täglichen Arbeit unterstützt und auch verschiedene Dokumentationsschritte vereinfacht.

Der administrative Bereich in Einrichtungen des Gesundheits- und Sozialwesens ist heute ohne IT-Unterstützung nicht vorstellbar. Die stärkere digitale Vernetzung und die gesetzlichen Entwicklungen (z. B. E-Health-Gesetz) sind wesentliche Faktoren, die noch weiter an Bedeutung gewinnen werden. Daher werden wir neuen smarten Technologien und Anwendungen, die der Pflegeinformatik zuzurechnen sind, in Zukunft noch mehr Aufmerksamkeit schenken müssen.

Zur Bewältigung der Herausforderungen im Pflegebereich braucht es hochqualifizierte Pflegeexperten, die ihre Kompetenzen in die unmittelbare Betreuung und Pflege der Menschen einbringen und es braucht auch Technologien, die sie dabei bestmöglich unterstützen.

Der sinnvolle Einsatz moderner Technologien im Zusammenwirken mit Prozessoptimierungen und ethischen Anforderungen soll eine qualitätsvolle Pflege unterstützen und so einen Mehrwert für die Einrichtung bringen. Davon profitieren sowohl die Patienten und Bewohner der Einrichtung als auch die Mitarbeiter in der Pflegepraxis. Ob Pflegefachkräfte ein elektronisches Pflegeprozessdokumentationssystem auch akzeptieren, hängt sehr von der Funktionalität der Programme ab - eine einfache Handhabung und die Schnelligkeit des Systems sind dabei wesentliche Kriterien.

Entscheidend ist aber letztendlich, dass die Pflegedokumentation per se nicht wichtiger wird als die Menschen, die in unseren Häusern leben und unsere Pflege und Betreuung benötigen. Eine professionell geführte digitale Pflegedokumentation kann und soll dafür eine wertvolle Unterstützungshilfe sein. Das Ziel muss daher immer auch die Kommunikation zwischen den Menschen sein.

Zusammenfassend kann gesagt werden, dass mit Hilfe der Pflegeinformatik die Pflegeprozesse in ihrer Effizienz und Effektivität deutlich verbessert werden können und so die Digitalisierung von Pflegeleistungen einen wichtigen Beitrag zur Patientensicherheit, zur Qualitätsverbesserung und zur Professionalisierung der Pflege leisten kann.

## Literatur

Behrendt I, König HJ, Krystek U (2009) Zukunftsorientierter Wandel im Krankenhausmanagement. Springer Verlag, Berlin

Blonski H, Stausberg M (2003) Prozessmanagement in Pflegeorganisationen. Verlag Schlütersche, Hannover

ELGA im Überblick (2016) Wissenswertes zu ELGA, online im Internet. http://www.elga.gv.at/faq/wissenswertes-zu-elga/index.html. Zugegriffen: 18. Nov. 2016

Haas P (2005) Medizinische Informationssysteme und elektronische Krankenakten. Springer Verlag, Berlin

Haas-Wippel W (2015) Strukturqualitätskriterien für geriatrische Tageszentren. Akademiker Verlag, Saarbrücken

Hussa M (2014) Prozess-/Erhebung, Messung und Dokumentation des Aufnahmeprozesses am Beispiel der Albert Schweitzer Klinik, Masterarbeit im Fach eHealth. FH Joanneum, Graz

Leiner F, Gaus W, Haux R, Knaup-Gregori P, Pfeiffer K, Wagner J (2012) Medizinische Dokumentation, 6. Aufl. Verlag Schattauer, Stuttgart

Rappold E, Rottenhofer I (2010) Arbeitshilfe für die Pflegedokumentation: Österreichisches Bundesinstitut für Gesundheitswesen, 2. Aufl. Verlag Gesundheit Österreich, Wien

RIS (2016) RIS – Gesamte Rechtsvorschrift für Gesundheits- und Krankenpflegegesetz – Bundesrecht konsolidiert, online im Internet. https://www.ris.bka.gv.at/GeltendeFassung.wxe?Abfrage=Bundesnormen&Gesetzesnummer=10011026. Zugegriffen:23. Sept. 2016

**Waltraud Haas-Wippel,** Master of Arts (Gerontologie), Akademische Pflegemanagerin, Pflegedienstleiterin der GGZ der Stadt Graz, DGKP, Allg. beeidete und gerichtlich zertifizierte Sachverständige, Lektorin der Med. Universität Graz/Pflegewissenschaft und KFU Graz, Referentin/Fachvortragende, Autorin von zahlreichen Publikationen

**Andrea Frießnegg,** Pflegedienstleiterin der Albert Schweitzer Klinik I der Geriatrischen Gesundheitszentren der Stadt Graz, Organisation, Koordination und Controlling im Bereich Akutgeriatrie/Remobilisation, AG/R Tagesklinik und Wachkoma, Qualitäts- und Risikobeauftragte im Gesundheitswesen, Mitentwicklung und Implementierung des Krankenhausinformationssystems in den GGZ im Bereich der Pflege, Referentin/Fachvortragende

# 15 Technikeinsatz für ambulante Dienste – eine Hilfsorganisation geht innovative Wege

Maraike Siemer, Alexandra Kolozis, Carmen Tietjen-Müller,
Marie-Luise Schwarz, Simon Timmermanns, Alexander Jüptner
und Andreas Felscher

### Zusammenfassung

Das Thema des Technikeinsatzes gewinnt im digitalen Zeitalter auch bei der Johanniter-Unfall-Hilfe als soziale Hilfsorganisation eine zunehmende Bedeutung. Im Rahmen des Angebotes zahlreicher ambulanter Dienstleistungen (unter anderem Pflege- und Betreuungsangebote) findet vermehrt eine Integration von Technik im Alltag von Personen verschiedener Zielgruppen (Pflegebedürftige, Angehörige, Mitarbeiter) statt. In diesem Beitrag wird aufgeführt, wie der Einsatz von Technik innerhalb der ambulanten Dienste aktuell gelingt und welche Hürden es zu bewältigen gilt. Kunden, die Dienstleistungen der Johanniter-Unfall-Hilfe in Anspruch nehmen, stehen hier ebenso im Fokus wie eigene Mitarbeiter. Durch die Darstellung von ausgewählten Forschungsprojekten

---

M. Siemer (✉) · A. Kolozis · S. Timmermanns · A. Jüptner · A. Felscher
Johanniter-Unfall-Hilfe e.V., Regionalverband Weser-Ems, An der Weinkaje 4,
26931 Elsfleth, Deutschland
e-mail: Maraike.Siemer@johanniter.de; alexandra.kolozis@johanniter.de; Simon.Timmermanns
@johanniter.de; Alexander.Jueptner@johanniter.de; Andreas.Felscher@johanniter.de

C. Tietjen-Müller
Johanniter-Unfall-Hilfe e.V., Ortsverband Oldenburg, Bloherfelder Straße 175,
26129 Oldenburg, Deutschland
e-mail: Carmen.Tietjen-Mueller@johanniter.de

M.-L. Schwarz
Johanniter-Unfall-Hilfe e.V., Ortsverband Stedingen, Kiebitzring 39,
26919 Brake, Deutschland
e-mail: Marie-Luise.Schwarz@johanniter.de

mit dem Schwerpunkt der „Mensch-Technik-Interaktion", an denen die Johanniter-UnfallHilfe beteiligt ist, soll herausgestellt werden, wie der Einsatz von unterstützender Technik im Einzelnen geplant und durchgeführt wird.

**Inhaltsverzeichnis**

15.1 Einleitung.................................................................. 242
15.2 „Mensch-Technik-Interaktion" bei der Johanniter-Unfall-Hilfe.................. 242
    15.2.1 Technikeinsatz in der Pflege ........................................ 244
    15.2.2 Technikeinsatz im Quartiersmanagement ............................. 246
    15.2.3 Technikeinsatz im Bereich des Hausnotrufs ........................... 251
15.3 Schlussbetrachtung ..................................................... 252
Literatur...................................................................... 253

## 15.1 Einleitung

Der möglichst lange Verbleib in der eigenen Häuslichkeit ist der Wunsch vieler älterer Menschen. Der Einsatz von technischen Assistenzsystemen soll dieses Ziel vor allem im Bereich der Pflege unterstützen. Die Personen der Zielgruppe weisen oftmals eine mangelnde Akzeptanz von technischen Assistenzlösungen oder auch fehlendes Wissen über deren individuellen Nutzen auf. Bundesweit etabliert sind seit vielen Jahren Notrufsysteme und daran angeschlossene Dienstleistungen. Hinsichtlich Lösungen der Sicherheits- und Kommunikationstechnik wächst das Angebot, wohingegen sich viele pflege- und gesundheitsbasierte Assistenzlösungen noch in der Vormarktphase befinden. Da Geräte vielfältige Auflagen erfüllen müssen, um eine Zertifizierung zu erhalten, ist hier ein komplexer Vorgang notwendig, der es erschwert, moderne Techniken einzuführen (Weiß 2013; Fachinger et al. 2012).

Die Johanniter-Unfall-Hilfe, im Folgenden JUH, gilt als einer der größten Anbieter sozialer Dienstleistungen in Deutschland. Laut einer internen Statistik aus dem Jahr 2015 werden insgesamt 115 ambulante Pflegedienste und 104 Wohnanlagen für betreutes Wohnen im gesamten Bundesgebiet betrieben. Der Einsatz von Technik, neben gängigen Systemen für die Bürokommunikation, findet bei der JUH bisher vor allem in der Pflege, zunehmend aber auch im Bereich des Quartiersmanagements statt. Weiterhin stellen der Einsatz von Hausnotrufsystemen und hiermit verbundene Dienstleistungen ein Kerngeschäft der JUH dar. Bundesweit nutzten im Jahr 2015 mehr als 142.000 Kunden der JUH den Hausnotruf.

## 15.2 „Mensch-Technik-Interaktion" bei der Johanniter-Unfall-Hilfe

Seit dem Jahr 2009 beteiligt sich die JUH an unterschiedlichen, unter anderem durch das Bundesministerium für Bildung und Forschung (BMBF) oder der EU geförderten

Forschungsprojekten. Durch diese Forschungsarbeiten entstand im Laufe der Jahre der Fachbereich Forschung und Entwicklung, in dem im Jahr 2016 insgesamt acht Mitarbeiter mit unterschiedlichen fachlichen Expertisen gemeinsam mit Experten aus den einzelnen Fachgebieten (Pflege, Notrufsysteme, Rettungsdienst, etc.) arbeiten.

Die „Mensch-Technik-Interaktion" bildet bei allen Forschungsprojekten, an denen die JUH beteiligt ist, den Schwerpunkt. Sie beschreibt laut Bundesministerium für Bildung und Forschung „den Wandel der Techniknutzung von der einfachen Gerätebedienung hin zu „aufmerksamen" und assistiven Technologien" (BMBF 2013). Die durch die JUH adressierten und eingebundenen Zielgruppen unterscheiden sich hierbei je nach Projektschwerpunkt.

Aufgrund des demografischen Wandels und seinen Auswirkungen werden überwiegend ältere Personen angesprochen. Hier wendet sich die JUH zum Beispiel an Kunden des Hausnotrufs oder ambulant gepflegte Personen. Weiterhin werden aber auch pflegende Angehörige und Mitarbeiter aus dem Quartiersmanagement, der ambulanten Pflege, der Tagespflege oder den Hausnotrufzentralen in den Projekten eingebunden. Hierbei ist es das Ziel, das alltägliche Leben der Personen sowohl mithilfe von herkömmlichen als auch mit neuen Technologien, vornehmlich altersgerechten Assistenzsystemen, möglichst unaufdringlich und situationsabhängig zu unterstützen.

Der Zugang zu älteren Personen und deren Heranführung an technische Innovationen kann eine potentielle Hürde darstellen. Dass ältere Menschen dem Einsatz und Gebrauch von Technik häufig zurückhaltend gegenüberstehen, deutet jedoch nicht zwangsweise auf eine Ablehnung von Technik hin (Georgieff 2009). Laut Bundesministerium für Familie, Senioren, Frauen und Jugend kann Technik grundsätzlich als eine „wesentliche Ressource der Umwelt älterer Menschen" (BMFSFJ 2001) betrachtet werden.

Technik sollte immer einen Beitrag leisten, die Lebensqualität der jeweiligen Personen und deren gesellschaftliche Teilhabe möglichst lange zu erhalten. Die in den Projekten involvierten Mitarbeiter des Fachbereichs Forschung und Entwicklung agieren daher in jeder Projektphase als Vermittler zwischen Mensch und Technik. Potentielle Nutzergruppen werden bei den jeweiligen Forschungsprojekten von Beginn an in Entwicklungsprozesse einbezogen, um deren Bedürfnisse und Wünsche im Projektverlauf angemessen berücksichtigen zu können.

Durch entsprechende Methoden werden bei der Forschungsarbeit die Bedarfe der jeweils adressierten Personen (Kunden und Mitarbeiter) erkannt und darauf aufbauend, in Zusammenarbeit mit wissenschaftlichen und industriellen Partnern, Ideen entwickelt, die den eingebundenen Personen eine Unterstützung bieten. Ferner werden im Laufe eines Projekts entstandene Prototypen evaluiert sowie bisherige Forschungsergebnisse und Erfahrungen auf Kongressen, Messen und Fachtagungen präsentiert und gemeinsam mit Experten diskutiert.

Als Grundlage der Forschungsarbeit findet die DIN 9241-210 zur menschzentrierten Gestaltung Berücksichtigung. Wird bei der technischen Entwicklung jener Ansatz gewählt, hat dieses einen positiven Einfluss auf die jeweilige Gebrauchstauglichkeit und erhöht die Chancen, dass der Einsatz von Technik zweckdienlich und erfolgreich stattfindet, da Anforderungen der zukünftigen Nutzergruppen mit eingeschlossen werden (DIN 2011). In der Analysephase steht zunächst das Verständnis des Nutzungskontextes im Vordergrund, um darauf aufbauend technische Lösungen zu entwickeln, welche den tatsächlichen Bedarfen und Wünschen der Zielgruppe entsprechen. Geeignete Methoden zur Erhebung des Nutzungskontextes sind das Führen und Auswerten von Interviews, das Erstellen von Personas und Szenarien und die Methode des Shadowing, bei der Personen der jeweiligen Zielgruppe systematisch bei der Ausführung von Arbeitsaufgaben beobachtet werden (Müller et al. 2011). Im Zuge der Evaluation von generierten Entwicklungsvorschlägen werden Produktanforderungen, die von den jeweiligen Nutzern gestellt werden, durch angemessene Anpassungen spezifiziert. Dieser Prozess ist iterativ, wiederholt sich also bis zur Entwicklung einer Gestaltungslösung, die den geforderten Ansprüchen genügt (DIN 2011).

Bezüglich der Entwicklung von technischen Systemen zum Einsatz in der ambulanten Pflege ist zu berücksichtigen, dass diese intuitiv und bestenfalls ohne zusätzliche Schulung zu bedienen sein sollten, damit die Arbeit der Pflegekraft nicht negativ beeinflusst wird. Einen beträchtlichen Mehrwert in der ambulanten Pflege bildet die Zeitersparnis. Der Einsatz von zeitsparender Technik kann besonders aufgrund der oftmals hohen Anzahl an zu Pflegenden und der damit verbundenen notwendigen Dokumentation sinnvoll sein (Eilers et al. 2016).

Herausgestellt werden sollte in diesem Zusammenhang, dass der Fokus im Tätigkeitsfeld der Pflege prinzipiell beim Menschen liegt. Die menschliche Fürsorge und Unterstützung ist bei der JUH als Hilfsorganisation als zentral zu betrachten und stellt die Grundlage jeglichen Handelns dar (JUH 2016). Für die stetig wachsenden physischen sowie psychischen Belastungen für Mitarbeiter in der ambulanten Pflege kann eingesetzte, innovative Technik bestenfalls geeignet sein, die Arbeitsvorgänge sinnvoll zu unterstützen. Der Einsatz von Technik und dessen Bedienung und Interaktion kann für Pflegekräfte eine erhöhte Anforderung und eine Steigerung des Arbeitsaufwands pro Einzelfall bedeuten. Eine entsprechende Schulung, Begleitung und Unterstützung von Pflegekräften sollte daher bei Bedarf gewährleistet werden (Sowinski et al. 2013).

In den folgenden Kapiteln werden konkrete, technikbasierte Lösungen aufgezeigt, die im Rahmen von Forschungsprojekten mit dem Schwerpunkt „Mensch-Technik-Interaktion" unter Beteiligung der JUH entwickelt wurden, beziehungsweise gegenwärtig erprobt werden. Hierbei wird sich insbesondere auf Ansätze innerhalb der Pflege, des Quartiersmanagements und des Hausnotrufs bezogen.

### 15.2.1 Technikeinsatz in der Pflege

Laut Angaben der Deutschen Alzheimer Gesellschaft leben in Deutschland derzeit 1,6 Millionen Menschen mit Demenz. Ausgehend von der heutigen Entwicklung wird prognostiziert, dass es im Jahr 2050 etwa drei Millionen Menschen mit Demenz in Deutschland geben wird (DAlzG 2016). Studien zufolge sind Patienten mit Typ-2-Diabetes überproportional häufig von Demenz betroffen (Toro et al. 2009). Aus diesem Grund beschäftigt sich das Projekt Perlen seit 2015 mit dem Thema Demenz und legt ein besonderes Augenmerk auf die Begleiterkrankung Diabetes mellitus. Demzufolge werden spezielle Module für die Betroffenen entwickelt, um zum Beispiel eine Fehldosierung des Insulins zu vermeiden.

Das folgende Szenario stellt den Nutzungskontext für die verschiedenen Akteure (Betroffene und Pflegepersonal) dar.

> Herr Meyer, 73 Jahre alt, leidet an einer mittelschweren Demenz. Nachdem seine Frau verstorben ist, zieht er in eine stationäre Pflegeeinrichtung, die speziell für Menschen mit Demenz konzipiert wurde. Herr Meyer kann nicht mehr sprechen sowie keine verlässlichen Angaben zu seiner Biografie geben. In der Nacht hat er oft einen sehr starken Laufdrang. In diesen Phasen ist er den Nachtschwestern beim Tische eindecken für das Frühstück behilflich. Hierbei ist Herr Meyer aktiv und enthusiastisch.
>
> Seine nächtliche Aktivität lässt sich dadurch erklären, dass er lange Zeit im Nachtdienst als Mitarbeiter in einem Postverteilungszentrum tätig war. Als Herr Meyer noch in der Lage war, biografische Angaben zu geben, dokumentierten Mitarbeiter der ambulanten Pflege diese Information im Perlen-System. Die stationären Pflegekräfte konnten sich aufgrund der biografischen Informationen das Verhalten von Herrn Meyer besser erklären und individuell auf ihn eingehen.

Dieses Szenario beschreibt die positiven Auswirkungen, wenn Informationen beim Übergang zur stationären Pflege weitergereicht werden.

Ziel des dreijährigen Projekts ist es, ein ganzheitliches IT-System zur persönlichen Lebensdokumentation und identitätsbezogenen Alltagserfassung für Menschen mit Demenz zu entwickeln. Neben allgemeinen biografischen Daten sollen Angaben zur Tagesstruktur, zu Routinen und Vorlieben sowie Abneigungen gesammelt, strukturiert und bedarfsgerecht für verschiedene Akteure aufbereitet werden. Durch das entwickelte IT-System könnten zukünftig Pflegende mithilfe des entsprechenden Wissens besser auf die Erkrankten eingehen. Der Betroffene kann gemeinsam mit pflegenden Angehörigen, beziehungsweise Pflegekräften, in dem System biografische Daten und Gewohnheiten dokumentieren. Gleichzeitig können die Pflege- und Betreuungskräfte auf Informationen zugreifen, die für eine aktivierende Pflege und Betreuung relevant sind. Zudem werden Sensoren eingesetzt, um Bewegungen und Vitalparameter, etwa den Schlafrhythmus, zu erfassen, wodurch sich Verhaltensweisen, wie zum Beispiel Trägheit, besser erklären lassen. Durch diese neuen Technologien verringert sich der Dokumentationsaufwand und die Qualität der Pflege wird gesteigert.

Im nachfolgenden Kapitel wird das Projekt QuoVadis näher beschrieben, welches sich ebenfalls mit dem Thema Demenz beschäftigt und zusätzlich das Wohnen im Quartier fokussiert.

## 15.2.2 Technikeinsatz im Quartiersmanagement

Die Bevölkerung in Deutschland erreicht, aufgrund der steigenden Lebenserwartung, ein immer höheres Lebensalter. Wie bereits in Abschn. 15.2.1 erläutert, bedeutet eine alternde Gesellschaft, dass es mehr Menschen mit altersbedingten Erkrankungen, wie zum Beispiel Demenz, gibt.

Aufgrund veränderter Familienstrukturen sowie der höheren Lebenserwartung nimmt die Zahl allein lebender älterer Menschen und somit auch die Zahl allein lebender Menschen mit Demenz zu. Viele ältere Menschen äußern hinsichtlich ihrer Wohn- und Versorgungssituation konkrete Vorstellungen und Wünsche. Sie möchten so lange wie möglich selbstständig in der eigenen Wohnung und der ihnen bekannten Umgebung leben. Der Erhalt ihrer Individualität, der Kontakt zu vertrauten Personen sowie die Möglichkeit des Rückzugs spielen dabei eine entscheidende Rolle. Unterstützung und Pflege möchten sie abhängig vom jeweiligen Bedarf in Anspruch nehmen (Kaiser 2008).

Wenn ein Mensch alleine lebt und an Demenz erkrankt, stellt sich die Frage, ob und wie lange ein Alleinleben weiterhin möglich ist. Neben der Familie spielt dann ein soziales Netzwerk aus Freunden, Bekannten und Nachbarn eine wichtige Rolle. Dieses soziale Netz kann zusätzlich durch ein professionelles Hilfesystem unterstützt werden (Niklewski et al. 2006). Stellt sich die Umgebung auf den betroffenen Menschen ein und unterstützt ihn, dann können Menschen im frühen Stadium der Demenz einen Großteil ihres Alltags oftmals noch alleine bewältigen und weitgehend selbstbestimmt leben.

Um die Problemstellung genauer darzustellen, wurde das folgende Szenario erstellt (siehe Tab. 15.1):

> Frau Gerda Schmidt ist 78 Jahre alt, seit sechs Jahren verwitwet und lebt inzwischen 30 Jahre in dem ihr bekannten Stadtteil. Seit dem Tod ihres Mannes lebt sie allein in der 50 m$^2$-Wohnung. Ihre einzige Tochter Gabi wohnt in einer 50 km entfernten Stadt und telefoniert alle zwei Tage mit ihr, um sich zu erkundigen wie es ihr geht. Seit drei Jahren gibt es einen Treffpunkt im Quartier, den Frau Schmidt regelmäßig besucht. Dieser bietet alle zwei Wochen ein Nachbarschaftsfrühstück, monatlich einen Mittagstisch, wöchentlich dienstags Sitzgymnastik und nachmittags eine Demenzgruppe an. Darüber hinaus können sich die Mieter einmal im Monat einem Ausflug in das Umland anschließen und donnerstags an einer Kaffeerunde oder einem Spieletreff teilnehmen.
>
> In der Wohnung von Frau Schmidt hängt ein Wochenplan, der wöchentlich aktualisiert wird und der zudem der Tochter sowie der Quartiersmanagerin als Outlook-Kalender vorliegt:

**Tab. 15.1** Wochenplan

| Mo | Di | Mi | Do | Fr | Sa | So |
|---|---|---|---|---|---|---|
| 07:30 Uhr Pflegedienst 09:00 Uhr Frühstück Nachbarschaftstreff | 09:00 Uhr Liselotte „kniffeln" | 07:30 Uhr Pflegedienst 09:00 Uhr Susi Arzttermin + Stadtbummel | – | 07:30 Uhr Pflegedienst 10:00 Uhr Tochter | Tochter | Tochter |
| 11:30 Uhr Besuch Frau Flink | 12:30 Uhr Kochen mit Susi 15:00 Uhr Demenzgruppe | 15:00 Uhr Filmnachmittag Nachbarschaftstreff | 13:00 Uhr Einkaufen mit Susi 15:00 Uhr Spielenachmittag Nachbarschaftstreff | – | – | – |
| 18:00 Uhr Spaziergang Frau Elsässer | 18:00 Uhr Spaziergang Frau Elsässer | 18:00 Uhr Spaziergang Frau Elsässer | – | – | – | – |

Es ist Montagmorgen 07:30 Uhr. Frau Schmidt wird von ihrer Pflegerin geduscht und erhält ihre Medikamente. Gegen 8:00 Uhr verlässt die Pflegerin die Wohnung.

Frau Schmidt stellt einen kleinen Topf mit Milch auf den Herd und lässt ihn warm werden. Sie schüttet sich eine Tasse Milch mit Honig ein und stellt den Topf wieder auf den Herd – ohne diesen auszuschalten. Als sie sich gerade hingesetzt hat, klingelt das Telefon und die Quartiersmanagerin Frau Flink informiert sie, dass in zehn Minuten das Frühstück im Nachbarschaftstreff beginnt. Sie trinkt den letzten Schluck der warmen Milch aus, streift sich ihre Jacke sowie ihren neuen Schal über und geht los. Nach einem ausgiebigen Frühstück mit Frau Schmidts Freunden aus der Nachbarschaft, geht die Ehrenamtliche Susi in das Büro der Quartiersmanagerin Frau Flink und bespricht mit ihr, sowie telefonisch mit der Tochter von Frau Schmidt, die Aktivitäten und Betreuungen von Frau Schmidt in dieser Woche.

Frau Schmidt hilft beim Abdecken des Tisches. Nach der Verabschiedung von den Nachbarn begleitet Frau Flink sie nach Hause. Als sie die Küche betreten, sieht Frau Flink den Topf mit der Milch auf dem Herd. Dank der Herdabschaltung muss sie Frau Schmidt nicht auf ihr Vergessen aufmerksam machen und plant stattdessen mit ihr in Ruhe die Woche und schreibt die bevorstehenden Termine auf ein Whiteboard. Anschließend steht der Mittagsschlaf bevor und Frau Flink verabschiedet sich.

Auf dem Weg zurück besucht Frau Flink noch Gerdas Nachbarin Frau Elsässer und fragt, ob diese den abendlichen Spaziergang mit Frau Schmidt auch an den restlichen Tagen der Woche übernehmen könnte. Grund hierfür ist, dass Frau Flink heute Morgen eine E-Mail von dem sensorbasierten Unterstützungssystem erhalten hat, dass Frau Schmidt nachts aktiv ist und unruhig durch die Wohnung läuft. Das System erkennt in den Daten der Bewegungsmelder, dass in der Nacht mehr Bewegung als üblich war. Der Spaziergang wäre eine Maßnahme, dass sie abends ausgeglichener ist.

Als Frau Schmidt um 15:00 Uhr wieder aufwacht, wäscht sie sich ihr Gesicht und liest die Zeitung. Frau Flink bereitet zeitgleich in ihrem Büro die Inhalte der morgigen Demenzgruppe vor, während sie eine Mail erhält, dass der Wasserverbrauchssensor erkannt hat, dass bei Frau Schmidt der Wasserverbrauch in der letzten Stunde überdurchschnittlich gestiegen ist. Frau Flink greift zum Telefon und kontaktiert Frau Schmidt.

Frau Flink: „Hallo Frau Schmidt, kann es sein, dass in ihrer Küche oder im Badezimmer das Wasser läuft?"

Frau Schmidt: „Oh jaaa, ich habe wohl vergessen, den Wasserhahn auszumachen. Aber es ist nur ein kleiner Strahl."

Frau Flink: „Dann ist ja alles in Ordnung. Super, dann noch viel Spaß später mit Frau Elsässer."

Frau Schmidt: „Vielen Dank und Ihnen wünsche ich später einen schönen Feierabend. Bis morgen um 15:00 Uhr, nicht wahr?"

Frau Flink: „Richtig, bis morgen."

Als Frau Flink am nächsten Morgen ihr Büro erreicht, hat sie keine Nachricht, dass Frau Schmidt nachts aktiv war - der Spaziergang hat ihr scheinbar gut getan.

Zur selben Zeit bekommt Frau Schmidt Besuch von ihrer Freundin Liselotte. Sie knifflen gerne zusammen. Gegen 12:30 Uhr kommt Susi vorbei, um mit den beiden Damen zu kochen. Nachdem die drei gekocht, gegessen, aufgeräumt und gespült haben, geht Frau Schmidt um 15:00 Uhr zu der wöchentlich stattfindenden Demenzgruppe. Dort wird nach dem gemeinsamen Kaffeetrinken im Sitzkreis gesungen, Rechenspiele gespielt, gemalt und spazieren gegangen. Alle zwei Wochen kommt eine Gymnastiklehrerin und dann wird es noch aktiver. Um 18:00 Uhr werden Frau Schmidt und die anderen Teilnehmer von dem Fahrdienst der Johanniter-Unfall-Hilfe nach Hause gebracht. Nach dem Abendessen geht Frau Schmidt wieder ihre Runde mit Frau Elsässer. Danach kehren die beiden Damen noch bei Frau Elsässer ein. Nachdem Frau Schmidt allerdings um 22:30 Uhr noch nicht zu Hause ist und seit 2,5 Stunden die Sensoren in der Wohnung keine Aktivität messen konnten, bekommt die Hausnotrufzentrale der Johanniter-Unfall-Hilfe eine Meldung. Die Mitarbeiter gehen nun nach einem festgelegten Plan vor. Als erstes rufen sie bei Frau Schmidt in der Wohnung an. Da sie sich dort nicht meldet, versuchen sie es bei dem ersten hinterlegten Telefonkontakt, bei Frau Elsässer. In diesem Fall erreichen sie eine amüsiert kichernde Frau Elsässer, die ihnen bestätigt, dass Frau Schmidt bei ihr ist. Hätten die Mitarbeiter der Hausnotrufzentrale Frau Elsässer nicht erreicht, hätte sich der Einsatzdienst der Johanniter-Unfall-Hilfe auf den Weg gemacht, um Frau Schmidt zu suchen. Die Polizei würde ebenfalls eine Benachrichtigung erhalten und sich mit einer Personenbeschreibung sowie Informationen zu typischen Aufenthaltsorten von Frau Schmidt auf die Suche begeben. Aber dieses Mal musste sich keiner auf den Weg machen. Die Mitarbeiter der Hausnotrufzentrale senden lediglich eine Mail an Frau Flink zur Info.

Am Freitag kommt die Tochter von Frau Schmidt – während eine Pflegekraft noch bei Frau Schmidt ist – zu der Quartiersmanagerin. Sie unterhalten sich über das Befinden von Frau Schmidt und planen die kommende Woche, welche die Tochter am Wochenende auf das Whiteboard überträgt.

Frau Flink: „Um sie weiter zu fördern und damit sie so mobil bleibt, kontaktiere ich die Ergotherapeutin und den Hausarzt. Ich denke, sie bekommt ein neues Rezept für weitere Stunden. Die Aktivität in der Nacht ist durch den täglichen Spaziergang zurückgegangen. Ich habe keine weiteren Meldungen erhalten."

Tochter: „Sehr schön. Ich bin sehr zufrieden, dass meine Mutter wieder so motiviert am Leben teilnimmt. Vor einem Jahr um diese Zeit sah es wirklich anders aus. Sie war so in sich gekehrt und unsicher, dass sie sich nicht aus dem Haus traute."

Frau Flink: „Ich sehe auch, dass Ihre Mutter Fortschritte macht. Wir können sehr zufrieden sein. Doch nun wünsche ich Ihnen ein schönes Wochenende mit Ihrer Mutter."

Im Rahmen des Projekts QuoVadis wird eine für Menschen mit beginnender Demenz geeignete Versorgungsform entwickelt, welche den längeren, sicheren und selbstbestimmten Verbleib in der eigenen Wohnung sowie ein selbständiges Leben in vertrauter Umgebung ermöglicht, beziehungsweise vereinfacht. Das vertraute soziale Umfeld und die gewohnte Umgebung sind wichtig für das Wohlbefinden älterer Menschen. Sie vermitteln Orientierung, Sicherheit und Geborgenheit, stärken die persönliche Identität und unterstützen den Erhalt von Fähigkeiten und Kompetenzen.

Um diese Ziele zu erreichen, verbindet das Projekt bestehende Dienstleistungen und etablierte Technologien, wie das Hausnotrufsystem, und passt diese den Bedürfnissen Betroffener an. Mit Blick auf die kognitiven Einschränkungen der Zielgruppe wird darauf geachtet, dass die Technik einfach zu bedienen ist.

Während der Praxisphase des Projekts werden Wohnungen mit Technologien ausgestattet und mit dem Quartiersmanagement und der Hausnotrufzentrale vernetzt (Abb. 15.1). Die Hausnotrufzentrale (siehe auch Abschn. 15.2.3) und die Quartiersmanagerin können dadurch fachgerecht und situativ notwendig auf Notfallsituationen und Problemlagen reagieren.

**Abb. 15.1** Einbindung der Hausnotrufzentrale in das Quartier

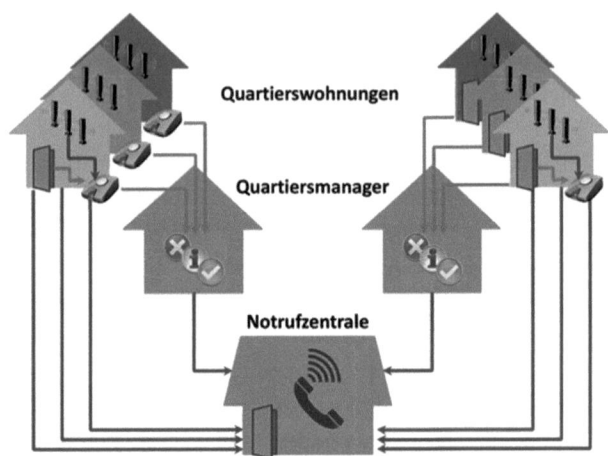

Die soziale Teilhabe von Menschen mit Demenz wird durch die Einbindung in die Veranstaltungen des Quartiers gefördert; die individuelle Betreuung durch ehrenamtliche Tätigkeit sowie einen organisierten Wochenplan unterstützt. Durch die Einbindung in das soziale Umfeld kann Isolation und Einsamkeit vorgebeugt werden. Im Rahmen des Projekts sollen zudem Angehörige und Betreuende entlastet und ihr Sicherheitsempfinden gestärkt werden.

Erste Evaluationsergebnisse aus Interviews und Workshops mit Betroffenen, Angehörigen und beruflich mit dem Thema Demenz Beschäftigten, zeigen, dass das Thema Sicherheit einen hohen Stellenwert einnimmt und die in diesem Bereich genutzte Technik als überwiegend positiv angesehen wird. Interviews mit Menschen mit Demenz und ihren Angehörigen haben zudem verdeutlicht, dass Technik akzeptiert wird, wenn sie einfach bedienbar ist, beziehungsweise möglichst ohne Interaktion auskommt. Zudem sollte sie nutzerorientiert sein, also individuell an die Bedürfnisse angepasst und bei Bedarf, zum Beispiel bei Änderungen im Krankheitsbild, verändert oder ergänzt werden können.

Folgende technische Geräte werden in Verbindung mit dem Hausnotruf eingesetzt: der AmbiAct (siehe Abschn. 15.2.3), ein Rauchwarnmelder, eine automatische Herdabschaltung, verschiedene Sensoren (Bewegungsmelder, Wasserverbrauchssensor, Überlaufsensor und Türkontakte) sowie ein PC als Basisstation.

Als besonders wichtig wird die individuelle Betreuung erachtet. Daraus kann gefolgert werden, dass die Nutzung technischer Systeme gut funktionieren kann, wenn sie in ein umfassendes Versorgungs- und Betreuungskonzept eingebettet ist.

Im folgenden Kapitel werden der Technikeinsatz im Bereich des Hausnotrufs und weitere angebundene Sensoren im Näheren erläutert.

## 15.2.3 Technikeinsatz im Bereich des Hausnotrufs

Seit über 30 Jahren betreiben Hilfsorganisationen und private Anbieter den Hausnotruf. Diese Dienstleistung ist mittlerweile zu einer der bekanntesten Sicherheitsangebote im häuslichen Kontext für hilfebedürftige, meist ältere oder kranke Personen geworden. Technisch hat sich der Dienst weiterentwickelt und bindet aktuell verschiedene innovative Technologien in das häusliche Umfeld mit ein. So wird der klassische Hausnotruf mittlerweile häufig mit Bewegungs- und Rauchwarnmeldern, Herdabschaltungen und Wasserstandsmeldern verbunden (siehe Abschn. 15.2.2).

Im Rahmen des demografischen Wandels wird der Dienst des Hausnotrufs und dessen Weiterentwicklung einen höheren Stellenwert für ein längeres Leben in den eigenen vier Wänden erlangen. Für diesen wachsenden Markt ist es für die JUH als Hilfsorganisation dringend notwendig, vorhandene Dienstleistungen und Prozesse an den Bedarfen der Zukunft auszurichten. Längst wandeln sich hier die Bedürfnisse der Kunden; es werden innovative Lösungen und Dienstleistungen nachgefragt. Somit wird die JUH vom reinen Hausnotrufanbieter zum Anbieter vielfältiger Lösungen für ein sicheres Wohnumfeld.

Als praktisches Beispiel für eine nutzerzentrierte Entwicklung kann der gemeinsam mit dem OFFIS e.V. und der JUH entwickelte AmbiAct (siehe Abb. 15.2) genannt werden. Aus dieser Kooperation heraus entstand das StartUp oldntec, welches den ursprünglichen Prototypen bis zur Marktreife weiterentwickelt hat und vertreibt. Der AmbiAct ist ein Gerät, das zwischen Haushaltsgerät und Steckdose gesteckt wird und die Funktion der Tagestaste übernimmt.

Kunden, die ihr Hausnotrufgerät in Verbindung mit einer Tagestaste nutzen, müssen diese in regelmäßigen Abständen betätigen, um zu signalisieren, dass es ihnen gut geht und kein Hilfebedarf vorliegt. Bleibt dieses Signal, die sogenannte Tagesmeldung, länger als vereinbart aus, nimmt die Hausnotrufzentrale automatisch Kontakt zum Kunden auf. Dadurch wird vermieden, dass hilfebedürftige Personen über einen längeren Zeitraum auf zufällige Hilfe warten müssen. Der beschriebene Vorgang wird durch den AmbiAct automatisch erfasst; sobald das Haushaltsgerät eingeschaltet wird, erkennt der AmbiAct die Aktivität und sendet als unauffälliger Stromsensor ein Signal an das Hausnotrufgerät, wodurch die Tagestaste zurückgesetzt wird (oldntec 2014, 2015).

Hintergrund für die Entwicklung des Produktes ist, dass Kunden die Bedienung der Tagestaste häufig vergessen. Durch Fehlalarme, beziehungsweise eine notwendige Nachkontaktierung durch die Mitarbeiter der Hausnotrufzentrale, entsteht hier ein deutlicher Mehraufwand, der mit hohen Kosten verbunden ist. Ein weiterer Vorteil des AmbiActs ist, dass dieser sehr unauffällig in den Wohnungen der Kunden eingesetzt werden kann und keine aktive Bedienung vorsieht, wodurch eine uneingeschränkte Nutzung für Personen jeder Zielgruppe möglich ist.

Im Hinblick auf das Wohnumfeld der Zukunft und dem damit verbundenen Einsatz von neuen Technologien wird davon ausgegangen, dass im häuslichen Bereich eine Vielzahl

**Abb. 15.2** Verknüpfung zwischen dem Haushaltsgerät, AmbiAct und Hausnotrufgerät

von Sensoren in Verbindung mit Smarthome-Komponenten eingesetzt wird. Mithilfe von Sensoren ist es möglich, Informationen aus der Umgebung aufzunehmen und sie in digitalisierter Form an Verarbeitungssysteme weiterzureichen. Durch die automatische Erkennung von kritischen Situationen in der häuslichen Umgebung und einer damit verbundenen Benachrichtigung kann eine deutliche Erhöhung der Sicherheit erreicht werden (siehe auch Abschn. 15.2.2). Mittlerweile haben sich Hausnotrufzentralen gegenüber einfachen, mobilen Lösungen, wie zum Beispiel mobilen Notrufgeräten oder auch Seniorenhandys, geöffnet und bieten ein Sicherheitsgefühl außerhalb des individuellen häuslichen Bereichs. Gleichzeitig wird die Hemmschwelle der Betroffenen gegenüber Aktivitäten außerhalb ihrer Häuslichkeit gesenkt.

Smartphones weisen mit Standards wie GSM und GPS alle notwendigen Voraussetzungen für mobile Notrufe auf und bieten so einen niedrigschwelligen Einstieg für die Nutzung von Notruf-Apps. Ein Beispiel hierfür ist die App „Charisma Lifeguard" (Charisma4Life 2016). Im Falle eines Notrufs baut dieses System durch die sogenannte One-Touch-Technik mittels eines drei Sekunden langen Drückens auf das Display Kontakt zur Hausnotrufzentrale auf. Nicht von Belang ist hierbei, ob das Display gesperrt oder aktiv ist. In jedem Fall wird eine Sprachverbindung zum Mitarbeiter der Hausnotrufzentrale aufgebaut, wobei die Freisprechfunktion des Smartphones automatisch aktiviert wird. Zusätzlich werden per Datentransfer Stammdaten und spezielle Gesundheitsinformationen mit Vitaldaten, wie zum Beispiel der Herzfrequenz, gekoppelt und per Smartwatch bereitgestellt.

Tragbaren Computern (Wearables), wie zum Beispiel Smartwatches, wird für die Zukunft ein hoher Stellenwert prognostiziert. Um auf diese technischen Entwicklungen zu reagieren, werden jetzt schon vorhandene Geräte eingebunden, um entsprechende Geschäftsmodelle zu entwickeln.

## 15.3 Schlussbetrachtung

Im Beitrag wurde beschrieben, was unter dem Begriff der „Mensch-Technik-Interaktion" zu verstehen ist und inwiefern es der JUH unter Zuhilfenahme eines menschzentrierten

Ansatzes gelingt, die Lebenswelten und damit verknüpfte individuelle Bedürfnissen von Personen verschiedener Zielgruppen mit einzubeziehen. Das Heranführen neuer Technologien an ältere Personen stellt dabei grundsätzlich eine besondere Herausforderung dar. Die JUH bedient sich, gemeinsam mit den jeweils eingebundenen Projektpartnern, verschiedener empirischer Forschungsmethoden, wie qualitativen Interviews, um den Nutzungskontext dieser Personen zu erfassen und die zu entwickelnde Technik den daraus generierten Anforderungen anzupassen. Bei der Entwicklung von Technik für den Einsatz innerhalb ambulanter Dienste im Bereich der Pflege und Betreuung konnte die JUH durch die Forschungsprojekte Perlen und QuoVadis Ansätze entwickeln, die den Lebensalltag von Menschen mit Demenz und deren Angehörigen vereinfachen, ohne sie dabei in ihrer Handlungsfähigkeit einzuschränken. Unter anderem gelingt dieses im Projekt Perlen durch ein IT-Dokumentationssystem, welches die persönliche Lebensdokumentation und identitätsbezogene Alltagserfassung fokussiert. Weiterhin tragen im Projekt QuoVadis verschiedene, technologische Lösungen dazu bei, Sicherheit im häuslichen Umfeld zu gewährleisten und die Autonomie der betroffenen Personen zu stärken. Hierbei findet häufig eine Kopplung der Technik mit dem durch die JUH angebotenen Hausnotrufsystem statt, das eine lückenlose Betreuung gewährleistet. An das Angebot des Hausnotrufs der JUH werden zukünftig weitere, mobile Dienstleistungen angeschlossen, die sich an den Bedarfen der potentiellen Nutzergruppen ausrichten.

## Literatur

BMBF (Hrsg) (2013) Technik zum Menschen bringen, Dokumentation des 1. BMBF-Zukunftskongresses Demografie, 21.10.-22.10.2013.Bundesministerium für Bildung und Forschung (BMBF) Berlin

BMFSFJ (2001) Alter und Gesellschaft, Dritter Altenbericht, Bundesministerium für Familie, Senioren, Frauen und Jugend (BMFSFJ) (Hrsg), online im Internet. https://www.bmfsfj.de/blob/jump/95166/prm-5010-3--altenbericht-teil-3-data.pdf. Zugegriffen: 27. Okt. 2016

Charisma4Life (2016) lifequard by Charisma, online im Internet. http://www.charisma4life.com/. Zugegriffen: 27. Okt. 2016

DAlzG (2016) Die Häufigkeit von Demenzerkrankungen, Deutsche Alzheimer Gesellschaft e.V. (Hrsg), online im Internet. https://www.deutsche-alzheimer.de/fileadmin/alz/pdf/factsheets/infoblatt1_haeufigkeit_demenzerkrankungen_dalzg.pdf. Zugegriffen: 27. Okt. 2016

DIN (Hrsg) (2011) DIN EN ISO Norm 9241-210, Ergonomie der Mensch-System-Interaktion – Teil 210: Prozess zur Gestaltung gebrauchstauglicher interaktiver Systeme (ISO 9241-210:2010). Deutsches Institut für Normung e.V., Beuth Verlag, Berlin

Eilers K, Barre P, Wallhoff F, Felscher A, Kolozis A, Timmermanns S (2016) Mehrwert von Assistiven Technologien für Beschäftigte im Bereich der ambulanten Pflege und des Hausnotrufs, Zukunft Lebensräume-Kongress, 20.04.2016–21.04.2016. Messe Frankfurt, Frankfurt am Main.

Fachinger U, Koch H, Henke KD, Troppens S, Braeseke G, Merda M (2012) Ökonomische Potenziale altersgerechter Assistenzsysteme, Ergebnisse der „Studie zu Ökonomischen Potenzialen und neuartigen Geschäftsmodellen im Bereich Altersgerechte Assistenzsysteme", Forschungsprojekt im Auftrag des Bundesministeriums für Bildung und Forschung (BMBF), online im Internet. https://partner.

vde.com/bmbf-aal/Publikationen/studien/intern/Documents/VDE_PP_AAL_%C3%96kon.%20Potenziale_RZ_oB.pdf. Zugegriffen: 26. Okt. 2016

Georgieff P (2009) Aktives Alter(n) und Technik, Nutzung der Informations- und Kommunikationstechnik (IKT) zur Erhaltung und Betreuung der Gesundheit älterer Menschen zu Hause, online im Internet. http://www.isi.fraunhofer.de/isi-wAssets/docs/t/de/publikationen/Aktives-Altern-und-Technik.pdf. Zugegriffen: 25. Okt. 2016

JUH (2016) Leitbild der Johanniter-Unfall-Hilfe, Johanniter-Unfall-Hilfe e.V. (Hrsg). online im Internet. http://www.johanniter.de/fileadmin/user_upload/Dokumente/JUH/BG/Publikationen/JUH_Leitbild_2010.pdf. Zugegriffen 25. Okt. 2016

Kaiser G (Hrsg) (2008) Vom Pflegeheim zur Hausgemeinschaft, Empfehlungen zur Planung von Pflegeeinrichtungen. Kuratorium Deutsche Altershilfe, Köln

Müller K, David J, Stratmann T (2011) Qualitative Beobachtungsverfahren, Grundlagen-Methoden-Anwendungen. In: Naderer G, Balzer E (Hrsg) Qualitative Marktforschung in Theorie und Praxis, 2. Aufl., Gabler Verlag, Wiesbaden, S 313–344

Niklewski G, Nordmann H, Riecke-Niklewski R (Hrsg) (2006) Demenz, Hilfe für Angehörige und Betroffene. Stiftung Warentest und Verbraucherzentrale Nordrhein-Westfalen, Berlin

oldntec (2014–2015) Produktbeschreibung, online im Internet. http://www.oldntec.eu/wp-content/downloads/ambiact_Hausnotruf.pdf. Zugegriffen: 27. Okt. 2016

Sowinski C, Kirchen-Peters S, Hielscher V (2015) Praxiserfahrungen zum Technikeinsatz in der Altenpflege. online im Internet. http://www.kda.de/tl_files/kda/Projekte/Technikeinsatz%20in%20der%20Pflegearbeit/2013_11_21%20PraxisfeldanalyseEnd.pdf. Zugegriffen: 25. Okt. 2016

Toro P, Schönknecht P, Schröder J (2009) Type II diabetes in mild cognitive impairment and Alzheimer's disease: Results from a prospective population-based study in Germany. J Alzheimers Dis 16(4):687–691

Weiß C, Lutze M, Compagna D, Braeseke G, Richter T, Merda M (2013) Abschlussbericht zur „Studie Unterstützung Pflegebedürftiger durch technische Assistenzsysteme" (Bundesministerium für Gesundheit), online im Internet. https://www.vdivde-it.de/publikationen/studien/unterstuetzung-pflegebeduerftiger-durch-technische-assistenzsysteme/at_download/pdf. Zugegriffen: 26. Okt. 2016

**Maraike Siemer, B. A.,** ist wissenschaftliche Mitarbeiterin des Fachbereichs Forschung und Entwicklung der Johanniter-Unfall-Hilfe e.V., Regionalverband Weser-Ems. Sie besitzt einen Bachelor der Universität Bremen in Public Health/Gesundheitswissenschaften mit dem Schwerpunkt Gesundheitsförderung und Prävention. Durch die Mitarbeit im Projekt ITAGAP beschäftigt sie sich mit der gesundheitsfördernden Arbeitsgestaltung für Personal in der ambulanten Pflege.

**Alexandra Kolozis, B. Eng.,** ist wissenschaftliche Mitarbeiterin des Fachbereichs Forschung und Entwicklung der Johanniter-Unfall-Hilfe e.V., Regionalverband Weser-Ems. Sie besitzt einen Bachelor der Jade Hochschule im Fach Assistive Technologien und beschäftigt sich u. a. mit den Themen Pflege und Demenz im Rahmen der Forschungsprojekte PERLEN und HuTiv. Seit 2016 studiert sie nebenberuflich Public Health im Master an der Jade Hochschule.

**Carmen Tietjen-Müller, Dipl.-Päd.,** ist Betreuungskraft im Betreuten Wohnen des Ortsverbandes Oldenburg und wissenschaftliche Mitarbeiterin des Fachbereichs Forschung und Entwicklung der Johanniter-Unfall-Hilfe e.V., Regionalverband Weser-Ems. Sie besitzt ein Diplom mit dem Schwerpunkt Sozialpädagogik/Sozialarbeit der Universität Oldenburg und hat eine Weiterbildung zur Netzwerkerin im Gesundheitswesen (IHK) absolviert. Im Rahmen ihrer Forschungsarbeit beschäftigt sie sich insbesondere mit dem Thema Wohnen im Quartier mit Demenz.

**Marie-Luise Schwarz, M. A.,** ist Fachbereichsleitung Soziale Dienste des Ortsverbandes Stedingen, Quartiersmanagerin und wissenschaftliche Mitarbeitern des Fachbereichs Forschung und Entwicklung der Johanniter-Unfall-Hilfe e.V., Regionalverband Weser-Ems. Sie besitzt einen Master der Sozial- und Organisationspädagogik der Universität Hildesheim. Ihre Forschungsarbeit umfasst das Thema Wohnen im Quartier mit Demenz.

**Simon Timmermanns, B. Eng.,** absolvierte 2014 erfolgreich sein Studium im Fach Assistive Technologien. Seitdem begleitet er als wissenschaftlicher Mitarbeiter bei der Johanniter-Unfall-Hilfe Forschungsprojekte unter anderem in den Bereichen Pflege, Hausnotruf und Telemedizin. Im Fokus seiner Arbeit steht hierbei die Nutzerintegration. Mithilfe verschiedener Methoden sorgt er für eine nutzerzentrierte Entwicklung und verkörpert so die Schnittstelle zwischen Innovationen und potentiellen Endanwendern.

**Alexander Jüptner** ist Leiter des Fachbereichs Forschung und Entwicklung der Johanniter-Unfall-Hilfe e. V. (JUH) im Landesverband Niedersachsen-Bremen. Neben der Ausbildung zum Kinderpfleger und Rettungssanitäter hat er bis 2015 in seiner Funktion als Dienststellenleiter und Fachberater Hausnotruf den Bereich Hausnotruf und die dazugehörige Notrufzentrale aufgebaut fortlaufend zukunftsfähig weiterentwickelt. Seit 2009 wurde zunehmend der Fokus auf Zukunftsthemen wie AAL und Mensch-Technik-Interaktion im Rahmen von FuE Projekten gesetzt. Neben seinem Wirken bei der JUH ist er ehrenamtlich in leitender Funktion beim Palliativnetzwerk Wesermarsch und dem UCARE e. V. aktiv.

**Andreas Felscher** ist Leiter des Fachbereichs Forschung und Entwicklung der Johanniter-Unfall-Hilfe e. V. (JUH) im Regionalverband Weser-Ems. Neben der Ausbildung zum Gesundheits- und Krankenpfleger und der Ausbildung zum Rettungsassistenten ist er aktuell berufsbegleitend Studierender der Gesundheitsökonomie an der APOLLON Hochschule der Gesundheitswirtschaft in Bremen. Bis 2009 hat er in verschiedenen Bereichen der JUH gearbeitet, u. a. Rettungsdienst, Ambulante Pflege, Qualitätsmanagement, Hausnotrufzentrale und Breitenausbildung. Seit 2009 koordiniert und begleitet er Forschungsprojekte in dem Bereich der Mensch-Technik-Interaktion mit den Schwerpunkten nutzerzentrierte Entwicklung, Organisationsentwicklung und Digitalisierung.

# Digitalisierung von Papier: Vorteile für die Prozesse

# 16

Stefan Müller-Mielitz

### Zusammenfassung

Was bedeutet Digitalisierung konkret, wenn die medizinische Dokumentation betrachtet wird? Welche Vorteile ergeben sich durch die Digitalisierung und welche Schritte sind nötig, nicht nur eine digitale Akte zu füllen, sondern eine interoperable eAkte zu erhalten und verarbeiten? Die Antworten auf diese Fragen gibt der Autor aus seinem Praxisalltag der angewandten Forschung bei einem Scan- und Archivierungsdienstleister von Patientenakten. Innerhalb der angewandten Forschung hat er Zugang zu den vor Ort installierten IT-Systemen und kann einen Ausblick geben, welche Mehrwerte durch die Digitalisierung noch gehoben werden können.

## Inhaltsverzeichnis

| | |
|---|---|
| 16.1 Einleitung | 258 |
| 16.2 Fragestellung | 258 |
|     16.2.1 Digitalisierung | 258 |
|     16.2.2 Indexierung | 259 |
|     16.2.3 Qualifizierung | 260 |
| 16.3 Digitalisierungsgrad | 260 |
| 16.4 Elektronifizierungsgrad | 263 |
| 16.5 „Das Lernende Krankenhaus" | 265 |
|     16.5.1 Business Intelligence | 267 |
|     16.5.2 BigData und SmartData | 267 |
|     16.5.3 Secondary Use | 268 |

---

S. Müller-Mielitz (✉)
Institut für Effizienz Kommunikation Forschung GmbH, Prinzhügel 39,
49479 Ibbenbüren, Deutschland
e-mail: stefan.mueller-mielitz@iekf.de

© Springer Fachmedien Wiesbaden GmbH 2018
M. A. Pfannstiel et al. (Hrsg.), *Digitale Transformation von Dienstleistungen im Gesundheitswesen IV*, https://doi.org/10.1007/978-3-658-13644-4_16

16.5.4 Patientenrekrutierung für Studien .................................... 268
16.5.5 Versorgungsforschung ............................................. 268
16.6 Intersektorale und Interregionale Kommunikation ........................... 269
16.7 Intelligente Akte......................................................... 271
    16.7.1 Vollzähligkeitsprüfung............................................. 272
    16.7.2 Chargendokumentation ............................................ 272
    16.7.3 Annotationen in Arztbriefen und Befunden............................ 272
    16.7.4 Nutzung von OCR-Containern...................................... 273
    16.7.5 Semantische Analyse .............................................. 273
16.8 Schlussbetrachtung ...................................................... 273
Literatur...................................................................... 274

## 16.1 Einleitung

Die „Digitalisierung des Gesundheitswesens" betrifft viele Bereiche der Gesundheitsversorgung, aber insbesondere die organisatorischen Prozesse der Leistungsteilnehmer für Verwaltung und Abrechnung und die Behandlungsprozesse direkt am Patienten. Beide Bereiche sind über die administrative und die medizinische Dokumentation eng miteinander verbunden. Diese Dokumentation wird in vielen Krankenhäusern noch weitestgehend papierbasiert durchgeführt. Daneben existieren in den Krankenhäusern viele Daten elektronisch: Der „Medienbruch", dass Daten und Informationen elektronisch vorliegen, wird dabei täglich vollzogen, indem diese elektronischen Informationen wieder auf Papier ausgedruckt werden. Dabei gilt es zu unterscheiden: Liegen Daten auf Papier vor und erfolgt die Digitalisierung in Form von Scanning der Papierbelege oder liegen die Daten elektronisch vor, werden dann ausgedruckt und wird dadurch eine elektronische Weiternutzung durch den Medienbruch verhindert?

## 16.2 Fragestellung

Welche Formen der Digitalisierung sind derzeit in der Praxis anzufinden und welche Ziele werden damit durch die Leistungsteilnehmer verfolgt? Welche Unterstützung und Mehrwerte können die identifizierten Formen der Digitalisierung den Anwendern geben?

### 16.2.1 Digitalisierung

Bezogen auf die Dokumentation im Krankenhaus werden auf der Daten-Entstehungsseite bereits viele Informationen elektronisch erzeugt. Diese Entwicklung ist die therapiegestützte Digitalisierung in Form von DICOM-Modalitäten (Erzeugung von eDaten) oder dem Aufbau eines Krankenhausinformationssystems (KIS), durch das elektronische Daten erhoben werden können (Erzeugung der Daten in eFormularen). Daneben werden auch elektronische Dokumente direkt aus IT-Systemen erzeugt (z. B. PDF, Word). Diesen fehlen aber noch die semantische Struktur und die standardisierte Codierung einzelner Messwerte. Dies führt dazu, dass zunehmend eDokumente (unstrukturiert) erzeugt werden, die einen entscheidenden Punkt nicht lösen: die elektronische automatisierte Weiterverarbeitung der Daten. Diese eDokumente können nur sinnvoll elektronisch weitergegeben werden und stehen damit auf der Ebene eines gescannten Dokuments.

Die automatisierte Weiterverarbeitung von elektronisch erzeugten Daten wird noch auf sich warten lassen, da dafür noch folgende Schritte umzusetzen sind:

a. Die Daten müssen in einem sinnvollen Zusammenhang darstellt werden, dazu gibt es in der Papierwelt den Papierbeleg, der in der elektronischen Welt das eDokument ist. Erst im Jahr 2016 wurden für diese eDokumente standarisierte Werte (Namen) durch IHE-Deutschland erarbeitet. Die Arbeiten der Arbeitsgruppe Value-Sets waren eine wichtige Basisarbeit für die folgenden Schritte.
b. Es genügt nicht, Dokumente einheitlich zu benennen. Dieses geschieht im Dokumenten-Header. Auch der Dokumenten-Body muss standardisiert werden. Wenn Daten von Dokumenten interoperabel werden sollen, müssen sich diese eDokumente an einen Standard halten. Eine Möglichkeit bietet der CDA-Standards. Clinical Document Architecture kann den Level drei erreichen. In Level 3 sind nicht nur die Header standardisiert, sondern auch die „Bodys", also der Inhalt semantisch beschrieben und die Messwerte codiert. Ein geläufiges code-System ist LOINC oder Snomed-CT. Bekannt sind auch die Diagnoses Related Groups (DRG), die aber nur Diagnosen kodieren.
c. Neben den Merkmalen in der Verarbeitung und Nutzung von eDokumenten fehlt diesen eDokumenten auch in der IHE-Standardisierungswelt ein abgestimmter Prozess der Archivierung. Wenn eDokumente brachliegende Effizienzreserven heben sollen, dass müssen diese nicht nur einfach verarbeitbar und direkt nutzbar sein, sondern die eDokumente und die sie enthaltenen eAkten müssen rechtskonform (revisionssicher) und nachprüfbar (verkehrsfähig) elektronisch abgelegt werden können, um im Streitfall als archiviertes eDokumente vor Gericht Gültigkeit zu erlangen. Allein diese Diskussion wir sich noch über Jahre hinziehen.
d. Der interoperable Austausch von eAkten ist noch bisher in keinem Konzept beschrieben worden.

## 16.2.2 Indexierung

Die Benennung von Papier-Belegen mit Namen oder elektronisch erzeugten Dokumenten wird „Indexierung" genannt. Die durch IHE eingebrachten Valuesets (vgl. IHE 2016) decken die ersten beiden Ebenen, die Dokumentenklasse und den Dokumententyp, ab. Dokumententypen sind immer eine Gruppe von einzelnen Dokumenten, die durch einen Typ zusammengefasst werden können. Dies Sicht stammt aus der Betrachtung der Papierakte mit Register und Unterregister. In den Unterregistern waren und sind unterschiedliche aber sinnvoll zusammengestellte einzelne Dokumente enthalten. Die Benennung der

Dokumente (3. Ebene) ist nicht standardisiert. Es gibt eine Konsolidierte Dokumente Liste (KDL), die eine Kerndokumentation in deutschen Krankenhäusern beinhaltet (die Firma DMI (Deutsches Mikrofilm Institut in Münster) hat mit dieser Konsolidierten Dokumenten Liste eine einheitliche Liste von Dokumenten aus zigtausend gescannten bekannten Dokumenten erarbeitet und stellt diese Liste auch frei zur Verfügung: fmd-leisnig@dmi. de. Mit dieser Liste – die Normierung erfolgt technisch im Hintergrund und unsichtbar für den Anwender – ist es möglich, den standardisiert benannten Dokumenten weitere Merkmale zuzuordnen. Ein Merkmal kann die Spalte „MDK" sein, die für jedes Bundesland gefüllt wird: Die vom MDK A benötigten Dokumente werden mit der KDL gemappt. Das erfolgt ebenso flexibel mit der KDL für den MDK B und so weiter). Die verschiedenen in der Praxis vorkommenden Benennungen sind auf eine geläufige Benennung gemappt worden. So wird aus vielen unterschiedliche Benennungen ein geläufiger Begriff, der es ermöglicht, in Interoperabilitäts-Projekten sinnvoll Dokumente auszutauschen (Müller-Mielitz und Müller 2016).

### 16.2.3 Qualifizierung

Durch diese Verfahren der Digitalisierung und Indexierung auf Basis einer Kernliste von Dokumenten ist es möglich, eDokumente (originär elektronisch) und dDokumente (digitalisierte, gescannte Dokumente) in einer digitalen Akte zusammenzufassen und weiter zu qualifizieren: semantische Analysen, Vollzähligkeitsprüfung, Dublettenprüfung.

Diese dAkte ist noch keine eAkte, welche sinnvollerweise primär aus eDokumenten bestehen sollte, die idealweise auch interoperabel sind. Digitale Dokumente, verstanden als gescannte Dokumente, werden durch die KDL auf den Level von unstrukturierten eDokumenten gehoben (wie z. B. ein PDF entstanden aus einer Word-Datei). Diese zusammengeführte Akte kann nun konsolidiert werden, indem Dubletten erkannt und markiert werden. Auch kann die Vollzähligkeit der Dokumente überprüft werden und weitere Formen der Qualifizierung der dAkte erfolgen auf dem Weg hin zu einer intelligenten Akte. Weitere Formen der Qualifizierung sind Überprüfung der Signaturnotwendigkeit, Zeitstempelung von Dokumenten und die Ergänzung von relevanten Meta-Informationen auf Basis von Regeln.

## 16.3 Digitalisierungsgrad

Seidel und Eder schlagen eine Systematik zur Überprüfung der Zugriffsmöglichkeiten auf die elektronische Akte vor (als sog. Reifegradskala). Dabei unterscheiden sie die Darstellung der Dokumente (digital zugreifbar) und verfolgen folgende Arbeitshypothese: „Aktuell gibt es kein Qualitätssicherungsmodell, das ohne Ergänzungen angewandt auf digitale Archive im Gesundheitswesen, alle erforderlichen Aspekte beinhaltet, deren Qualität im erforderlichen Gesamtumfang sicher zu stellen" (Seidel und Eder 2011).

Seidel und Eder unterscheiden sechs Stufen des Reifegrads. Die Festlegung des Grades erfolgt dabei anhand folgender Kriterien:

1. nicht elektronisch zugreifbar, nur in Papierform
2. einzelne Bestandteile sind elektronisch einsehbar, meist über mehrere Systeme und nicht von allen aktiv im Prozess beteiligten und berechtigten Mitarbeitern
3. alle relevanten Bestandteile sind verteilt über mehrere Systeme einsehbar, jedoch nicht für alle beteiligten und berechtigten Mitarbeiter
4. alle relevanten Bestandteile sind verteilt über mehrere Systeme durch alle beteiligten und berechtigten Mitarbeiter einsehbar
5. alle relevanten Bestandteile sind über ein System jederzeit durch alle beteiligten und berechtigten Mitarbeiter jederzeit einsehbar
6. alle relevanten Bestandteile sind jederzeit flächendeckend (evtl. WLAN) über ein System durch alle beteiligten und berechtigten Mitarbeiter zugreifbar

Dabei bezieht sich „relevante Bestandteile" auf Bestandteile der Patientenakte. In einem separaten Diskurs wäre zu klären, was „relevant" in diesem Kontext bedeuten würde. Nach der Vorstellung des Konzepts auf einem Arbeitstreffen des GMDS AKU in Stuttgart vom 30.11.2011 wird deutlich, dass für eine erneute Modellierung noch Präzisierungen notwendig sind, die sich beziehen auf:

1. Zugriffsmöglichkeiten auf die elektronische Fallakte (eFA)
2. „einzelne Bestandteile"
3. „relevante Bestandteile"

Die notwendigen Abgrenzungen hierfür sind von Seidel und Eder noch nicht weiter ausgeführt worden. Ein Ansatzpunkt wäre die Abgrenzung des Begriffs „Akte". Die Patientenakte ist die für einen stationären Fall erstellte Zusammenstellung der medizinischen Dokumentation (Begriff Patientenakte). Hierfür wird es in einem Krankenhaus einen Zustand geben, der alle erzeugten Daten und Dokumente für die Behandlung (Fall) zusammenstellt. Die Zusammenstellung erfolgt unabhängig der Entstehungsquelle: papierbasiert (p) oder elektronisch (e). Für den elektronischen Fall ist von Interesse, ob die Daten aus einem Medizingerät kommen (eDaten) oder über eine manuelle Eingabe kommen (eFormular) (siehe Abb. 16.1).

Erläuterung der Abb. 16.1: In der 1. Spalte werden Dokumententypen laut eFA-Definition aufgelistet (siehe Übersicht). Die Spalten 2 und 3 zeigen „Art der Verfügbarkeit der Dokumente in der Fallakte". Die Ausprägung ist „papierbasiert" oder „elektronisch". Die Zuordnung zu den Zugriffsmöglichkeiten (Festlegung des Grades) erfolgt dann durch den Analysten. Der höchste Grad (5) „alle relevanten Bestandteile sind jederzeit flächendeckend (evtl. WLAN) über ein System durch alle beteiligten und berechtigten Mitarbeiter zugreifbar" wird nicht erreicht. Im Beispiel erzielt das Krankenhaus einen Gesamtreifegrad von 1,61, es wäre maximal ein Grad von X zu erreichen.

| Dokumente laut eFA-Definition | Art der Verfügbarkeit der Dokumente in der Fallakte | | Zugriffsmöglichkeiten | | | | | | |
|---|---|---|---|---|---|---|---|---|---|
| | papierbasiert | elektronisch | 0 | 1 | 2 | 3 | 4 | 5 | |
| Labor | | | | | | | | | |
| - klinische Chemie | 92.775 | 411.571 | | | | | | 1 | |
| - Hämatologie | 24.800 | 987 | | 1 | | | | | |
| - Haemostaseologie(Gerinnung) | in klinischer Chemie | | | 1 | | | | | |
| - Immunhämatologie | 118.043 | | | 1 | | | | | |
| - Mikrobiologie | 121.659 | | | 1 | | | | | |
| Radiologie | | 236.243 | | | | | 1 | | |
| OP-Bericht | | 33.562 | | | | 1 | | | |
| Arztbriefe | 63.403 | 116.493 | | | | | 1 | | |
| Digitale Röntgenbilder (Studies) | 135.000 | 90.000 | | | | | 1 | | |
| Sturzprotokoll | 2.615 | 477 | | | | | | | |
| Aufnahmebogen | 99.304 | | 1 | | | | | | |
| Pflegedokument | 99.304 | | 1 | | | | | | |
| Summe | 1.229.158 | 953.911 | Summe | 3 | 21 | 2 | 0 | 7 | 0 | 33 |
| Gesamtanzahl Dokumente | | 2.183.069 | Summe gewichtet | 0 | 21 | 4 | 0 | 28 | 0 | 53 |
| Digitalisierungsgrad der Dokumente | | 43,70% | Gesamtreifegrad | | | | | | 1,61 |

Der Gesamtreifegrad G berechnet sich aus dem Quotienten der gewichteten Summe der Zugriffsmöglichkeiten Dokumentenarten und der Summe der Zugriffsmöglichkeiten und ist ein Maß für die Qualität des Zugriffs auf die elektronische Fallakte

**Abb. 16.1** Digitalisierungsgrad – Gesamtreifegrad. Quelle: vgl. Seidel und Eder (2011)

Es wird deutlich, dass der so beschriebene Digitalisierungsgrad auf der Präsentationsebene digitalisierter Papiere angesiedelt ist. Aktuell ist die Beschäftigung mit Papierakten und deren Digitalisierung ein zentrales Thema im Gesundheitswesen und wird hier als „Digitalisierung" bezeichnet: Wenn Papier durch einen Digitalisierungsprozess zum dDokument geworden ist, ist für eine weitere Nutzung von OCR-Container relevant, ob das Papier handgeschrieben, händisch in einem Formular ausgefüllt wurde oder als ursprüngliches eDokument im Rahmen eines Medienbruchs ausgedruckt wurde. Für die Workflow-Analyse ebenfalls bedeutend ist, ob das Dokument händische Signierungen enthält oder enthalten sollte.

Diese händischen Signierungen müssen in einer Workflow-Analyse kritisch begutachtet und gegebenenfalls durch elektronische Signaturen ersetzt werden, wenn der Wechsel von einer Papier-Dokumentation durch eine elektronische Dokumentation erfolgen soll. Die beschrieben Varianten betreffen die Daten- und Dokumentenentstehung und sind zu unterscheiden von der digitalen Darstellung (zum Beispiel von gescannten Dokumenten) oder der elektronischen Darstellung (zum Beispiel von eDaten in einem KIS). Der Übergang von eDaten in eDokumente muss von medizinischen Dokumentaren begleitet werden. Der Medizinische Informatiker stellt als Datenbereitsteller für Mediziner, Pfleger, Medizincontroller und Verwalter die Daten zur Verfügung. Sinn in die eDaten-Schnipsel müssen die Anwender bringen bzw. hier müssen Medizinische Dokumentare ihre Aufgaben wahrnehmen.

Die Reifegradskala gibt Kunden und Anbietern von Lösungen zur Digitalisierung die Möglichkeit, den Status quo zu ermitteln, wie stark ein Haus dem Papier bzw. der Digitalisierung zugewandt ist. Die betrachteten Dokumente können als Papier entstanden sein (handgeschriebene Dokumente) oder ein originäres elektronisches Dokument sein, dass dann auf Papier ausgedruckt wird und wieder durch Scannen digitalisiert wurde. Es entsteht hierbei der sog. Medienbruch, den Kunden vermeiden wollen und ihren Fokus aus originär elektronisch erzeugte Daten legen (eDat) und standardisierte elektronische Dokumente (eDok) erzeugen wollen.

Mit diesen Erläuterungen wird deutlich, dass sich der Gesamtreifegrad auf den Zugriff bezieht. Zugriff kann hier gleichgesetzt werden mit „Präsentation" von Dokumentenarten. „Der Gesamtreifegrad G berechnet sich aus dem Quotienten der gewichteten Summe der Zugriffsmöglichkeiten Dokumentenarten und der Summe der Zugriffsmöglichkeiten und ist ein Maß für die Qualität des Zugriffs auf die elektronische Fallakte" (Seidel und Eder 2011).

Mit der zusätzlichen Einbeziehung der Entstehungsseite eines Dokuments wird auch dargestellt, ob Medienbrüche existieren. Diese können in der Dokumentenlifecyclematrix dargestellt werden. Dadurch ist auch eine Optimierung der Dokumentenworkflows möglich. Ziel muss es sein, keine Medienbrüche und nur originär elektronische Daten und Dokumente zu erzeugen. Langfristiges Ziel muss die Etablierung von standardisierten elektronischen Dokumenten sein, die dann in der eAPA, de elektronisch Archivierten Patientenakte revisionssicher archiviert werden.

Seidel und Eder führen die Analyse von drei Großkliniken zusammen in einer Koordinatensystem, das auf der y-Achse den Digitalisierungsgrad der Dokumente in Prozent und auf der X-Achse den Gesamtreifegrad der Zugriffsmöglichkeiten auf die eFA darstellt und damit ein Benchmark der drei Häuser ermöglicht.

Die Reifeskala nach Seidel/Eder beschreibt die Ausgabe-Seite (Präsentation) von Dokumenten und bezieht sich auf das Einsehen von (gescannten) Papierdokumenten und einer mobilen Sicht von Patientendokumenten (in der elektronischen Fallakte). Dabei wird die Entstehungsseite von Dokumenten außer Acht gelassen.

## 16.4 Elektronifizierungsgrad

Dokumente und Daten entstehen derzeit noch immer papierbasiert (pDok), sie werden digitalisiert (dDok) oder elektronisch erzeugt (eDok). Bei originär elektronischen Dokumenten sind noch eDaten (eDat) und eFormulare (eForm) zu unterscheiden. eDat sind derzeit technisch und semantisch unstrukturierte Daten, die von einem Medizingerät kommen können (xDT oder HL7-Nachrichten). Ein eFormular besteht aus manuell eingetippten Daten, was oft am Klinischen Arbeitsplatz-System (KAS) erfolgt. Ein eFormular kann technisch strukturiert sein, ist aber i.d.R. nicht semantisch strukturiert. Die technische und semantische Strukturierung stellt den aktuellen Goldstandard dar, der unseres Wissens bisher noch nicht in der breiten Anwendung erreicht wurde. Auf wiki.hl7.de sind einzelne Beispiele für CDA-Strukturierte Dokumente zu sehen.

Ziel einer Analyse zum Istzustand eines Krankenhauses bezüglich des Reifegrads von eAkten sollte es sein, die elektronische Datenerstellung und damit die Vermeidung von

Medienbrüchen darzustellen. Berücksichtigt werden sollte daher in einer entsprechenden Auflistung alle auf der Erstellungsseite beteiligten Dokumente:

- Papierdokumentation (pDoks)
- Digitales Scannen (dDoks)
- Erstellung von originär elektronischen Daten (eDat) und Dokumenten (eDoks)

Der Elektronifizierungsgrad wird durch die eBelegstrukturanalyse ermittelt. Hierbei werden digitalisierte Akten augenscheinlich nach eDokumenten untersucht. Es werden die Dokumente identifiziert, die augenscheinlich elektronisch sind, ausgedruckt wurden und dann wieder gescannt in die digitale Akte einfließen. Der Medienbruch kann perspektivisch durch die eBelegstrukturanalyse vermieden werden. Eine aktuelle DMI-Analyse von 2016 zeigt, dass der Elektronifizierungsgrad bei ca. 30 Prozent und bis zu 40 Prozent in den untersuchten Krankenhäusern der Regelversorgung liegt. Problematisch ist es auf Krankenhausseite das bereits vorhandene Potenzial zu heben, da KIS-Hersteller derzeit noch wenig Unterstützung geben, eDokumente in einen organisatorisch optimierten digitalen Workflow zu überführen. eDokumente wie PDF-Dateien oder HL7-MDM-Nachrichten können mittels eines Kommunikationsservers in die digitale Langzeitarchivierung überführt werden und stehen als Software as a Service aus dem revisionssicheren Archiv neben der KIS-Datenbank oder dem DMS in einem Krankenhaus zum Abrufen aus dem Archiv bereit.

Mit der Zusammenführung des Digitalisierungsgrades als Maß der elektronischen Darstellung von Dokumententypen und dem Elektronifizierungsgrad als ein Maß der Reife bei der elektronischen Erstellung von Dokumenten kann ein objektives Bild eines Krankenhauses dargestellt werden und es werden Verbesserungemöglichkeiten und Optimierungspotenziale deutlich.

Bei der Archivierung originär elektronischer Dokumente ist die Entstehung des Dokuments entscheidend. Diese kann sein:

- Originär elektronisch (in der Regel aus einem Medizingerät: eDat oder eDok)
- Originär elektronisch als eFormular

Es ist weiter zu unterscheiden:

- die elektronische Weiterverarbeitung
- Ausdruck von eDok ohne händische Bearbeitung (Unterschrift, Notizen, etc.)
- Ausdruck von eDok mit händischer Bearbeitung (Unterschrift, Notizen)
- Papier, das nur händische Aufzeichnungen enthält (Notizzettel)
- Papier, das ein Raster oder Format vorgibt (Formular mit strukturierten Notizen)

Als Elektronifizierungsgrad soll gelten: Das Verhältnis der elektronisch erzeugten Dokumente in einer Patientenakte zu den in der Akte enthaltenen Papier-Dokumenten und Digitalisierten (gescannten) Dokumenten. Dabei bedeutet elektronisch erzeugtes Dokument ein Dokument, das wie oben beschrieben originär elektronisch erstellt worden ist. Als Maßstab zum Reifegrad der Elektronifizierung von Krankenhäusern kann daher gelten:

1. als irgendein elektronisches Format vorliegt (ADT, HL7, HL7-MDM)
2. als PDF-Dokument vorliegt
3. als CDA, XML, HL7-MDM-Dokument vorliegt
4. als Strukturiertes CDA-Dokument vorliegt (z. B. eArztbrief 2014/2015)
5. einen IHE-konformen Rahmen nutzt (CDA-Level 1 oder 2)
6. im IHE-Profil XDS und als CDA-Dokument mit semantischer Interoperabilität vorliegt (CDA Level 3), d. h. es sind Codes anstelle von Freitext vorhanden.

Ein weiterer Reifegrad wird nach dem EMRAM-Modell ermittelt. Mit dem EMRAM-System versucht das Unternehmen HIMSS Analytics Europe den Digitalisierungsgrad von Unternehmen darzustellen. Das europäische EMRAM wurde demnach den individuellen Anforderungen europäischer Gesundheitseinrichtungen angepasst. Basis ist das amerikanischen EMRAM-Modell, das seit 2005 von HIMSS Analytics entwickelt wurde. Ziel ist es, die Fortschritte und Auswirkungen der elektronischen Patientenakte in der HIMSS-Analytics-Datenbank abzuspeichern und einen Benchmark zu ermitteln (HIMMS 2016).

Krankenhäuser haben die Möglichkeit, die Einführung und Nutzung informationstechnischer Anwendungen zu überprüfen. Dieser Fortschritt wird in acht Stufen (0 bis 7) gemessen. Ziel ist es, Stufe 7 zu erreichen, die eine hoch entwickelte Umgebung für die papierlose elektronische Patientenakte (ePA) darstellt. Stufe 7 wird durch das Bestehen eines Audits erreicht, bei dem ein Auditorium aus Geschäftsführern und Vorständen anderer Kliniken die Einhaltung der digitalen Arbeitsabläufe von der Aufnahme bis zur Entlassung klinikweit überprüft (HealthTechWire 2011).

## 16.5 „Das Lernende Krankenhaus"

Grundlage für weitergehende Analysen von Daten sind elektronisch erzeugte und verarbeitete Daten. (eDat) und Dokumente (eDoks). Auf EU-Ebene ist das Thema „Learning Healthcare System (LHS)" ein aktuell gefördertes Projekt (vgl. TRANSFoRm 2015), mit dem Ziel, aus Daten zu lernen, um damit u. a. die Personalisierte Medizin künftig zu realisieren. Übertragbar ist diese Idee des „lernenden Systems" auf die stationäre Versorgung in Krankenhäusern („lernendes Krankenhaus"). Diese könnten aus den von ihnen erzeugten Daten relevante Informationen für weitergehende Fragestellungen gewinnen und ihre lokalen Prozesse und Behandlungswege weiter verbessern. Voraussetzung dafür ist die konkrete Einbeziehung des „informed consent" und die strikte Einhaltung der vom Patienten gegebenen Einwilligungen.

Dabei werden durch ein krankenhausinternes Datawarehouse und durch Dienstleistungen von externen Firmen die Kernleistung von Datenlieferant und Datenanalyst zusammengeführt, die in einem abgestimmten Zusammenspiel neue Mehrwerte für die

Krankenhäuser und deren Patienten generieren sollen. Ein Mehrwert kann dabei sein, dass über ein strukturiertes Verfahren und den Smart-Data-Ansatz relevante Daten in digitalisierten und elektronischen Dokumenten genutzt werden, um eine Qualitätssicherung und Versorgungsforschung durchzuführen. Es ist zu beschreiben, was unter „Qualitätssicherung im Krankenhaus" verstanden werden soll. Damit wird das Ziel definiert. Es ist dann mit Pilotkrankenhäusern zu prüfen, ob diese dieses als möglichen Mehrwert ansehen. Erst dann ergibt sich die Möglichkeit, ein Geschäftsmodell zu generieren. Dann ist nach der ersten Pilotierung ein interessiertes Krankenhaus einzubinden, dass aus fachlich-inhaltlicher Sicht mögliche Nutzen und Usecases aufzeigen kann. Ein Modell zum Vorgehen für die Hebung des Datenschatzes einer Patientenakte ist in der Abb. 16.2 dargestellt.

Das lernende Krankenhaus stellt alle vorhandenen Daten bereit. Für eDaten und deren Informationen muss dann ein Verfahren gefunden werden, dass in einem Beratungsprozess die Papierwelt und die elektronische Welt für die Auswertung zusammenführt. Dabei sind die Aspekte des Datenschutzes zu beachten und die Einwilligung des Patienten zur Datenverarbeitung strikt umzusetzen. Die ausgewerteten Daten werden strukturiert und für verschiedenen Anwender im Krankenhaus aufbereitet bereitgestellt. Prozessänderungen können greifen, das Krankenhaus produziert neue Daten, der Kreislauf im lernenden Krankenhaus beginnt von vorne.

In der Abbildung 2 sind verschiedene Geschäftsmodelle enthalten, die die Datenhoheit des Patienten und den damit verbundenen Datenschutz respektieren müssen. Die angedeuteten Use-Cases ergeben sich durch die zunehmende Digitalisierung (in Form von Scannen von Papier) und der zunehmenden Nutzung von elektronischen Dokumenten (Elektronifizierung) und damit einer zunehmenden Standarisierung in Syntax und Semantik der elektronisch erzeugten Dokumente.

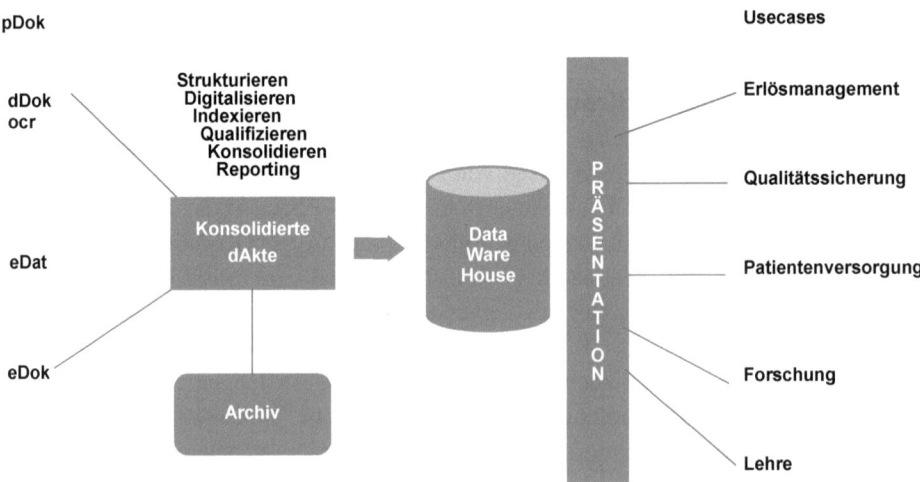

**Abb. 16.2** Allgemeingültiges Vorgehen zur Nutzung von Patientenakteninhalten für verschiedene Anwendungen. Quelle: Eigene Darstellung (2016)

### 16.5.1 Business Intelligence

Digitalisieren-Indexieren-Qualifizieren (DIQ) sind die drei relevanten Schritte, um Digitalisate auf die Ebene von eDokumenten zu heben (erster Schritt), Dubletten im Rahmen der Qualifizierung zu erkennen (zweiter Schritt) und damit im Krankenhaus eine konsolidierte Patientenakte bereitzustellen (Ergebnis). Auf Basis dieser konsolidierten Patientenakte können anschließend die in den Dokumenten vorhandenen Daten intelligent genutzt werden. Die konsolidierte Akte wird zu einer intelligenten Akte, welche OCR-Container zur Verfügung stellt, die für Business-Intelligence-Anwendungen, Searchable Indexes sowie Annotationen in Befunden genutzt werden können. Dadurch werden Mehrwerte für die Abrechnung, den Krankenhaudialog mit dem MDK und künftig für intersektorale und interregionale Kooperationen gelegt.

### 16.5.2 BigData und SmartData

Für Fragestellungen im medizinischen Kontext mit Big-Data-Relevanz stehen derzeit noch keine geeigneten Werkzeuge in der Breite zur Verfügung. Einzelne Pilotprojekte (Cloud4Health 2016) sind durchgeführt worden. Komplexe Versorgungsfelder im Gesundheitswesen sind dadurch charakterisiert, dass eine große Menge von strukturierten und unstrukturierten medizinisch-pflegerischer Daten erzeugt wird. Diese Daten sind nur mit erheblichem Aufwand zu verbinden, um sie dann als Basis für medizinische Entscheidungen zu nutzen. Insofern stellt sich die Frage nach der Vorgehensweise: vorher strukturiert erfassen oder nachher durch Big-Data-Ansätze zusammenfassen? Kann Big Data „nur" Public-Health-Fragestellungen lösen oder auch feingranulare Fragestellungen, die aus der klinischen Routine erwachsen?

Vor diesem Hintergrund können die folgenden vier Kernanforderungen für das Management von Big Data abgeleitet werden:

- Umgang mit großen, heterogenen Datenmengen muss gewährleistet sein
- Komplexe Datenanalysealgorithmen müssen geschaffen worden sein
- Interaktive, oftmals visuell unterstützte Datenanalyse für die Anwender
- Nachvollziehbare Datenanalyse für den Analysten und Auftraggeber

Um diese Herausforderungen zu lösen, müssen skalierbare, einfach zu bedienende Datenanalysesysteme und neue Algorithmen bzw. Paradigmen zur Datenanalyse entwickelt werden, die die verschiedenen Aspekte und Anforderungen gleichzeitig adressieren. Diese Herausforderungen werden von existierenden Datenmanagementsystemen bisher nicht in ausreichendem Maße erreicht.

Die Überführung von Big Data zu Smart Data spiegelt sicherlich einen aktuellen Trend wider (Smart Cities, Smart Home, Wearables, Internet of Things). Beim Smart-Data-Ansatz treten die qualitativen Aspekte der Big-Data-Analyse in den Vordergrund, da ein strukturierter Vorprozess vor den Analysen läuft und Datensätze gezielt ausgesucht werden. Das gilt insbesondere für Patientendaten, deren Entstehung, Verarbeitung, Aggregierung und spätere Analyse eine besondere Herausforderung für Daten- und Dokumentenprofis, Semantiker und technische Plattformbetreiber ist. Hier scheint ein Smart-Data-Ansatz theoretisch zielführender zu sein. Grundsätzlich muss – Big-Data- oder Smart-Data-Ansatz – das Datenschutzthema sauber im Projekt gelöst sein.

### 16.5.3 Secondary Use

Big Data im Gesundheitswesen ist kein neues Thema. Unter dieser Idee wurden auch frühere Forschungsprojekte die sogenannten „Grid-Projekte" durchgeführt, die bereits um 2005 gefördert wurden (MediGRID 2005). Spätere Projekte wie „Cloud4Health" sind beendet (Cloud4Health 2016) Es gibt erste Ansätze zum „Secondary Use" von elektronischen Patientendaten aus dem KIS und Data-Warehouse. Es wird dabei versucht, originär elektronische Daten aufzuarbeiten, um neue Erkenntnisse zu gewinnen. Dazu wird ein Data-Warehouse-Ansatz genutzt (Prokosch und Ganslandt 2009).

### 16.5.4 Patientenrekrutierung für Studien

Die Patientenrekrutierung für klinische Studien aus dem KIS heraus ist eine wichtige Nutzungsmöglichkeit der skizzierten Methoden im Feld des „Secondary Use". Die Idee hierbei ist, die aufwendige Suche nach Patienten für klinische Studien zu begrenzen und auch bei der Vorhersage der Größe von möglichen Patientenkohorten für bestimmte Studien genauere Ergebnisse zu erzielen (Dugas 2012). Die gewonnenen Ergebnisse zeigen folgende ungelöste Probleme auf: Erstens sind aktuell verwendete Einschlusskriterien zu komplex und teilweise widersprüchlich, als dass sie in einer Logik für eine Suchroutine im KIS eingesetzt werden können. Zweitens sind die vorhandenen Items für bestimmte Werte in den KIS-Datenbanken nicht oder nicht vollständig vorhanden. Und drittens scheitern Überlegungen, KIS-Daten aus der Versorgung für klinische Studien nutzen zu können, daran, dass die erforderlichen Werte aus der Versorgung für klinische Studien in der benötigten Tiefe nicht erhoben werden und fehlen (Dugas 2010).

### 16.5.5 Versorgungsforschung

Für die Versorgungsforschung ist der Nutzen von Smart Data evident. Die Versorgungsforschung in Deutschland bezieht ihr Datengerüst für die Beantwortung zentraler Versorgungsfragen zu einem großen Teil aus den Daten der gesetzlichen Krankenversicherung („Abrechnungsdaten", die als Routinedaten bezeichnet werden). Seit Februar 2014 ist der Bezug von Daten für Versorgungsforscher durch das DIMDI sehr einfach gelöst.

Bei der Nutzung dieser Datensätze werden jedoch schnell die Grenzen für die Auswertung offenbar. Es handelt sich bei den vorliegenden Daten um die Abrechnungsdaten der Krankenhäuser für ihre stationäre Versorgung (nach § 301 SGB V und § 21 Datensatz des Krankenhausentgeltgesetzes). Demgegenüber stehen die Potenziale in der Nutzung von Smart Medical Data und die Gewinnung von Erkenntnissen, und deren Implementierung in Leitlinien wäre die sich anschließende Konsequenz (vgl. Moreno und Harder 2013) zur Verbesserung der Qualität in der Versorgung. Noch gänzlich ungenutzt sind die klinischen Routinedaten aus den Patientenakten („klinische Versorgungsdaten").

Eine durch Smart-Data-Technologien in Breite und Tiefe angelegte Versorgungsforschung muss die Primärdaten aus Krankenhäusern und anderen Gesundheitsleistungsanbietern vorhandenen Daten und Dokumente nutzen. Diese Primärdaten sind klinische Versorgungsdaten. Allerdings werden in den Krankenhäusern die Patientendaten noch immer überwiegend papierbasiert dokumentiert, das heißt, die Dokumentation erfolgt durch die unstrukturierte Ablage teils handschriftlicher Belege. Diese Form der Dokumentation entzieht sich einer effektiven und effizienten Auswertung gänzlich. Sind Papierformulare strukturiert vorhanden, ist mittels moderner OCR-Erkennung eine Auswertung und Weiterverarbeitung allerdings gut möglich.

Ein weiteres Problem in deutschen Krankenhäusern entsteht dadurch, dass neben papierbasierten Dokumenten auch elektronische Dokumente vorhanden sind, die eine vollständige und inhaltlich konsolidierte Akte derzeit noch nicht ermöglichen. Diese beiden Aktenteile – bestehend aus pDokumenten und eDokumenten – müssen durch die Digitalisierung von Papierbelegen und die Zusammenführung von originär elektronischen Dokumenten in einer konsolidierten digitalen Akte zusammengeführt werden (Müller-Mielitz 2013). Erst dann ist die Akte vollständig.

## 16.6 Intersektorale und Interregionale Kommunikation

In den letzten Jahren sind elektronische Patientenakten in Krankenhäusern aufgebaut worden. Die im Behandlungskontext erzeugten Daten der angeschlossenen Krankenhausinformationssysteme (Labor, EKG, Bildgebung und weiteres) wurden dabei in einer lokalen zentralen Datenbank zusammengeführt und stellen damit eine lokale ePA dar. Um künftig auch intersektorale (zwischen Behandlungssektoren) und interregionale (regional innerhalb von Behandlungssektoren) die Gesundheitsversorgung zu verbessern und die Kommunikation der Leistungserbringer untereinander und mit dem Patienten zu verbessern, müssen Daten und Dokumente sicher und standardisiert versendet werden können. Dazu bedarf es neuer Methoden, dieses sicherzustellen. Die in sich konsistenten Datenbank-Strukturen weisen für den intersektoralen Daten- und Dokumentenaustausch folgende zu klärende Punkte auf:

1. es sind die Datenbankstrukturen in jedem Krankenhaus unterschiedlich
2. es sind die intersektoralen und interregionalen Kommunikationsszenarien offen

3. es sind die Punkte der digitalen Archivierung in verteilen Kommunikationsszenarien offen
4. steht die semantische Interoperabilität von Daten und Dokumenten erst am Anfang einer Standardisierung

Zu 1: Selbst Krankenhäuser mit demselben Krankenhausinformationssystem verfügen über unterschiedliche Datenbankstrukturen, was teils aus den unterschiedlich gelebten Prozessen, teils aufgrund unterschiedlicher Projektteams des Herstellers resultiert.

Zu 2: Für das Konstrukt einer Einrichtungsübergreifenden Patientenakte sind die Fragen nach der Archivierung nicht gelöst. Auch die elektronische Fallakte greift zu einem Trick und delegiert die Archivierung an die Primärsysteme in den Krankenhäusern mit dem Effekt, dass es unmöglich für einen Patienten wird, seine Fallakte im Stück nach Behandlungsende zu erhalten.

Zu 3: insbesondere das Konzept der elektronischen Fallakte baut aus Datenschutzgründen eine temporäre virtuelle Akte auf, deren Dokumente in den lokalen Primärsystemen liegen und deren Zusammenschluss nach Beendigung des Falls zerbricht. Ein nicht unbedingt patientenfreundliches Verfahren. Archivrelevante Aspekte werden in dem eFA-Konzept in die Primärsysteme delegiert.

Zu 4: Es gibt derzeit nur wenig semantisch standardisierte Dokumente.

Semantisch standardisierte Dokumente würden auch den Datenaustausch von Dokumenteninhalten ermöglichen. Um diese Thema angehen zu können ist die Analyse der Daten und der daraus entstehenden Dokumente wichtig. Die Datenkommunikation im Krankenhaus setzt sich aus folgenden Datenströmen (eDaten) zusammen:

1. Datenströme aus den lokalen IT-Systemen, die über einen Kommunikationsserver in eine Datenbank (in der Regel vom KAS-Hersteller) übermittelt werden (diskrete Daten, sog. eDaten)
2. Datenströme, die im KAS erzeugt werden (sog. eFormulare/eMasken)
3. Bilder und Video-Sequenzen werden meist auf DICOM-Basis erzeugt (eBilder)
4. künftig elektronische Datenströme aus anderen Institutionen (eDokumente)

Der Ansatz ist der, dass über den Krankenhausinternen Kommunikationsserver die entsprechenden eDaten und eDokumente an einen Dokumentenservice weitergeleitet werden, der Daten zu eDokumenten umwandelt und dabei qualitative Aspekte berücksichtigt. Damit wäre ein wesentlicher Punkt der „Qualifizierung" von Dokumenten ermöglicht.

Im ersten Schritt werden aus Daten entsprechende Dokumente wie beispielweise CDA-Dokumente (Clinical Dokument Architecture) und diese mittels Metainformationen IHE-Konform als XDS bereitgestellt. Das Verfahren funktioniert auch für gescannte Dokumente (XDS-SD). Da es sich um eine begrenzte Anzahl von Dokumenten im intersektoralen Austausch handelt, ist hierfür nur ein initialer Aufwand nötig. Neue Use-Cases (und insb. die Einbindung neuer Dokumente) bedeutet dann zwar neuen, aber in der Regel geringeren Aufwand, da die Verfahren bekannt und erprobt sind.

# 16 Digitalisierung von Papier: Vorteile für die Prozesse

Die Konzepte für eine Archivierung im Kontext einer interregionalen Kooperation sind im Falle der eFA sehr einfach gehalten, indem aktuell die Archivierungsaufgaben bei den Partnern (Primärsysteme) verbleiben. Die virtuell im Behandlungsfall zusammengeführte eFA ist immer in den Archiven der Partner (teilvorhanden). Ergänzt werden kann das durch die konsolidierte Bereitstellung des Fallordners für alle eFA-Beteiligten bereitstellt.

Es muss im ersten Schritt ein lokales Archiv für interregionale Anforderungen aufgebaut werden. Das ist dann die interregionale Teil-Archivakte. Mittels XCA (Cross Community-Access) Gateway sind die intersektoralen Domänen miteinander verbunden. Mittesl XCA-Gateway ist dann für die Region ein Archiv bestimmt, dass die Langzeit Archivdienstleistung übernimmt. Damit sind auch die Patienteninteressen geschützt, da über den Fall ein konsolidiertes Archiv besteht. Damit ist Platz geschaffen für Service-Provider bei der Strukturierung von Daten und Dokumenten und lässt Kunden wie IT-Anbietern viel Spielraum für eigene Ideen und innovative Produktplatzierungen, was über die Marktkräfte freigesetzt wird.

## 16.7 Intelligente Akte

Der vorgestellte Lösungsansatz ermöglicht es, Dokumente standardisiert von einem Krankenhaus in ein anderes zu übertragen (interregionale Kommunikation). Eine automatisierte Weiterverarbeitung ist damit noch nicht möglich. In Zukunft muss es daher das Ziel sein, die Interoperabilität auch bei diskreten Daten sicherzustellen, so dass einmal erhobene medizinische Werte auch in einem IT-Fremdsystem zu lesen und weiterverarbeitbar sind (vgl. Abb. 16.3). Hier sind die Diskussionen des Interoperabilitätsforums mit den Vertretern

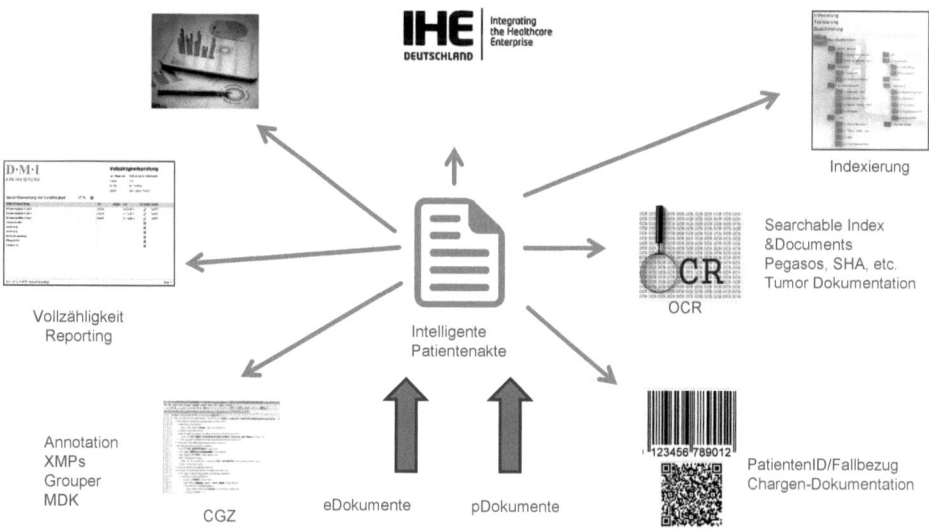

**Abb. 16.3** Möglichkeiten durch die Digitalisierung von Patientenakten. Quelle: Eigene Darstellung (2016).

von HL7, IHE, eFA relevant und die Ansätze im FALKO-Projekt wichtig, das verschiedene Verlegungsszenarien elektronisch umsetzt (Falko.NRW 2016). Ebenso relevant ist das von Prof. Dugas betriebene MDM-Portal für eDokumente, mit dessen Hilfe einige der in diesem Kontext beschriebenen Probleme lösbar scheinen (vgl. Dugas 2012 und 2010).

Die Vorarbeiten zur KDL und deren Einsatz im Rahmen der IHE ValueSets ermöglichen Krankenhäusern Mehrwerte aus der Digitalisierung einer Akte zu ziehen und künftig folgende Fragen zu beantworten:

### 16.7.1 Vollzähligkeitsprüfung

Die Vollzähligkeitsprüfung ist keine Vollständigkeitsprüfung. Was ist schon inhaltlich vollständig? Vollzähligkeit hingegen bedeutet, bestimmte Dokumente (keine Inhalte!) befinden sich in der Akte. Wird die Frage nach dem Inhalt mit aufgenommen, wird die Fragestellung sehr komplex. Die Reduktion auf Vollzähligkeit ist damit ein erster Schritt, um künftig auch eine Vollständigkeit der Akteninhalte feststellen zu können. Die Fragen bei der Vollzähligkeitsprüfung sind:

- Befinden sich alle von mir als Minimum definierten Dokumente in der Akte?
- Finden sich zu meinen Abrechnungen mit der Krankenkasse alle benötigten Dokumente in der Akte?
- Habe ich aus dem Arztbrief und den Befunden alle relevanten DRG- und OPS-Codes gefunden?

Es lassen sich dann Reports an die entsprechenden Mitarbeiter in einem Krankenhaus senden, die auf Basis dieser Reports Prozessänderungen durchführen können.

### 16.7.2 Chargendokumentation

Die papiergebundene Dokumentation von Chargen bei Medizinprodukten ist aktuell noch state of the art. Künftig können die verbauten und eingesetzten Medizinprodukte und deren Seriennummern erfasst und in einer elektronischen Datenbank gespeichert werden, um bspw. Rückrufaktionen schneller und zielgerichteter durchführen zu können. Dieses erfolgt auch durch die Notwendigkeit, da Register für Medizinprodukte aufgebaut werden.

### 16.7.3 Annotationen in Arztbriefen und Befunden

Die Annotation eines Arztbriefes ist analog zum gelben Textmarker zu sehen, den ein Medizincontroller nutzt, um wichtige Inhalte einer Akte zu markieren. Die automatische Annotation ermöglicht es dem Medizincontrolling, die Texte schneller zu erfassen und damit z. B. abrechnungsrelevante Inhalte zielgerichtet zu erkennen.

## 16.7.4 Nutzung von OCR-Containern

Die aus Digitalisaten gewonnenen OCR-Container können für die Volltextsuche in Dokumenten-Management-Systemen (DMS) genutzt werden. Mit der Digitalisierung entstehen OCR-Container, die für weitere Mehrwertdienstleistungen genutzt werden können:

- Suchen und Finden im Dokument
- Annotationen in Arztbriefen und Befunden
- Semantische Analysen
- Perspektivisch: Business-Intelligence-Anwendungen

Die durch die Digitalisierung bereitgestellten OCR-Container können in den IT-Zielsystemen für das Suchen und Finden von Textinhalten genutzt werden. Derzeit nutzen Krankenhäuser nur die hierarchische Darstellung der indexierten Dokumente im entsprechenden IT-Zielsystem.

## 16.7.5 Semantische Analyse

Ein in der Praxis noch sehr selten genutzter Bereich der Digitalisierung ist die Nutzung von OCR-Containern, die während des Digitalisierungsprozesses entstehen. Die OCR kann zum einen für die inhaltliche Suchfunktion im Zielsystem des Krankenhauses genutzt werden (z. B. Suche nach Datum) zum anderen können über OCR-Container auch Daten und Inhalte der Dokumente ausgelesen und weiterverarbeitet werden. Hier kann das Qualitätsmanagement Zahlen erheben, die Geschäftsführung kann sich Analysen erstellen lassen und weitere Anwendungsszenarien, wie z. B. die Verwendung der Daten zur Unterstützung von Forschungsfragen (Grundlagenforschung, klinische Forschung, Versorgungsforschung).

## 16.8 Schlussbetrachtung

Ziel einer sachlichen Beratung von Entscheidern in Krankenhäusern muss sein, die relevanten Daten (Zweckbindung) in den Quelldaten zu finden und diese sicher erkannt in ein Data-Warehouse zu übertragen. Hier stellt sich bei OCR-Texten eine besondere Herausforderung, die aber gelöst werden kann, wenn ein strukturierter Analyseprozess im Vorfeld der Projekte durchgeführt worden ist. Diese Analyse kann durch medizinische Dokumentare erfolgen.

Basis für diese Analysen sind:

- eine strukturierte Aufbereitung von Papierbelegen und eDokumenten
- eine konsolidierte Dokumentenliste, die eine interne technische Standardisierung von Dokumentennamen ermöglicht

- zu lösen ist die Frage, wie diese Aufbereitung dem Data-Warehouse und seinem Analysemodul sinnvoll zur Verfügung gestellt werden kann.
- Vorteil dieser Herangehensweise ist, dass alle Beteiligten (Krankenhäuser, IT-Dienstleister und Projektpartner) ihre Kernkompetenzen einbringen können und eine Smart-Data-Analyse über alle verfügbaren Daten erfolgen kann, die dem Patientenwohl dient und die Prozesse im Krankenhaus verbessert.

Die gestellten Fragen nach den Formen der Digitalisierung wurden beantwortet: die Digitalisierung des Gesundheitswesens erfolgt im Kern auf zwei Wegen: durch das Scannen von Dokumenten und das Erzeugen originärer eDokumente, die künftig noch codiert und standardisiert werden müssen. Die möglichen Mehrwerte der Digitalisierung entstehen durch Qualifizierung der Dokumente und damit der Schaffung von lernenden IT-Systemen und Institutionen.

In der aktuellen Diskussion in den medizinischen Forschungsverbünden (Technologie- und Methodenplattform, TMF) zu den Themen Anonymisierung und Pseudonymisierung wurde festgestellt, dass hier Handlungs- und Regelungsbedarf seitens der Politik besteht. Grundproblem ist, dass ab einer bestimmten Datentiefe eine anonymisierte Datenverarbeitung nicht mehr gewährleistet ist, da aus bestimmten medizinischen anonymisierten Daten dennoch der Personenbezug hergestellt werden kann. Dieses Problem muss gelöst werden, um die vorhandenen Daten und Dokumente sinnvoll für Auswertungen im Sinne des Patienten und mit dem Ziel einer Verbesserung seiner Gesundheitsversorgung zu nutzen.

## Literatur

Cloud4Health (2016) Cloud4health, online im Internet. http://cloud4health.de. Zugegriffen: 24. Nov. 2016

Dugas M (2012) KIS-basierte Unterstützung der Patientenrekrutierung in klinischen Studien, online im Internet. http://www.tmf-ev.de/Desktopmodules/Bring2Mind/DMX/Download.aspx?EntryId=15802&PortalId=0. Zugegriffen: 24. Nov. 2016

Dugas M (2010) Patientenrekrutierung und Studiendokumentation im zentralen Krankenhaus-Informationssystem, online im Internet. http://zks.uni-koeln.de/files/Vortrag_DugasMuenster_2010-05-25.pdf. Zugegriffen: 24. Nov. 2016

Falko.NRW (2016) FALKO.NRW, online im Internet. http://www.falko.nrw. Zugegriffen: 24. Nov. 2016

HealthTechWire (2011) UKE mit elektronischer Patientenakte europaweit auf Platz 1, online im Internet. http://www.healthtechwire.de/universitaumltsklinikum-hamburg-eppendorf-uke/uke-mit-elektronischer-patientenakte-europaweit-auf-platz-1-2656/. Zugegriffen: 24. Nov. 2016

HIMMS (2016) HIMMS ANALYTICS, online im Internet. http://www.himssanalytics.org/emram/. Zugegriffen: 24. Nov. 2016

IHE (2016) Value Sets für Deutschland, Integrating the Healthcare Enterprise, online im Internet. http://wiki.hl7.de/index.php?title=Value_Sets_f%C3%BCr_Deutschland_(Projekt). Zugegriffen: 24. Nov. 2016

MediGRID (2005) Medical Grid Computing, online im Internet. http://www.medigrid.de. Zugegriffen: 24. Nov. 2016

Moreno B, E Harder (2013) Neue Wege der IT-gestützten Implementierung Klinischer Leitlinien. Professional Process. Forum der Medizin Dokumentation und Medizin Informatik 1:38–39
Müller-Mielitz S, Müller A (2016) Konsolidierte Dokumenten Liste – Was ist die Kern-Dokumentation in deutschen Krankenhäusern? MDI 1:13–16
Müller-Mielitz S (2013) Die eBelegstrukturanalyse als Basis eines Papiervermeidungskonzeptes. Forum der Medizin_Dokumentation und Medizin_Informatik. MDI 4: 135–136
Prokosch HU, Ganslandt T(2009) Perspectives for Medical Informatics. Methods Inf Med 1:38–44
Seidel und Eder (2011) Qualitätssicherung in digitalen Archiven des Gesundheitswesens mit Ergebnissen des AKU Workshops vom 1. und 2.9.2011, Stiftung Alfried Krupp Kolleg Greifswald, online im Internet. http://www.gmds-aku.de/wp-content/uploads/34_stuttgart/vf_34_seidel-eder.pdf. Zugegriffen: 24. Nov. 2016
TRANSFoRm (2015) The Learning Health System in Europe, online im Internet. http://www.eurorec.org/LHS/agenda.cfm. Zugegriffen: 24. Nov. 2016

**Stefan Müller-Mielitz,** Diplom-Volkswirt und als Wissenschaftler tätig insbesondere zum Themenkomplex eHealth, Wirtschaftlichkeit und Elektronifizierung. Verantwortlich bei DMI Archivierung für die Angewandte Forschung. Herr Müller-Mielitz ist Mitglied bei IHE, BVMI, DGGÖ, GMDS, VDE GiAS und Lehrbeauftragter an der Praxis-Hochschule für eHealth, der Hochschule Fresenius für Informationsmanagement und Innovationsmanagement. Er ist Zertifikatsinhaber „Medizinische Informatik" von GMDS e.V. und GI e.V. Mitgründer des dggö-Ausschusses „Gesundheitswirtschaft und E-Health". Herausgeber des Buches „E-Health-Ökonomie". Seit 2011 Geschäftsführer des IEKF Institut für Effizienz Kommunikation Forschung GmbH, Ibbenbüren. Seit 2016 Betreiber des Webshops Assistenz-Erleben.de mit dem Fokus auf Alltagsunterstützende Assistenzprodukte.

# 17
# EDV- gestützte Patientendokumentation in der Intensivpflege – Aspekte des Qualitäts- und Risikomanagements sowie Zukunftspotentiale

Günter Dorfmeister, Johannes Rabe, Simon Jürgens und Paul Bechtold

### Zusammenfassung

EDV-gestützte Patientendokumentation in der Intensivpflege ist sichtlich auf dem Vormarsch. Auch wenn hohe Investitionskosten mit der Implementierung eines solchen Systems einhergehen, überwiegen doch die Vorteile, welche für den Einsatz eines PDMS (Patienten-Daten-Management-System) sprechen. Neben der Erleichterung der Abrechnung von medizinischen und pflegerischen Leistungen spielen auch rechtliche Kriterien und der positive Einfluss auf Qualitäts- und Risikomanagement sowie auf Personalkennzahlen eine Rolle. Um diese Effekte auch erzielen zu können ist es notwendig vorhandene Prozesse zu analysieren und zu optimieren. Eine große Herausforderung bei der Implementierung eines PDMS stellen die technischen Details dar, welche den Arbeitsalltag erschweren können. Es bedarf einer guten Planung, um herauszufinden, welches System am besten in die bestehende Infrastruktur integriert werden kann. EDV-gestützte Lösungen im Klinikalltag werden sich in den nächsten Jahren bestimmt weiterentwickeln. Großes Potential liegt in der Darstellung des

---

G. Dorfmeister (✉)
Direktor des Pflegedienstes, Montleartstraße 37, A-1160 Wien, Österrreich
e-mail: guenter.dorfmeister@wienkav.at

J. Rabe
Montleartstraße 37, A-1160 Wien, Österrreich
e-mail: johannes.rabe@wienkav.at

S. Jürgens
Staufenstraße 3, DE-48145 Münster, Deutschland
e-mail: simonjuergens86@googlemail.com

P. Bechtold
Montleartstraße 37, A-1160 Wien, Österreich
e-mail: paul.bechtold@wienkav.at

© Springer Fachmedien Wiesbaden GmbH 2018
M. A. Pfannstiel et al. (Hrsg.), *Digitale Transformation von Dienstleistungen im Gesundheitswesen IV*, https://doi.org/10.1007/978-3-658-13644-4_17

gesamten Patienten- Pfades im System, idealerweise auch mit Daten aus extramuralen Gesundheitseinrichtungen. Auch die Entwicklung von mobilen Anwendungen und Applikationen sowie die Integration von Lösungen zur Verbesserung der Patientensicherheit wären in der Zukunft wünschenswert.

**Inhaltsverzeichnis**

| | |
|---|---|
| 17.1 Einleitung.................................................. | 278 |
| 17.2 Definition.................................................. | 279 |
| 17.3 Computergestützte Pflegedokumentation im Rahmen der Struktur-, Prozess- und Ergebnisqualitätssicherung ................................. | 281 |
| 17.4 Computergestützte Intensivpflegedokumentation und ihr Beitrag zum Risikomanagement........................................... | 284 |
| 17.5 Positive Effekte der EDV-gestützten Patientendokumentation auf Personalkennzahlen | 285 |
| 17.6 Praktische Hinweise aus Anwendersicht ................................. | 286 |
|     17.6.1 Technische Grundlagen ......................................... | 286 |
|     17.6.2 Sicht des Anwenders ........................................... | 286 |
| 17.7 Wachstumsfelder ............................................. | 287 |
| 17.8 Schlussbetrachtung ........................................... | 289 |
| Literatur........................................................ | 289 |

## 17.1 Einleitung

Die Digitalisierung im Gesundheitswesen macht auch vor hochtechnischen medizinischen Disziplinen wie der Intensivmedizin und Intensivpflege keinen Halt. Besonders in den letzten Jahren wurde, möglicherweise bedingt durch die Einführung der „Diagnoses Related Groups" (DRG) bzw. der „Leistungsorientierte Krankenanstaltenfinanzierung" (LKF) zur Entgeltermittlung, die Einführung von EDV-gestützter Patientendokumentation forciert. Diese Entgeltermittlung erfolgt in der Intensivmedizin über folgende Einflussfaktoren:

- Haupt- und Nebendiagnosen
- Erfassung von gesetzten Maßnahmen und Interventionen – sowohl einzeln als auch kumulativ
- Standardisierte Scoringsysteme wie SAPS II (Simplified Acute Physiology Score) und TISS-10 (Therapeutic Intervention Scoring System) zur Erfassung intensivmedizinischer Behandlungen
- Beatmungszeiten
- Nierenersatztherapie

Die detaillierten und lückenlos nachvollziehbaren Behandlungsverläufe mittels eines EDV gestützten Patientendokumentationssystems erleichtern den Nachweis dieser Einflussfaktoren und damit die Abrechnung erbrachter Leistungen.

Dem gegenüber stehen allerdings hohe Investitions- und Beschaffungskosten, welche sich durch die Anschaffung von Hardware, Softwarelizenzen und den damit verbundenen Dienstleistungskosten ergeben. Auch gehen mit der Implementierung und Wartung dieser Systeme Eigenleistungen einher, welche ebenso einen wesentlichen Beitrag zu den Kosten leisten (vgl. Röhrig und Wrede 2011, S. 411–415). Castellanos et al. (2013, S. 887) zeigen auf, dass die Einführung eines EDV-gestützten Dokumentationssystems die quantitative Zunahme dokumentierter Informationen bewirkt. Eine erhöhte inhaltliche Qualität und ein positiver Einfluss auf die Dokumentation abrechnungsrelevanter Parameter einer Intensivstation sind nicht nachzuweisen.

Diese Kosten-Nutzen-Analyse kann nicht generalisiert werden und muss je nach Krankenhausträger oder Klinik im Detail getätigt werden. Dennoch lassen sich durch die Implementierung eines EDV-gestützten Dokumentationssystems unter anderem positive Effekte in Bezug auf das Qualitäts- und Risikomanagement ableiten. In der Folge werden diese positiven Effekte dargestellt.

## 17.2 Definition

Ein klinisches Informationssystem (Clinical Information System, CIS) ist heute in vielen Krankenhäusern etabliert. Es ist ein weit gefasster Begriff und beschreibt ein computerbasiertes System, das die Erfassung, Speicherung und Weiterverarbeitung von klinischen Informationen im Prozess der Gesundheitsversorgung ermöglicht. Eine solche Technologie beinhaltet das Potenzial die erhobenen Patientendaten effektiv zu verwalten und die Ergebnisse einer Intensivstation zu verbessern. Die zukünftige Entwicklung und Verbreitung dieser Informationstechnologie wird die Gesundheitsversorgung reformieren und verbessern (vgl. Cheung et al. 2015, S. 156).

Beispiele für derzeit verfügbare klinische Informationssysteme sind die Electornic Health Record (EHR), das Krankenhaus-Informationssystem (KIS), das Computer Physician Order Entry (CPOE) und das Patientendaten-Management-System (PDMS). Die Auswirkungen eines CPOE sind in der Literatur umfassend untersucht worden. Reckmann et al. (2009, S. 613) konnten zeigen, dass CPOE die Häufigkeit von fehlerhaften ärztlichen Anordnungen medikamentöser Therapie auf ein Minimum reduzieren können. Hingegen wurden die Auswirkungen eines PDMSs in deutlich geringerem Umfang untersucht. Möglicherweise sind hierfür die erheblichen finanziellen und personellen Investitionskosten sowie die zeitaufwendige Implementierung verantwortlich. Eine Übersicht der möglichen Auswirkungen einer PDMS-Einführung ist für die Entscheidungsträger unabdingbar.

Ein PDMS ist als Informationssystem definiert, das mithilfe verschiedenster Schnittstellen automatisch Daten von bettseitigen elektronischen Medizinprodukten abruft und ergänzend die manuelle Eingabe über bettseitige oder zentrale Computerarbeitsplätze ermöglicht (vgl. Poissant et al. 2005, S. 505). Hierzu zählen Monitoringsysteme, Beatmungsgeräte, intravenöse Pumpen, Geräte zur extrakorporalen Nieren- oder Lungenersatztherapie, Blutgasanalysegeräte und elektronische Patientenbetten. Die erhobenen

Daten werden anschließend strukturiert und visualisiert, sodass eine verbesserte Interpretation und Weiterverarbeitung der Daten möglich wird. In den späten 1980er-Jahren wurde erstmals ein PDMS zur automatischen Datensammlung und Integration verschiedener bettseitiger Medizinprodukte eingeführt. Seitdem wurden die Systeme verfeinert und in ihrer Funktionalität erweitert. Heute sind sie in der Lage die erhobenen Daten in Form statistischer Analysen und intensivmedizinischen Scoringsystemen für die klinische Entscheidungsunterstützung aufzubereiten (vgl. Cheung et al. 2015, S. 156).

Im Bereich der tertiären Versorgung erlauben Intensivstationen die Einbindung einer hohen Anzahl an bettseitigen Medizinprodukten in ein PDMS. Gleichzeitig ist die Anwendung in anderen Abteilungen, wie der Notaufnahme, dem Operationssaal und den Überwachungsstationen möglich.

Die effektive Implementierung eines PDMS ist in jedem der genannten Bereiche eine anspruchsvolle Aufgabe. Die Implementierungsdauer wird von wenigen Monaten bis zu einigen Jahren beschrieben. Als besonders wichtig erscheint die Konfigurationsphase, in der sich das medizinische und pflegerische Personal beteiligen kann. Hierbei werden Arbeitsabläufe analysiert und das PDMS entsprechend der vorhandenen Prozesse optimiert. Es ist unabdingbar diesen Anpassungsprozess an lokale Gegebenheiten kontinuierlich fortzuführen (vgl. Cheung et al. 2015, S. 160).

Die Fort- und Weiterbildung der Mitarbeiter in der Anwendung des PDMS ist der nächste wichtige Schritt und für die erfolgreiche Anwendung zwingend notwendig. In der Zeit, in der die medizinische und pflegerische Dokumentation ausschließlich handschriftlich auf Papier getätigt wurde, wusste jede/r, wie diese anzuwenden ist und benötigte wenig bis keine Fort- und Weiterbildung. Heute ist eine kontinuierliche Fort- und Weiterbildung üblich und notwendig (vgl. Savel und Munro 2013, S. 460–462). Die Ausbildungsdauer von wenigen Tagen bis zu mehreren Wochen ist abhängig von der Komplexität des PDMS und sollte jeweils angepasst an die Anforderungen der verschiedenen Berufsgruppen erfolgen. Die weiterführende Ausbildung von „Key-Usern" als erste Ansprechpartner bei auftretenden Problemen erscheint sinnvoll (vgl. Cheung et al. 2015, S. 160).

Die Einführung eines PDMS führt nicht notwendigerweise zu einer sichereren und einfacheren Versorgung von Patienten auf der Intensivstation. Die entscheidende Bedingung ist die Art und Weise, in der die große Datenmengen im PDMS organisiert und präsentiert werden. Die Darstellung der Vitalzeichen, medizinischer Medikamentenanordnungen, Beatmungseinstellungen und Laborparameter muss dem Arbeitsablauf und der Arbeitsweise angepasst werden (vgl. Savel und Munro 2013, S. 460–462). Dabei ist die tägliche Anwendung durch die Intensivpflegekräfte und Intensivmediziner von der Funktionalität und der Anpassung an den vorhandenen Arbeitsablauf abhängig. Eine einfache Bedienung durch eine geringe Anzahl an notwendigen Schritten, um Informationen einzugeben oder abzurufen ist empfehlenswert. Mit dem Ziel der Anwendbarkeit und Funktionalität muss besonders das Interface dem Informationsbedarf der Anwender genügen (vgl. Ahmed et al. 2011, S. 1626). Gleichzeitig ist die Schnelligkeit der Hard- und Software und Erreichbarkeit der bettseitigen oder zentral platzierten Computerarbeitsplätze nicht zu vernachlässigen (vgl. Savel und Munro 2013 S. 460–462).

## 17.3 Computergestützte Pflegedokumentation im Rahmen der Struktur-, Prozess- und Ergebnisqualitätssicherung

Unter dem Begriff der Dokumentation versteht man eine Sammlung von Daten und Fakten mit dem Ziel, die Informationen zu ordnen, zu speichern und durch Evaluation auszuwerten. Die Dokumentation soll Handlungen, Beobachtungen und Einschätzungen nachvollziehbar machen und möglichst objektiv für andere mit der Behandlung und Betreuung betrauten Berufsgruppen unter Einhaltung der Datenschutzbestimmungen verfügbar sein (vgl. König 2011, S. 9–14).

Die Dokumentation im Tätigkeitsfeld der Gesundheits- und Krankenpflege ist jedoch mehr als bloße informelle Kommunikation oder gesetzliche Pflicht. Sie versteht sich auch als Messinstrument der Qualitätssicherung. Das nationale Berufsgesetz der Gesundheits- und Krankenpflege (GuKG) gibt den Rahmen und die Verpflichtung zur Dokumentation vor.

Im Abs. 1 und 2 des §5 des GuKG ist die Pflegedokumentation wie folgt geregelt: „(1) Angehörige der Gesundheits- und Krankenpflege haben bei Ausübung ihres Berufes die von ihnen gesetzten gesundheits- und krankenpflegerischen Maßnahmen zu dokumentieren; (2) Die Dokumentation hat insbesondere die Pflegeanamnese, die Pflegediagnose, die Pflegeplanung und die Pflegemaßnahmen zu enthalten" (GuKG 2016).

Begründet durch den Gesetzestext hat die umfassende Dokumentation gemäß der Schritte des Pflegeprozesses zu erfolgen, wiewohl über Form und Detail kein Aufschluss abgeleitet werden kann. Die sechs Schritte des Pflegeprozesses werden in der Abb. 17.1 als Modell dargestellt.

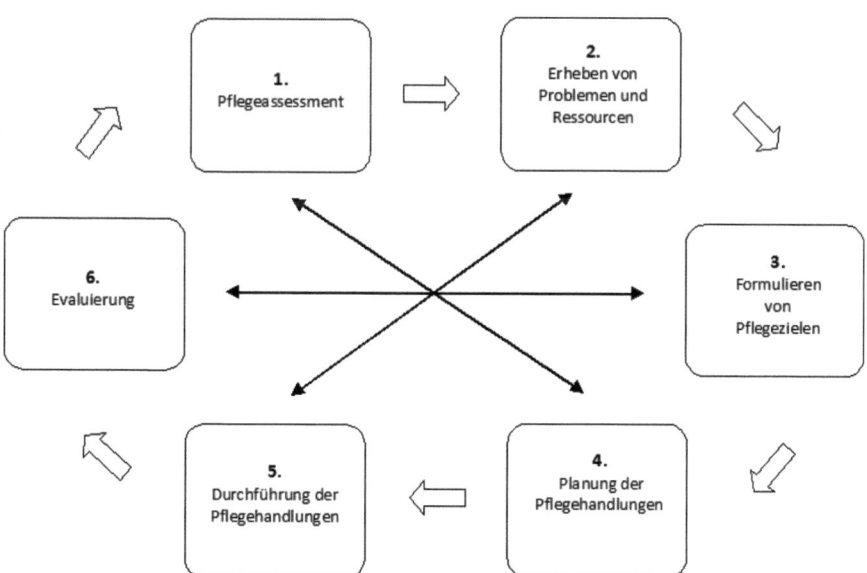

**Abb. 17.1** Der Pflegeprozess als Sechs-Stufen-Modell. Quelle: Darstellung in Anlehnung an Fiechter und Meier (1992)

In entsprechender Fachliteratur findet sich dazu, dass jede Dokumentation neben Wahrheit auch Klarheit schaffen muss. Dies bedeutet, dass Eindeutigkeit und Nachvollziehbarkeit ebenso wie Logik und Zuordenbarkeit als Grundsatz gelten. Das Geschehene muss wahrheitsgetreu, tatsachenorientiert und objektiv d. h. ohne Interpretationsspielraum verschriftlicht werden (vgl. König 2011, S. 9–10).

Die handschriftliche Dokumentation ist in vielen Bereichen der Pflege nach wie vor üblich. Umfassende Papierberge sind zur Verschriftlichung der gesetzten Maßnahmen aller Disziplinen notwendig und begleiten die Patientinnen und Patienten von der Aufnahme bis zur Entlassung. Die Archivierung erfolgt meist über Mikroverfilmung bzw. heutzutage über Digitalisierung und Zusammenführung mit digitalen Befunden, Briefen u. ä. in der Patientinnen- bzw. Patientenakte. Das Nachvollziehen, Auswerten, das Suchen und Finden einzelner Informationen sind somit massiv erschwert und in der Realität für routinemäßige Datenerfassungen im Sinne des Qualitätsmanagements nahezu unmöglich. Qualität lässt sich nach Donabadian in Ergebnis-Struktur und Prozessqualität einteilen (vgl. Donabedian 1966). Ob diese Qualitätsebenen durch ein PDMS beeinflusst werden können, zeigen die folgenden Ausführungen.

Im Fachbereich der Intensivpflege hat sich beinahe flächendeckend der Einsatz computergestützter Dokumentationssysteme durchgesetzt. Warum gerade in den Spezialbereichen vorrangig seit Jahren diese Form der Dokumentation verwendet wird, hat mannigfaltige Gründe. Einerseits kann dies durch die zusätzliche Flut an Daten durch Monitorwerte etc. begründet sein, andererseits aber auch durch die Komplexität der Pflegehandlungen, Behandlungsvorschreibungen und die Häufigkeit von sich wiederholenden Tätigkeiten. Diese Faktoren haben die Umstellung von der handschriftlichen Patientinnen- und Patientenkurve auf die computergestützte Dokumentation beschleunigt. Das Suchen und Finden einzelner Informationen wird dadurch in der Theorie maßgeblich erleichtert, denn die Unterstützung des Computers ist stets nur so gut, wie die Einschulung der Mitarbeiterinnen und Mitarbeiter, die damit hantieren (vgl. Fröse 2011, S. 147). Analog dazu lässt sich annehmen, dass die Qualität der Dokumentation von den dokumentierenden Personen abhängt.

Ein Vorhandensein von Computersystemen, die eine Pflege- und Behandlungsdokumentation ermöglichen, trägt demnach zur Förderung der Strukturqualität bei. Der Träger der Krankenanstalt ist mit der Aufgabe betraut, sich um ein Computerprogramm zu bemühen, das den Anforderungen der Anwenderinnen bzw. Anwender entspricht und ist im Sinne des Medizinproduktegesetzes (MPG) und der Medizinproduktebetreiberverordnung (MPBV) für die Einschulung der Mitarbeiterinnen und Mitarbeiter, die Wartung im Sinne von Updates und die Aufrechterhaltung haftbar. Gleichermaßen muss die Einhaltung strenger Sicherheitsmechanismen und Datenschutzbestimmungen gewährleistet sein (vgl. MPG 1996; MPBV 2007).

Die Pflegedokumentation kann aber ebenso auf Ebene der Prozess- und bedingt auf Ebene der Ergebnisqualität als Messinstrument herangezogen werden. In Bezug auf die Prozessqualitätssicherung dient das PDMS als Kommunikationsmedium innerhalb der Berufsgruppe der Gesundheits- und Krankenpflege, wenn es beispielsweise um die Dokumentation von Wunden im Verlauf der Behandlung geht, aber auch, um Informationen schriftlich von einem Dienst in den nächsten weiterzugeben und das über Tage und Wochen nachvollziehbar zu machen. Darüber hinaus lassen sich Pflegeplanungen erstellen, die den Pflegeprozess abbilden und als Grundlage für das tägliche praktische Handeln gelten. Des Weiteren ist aber auch die ärztliche Anordnung der Medikamente und die Vorschreibung geplanter Tätigkeiten in der computergestützten Dokumentation zu finden und kann nachvollziehbar herangezogen werden. Es ist beispielsweise klar ersichtlich, welche Ärztin bzw. welcher Arzt zu welchem Zeitpunkt ein Medikament verschrieben hat. Ebenso kann erhoben werden, welche Pflegeperson die Arznei verabreicht hat. Gleichsam verhält es sich mit ärztlich angeordneten freiheitseinschränkenden Maßnahmen, Zielvorgaben, Behandlungspfaden etc. Diese Informationen sind zu jeder Zeit von jedem Computerarbeitsplatz innerhalb des Netzwerkes durch autorisierte Anwenderinnen und Anwender einzusehen. Chiche et al. beziehen sich in ihrer Publikation auf die Anwendungsfehler der Dokumentation. Es werden Aspekte angeführt, die zum Teil auch in der Praxis wiederzufinden sind, wie beispielsweise das Nichtdokumentieren unerwarteter Geschehnisse oder Zwischenfälle, das Übersehen von Untersuchungsergebnissen und das Fehlen korrekter Vorschreibungen (vgl. Chiche et al. 2009, S. 172–173). Durch das engmaschige zeitliche Aufzeichnungsintervall der Monitor-, Beatmungs- und Medikamenteninfusionsdaten, die in die computergestützte Dokumentation eingebunden sind, kann dieser Problematik entgangen werden. Auf Ebene der Prozessqualität im Sinne des Pflegeprozesses und der Behandlungsstrategie kann die Dokumentation mittels PDMS der Qualitätssicherung dienen und zu einem lückenlosen Dokumentationsverlauf beitragen.

Die Messbarkeit auf Ebene der Ergebnisqualität vergleicht einen Zustand vor und nach einer gesetzten Handlung. Im Bereich der Pflege und Behandlung werden diese Messungen der Ergebnisqualität als „Outcome-Messungen" bezeichnet (vgl. Stemmer 2009, S. 80). Die Patientendatenmanagementsysteme können hierbei nur bedingt Aufschluss über das Outcome geben. Einige Daten werden anhand von Vitalparametern oder Beatmungstagen routinemäßig zur Erhebung der Ergebnisqualität herangezogen und sind durch die computergestützte Dokumentation einfacher auszulesen.

Zusammenfassend ist erkennbar, dass sich in den drei Qualitätsebenen, die sich aus der Struktur-, der Prozess- und der Ergebnisqualität zusammensetzen, der Einsatz einer computergestützten Pflegedokumentation eindeutig positiv im Sinne einer Steigerung der Qualität auswirken kann. Die Dokumentation in jeglicher Form, insbesondere die der umfassenden computerbasierten, führt zu mehr Transparenz und Nachvollziehbarkeit im klinischen pflegerischen Alltag.

Aber nicht nur aus Sicht des Gesetzgebers oder als Qualitätssicherungsmaßnahme stellen EDV- gestützte Dokumentationssysteme eine Notwendigkeit dar – sie sollen als Arbeitsmittel die Health Care Professionals entlasten und auch zum Risikomanagement beitragen.

## 17.4 Computergestützte Intensivpflegedokumentation und ihr Beitrag zum Risikomanagement

Ein großes Potential der elektronischen Patientendokumentation liegt in einem zunehmend an Bedeutung gewinnenden Thema in der Intensivmedizin und Pflege – dem Risikomanagement.

Es ist bekannt, dass die Struktur eines Systems erheblich die Leistungsfähigkeit desselben bestimmt. Informationstechnologie ist ein leistungsfähiges Instrument für die Verbesserung der Leistungsfähigkeit eines Krankenhauses. Die Sammlung und Verarbeitung von patientenbezogenen Informationen ist eine ständig wachsende Herausforderung. Die pflegerischen und medizinischen Daten auf einer Intensivstation stammen aus Beobachtungen und manuellen Messungen, Monitoring-Systemen, Laborabnahmen, radiologischen Instrumenten, Geräten wie Infusionspumpen und Beatmungsgeräten. Für pflegerisches und ärztliches Personal ist es oft schwierig, alle notwendigen Daten für die Entscheidungsfindung zusammenzutragen (vgl. Savel und Munro 2013, S. 460–462). Im Gegensatz zu Menschen können Computer fast unbegrenzte Mengen an Informationen verarbeiten, speichern und die zugewiesenen Aufgaben im Wesentlichen fehlerlos bewältigen.

Eine Intensivstation ist ein Hochrisikobereich. Für diesen ist eine bestimmte Anzahl an Mitarbeitern mit speziellem Wissen und Fähigkeiten zur Bewältigung der komplexen Aufgaben notwendig. In Anbetracht eingeschränkter finanzieller Möglichkeiten und drohendem Mangel an Fachpersonal ist ein System, in dem die Patienten völlig abhängig vom Wissen, Gedächtnis und den besten Absichten des pflegerischen und ärztlichen Personals abhängen gefährlich (vgl. Eisold und Heller 2016, S. 475–476). Ein solches System kann unsicher sein und darf nicht auf die Unfehlbarkeit des Individuums vertrauen. Stattdessen ist es notwendig, Strukturen und Prozesse auf Intensivstationen zu schaffen und umzusetzen, die für jeden Patienten, zu jeder Zeit, eine optimale Versorgung gewähren.

Ein PDMS kann dabei helfen eine robuste Organisationsstruktur zu schaffen, die das System Intensivstation mit dem Ziel einer gesteigerten Patientensicherheit verändert.

Die Vorteile eines PDMS sind vielfältig und zeigen sich in einer verbesserten Genauigkeit, Lesbarkeit, simultanen Zugriffsmöglichkeit und einfacheren Archivierung der medizinischen und pflegerischen Informationen. Weiterhin erleichtert die einheitliche Terminologie und standardisierte Darstellung die berufsgruppeninterne und -übergreifende Weitergabe von Informationen (vgl. Savel und Munro 2013, S. 460–462). Ein besonders positiver Effekt auf das klinische Outcome zeigt sich durch die Integration einer pflegerischen und medizinischen Entscheidungsunterstützung (CDSS - clinical decision support system) Beispielsweise kann eine automatische Erinnerung des empfohlenen Atemzugvolumens (VT) oder eine Warnung bei Über- oder Unterschreitung eines festgelegten Blutzuckerwertes die Einhaltung einer den aktuellen wissenschaftlichen Erkenntnissen und Leitlinien entsprechenden medizinischen und pflegerischen Therapie fördern. Entsprechend kann beim invasiv beatmeten und sedierten Patienten an eine Oberkörperhochlagerung von 45° zur Vorbeugung einer beatmungsinduzierten Pneumonie sowie die Verwendung eines

Sedierungsprotokolls hingewiesen werden. Eine weitere Option bieten sogenannte CDSS in Verbindung mit einer elektronischen Arzneimittelverordnung (CPOE - Computerized Physician Order Entry). Dabei sind aktive Warnhinweise bei medikamentösen Inkompatibilitäten sowie Dosisüber- bzw. -unterschreitungen, einer durchgehenden Farbkennzeichnung der Substanzgruppen oder Erinnerungsfunktionen zur zeitnahen Medikamentenapplikation in das PDMS integriert. In der Folge kann die Fehlerhäufigkeit von oralen und intravenösen Medikamentenapplikationen reduziert werden (vgl. Cheung et al. 2015, S. 162). Hingegen bewirken sogenannte „point-of-care"-Systeme nur eine geringe Verbesserung der Prozesstreue (vgl. Shojania et al. 2009, S. 2).

## 17.5 Positive Effekte der EDV-Gestützten Patientendokumentation auf Personalkennzahlen

Die Implementierung eines PDMS im Krankenhaus ist für die betroffenen Mitarbeiter und Mitarbeiterinnen mit tiefgreifenden Veränderungen und steigenden Arbeitsbelastungen verbunden. Eine ablehnende Haltung der Mitarbeiter und Mitarbeiterinnen erscheint nachvollziehbar. Die Akzeptanz dieser EDV-Systeme hängt wesentlich von der Gestaltung des sogenannten „Human Interface", also der „Mensch-Maschine-Schnittstelle" ab, der Nutzerfreundlichkeit (vgl. Dorfmeister 1994, S. 51). Idealtypisch wäre die Entwicklung eines „User-Interface" direkt am Patientenbett, dass so gestaltet ist, damit Pflege und Dokumentieren gleichzeitig ablaufen können und eventuelle Behandlungsvorschläge bei Bedarf gleich mitgeliefert werden - Forschung und Entwicklungen für den „Pflegeprozess 4.0" sind bereits im Prozess (vgl. Sorz 2016). Wird die allgemeine Zufriedenheit von medizinischen und pflegerischen Personal nach der Einführung eines PDMS und an eine mehrere Monate dauernde Anpassungsphase verglichen, zeigt sich insgesamt eine hohe Zufriedenheit und der Wunsch, keinesfalls zu einer papierbasierten Dokumentation zurückzukehren. Eine differenzierte Betrachtung zeigt einen reduzierten Zeitaufwand und eine geringere Häufigkeit von pflegerischen und medizinischen Dokumentationstätigkeiten im Krankenhaus. Im Vergleich zu einer papiergestützten Dokumentation ist eine Zeitersparnis von bis zu 34 bis 57 Minuten zu erwarten. Gleichzeitig ist davon auszugehen, dass durch Zeiteinsparungen eine Erhöhung der für die direkte Patientenversorgung zur Verfügung stehenden Zeit von 29 bis zu 42 Minuten zu generieren ist. In diesem Zusammenhang eliminiert die automatische Datenerfassung die Notwendigkeit einer manuellen Dateneingabe und ist somit effizienter und weniger zeitraubend. Das gilt besonders für die Erfassung von Vitalfunktionen, therapeutischen Anordnungen und der Kalkulation der Flüssigkeitsbilanz. In der Folge ist von einer verbesserten Rekrutierung und niedrigeren Fluktuationsraten pflegerischen und medizinischen Mitarbeitern und Mitarbeiterinnen auszugehen (vgl. Cheung et al. 2015, S. 162).

Es ist anzumerken, dass die generierbaren Auswirkungen eines PDMS abhängig von der Konfiguration, also der Handhabbarkeit des Systems sind. Somit müssen im Zuge der Implementierung bestehende Prozesse kritisch hinterfragt und im Sinne des Prozessmanagements optimiert werden.

## 17.6 Praktische Hinweise aus Anwendersicht

### 17.6.1 Technische Grundlagen

Prinzipiell müssen für die Erfassung der verschiedensten Parameter und Informationen die Daten aus Informationstechnologien und Medizinprodukten zusammengeführt werden. Dazu müssen Anbindungen geschaffen werden, um die Integration der Datensätze zu ermöglichen. Diese werden unterschieden in:

- Technische Anbindungen zwischen Dokumentationssystem und medizin-technischen Geräten
- Applikationsanbindungen zwischen verschiedenen Informationssystemen
- Semantische Interoperabilität zur Integration und Interpretation der Daten im PDMS

Technische Anbindung:
Die Anbindung der medizintechnischen Gerätschaften kann zentral oder dezentral erfolgen, wobei beide Varianten Vor- und Nachteile haben. In beiden Fällen ist die Patientensicherheit von diesen Netzwerkkomponenten abhängig, wodurch sie als Bestandteil des Medizinproduktes auch unter die Bestimmungen des Medizinproduktegesetzes fallen. Bei der Entscheidung für eine zentrale oder dezentrale Vernetzung müssen die lokalen Voraussetzungen berücksichtigt werden. Am häufigsten wird das Vitaldatenmonitoring zentral angebunden und alle weiteren medizin-technischen Geräte dezentral.
Applikationsanbindungen:
Die Kommunikation zwischen den verschiedenen Informationssystemen wird im Regelfall über sogenannte Health Level 7 (HL7) Standards vollzogen. Dieser Standard definiert die Syntax und stellt damit sicher dass das System die ankommenden Daten korrekt darstellt und zur Interpretation zur Verfügung stellt.
Semantische Interoperabilität:
Damit die über die Applikationsanbindung empfangenen Daten auch standardisiert verwendet werden können, ist eine einheitliche Terminologie notwendig – die semantische Interoperabilität. Diese einheitliche Nomenklatur, wie beispielsweise LOINC oder SNOMED-CT, ermöglicht einen verwertbaren Informationstransfer zwischen den kommunizierenden Systemen (vgl. Röhrig und Rüth 2009, S. 281–284).

### 17.6.2 Sicht des Anwenders

Aus Sicht des Anwenders gibt es trotz der sich verbessernden technischen Möglichkeiten im täglichen Betrieb immer wieder Herausforderungen zu bewältigen, welche mit dem PDMS zusammenhängen.

Einer der großen Vorteile einer EDV-gestützten Dokumentation auf der Intensivstation liegt in der Möglichkeit des Sammelns von Daten, die von medizintechnischen Geräten erzeugt werden. Mittlerweile verarbeiten und produzieren eine große Menge von Medizinprodukten rund um den Intensivpatienten Daten, welche auch dokumentiert werden müssen oder können.

Dieser große Vorteil birgt gleichzeitig auch ein gewisses Konfliktpotential in sich – die Kommunikation zwischen dem Sender von Daten, also dem Medizinprodukt, und dem Empfänger – dem Dokumentationssystem. Es ist obsolet, die Interoperabilität eines PDMS mit vorhandener und zukünftiger Informationstechnologie im Krankenhaus bei der Investition zu beachten. Dazu werden in der Folge einige Konfliktfelder erörtert.

Die Schnittstelle: Die Übermittlung von Daten erfolgt über Schnittstellen, welche je nach Aufbau die eine oder andere Fehlerquelle in sich bergen, wobei die Auswirkungen sich meist in der fehlenden Übermittlung von Daten zeigen. Dies mag an der Schnittstelle an sich liegen, an Kabel- oder Steckverbindungen, an der Spannungsversorgung oder an instabilen Netzwerkkomponenten und vielen anderen Faktoren. All diese Komponenten und die damit verbundenen Fehlerquellen machen im Falle eines Konflikts die Fehlersuche oft zu einer großen Herausforderung.

Treiberinkompatibilität: Um die Daten in das PDMS einspielen zu können, sind Gerätetreiber notwendig. Aus Sicht der Hersteller der Medizinprodukte ist es oft mit großem Aufwand verbunden, diese Treiber zu entwickeln und zu garantieren, dass diese auch ihre Funktion zuverlässig erfüllen. Die Praxis zeigt daher, dass die Entscheidung für ein gewisses Dokumentationssystem die Auswahl an im Anschluss erworbene Medizintechnik einschränkt, da die Hersteller keinen Treiber zur Verfügung stellen können. Zu bedenken ist auch, dass die Softwarehersteller auch gleichzeitig Medizintechnik anbieten, wobei die eigenen Produkte besser mit dem PDMS zusammenarbeiten und einige Funktionen möglicherweise auch nur bei den eigenen Produkten funktionieren, was wiederum die Flexibilität bei Folgeanschaffungen einschränkt.

## 17.7 Wachstumsfelder

Ein Wachstumsfeld der derzeit oft verwendeten Softwarelösungen liegt in der sektorübergreifenden Kommunikation. In Zeiten, in denen die integrierte Versorgung im Gesundheitswesen propagiert und vorangetrieben wird, wird eine bessere Kommunikation auch zwischen extramuraler und intramuraler Versorgung erforderlich (siehe Abb. 17.2). Derzeitige IT-Lösungen werden oder wurden allerdings oft als Insellösungen für bestimmte Bereiche entwickelt und sind nicht darauf ausgelegt, Daten weiterzugeben oder mit anderen Systemen zu kommunizieren. Dies würde bedeuten, dass sämtliche im klinischen Pfad vorhandene Daten in das System übertragen werden würden (vgl. Hößl 2012, S. 4–5).

Davon würden vor allem Bereiche wie die Intensivmedizin und Pflege profitieren, wo häufig wichtige Daten aus der Krankengeschichte oder Anamnese nicht nachvollziehbar

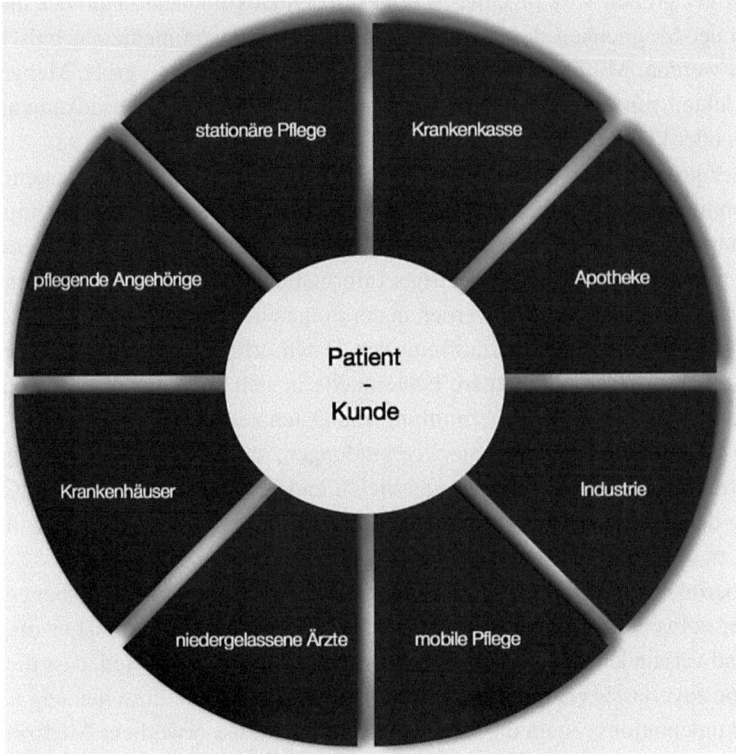

**Abb. 17.2** Integrierte Versorgung im Gesundheitswesen – eigene Darstellung

sind und eines großen Rechercheaufwandes bedürfen. Diese Funktionen würden somit wieder Ressourcen freimachen, von denen der Patient profitieren würde. Im Besonderen trifft dies auf Daten wie beispielsweise Allergien oder Patientenverfügungen zu. Diese sektorübergreifende Kommunikation zwischen den Systemen würde einen hohen Grad der Standardisierung erfordern, sowohl bei der sprachlichen Gestaltung als auch bei der Art der Information die ausgetauscht wird (vgl. Hößl 2012, S. 4–5).

Ein weiteres Entwicklungspotential liegt in der Patientensicherheit und dem Risikomanagement. So könnten beispielsweise durch die Verknüpfung mit Arzneimittelkatalogen Wechselwirkungen oder Dosisüberschreitungen angezeigt werden, welche vor der Verabreichung eines für die Patienten möglicherweise gefährlichen Medikamentes warnen. Auch könnten Abweichungen von Messwerten oder Parametern vor einem gefährlichen Trend warnen und auch so einen Nutzen in der Behandlung und Therapie erzielen. Ein Problem bei der Etablierung solcher Maßnahmen wären allerdings die geltenden Medizinprodukteverordnungen oder Gesetze. So müsste ein System, das Einfluss auf klinische Entscheidungen nehmen würde, in eine Hoch-Risiko-Medizinprodukteklassifikation eingestuft werden, was den Hersteller solcher Produkte möglicherweise vor zusätzliche Haftungsverantwortungen stellt. Allerdings würden diese Maßnahmen wohl nie als Entscheidungsersatz angesehen werden, sondern vielmehr als Unterstützung im klinischen Arbeitsalltag (vgl. Kaiser et al. 2012, S. 8).

Eine verbesserte Verknüpfung von Schnittstellen sowie die Einbindungen von Anwendungen wie der Foto- und Wunddokumentation, der Einspielung von Röntgenbildern oder anderer im Patientenpfad anfallenden Daten wäre ebenfalls ein Entwicklungspotential. Bei knappen Zeitressourcen wären so wichtige Daten schneller verfügbar, es könnte gleichzeitig die Sicherheit für die Patienten erhöht und auch der gesetzlichen Notwendigkeit der Dokumentation nachgekommen werden. In der Zukunft kann die Verwendung von Tablets und Smartphones den drahtlosen Zugriff auf klinische Daten verbessern und somit eine schnellere Problemlösung ermöglichen.

## 17.8 Schlussbetrachtung

Computer können helfen, die pflegerische Versorgung zu verbessern und werden die pflegerische und medizinische Entwicklung in absehbarer Zeit prägen. Aber es ist falsch anzunehmen, die pflegerische und medizinische Versorgung wird verbessert, nur weil Informationstechnologie eingesetzt wird.

Dabei liegt es an den Anwendern und Entscheidungsträgern, ausschließlich Informationstechnologie einzusetzen, welche die Versorgung von Patienten erleichtert, verbessert und sicherer macht.

Ein PDMS ist ein solch hochleistungsfähiges System und einige zukunftsweisende Institutionen haben in diese zu ihren Gunsten investiert.

## Literatur

Ahmed A, Chandra S, Herasevich V, Gajic O, Pickering B (2011) The effect of two different electronic health record user interfaces on intensive care provider task load, errors of cognition, and performance. Crit Care Med 39(7):1626–1634. https://doi.org/10.1097/CCM.0b013e31821858a0

Castellanos I, Ganslandt T, Prokosch HU, Schüttler J, Bürkle T (2013) Einführung eines Patientendatenmanagementsystems. Anaesthesist 62(11):887–897. https://doi.org/10.1007/s00101-013-2239-x

Cheung A, van Velden FHP, Lagerburg V, Minderman N (2015) The organizational and clinical impact of integrating bedside equipment to an information system: A systematic literature review of patient data management systems (PDMS). Int J Med Inform 84(3):155–165. https://doi.org/10.1016/j.ijmedinf.2014.12.002

Chiche J-D et al. (2009) Patient safety and quality of care in intensive care medicine. Medizinisch Wissenschaftliche Verlagsgesellschaft, Berlin

Donabedian A (1966) Evaluating the quality of medical care. Milbank Mem Fund Quart XLIV(3), Part 2:166–206

Dorfmeister G (1994) WIPP-Studie – Wiener Intensiv Pflegepersonal Planung. Personalbedarfsberechnung und Personaleinsatzplanung für Intensivstationen und Funktionsbereiche. Diplomarbeit, Wirtschaftsuniversität Wien, Wien

Eisold C, Heller AR (2016) Risikomanagement in Anästhesie und Intensivmedizin. Anaesthesist 65(6):473–488. https://doi.org/10.1007/s00101-016-0189-9

Fiechter V, Meier M (1992) Pflegeplanung. Eine Anleitung für die Praxis. RECOM-Verlag, Basel

Fröse S (2011) Was Qualitätsbeauftragte in der Pflege wissen müssen. Schlütersche Verlagsgesellschaft, Hannover

GuKG (2016) Gesundheits- und Krankenpflegegesetz (GuKG), online im Internet. https://www.ris.bka.gv.at/GeltendeFassung.wxe?Abfrage=Bundesnormen&Gesetzesnummer=10011026. Zugegriffen: 31. Juli 2016

Hößl I (2012) Wieviel IT braucht die Pflege Heilberufe. Pflege Dossier 64(1):24–26

Kaiser J, Gassner UM, Reng M, Proksch HU, Bürkle T (2012) Risiken und Nebenwirkungen der Integration medizinischer Software in klinische IT-Strukturen – Erlanger Memorandum. GMS Medizinische Informatik Biometrie Epidemiologie 8(1):1–9

König J (2011) Dokumentationswahnsinn in der Pflege – es geht auch anders. Schlütersche Verlagsgesellschaft, Hannover

MPBV (2007) Medizinproduktebetreiberverordnung (MPBV), online im Internet. https://www.ris.bka.gv.at/GeltendeFassung.wxe?Abfrage=Bundesnormen&Gesetzesnummer=20005279. Zugegriffen: 31 Aug. 2016

MPG (1996) Medizinproduktegesetz (MPG), online im Internet. https://www.ris.bka.gv.at/GeltendeFassung.wxe?Abfrage=Bundesnormen&Gesetzesnummer=10011003. Zugegriffen: 31. Aug. 2016

Poissant L (2005) The Impact of Electronic Health Records on Time Efficiency of Physicians and Nurses: A Systematic Review. J Am Med Inform Assn 12(5):505–516. https://doi.org/10.1197/jamia.M1700

Reckmann MH, Westbrook JI, Koh Y, Lo C, Day RO (2009) Does Computerized Provider Order Entry Reduce Prescribing Errors for Hospital Inpatients? A Systematic Review. J Am Med Inform Assn 16(5):613–623. https://doi.org/10.1197/jamia.M3050

Röhrig R, Rüth R (2009) Intelligente Telemedizin in der Intensivstation Bundesgesundheitsblatt-Gesundheitsforschung Gesundheitsschutz 52(3):279–286

Röhrig R, Wrede C (2011) Patientendatenmanagementsysteme. Intensivmedizin und Notfallmedizin 48(5):411–415

Savel RH, Munro CL (2013) Promise and Pitfalls of the Electronic Health Record. Am J Crit Care 22(6):460–462. https://doi.org/10.4037/ajcc2013726

Shojania KG, Jennings A, Mayhew A, Ramsay C, Eccles M, Grimshaw J (2009) The effects of on-screen, point of care computer reminders on processes and outcomes of care. Cochrane Database of Systematic Reviews (Online), Issue 3, S CD001096

Sorz U (2016) Pflegeprozess 4.0. Doktorarbeit der Jung-Forschungsgruppe „Workflow Systems an Technology" Universität Wien, Fakultät für Informatik. Heureka 4/16, S 4. Wissenschaftsmagazin des Falter Verlag Wien

Stemmer R (2009) Qualität in der Pflege – trotz knapper Ressourcen. Schlütersche Verlagsgesellschaft, Hannover

**Dr. Günter Dorfmeister MBA** ist Direktor des Pflegedienstes im Wilhelminenspital des Wiener Krankenanstaltenverbund. Er ist Pflegewissenschafter, Diplomierter Gesundheits- & Krankenpfleger mit Sonderausbildungen für Führungsaufgaben, Intensivpflege & Nierenersatztherapie, Health Services Manager & akademischer Krankenhausmanager. Er ist auch als allgemein beeideter & gerichtlich zertifizierter Sachverständiger und als Organisationsberater im Gesundheitswesen tätig, Lektor an FH´s, Universitäten und Führungskräftelehrgängen aktiv, sowie Autor von Fachbüchern, Buchbeiträgen und Fachartikeln.

**Johannes Rabe BSc, MSc** ist Diplomierter Gesundheits- und Krankenpfleger und Praxisanleiter an der Toxikologischen Intensivstation des Wilhelminenspitals der Stadt Wien. Er absolvierte das Bachelorstudium „Gesundheits- und Krankenpflege" und den Masterlehrgang „Advanced Nursing Practice" an der FH Campus Wien, sowie die Sonderausbildung für Intensivpflege. Er ist auch als Fachvortragender an diversen Akademien und Schulen tätig.

**Simon Jürgens Bsc, MSc** ist in der Pflegedirektion an einem Klinikum der Maximalversorgung tätig. Er absolvierte seine akademischen Ausbildungen an der Hochschule Fulda und an der FH Campus Wien. Anschließend arbeitete er unter anderem als Diplomierter Gesundheits- und Krankenpfleger an der Allgemeinen Intensivstation des Wilhelminenspitals der Stadt Wien.

**Paul Bechtold, MSc** ist Fachbereichskoordinator Pflege an der operativen Intensivstation des Wilhelminenspitals der Stadt Wien. Er ist Diplomierter Krankenpfleger mit Sonderausbildung Intensivpflege und hat den Masterstudienlehrgang „Adavanced Nursing Practice" an der FH Campus Wien absolviert. Zu seinen Aufgaben gehört unter anderem die Wartung und Pflege des EDV- gestützten Intensivpflegedokumentationssystems und die Koordination der Key User an den vier Intensivstationen des Wilhelminenspitals.

# Dorfgemeinschaft 2.0 – Altern und Digitalisierung im ländlichen Raum. Zur Entwicklung eines Instruments zur ethischen Fallbesprechung in der ambulanten Gesundheitsversorgung

Roland Simon, Marcus Garthaus, Anne Koppenburger und Hartmut Remmers

### Zusammenfassung

Ausgehend von den Herausforderungen für die gesundheitsbezogene Daseinsvorsorge in ländlichen Lebensräumen, welche entlang der Stichworte einer geringen Siedlungsdichte und einer geringen Mobilitätsdynamik zu beschreiben sind, wird in dem vorliegenden Beitrag das Projekt "Dorfgemeinschaft 2.0" vorgestellt und in den Diskurs um technologische Lösungen für eine alternde Gesellschaft eingeordnet. Der Schwerpunkt des Projekts liegt auf der Entwicklung des virtuellen Dorfmarktplatzes. Diese informationstechnologische Struktur soll die Bündelung von Dienstleistungsangeboten ermöglichen sowie die soziale Teilhabe von Nutzerinnen fördern. Weitere Teilschritte im Projekt zielen auf die Erprobung verschiedener AAL-Technologien in einer Musterwohnung. In diesem Zusammenhang ist es eine Aufgabe der Autorinnen im Rahmen des Projekts, ein Instrument zur ethischen Fallbesprechung zu entwickeln. Eine Diskussion vorliegender Instrumente und ihrer Anwendungsmöglichkeiten dient im vorliegenden Beitrag einer Annäherung an die Spezifika der ethischen Fallbesprechung im Kontext ambulanter und digitalisierter Gesundheitsversorgung.

---

R. Simon (✉) · M. Garthaus · A. Koppenburger · H. Remmers
Universität Osnabrück, Fachbereich Humanwissenschaften, Institut für Gesundheitsforschung und Bildung (IGB), Barbarastr. 22c, R93/134, 49076 Osnabrück, Deutschland
e-mail: roland.simon@uos.de; marcus.garthaus@uos.de; anne.koppenburger@uos.de; remmers@uos.de

**Inhaltsverzeichnis**

| | |
|---|---|
| 18.1 Einleitung................................................................. | 294 |
| 18.2 Der ländliche Raum..................................................... | 295 |
|     18.2.1 Strukturelle und kulturelle Charakteristika................. | 295 |
|     18.2.2 Gesundheitliche und pflegerische Versorgung im ländlichen Raum.......... | 297 |
|     18.2.3 Blick in die Modellregion.................................. | 298 |
| 18.3 Lösungsansatz: Digitalisierte Gesundheitsdienstleistungen........... | 298 |
|     18.3.1 Kritische Vorüberlegungen................................. | 298 |
|     18.3.2 Struktur und Teilziele des Projekts......................... | 300 |
|     18.3.3 Digitale Gesundheitsdienstleistungen als neues Feld ethischer Bewertungen... | 302 |
| 18.4 Zur Entwicklung eines Instruments für ethische Fallbesprechungen.... | 303 |
|     18.4.1 Zur Bedeutung der ethischen Fallbesprechungen............. | 303 |
|     18.4.2 Ethische Fallbesprechungen im ambulanten Setting......... | 304 |
|     18.4.3 Besonderheiten der ethischen Fallbesprechung im Kontext digitalisierter Gesundheitsdienstleistungen................................... | 306 |
|     18.4.4 Instrumente zur ethischen Fallbesprechung bei Fragen zur Lebensgestaltung.. | 307 |
|     18.4.5 Relevante Instrumente: Die Nimwegener Methode und das MEESTAR-Modell | 307 |
|     18.4.6 Zur Implementierung ethischer Fallbesprechungen......... | 311 |
| 18.5 Schlussbetrachtung...................................................... | 312 |
| Literatur........................................................................ | 312 |

## 18.1 Einleitung

Im vorliegenden Beitrag wird das Forschungsprojekt „Dorfgemeinschaft 2.0" entlang eines strukturierenden Dreischritts vorgestellt. Als spezifisches Charakteristikum des Projekts gilt die geographische Lage der Modellregion in der ländlich geprägten niedersächsischen Region Grafschaft Bentheim/südliches Emsland. Daher wird in einem ersten Schritt zunächst eine konzeptuelle Annäherung an den ländlichen Raum als eine sozialstrukturelle Kategorie vorgenommen. Im Kontext gesundheitspolitischer Debatten sind in den vergangenen Jahren die Herausforderungen der gesundheitlichen Versorgung in den ländlichen Gebieten vorrangig unter den Stichwörtern Ärztemangel und Pflegenotstand diskutiert worden. Mit dem Aufkommen von informations- und kommunikationstechnologischen Lösungen für Teilprozesse in der gesundheitsbezogenen Versorgung werden nunmehr unter dem Stichwort digitalisierte Gesundheitsdienstleistungen die politischen und sozialen Rahmenbedingungen für die potentiell erforderlichen Umstellungen diskutiert. Wir wollen daher in einem zweiten Schritt das Spannungsfeld der Digitalisierung im Gesundheitsbereich skizzieren. Hier sind einerseits Positionen zu beobachten, die intelligente Netzwerktechnologien als Antworten auf die Herausforderungen in einer alternden Gesellschaft inszenieren und andererseits Positionen, die vor den Folgen der technologischen Innovationen insbesondere im Bereich der sozialen Beziehungen warnen. Eine Verortung des Forschungsprojekts „Dorfgemeinschaft 2.0" innerhalb dieses Spannungsfeldes erfolgt hier anhand der Vorstellung der Projektarchitektur und der Projektziele.

Die Autorinnen (Aus Gründen der besseren Lesbarkeit wird auf die gleichzeitige Verwendung männlicher und weiblicher Sprachformen verzichtet. Die Personenbezeichnungen im vorliegenden Text beziehen sich auf alle Geschlechter.) des vorliegenden Beitrags forschen innerhalb des Projekts zu gerontologischen und ethischen Fragen der Digitalisierung. Aus dieser Perspektive wird in einem dritten Schritt die Notwendigkeit diskutiert, vorliegende Instrumente der ethischen Fallbesprechungen an die Anforderungen anzupassen, die mit der Digitalisierung von Teilprozessen in der gesundheitlichen Versorgung, speziell im ambulanten Setting, einhergehen.

Das Forschungsprojekt „Dorfgemeinschaft 2.0" (Laufzeit 2015–2020) ist eines von fünf Projekten, die in dem vom Bundesministerium für Bildung und Forschung (BMBF) ausgerufenen Wettbewerb "Innovationen für Kommunen und Regionen im demografischen Wandel – InnovaKomm" umgesetzt werden. Insgesamt werden in diesem Wettbewerb Projekte gefördert, die Forschung zu und Entwicklung von Lösungen für die Herausforderungen anbieten, die der demografische Wandel insbesondere für jene älteren Personen mit sich bringt, die auch im Fall von Unterstützungs- und/oder Pflegebedarf in der häuslichen Umgebung verbleiben möchten. Eine Verknüpfung der Projekte mit dem BMBF-Förderschwerpunkt zur technisch assistierten häuslichen Pflege ist explizit vorgesehen. Die Schwerpunkte der in der InnovaKomm-Reihe geförderten Projekte bilden dabei die jeweiligen mobilitätsbezogenen Charakteristika der ländlichen oder urbanen Umgebungen mit dem Ziel, den Bewegungsradius und das Aktivitätsspektrum von älteren Menschen zu erhalten und zu erweitern (vgl. BMBF 2015).

## 18.2 Der ländliche Raum

### 18.2.1 Strukturelle und kulturelle Charakteristika

Der ländliche Raum erfährt in Deutschland seit geraumer Zeit eine besondere Beachtung. Verstärkt werden die Diskussionen um innovative Handlungskonzepte durch vielerorts sich abzeichnende Abwanderungstendenzen insbesondere von jungen Menschen (vgl. Karosser und Kotterba 2013, S. 553), die Entwicklungen am Immobilienmarkt (fallende Immobilienpreise, Leerstände) oder durch sich verändernde, z. T. zusammenbrechende Versorgungsinfrastrukturen, „von Kneipen bis [hin] zu Ärzten" (Rienhoff 2015, S. 99).

Vorschnell werden dabei Lösungswege skizziert, die zur (vermeintlichen) Abwendung bzw. Bewältigung der identifizierten Problemlagen und Engpässe beitragen sollen. Als Lösungsoptionen für den peripheren Raum werden technologiegestützte Versorgungsstrukturen wie telemedizinische Anwendungen, (digitale) Pflege-Assistenzsysteme, Kommunikationsplattformen oder mobile Praxen genannt (vgl. u. a. Rienhoff 2015). Die bisherige Auseinandersetzung um die Digitalisierung gesundheitsbezogener Versorgungsprozesse ist dabei nicht selten von einem skeptischen Unterton, von der Ablehnung, aber auch von euphorischen Erwartungshaltungen gekennzeichnet, die es bei der Auseinandersetzung mit dieser Thematik differenziert in den Blick zu nehmen gilt.

Zu Beginn allerdings erfordert das Thema eine Annäherung an den ländlichen Raum als eine sozialstrukturelle Kategorie. Schnell wird dabei deutlich, dass keine durchgängig befürwortete Definition des Begriffs „Ländlicher Raum" existiert (vgl. hierzu Schlömer 2015, S. 26; Schwarz 2007, S. 21ff.). Erschwerend kommt hinzu, dass ein strenger Stadt-Land-Gegensatz seit Jahrzehnten überholt ist. Demografische Veränderungsprozesse werden in zahlreichen Publikationen gerne zur pauschalen Begründung von (vermeintlichen) Stadt-Land-Gegensätzen herangezogen (vgl. u. a. Rienhoff 2015, S. 99), was allerdings bei der doch sehr stark ausgeprägten Heterogenität des nationalen, ländlichen Raumkontextes unzureichend scheint (vgl. u. a. Schlömer 2015, S. 26). Ohnehin reicht die Spannbreite ländlicher Räume von prosperierenden bis hin zu sich auflösenden Dörfern (vgl. BMI 2011, S. 169).

Entgegen den schon seit Langem gehegten Vermutungen einer Stadt-Land-Angleichung (hierzu bereits Schelsky 1953) deuten empirische Befunde auf „gewisse Niveauunterschiede in der Verfügbarkeit, Zugänglichkeit, Erreichbarkeit und Akzeptanz sozialer Infrastruktureinrichtungen" (Schulz-Nieswandt und Wahl 2001, S. 205) von bspw. ÖPNV und medizinisch-pflegerischen Behandlungsoptionen (vgl. zum Begriff der sog. „Niveau-Hypothese" u. a. Schulz-Nieswandt und Wahl 2001, S. 206; Scherger et al. 2004, S. 175). Hier wird von einer zunehmenden Beeinträchtigung des ländlichen Raums ausgegangen (näher dazu Künemund et al. 2013, S. 74).

In diesem Zusammenhang gewinnt auch die in der soziologischen Literatur weithin diskutierte These der kulturellen Entwicklungsunterschiede (sog. „Kultur-Hypothese", vgl. hierzu Schulz-Nieswandt und Wahl 2001, S. 206) an Bedeutung. Dabei entstehen regionalspezifische Charakteristika durch soziokulturelle Verschiebungen, Entgrenzungen oder Gemeinsamkeiten.

Nach wie vor ist es ein romantischer Charme, der dem Sozialraum und dem Lebensfeld „Land" nachgesagt wird. Aber hier sind es nicht mehr zwingend Gemeinschaften, die vordergründig geprägt sind von einem (kleinräumigen) Zusammenschluss der täglichen Arbeit, der Landwirtschaft oder der Lebensführung (vgl. Pantucek 2009, S. 40). Exogene Einflüsse, wie bspw. strukturelle Rahmenbedingungen und/oder endogene Faktoren wie Werthaltungen und Lebensstile, vermengen sich als traditionelle Restbestände und Verhaltensmuster mehr und mehr mit moderneren Entwicklungen hin zu ganz eigenständigen Phänomenen (vgl. Baumgartner et al. 2013, S. 36f. u. Pantucek 2009, S. 40): Der ländliche Raum erodiert demnach durch eine erhöhte Mobilitätsdynamik. Pantucek spricht gar von einer Distanz, einer „relative(n) Abgeschiedenheit" (2009, S. 40) gegenüber moderneren Lebensentwürfen. Folge dieser sozialen Veränderungsprozesse sei eine unzureichend differenzierte Teilgesellschaft, wenig empfänglich für Menschen mit minoritären Lebensstilen. Demgegenüber ist die soziale Kontrolle durch die Dorföffentlichkeit hoch, besondere Angebote allerdings sind rar und aufgrund mangelnder Ausweichmöglichkeiten nur begrenzt erreichbar, insbesondere zu Lasten derer, die eingeschränkt mobil oder kaum integriert sind (vgl. Baumgartner et al. 2013, S. 37; Pantucek 2009, S. 43). Gegenüber dieser doch sehr stark negativ konnotierten Charakterisierung der sozialen Strukturen im ländlichen Raum hebt der jüngere modernisierungstheoretische Ansatz

„die Anpassungsfähigkeit und Bewältigungsstrategie sozialer Netzwerke und Individuen" (Baumgartner et al. 2013, S. 37) hervor (näher hierzu Schulz-Nieswandt 2000). Demzufolge seien die (politischen) Entscheidungsstrukturen wesentlich kleinräumiger, während die Einflussnahme der Bürgerinnen auf kommunalpolitischer Ebene wesentlich größer sei als in städtischen Raumkontexten (vgl. Pantucek 2009, S. 40).

Kurzum: In der Diskussion um den dörflichen Raumkontext gibt es im Grunde kein vereinfachtes Begriffsverständnis und schon gar kein universelles, semantisches Konzept (vgl. Schulz-Nieswandt und Wahl 2001, S. 206). Diese „Unübersichtlichkeit des Landes" (Pensé 1994, S. 9), geprägt durch die relative Abgeschiedenheit und Mentalitätsunterschiede auf der einen Seite, die funktionellen, sozialinfrastrukturellen Verflechtungen mit den urbanen Räumen auf der anderen Seite, erschweren solcherlei Eingrenzungsversuche. Dennoch lässt sich ein gemeinsames Strukturmerkmal ländlicher Gebiete insbesondere im hier relevanten Kontext der gesundheitlichen Versorgung hervorheben. Häufig sind ländliche Lebensräume von einer „geringen Siedlungs- und Bevölkerungsdichte" geprägt, was einen unmittelbaren Einfluss auf die Daseinsvorsorge in Bezug „auf die Erreichbarkeit von Arztpraxen, Krankenhäusern oder Schulen" (BMI 2011, S. 177) hat.

### 18.2.2 Gesundheitliche und pflegerische Versorgung im ländlichen Raum

Viele Überlegungen zur gesundheitlichen Versorgung im ländlichen Raum sind eng geknüpft an die Verfügbarkeit ärztlichen Personals, wohingegen eine differenzierte Auseinandersetzung mit dem gesamten Versorgungssystem und „den darin nach wie vor disjunkt agierenden Versorgern in der Pflege" (Rienhoff 2015, S. 100) häufig unzureichend geführt wird (näher hierzu SVR 2009 und SVR 2012). Insbesondere in der hausärztlichen, ambulanten Versorgung offenbaren sich Fehlallokationen. Es herrscht insbesondere ein Mangel an jungen Allgemeinmedizinerinnen. Nicht spurlos wird sich hier zudem der überproportional hohe Übergang vieler Ärztinnen in den Ruhestand auswirken (vgl. u. a. Gieseking und Gerling 2016, S. 433). Mit Blick auf die stationäre Versorgung kommt erschwerend der nennenswert hohe Anteil defizitärer Krankenhauseinrichtungen in strukturschwachen, ländlichen Raumkontexten hinzu (vgl. SVR 2014, S. 603). Auch betroffen ist die pflegerische Langzeitversorgung. Abwanderungstendenzen junger Menschen verschärfen hier u. a. die Fachkräftesituation und nehmen Einfluss auch auf informelle Versorgungsstrukturen (vgl. Gieseking und Gerling 2016, S. 423).

Aus diesen Gründen werden für den ländlichen Raumkontext Lösungsansätze entwickelt und diskutiert werden müssen. Hier drängen sich Fragen zu (außer-)familialen Netzwerken, örtlichen Versorgungsinfrastrukturen und Potenzialen technologischer Assistenzsysteme auf, um die sich abzeichnenden *Fehlentwicklungen* abzumildern. Insbesondere Techniklösungen gelte es in gesondertem Maße an die spezifischen Bedarfe, die vorfindbare Infrastruktur sowie die individuellen Lebensverhältnisse im ländlichen Raum auszurichten (vgl. Künemund et al. 2013, S. 73).

### 18.2.3 Blick in die Modellregion

In dem diesem Beitrag zugrundeliegenden Forschungsprojekt liegt der Fokus auf der Modellregion Grafschaft Bentheim/südliches Emsland. Mit knapp 135.000 Einwohnern und einer Bevölkerungsdichte von 138 Einwohnern pro Quadratkilometer (vgl. Landkreis Grafschaft Bentheim 2015) gehört der Landkreis Grafschaft Bentheim zu den vergleichsweise dünn besiedelten Regionen in Deutschland. Kreisstadt und größte Stadt des Landkreises ist Nordhorn mit rund 53.000 Einwohnern (vgl. Landkreis Grafschaft Bentheim 2015). Der Landkreis Grafschaft Bentheim liegt direkt an der deutsch-niederländischen Grenze. Im Norden und Osten grenzt der Landkreis Grafschaft Bentheim an den niedersächsischen Landkreis Emsland, im Süden an die nordrheinwestfälischen Kreise Steinfurt und Borken. Im Westen liegen die niederländischen Provinzen Overijssel (südwestlich) und Drenthe (nordwestlich).

Zur Modellregion gehört ebenso das „südliche Emsland" mit knapp 107.000 Einwohnern auf einer Fläche von rund 735 km², Lingen (Ems) im südlichen Emsland ist mit rund 56.000 Einwohnern (LAG Region Grafschaft Bentheim 2015, S. 29) die größte Stadt des Emslandes und fast genau so groß wie Nordhorn. In ihrer Gesamtheit ist die Modellregion sehr ländlich geprägt, verfügt aber jeweils aufgrund ihrer Mittel- und Grundzentren über städtische Strukturmuster mit wichtigen Funktionen für Gemeinden und Ortschaften.

Die medizinisch-pflegerische Nahversorgung gestaltet sich in den Ortszentren allgemein gut. Defizite offenbaren sich allerdings in den Randlagen, wo z. T. eine bedarfsangemessene, wohnortnahe, gesundheitliche und pflegerische Versorgung nicht mehr aufrechterhalten werden kann (vgl. näher hierzu auch LAG Region Grafschaft Bentheim 2015, S. 44). Die prognostizierten Daten zur Bevölkerungsstruktur und Alterung verdeutlichen zusätzlich die Notwendigkeit demografiesensibler Anpassungen innerhalb dieses vornehmlich ländlich geprägten Sozialraums. Das in allem durchaus sehr heterogene Profilbild der beiden Modellregionen mit dem Charakter einer vergleichsweise dünn besiedelten Region bietet hierfür angemessene Voraussetzungen. Das gilt in gleichem Maße auch vor dem Hintergrund der sich abzeichnenden Handlungsbedarfe zur Gewährleistung von (barrierefreier) Mobilität (vgl. LAG Region Grafschaft Bentheim 2015, S. 39) betroffener Personenkreise in den Außenbereichen bzw. Randlagen.

Die Frage ist nun, inwieweit gezielte Ansätze einer Digitalisierung im ländlichen Raum und seiner Versorgungsstrukturen zur Lösung zukünftiger gesundheitlicher und sozialer Probleme beitragen können.

## 18.3 Lösungsansatz: Digitalisierte Gesundheitsdienstleistungen

### 18.3.1 Kritische Vorüberlegungen

Der Einsatz von Netzwerktechnologien in der gesundheitlichen Versorgung hat in den vergangenen 15 Jahren zwiespältige gesellschaftspolitische Reaktionen hervorgerufen. Während forschungspolitische Initiativen auf diesem Feld sich häufig durch eine „triple-win rhetoric" (Neven 2015, S. 34; vgl. Überblick über europäische forschungspolitische

Initiativen Mantovani und Turnheim 2016) auszeichnen, zeigen sich Stimmen aus den Bezugswissenschaften eher skeptisch bis kritisch-ablehnend (Klie 2014; Selke und Biniok 2015; Barnard 2016). Gesellschaftlicher Problemhintergrund der Digitalisierungsinitiativen ist der demografische Wandel sowie die in diesem Zusammenhang postulierten Herausforderungen eines relativ zunehmenden Versorgungsbedarfs bei gleichzeitiger Reduktion der personellen und finanziellen Ressourcen. In der Debatte um diese gesellschaftlichen Entwicklungen werden Informations- und Kommunikationstechnologien, wie sie etwa in dem Bereich der Telecare-Versorgung zur Anwendung kommen, als ein, häufiger sogar als der wichtigste, Bestandteil der Lösungen dargestellt. In den entworfenen Zukunftsvisionen (z. B. in der Projektbeschreibung des hier besprochenen Projekts) gibt es häufig nur Gewinnerinnen: mithilfe der Technologie sollen personelle Engpässe in der pflegerischen Versorgung kompensiert werden können; betriebs- und auch volkswirtschaftliche Vorteile werden Marktteilnehmerinnen in Aussicht gestellt; schlussendlich sollen auch Endverbraucherinnen, in vielen Fällen pflege- und unterstützungsbedürftige Personen, durch technologisch unterstützte Versorgung profitieren können, etwa durch einen längeren Verbleib in der häuslichen Umgebung (vgl. kritisch dazu Neven 2015).

So breit das Spektrum der involvierten Akteursgruppen und so heterogen die Bedürfnisse und Bedarfslagen im Zusammenhang mit Digitalisierungsinitiativen in der gesundheitlichen Versorgung auch sind, die Endverbraucher werden aus der euphorischen Perspektive als Gewinnerinnen dargestellt. Dieses triple-win Szenario wird von Neven (2015, S. 39) als harmonisierendes Narrativ in dem Diskurs um die alternde Gesellschaft verortet. Selke und Biniok (2015, S. 51–54) sprechen in diesem Zusammenhang von „Rationalisierungsmythen", welche über „Gebrauchswertversprechen" hinsichtlich der Effekte „sozioassistiver Assistenzensembles" einen ideologischen Referenzrahmen bilden für die Legitimation sowohl von Forschungsförderungspolitiken als auch für die unhinterfragte Befürwortung von Ambient Assisted Living Technologien (AAL-Technologien). Der Begriff „AAL" ist ein Oberbegriff für vernetzte, intelligente Technologien in der häuslichen Umgebung. Die Ausstattung von Wohnräumen mit Informations- und Kommunikationstechnologie zielt auf die Steigerung bzw. Erhaltung von Lebensqualität der Nutzerinnen. Die Versprechungen der Digitalisierung von gesundheitsbezogenen Dienstleistungen im ambulanten Sektor reichen von der Rationalisierung des Ressourceneinsatzes, über die Erhöhung der Sicherheit der Endverbraucher, zu dem postulierten Potential zum Erhalt von Autonomie und Selbstbestimmung, hin zu dem Versprechen einer gesteigerten sozialen Teilhabe und Lebensqualität. Der AAL-Technologie werde der Status einer umweltlichen Ressource zugesprochen, die eine Kompensation physischer und psychischer Einbußen verspreche (vgl. Selke und Biniok, S. 54). Angesichts bisher weitgehend fehlender Wirksamkeitsstudien und Untersuchungen, die über Simulationen hinausreichen, ist die Euphorie, welche zumindest aus der Forschungspolitik abzuleiten ist, kaum nachzuvollziehen (vgl. Biniok et al. 2016; vgl. Brandt et al. 2011) und sollte einer nüchternen Bestandsaufnahme weichen.

Insbesondere eine ethische Bewertung von soziotechnischen Assistenzensembles (Selke und Biniok 2015) ist vor diesem Hintergrund gefordert, den gesellschaftlichen Kontext mitzudenken und in den Untersuchungsdesigns zu berücksichtigen, etwa durch die Einbeziehung der Perspektiven von verschiedenen Akteursgruppen (siehe Abschn. 4).

## 18.3.2 Struktur und Teilziele des Projekts

Im Folgenden werden die Struktur und Teilziele des Projekts „Dorfgemeinschaft 2.0" vorgestellt. Kern des Projekts ist die Entwicklung einer digitalen Infrastruktur, welche z. B. in dem „virtuellen Dorfmarktplatz" als eine Erweiterung bzw. als eine Fortführung bereits bestehender Strukturen zum Tragen kommt. Der Fokus liegt im Projekt darauf, vorhandene Strukturen lokaler (bürgerlicher, ehrenamtlicher, behördlicher, privatwirtschaftlicher) Initiativen und Services zu nutzen bzw. digital abzubilden und darüber den Zugang zu erweitern. Darüber hinaus kommen in dem Projekt auch AAL- Technologien zum Einsatz.

Übergreifendes Ziel des Forschungsprojekts ist die Entwicklung, Erprobung und Evaluation eines integrierten, generationsübergreifenden Konzeptes zur sozialen und gesundheitlichen Versorgung. Der Aufbau von vernetzten Informations- und Kommunikationsinfrastrukturen für die Bereitstellung von unterstützenden, aktivierenden, befähigenden, individualisierten Sach- und Dienstleistungen soll dabei die konkrete Bedarfslage der ländlich geprägten Modellregion berücksichtigen. Zentrales Element des Projektes ist eine virtuelle, kostenfrei zu nutzende Serviceplattform, über die eine integrative Inanspruchnahme unterschiedlicher Dienstleistungen ermöglicht wird. Ein Überblick über einzelne Versorgungsbereiche sowie über die übergreifenden Teilprojekte (TP) wird in Abb. 18.1 gegeben.

Die häusliche Form der Projektstruktur verdeutlicht dabei den integrativen Charakter des Projekts. In den übergreifenden Feldern 1 (Steuerung, Nachhaltigkeit & Transfer), 2 (Ethik und Datenschutz), 7 (Virtueller Dorfmarktplatz), 8 (IT-Struktur & zentrale IT-Applikationen) und 9 (Technikgestützte Infrastruktur) werden Struktur-, Beratungs- sowie

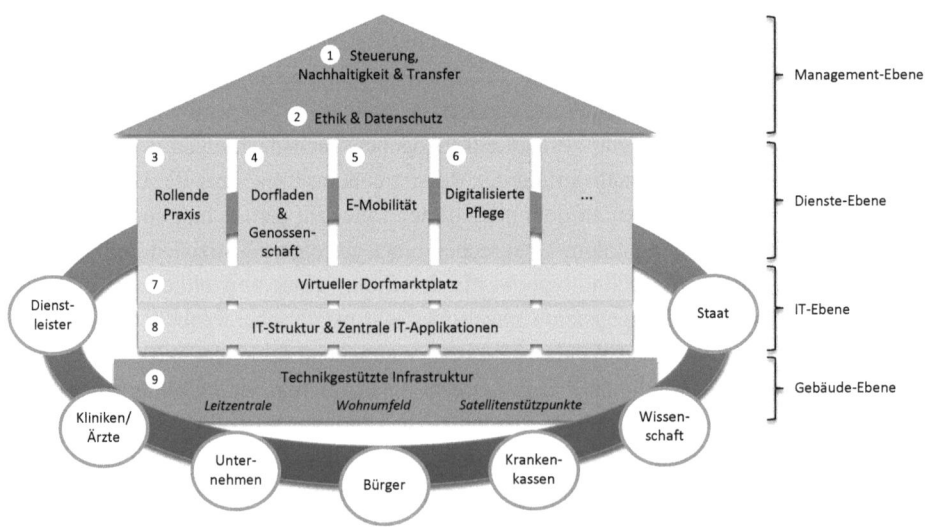

**Abb. 18.1** Struktur des Forschungsprojekts „Dorfgemeinschaft 2.0". Eigene Darstellung

Finanzierungskonzepte erarbeitet, die in den Versorgungsbereichen 3 bis 6 insofern zur Anwendung kommen, als dass sie einerseits die konzeptuellen Grundlagen für die Gestaltung der Dienstleistungsangebote darstellen und andererseits die Fortführung und Aufrechterhaltung der im Projekt zu entwickelnden Strukturen über den Abschluss des Projekts hinaus sichern sollen. Im Folgenden soll die Projektstruktur näher erläutert werden.

Das Dach der „Dorfgemeinschaft 2.0" (Management-Ebene) gibt dem Projekt einen organisatorischen und normativen Überbau. Im Teilprojekt 1 (TP1 - Steuerung, Nachhaltigkeit & Transfer) werden innovative Organisations- und Finanzierungsformen für die zu entwickelnden Artefakte der untergeordneten Teilprojekte entwickelt, die sich am Leitbild einer Sharing Community und Crowdfunding-Konzepten orientieren, sowie Anreize zur Technologienutzung setzen und die Inklusion fördern. Eng verbunden hiermit ist die Aufgabe des Transfers und der nachhaltigen Projektverwertung. Teil des Überbaus bildet zudem das TP2 (Ethik & Datenschutz). In diesem werden Gremienstrukturen für den bürgernahen Ethikdiskurs und Datenschutzrichtlinien im Zusammenhang mit dem intensivierten Technologieeinsatz etabliert, die den spezifischen Anforderungen der Menschen in der Modellregion, insbesondere der besonders schutzbedürftigen Personen, entsprechen.

Die Säulen der Dorfgemeinschaft 2.0 (Dienste-Ebene) stellen vier im Rahmen des Projektes zu entwickelnde technologiegestützte Dienste dar, die die grundlegenden Bedürfnisse der adressierten Bevölkerung in der Modellregion nach aufsuchender medizinischer Versorgung (TP3 – Rollende Praxis), Versorgungsleistungen des täglichen Bedarfs (TP4 – Dorfladen und Genossenschaft), Mobilität (TP5 – E-Mobilität) und pflegerischer Unterstützung (TP6 – Digitalisierte Pflege) adressieren. Im Sinne eines Open Innovation Prozesses wird von Beginn an externen Akteuren die Möglichkeit eingeräumt, sich mit zusätzlichen Diensten, dargestellt durch eine weitere, nicht beschriftete Säule, in das Modell der Dorfgemeinschaft 2.0 einzubringen, welche den Standards für Ethik & Datenschutz genügen müssen. Um Ressourceneffizienz und die damit verbundene Nachhaltigkeit zu gewährleisten, werden im Konzept der Dorfgemeinschaft 2.0 Bündelungseffekte der Dienste in zeitlicher, räumlicher und intersektoraler Hinsicht angestrebt.

Die Ansteuerung, Koordination und Kopplung der Dienste erfolgt über eine integrierte IT-Struktur (IT-Ebene), die alle Dienste zu einer zusammenhängenden Wertschöpfungskette verbindet. Die IT-Ebene stellt die technologische Basis für die anderen Teilprojekte bereit. Der Virtuelle Dorfmarktplatz (TP7) dient als Koordinationsplattform. In Teilprojekt 8 (IT-Struktur & zentrale IT-Applikationen) wird die darunterliegende zentrale IT-Struktur entwickelt, über die verschiedene Anwendungen miteinander kommunizieren können. Geplant ist auf der Plattform zentrale Applikationen vorzuhalten, um ggf. durch die Integration der elektronischen Gesundheitskarte eine elektronische Fallakte abzubilden. Die Daten von AAL-Sensoren, SmartHome-Systemen, Fallakten usw. werden in einer einheitlichen Datenstruktur unter den Aspekten von Datenschutz und Datensicherheit fokussiert. Somit wird eine sichere und interoperable Informations- und Kommunikationsinfrastruktur geschaffen, so dass Dritte (Dienstanbieter) gesundheitsbezogene Daten an berechtigte Personen sicher übertragen bzw. einsehen können. Das Fundament des Hauses (Gebäude-Ebene) stellt die nötige technologische Infrastruktur für die Dorfgemeinschaft 2.0 bereit. Das Projektkonsortium zeichnet sich neben der interdisziplinären Forschung von Pflegewissenschaftlerinnen, Wirtschaftswissenschaftlerinnen und Informatikerinnen vor allen Dingen durch die Zusammenarbeit mit sozialen und gesundheitsbezogenen Dienstleistungsunternehmen sowie lokalen und überregionalen Unternehmen der Informationstechnologiebranche aus.

### 18.3.3 Digitale Gesundheitsdienstleistungen als neues Feld ethischer Bewertungen

Die vorangestellte Projektbeschreibung gibt einen Einblick in die Verzweigung von digitalen Infrastrukturen zur Verbesserung von Gesundheitsdienstleistungen. Die ethische Bewertung von Potentialen und Grenzen eingesetzter Netzwerktechnologien erweist sich angesichts der Vielfältigkeit von Versorgungsprozessen und der Breite des Spektrums der involvierten Akteursgruppen als ein komplexes Vorhaben. Häufig ist eine Dualität von Potentialen und Risiken von technologischen Anwendungen insofern zu beobachten, als dass aus der Perspektive einer spezifischen Akteursgruppe eine positive Bewertung möglich ist, während sich gleichzeitig aus der Perspektive einer weiteren Akteursgruppe für die gleiche Anwendung eine negative Bewertung ergibt.

Diese Dualität spiegelt die Ambivalenz vieler technologischer Anwendungen wieder: während festzustellen ist, dass das Potential etwa von Monitoring-Technologien zur Überwachung von gesundheitlichen Parametern (z. B. Blutzuckerspiegel, Blutdruck) für professionelle Akteurinnen (z. B. medizinisches oder pflegerisches Personal) das Potential birgt, Ressourcen effizient einzusetzen und eine lückenlose Versorgung zu gewährleisten, birgt die gleiche Technologie für die von der Überwachung betroffenen Personen möglicherweise das Risiko einer eingeschränkten Privatsphäre. Die Dualität drückt sich demzufolge darin aus, dass den Vorteilen der Digitalisierung von gesundheitlichen Versorgungsprozessen je nach Perspektive Nachteile gegenüberstehen. Ein weiteres potentielles Konfliktfeld wird von Powell (2009) unter dem Stichwort digitale Exklusion diskutiert. Am Beispiel von onlinebasierten Beratungsangeboten zeigt sich eine Dualität von individuell angepasster und flexibler Versorgung einerseits und einem transportierten Appell diese Angebote zu nutzen. Powell (2009) verweist auf die notwendigen Anwendungskompetenzen (E-Health Literacy) sowie angemessene finanzielle Ressourcen für die Inanspruchnahme der Angebote. Der internetbasierte Zugriff auf gesundheitsbezogene Informationen sowie die kollektive Kommunikation in Internetforen und sozialen Medien bieten einerseits Potentiale für die soziale Inklusion für jene Betroffenengruppen, die zu einem Teil durch einen hohen Grad der sozialen Isolation gekennzeichnet sind (z. B. pflegende Angehörige). Andererseits wirkt sich die bloße Verfügbarkeit dieser digitalen Dienstleistungsangebote als ein Appell an potentielle Nutzerinnen aus, die Angebote im Sinne der Eigenverantwortlichkeit etwa im Kontext des gesundheitlichen Vorsorgehandelns (Schmidt 2008) zu nutzen.

Digitalisierungsinitiativen sind demzufolge nicht isoliert von gesellschaftlichen Verhältnissen zu betrachten, darin liegt die Herausforderung für ethische Bewertungen entsprechender Technologien. Trotz verbreiteter Gebrauchswertversprechen (Selke und Biniok 2015) für verschiedene Akteursgruppen gilt es die Heterogenität in den Bedürfnissen und Bedarfslagen, sowie in den Anforderungen an Funktionalitäten, zu berücksichtigen. Mit Blick auf die Dualität von Vor- und Nachteilen ist die ethische Bewertung gefordert, den normativen Gehalt zu prüfen, der den Erwartungen hinsichtlich der Nutzung spezifischer digitalisierter Dienstleistungen zugrunde liegt. Für die Entwicklung von Instrumenten zur ethischen Bewertungen impliziert dieser Zusammenhang von Technologie und Gesellschaft einen Fokus auf den individuellen Fall des jeweiligen Assistenzessembles (Selke und Biniok 2015). Die ethische Fallbesprechung als eine Methode der praktischen Ethik im Kontext der Gesundheitsversorgung bietet in ihrer Grundausrichtung auf die individuelle Bedarfslage das Potential auch im Kontext der digitalisierten Versorgung die Lösung ethischer Konflikte zu strukturieren.

## 18.4 Zur Entwicklung eines Instruments für ethische Fallbesprechungen

### 18.4.1 Zur Bedeutung der ethischen Fallbesprechungen

Es konnte bereits deutlich gemacht werden, dass die Einrichtung von Netzwerktechnologien im Kontext der gesundheitsbezogenen Versorgung ethische Konflikte auslösen kann. Diese ethischen Konflikte zu erkennen, zu bearbeiten und sie Lösungen zuzuführen, ist eine Aufgabe, die sich im Rahmen des Forschungsprojekts Dorfgemeinschaft 2.0 stellt.

Im ländlichen Raum ist die ambulante Versorgung ein zentrales Thema. Die ambulante Versorgung zielt u. a. darauf ab, pflegebedürftigen Menschen ein gutes Leben innerhalb ihrer vertrauten, häuslichen Umgebung zu ermöglichen. Für das Projekt ergibt sich aus diesem Fokus die Notwendigkeit, das bisher wenig bearbeitete Feld der ambulanten ethischen Fallbesprechungen hinsichtlich potentieller ethischer Konflikte im Kontext der Digitalisierung von gesundheitsbezogener Versorgung zu erforschen.

Ethische Fallbesprechungen haben sich in Deutschland im Zuge der vermehrten Gründung von Ethikkomitees in vielen Krankenhäusern als Instrumente zur ethischen Konfliktlösung etabliert (Dörries et al. 2015, S. 249). Dabei ist die ethische Fallbesprechung ein „systematische(r) Versuch, im Rahmen eines strukturierten, von einem Moderator geleiteten Gesprächs mit einem multidisziplinären Team innerhalb eines begrenzten Zeitraumes zu der ethisch am besten begründbaren Entscheidung zu gelangen" (Steinkamp und Gordijn 2009, S. 256). Die Bedeutung ethischer Fallbesprechungen liegt darin, dass sie als Möglichkeit angenommen werden, innerhalb des therapeutischen Teams ethische Situationen zu „thematisieren und [klären] und dass zugleich die Sichtweisen der unterschiedlichen Berufsgruppen" (Steinkamp und Gordijn 2010, S. 251) und deren jeweilige Expertise eingebracht werden.

Für den klinischen Bereich liegt eine Vielzahl von Instrumenten zur ethischen Fallbesprechung vor, was einerseits die Bedeutung und Notwendigkeit der ethischen Fallbesprechung für die klinische Praxis unterstreicht, andererseits aber auch ein Problem darstellt, weil es zu einer Unüberschaubarkeit führt (vgl. Dörries et al. 2015, S. 251). Die Fülle an Instrumenten, so kann kritisch eingeworfen werden, ist aber auch an der Vielfalt verschiedener Interessen der Einrichtungen, etwa weltanschaulicher Art, aber auch den einzelnen Settings und Ausrichtungen der Art der zu erwartenden ethischen Konflikte ausgerichtet.

Ambulante Dienste, die eine Versorgung nach Sozialgesetzbuch (SGB) XI durchführen, nutzen kaum oder gar nicht die Möglichkeit ethischer Fallbesprechungen. Eine Sichtung der Literatur ergab, dass das Thema der ethischen Fallbesprechung im ambulanten Setting in der wissenschaftlichen Reflexion und der Forschung eine eher untergeordnete Rolle spielt.

Das allgemeine Bild der Verbreitung ethischer Fallbesprechungen, das hier gezeichnet wurde, spiegelt sich auch in der Situation der für das Projekt Dorfgemeinschaft 2.0 relevanten Regionen wieder. In der Region Grafschaft Bentheim/ südliches Emsland verfügen drei der vier Kliniken über Ethikkomitees, die auf den Stationen ethische Fallbesprechungen durchführen. Von den stationären Pflegeeinrichtungen der Region ist hingegen keine bekannt, die ethische Fallbesprechungen anbieten. In der ambulanten Pflege werden nur im Rahmen der Spezialisierten Ambulanten Palliativversorgung (SAPV) gelegentlich ethische Fallbesprechungen eingesetzt. Dieses Bild ergab eine telefonische Anfrage bei den entsprechenden Einrichtungen.

### 18.4.2 Ethische Fallbesprechungen im ambulanten Setting

Im Setting der ambulanten Pflege sind ethische Fallbesprechungen meistens dann angezeigt und werden durchgeführt, wenn Menschen ambulant palliativ oder hospizlich versorgt werden und wenn z. B. die Frage nach der möglichen Durchführung einer Reanimation gestellt wird (vgl. dazu Simon 2015, S. 74). Die institutionellen Rahmenbedingungen und die im palliativen Bereich bestehenden Ressourcen ermöglichen eher die Durchführung von ethischen Fallbesprechungen, zumal im „Basiscurriculum Palliative Care" unter der Überschrift „Ethische und rechtliche Aspekte der Pflege" die „Umsetzungsformen ethischen Denkens in Einrichtungen" thematisiert werden, zu denen auch ethische Fallbesprechungen gehören (Kern et al. 2009, S. 104). Hinter der palliativen Versorgung steht zumeist ein Netzwerk von Gruppen und Personen aus Ärztinnen, Pflegenden, Seelsorgerinnen, Hospizvereinen etc.

Für den Bereich der ambulanten und häuslichen Pflege ist durchaus ein steigender Bedarf an ethischen Fallbesprechungen zu erwarten, denn durch den immer häufigeren Verbleib von Menschen in ihrem gewohnten Wohnumfeld werden auch in diesem Setting zunehmend Konflikte und ethische Dilemmata zu erwarten sein. Denn die Fragen nach Autonomie und Selbstbestimmung, nach Fürsorge und Gerechtigkeit, aber auch Fragen nach Privatheit und sinnhafter Lebensgestaltung sind im Kontext der ambulanten Pflege präsent. Und im Gegensatz zu anderen Settings ist der Verbleib im häuslichen Bereich und die damit verbundene pflegerische, medizinische und hauswirtschaftliche Versorgung auf einen längeren Zeitraum angelegt als in palliativen Pflegekontexten.

Die Besonderheiten des häuslichen bzw. ambulanten Settings machen eine Implementierung ethischer Fallbesprechungen oft schwierig, weil entsprechende Strukturen häufig nicht vorhanden sind. Anders als in der Vernetzung der palliativen Versorgung oder im klinischen Bereich gibt es kein institutionalisiertes Zusammenspiel ambulanter Pflegedienste mit anderen Berufsgruppen. D.h., die Zusammenarbeit mit Ärztinnen, Apotheken etc. ist nicht unter einer Organisation zusammengefasst (vgl. Simon 2015, S. 73–75).

Im Kontext palliativer Versorgung ist die Frage nach ethischer Fallbesprechung im ambulanten Kontext wiederum anders zu sehen, weil hier häufig Strukturen vorliegen, die ein entsprechendes Vorgehen unterstützen. Zusätzlich kommt den Fragen an den „Grenzen des Lebens" (Eibach 2000, S. 167), der Entstehung menschlichen Lebens und dem Ende des Lebens eine andere Aufmerksamkeit zu als Fragen nach der Gestaltung kontinuierlicher, alltäglicher Lebenssituationen. Das Gespür der Akteure aus Pflege und Medizin für ethische Konflikte scheint in den Situationen des Sterbens und der Gestaltung von Lebenssituationen unter dem Verdikt des Sterbens stärker zu sein als in Situationen der alltäglichen Lebensgestaltung, was sich an den Fragestellungen der Dokumentationsbögen zu ethischen Fallbesprechungen zeigt, die sehr stark medizinisch ausgerichtet sind und häufig die genannten „Grenzen des Lebens" betreffen (vgl. etwa Neizke 2008, S. 58–59).

Eine solche Lebensgestaltung, bzw. Lebensraumgestaltung, die nicht ausschließlich geprägt ist von Therapien und medizinischer Versorgung, liegt vor, wenn es um die Entwicklung von Ideen zur Gestaltung von Wohnraum und der Ausstattung von Seniorenwohnungen mit AAL-Technologien geht. Im Kontext ambulanter Pflege ergeben sich im Rahmen des Projektes Dorfgemeinschaft 2.0 bei der Anwendung von Technologien Fragen, die ein vielfältiges Konfliktpotenzial in sich bergen und daher ethisch zu reflektieren sind. Hinter dieser Anwendung von AAL-Technologien stehen verschiedene Interessen unterschiedlicher Akteure. Dabei handelt es sich nur vordergründig um originär medizinische Fragen, während sich dahinter ethisch bedeutsame Fragen nach Partizipation, Selbstbestimmtheit und Integrität verbergen.

Zu erwägen wäre, ob nicht Dilemmata, die sich aus den Fragen nach der Gestaltung des Lebens ergeben, auch mittels Nutzung von AAL- Technologien, anders wahrgenommen werden als Dilemmata palliativer Kontexte. Die Dilemmasituationen, die sich an den „Grenzen des Lebens" ergeben, erscheinen den Beteiligten vielleicht offensichtlicher und entsprechend leichter zu identifizieren, weil an den „Grenzen des Lebens" der Zwang zum Handeln im Hinblick etwa auf Situationen des Versterbens größer ist als in Situationen der Gestaltung des alltäglichen Lebens. Dennoch können die Entscheidungen zur Gestaltung des Alltags für die Betroffenen nicht weniger dramatische Auswirkungen haben wie für Menschen in palliativen Situationen. Dies bedeutet dann im Rahmen des Projekts Dorfgemeinschaft 2.0, dass die Beteiligten für solche Fragestellungen zu sensibilisieren sind. Dies ist eine Aufgabe, die mit der Implementierung von ethischen Fallbesprechungen einhergeht.

### 18.4.3 Besonderheiten der ethischen Fallbesprechung im Kontext digitalisierter Gesundheitsdienstleistungen

Ethische Konflikte entstehen dadurch, dass unterschiedliche normative Ansprüche und Wertvorstellungen aufeinandertreffen, ohne miteinander vereinbar zu sein (vgl. Körtner 2012, S. 139). Häufig haben sie den Charakter von Dilemmasituationen, die bei der Anwendung von Technologien zur Versorgung von Menschen im häuslichen Bereich auftreten können. So ist etwa die Ablehnung von Technik nicht allein als Ausdruck eines freien Willens hinzunehmen. Denn eine vorhandene Technik, die Gefahren und Risiken zu minimieren in der Lage ist, kann nicht an sich, nur, weil sie Technik ist, abgelehnt werden.

Ein Beispiel für ein Dilemma, das sich aus der Anwendung von Technologien ergeben kann, ist die PEG-Anlage etwa bei Menschen mit einer Dysphagie nach einem Apoplex. Die Beantwortung der Frage, ob in einer bestimmten Situation bei einem bestimmten Menschen die Anlage der PEG-Sonde gut oder schlecht ist und ob sich eine entsprechende Entscheidung mit den moralischen Vorstellungen der Beteiligten verträgt, steht dabei im Zentrum der ethischen Fallbesprechung. Die Anlage einer PEG-Sonde ist bei ethischen Fallbesprechungen sicher eine der häufigsten Dilemmasituationen. Dabei handelt es sich um medizinische Technik, die in das Leben und – wenn es um die finale Phase geht – in das Sterben eingreift. Das ethische Dilemma ist mit der Frage danach zum Ausdruck gebracht, zu welchem Zeitpunkt diese Technik nicht mehr genutzt werden darf oder sollte. Die PEG-Sonde bietet so etwas wie eine Vorlage für die grundsätzliche Frage nach dem Einsatz oder dem Verzicht auf Technik.

Die ethischen Situationen, die sich im Rahmen der Anwendung von AAL-Technologien ergeben, können gerade im häuslichen Bereich noch spezifischer sein. Denn während eine PEG-Anlage Fragen an den Grenzen des Lebens aufwirft, spielen bei AAL-Technologien Fragen der Gestaltung des Lebens eine wichtige Rolle. Sie betreffen die Interaktion von Menschen und die Entwicklung des Lebens in einer veränderten Alltäglichkeit insofern, als dass technisch assistierte Hilfs- und Unterstützungsstrukturen in die sozialen Handlungsmuster von Akteurinnen eingreifen.

Deutlich wird dieser Eingriff an den mittlerweile mehrfach untersuchten Auswirkungen von AAL-Technologien im Kontext der häuslichen pflegerischen Versorgung. So zeigen etwa Aceros et al. (2015) am Beispiel des weitverbreiteten mobilen Alarmknopfes, inwiefern die Mobilität der Nutzerinnen durch den Notrufservice beeinflusst wird. Aus einer sozialkonstruktivistischen Perspektive entschlüsseln sie in ihrer ethnographischen Studie das „script" (Aceros et al. 2015, S. 104) der verwendeten Technologie. Die Analyse zeigt, dass dieser Service häufig nur in einem Umkreis von 100 Metern um die Basisstation herum zu nutzen ist. Für einen effektiven Gebrauch besteht daher die Erwartung oder auch Notwendigkeit, dass Nutzerinnen ihre Aktivität in dieses Umfeld verlagern. Dieser Bereich wird von den Anbietern der Technologie als eine „secure zone" (Aceros et al. 2015, S. 108) markiert, dessen Einhaltung ein spezifisches Aktivitätsmuster verlangt. Mit der These der „domestication of later life" im Rahmen des Konzepts „ageing in place" (2015, S. 109) weisen Aceros et al. auf den normativen Gehalt der Erwartungen und Verpflichtungen hin, die mit der Installation entsprechender Technologien in der häuslichen Umgebung einhergehen. Auch Sävenstaedt et al. (2006) wiesen bereits - wiederum aus der Perspektive der Dualität - auf den Aspekt der Erwartungen hin, die mit der Nutzung spezifischer AAL-Technologien entstehen. So stehen sich dabei die räumliche Gebundenheit und eine größere Bewegungsfreiheit gleichzeitig gegenüber.

### 18.4.4 Instrumente zur ethischen Fallbesprechung bei Fragen zur Lebensgestaltung

Vorstehende Beispiele zeigen, dass ein Instrument für ethische Fallbesprechungen hilfreich sein kann und deshalb im Rahmen des Projektes Dorfgemeinschaft 2.0 entwickelt werden soll. Zwar ist die Notwendigkeit ethischer Fallbesprechungen im Setting der ambulanten Pflege erkannt worden, jedoch steht für den Bereich der Lebensgestaltung unter dem Aspekt der Einführung neuer Technologien kein Instrument zur Verfügung, das für die Analyse und Bearbeitung in diesem Kontext auftretender ethischer Konflikte geeignet ist. Die Gestaltung des Lebens in seiner Alltäglichkeit, die Frage nach der Entsprechung eigener Lebensentwürfe mit der eigenen Lebensgestaltung, enthält Potenzial für ethische Konflikte, die sich mit den zurzeit vorliegenden Instrumenten zur ethischen Fallbesprechung nicht lösen lassen. Die eher an medizinischen und pflegerischen, weniger an Fragen der Lebensgestaltung orientierten, vorliegenden Dokumentationsbögen für ethische Fallbesprechungen sind nicht für Fragen im Zusammenhang mit AAL-Technologien konzipiert, sondern für Dilemmata im Zusammenhang mit medizinischen und pflegerischen Behandlungen. Ein Indiz dafür ist die Bezeichnung des betroffenen Menschen als Patient in der sog. Nimwegener Methode (vgl. Steinkamp und Gordijn 2009, S. 256–261, nicht gegendert im Original). Weitere Indizien sind die Dimensionen, die in dieser Fallbesprechung relevant sind, nämlich die medizinische, die pflegerische und die weltanschauliche. Andere Dimensionen, die auf die Alltagsgestaltung im häuslichen Bereich hinweisen, werden nicht abgefragt. Für das Projekt Dorfgemeinschaft ist daraus die Notwendigkeit abzuleiten, ein entsprechendes Instrument zu entwickeln, das offen ist für die Situation der Menschen im ambulanten Setting, die nicht an den „Grenzen des Lebens" stehen, sondern sozusagen die Mitte ihres Lebens gestalten wollen. Zu berücksichtigen sind dabei die Möglichkeiten, die sich aus der Anwendung von AAL-Technologien ergeben. Und ebenso muss dieses Instrument offen sein für Menschen unterschiedlichen Alters, da das Projekt alle Generationen in den Blick nehmen will.

### 18.4.5 Relevante Instrumente: Die Nimwegener Methode und das MEESTAR-Modell

Gemäß Steinkamp und Gordijn (2009) gestaltet sich die ethische Fallbesprechung in vier Schritten. Der erste Schritt ist die Bestimmung des ethischen Problems, der zweite Schritt ist die Analyse der Situation unter verschieden Aspekten. In der für die klinische

Situation entwickelten Fallbesprechung sind medizinische, pflegerische, weltanschauliche soziale und organisatorische Aspekte bedeutsam. Der dritte Schritt ist die „Bewertung und Entwicklung von Argumenten aus dem Blickwinkel ethischer Normen" (Steinkamp und Gordijn 2009, S. 256). Bei Gordijn und Steinkamp sind diese ethischen Normen das Wohlbefinden des Patienten, seine Autonomie und die Verantwortlichkeit der den Patienten begleitenden Berufsgruppen und Personen. Die von den Maltesern modifizierte Version der Nimwegener Methode greift zurück auf die vier Prinzipien, die Beauchamp und Childress (2012) in ihrer Prinzipienethik entwickelt haben: Autonomie, Nicht-Schädigung, Fürsorge und Gerechtigkeit. Das auf klinische Situationen anwendbare Nimwegener bzw. Köln-Nimwegener Instrument zur ethischen Fallbesprechung muss für spezifische Situationen der häuslichen Versorgung sowie für technische Möglichkeiten, durch welche soziale Lebensformen umgestaltet werden, transformiert werden.

Ein Modell, das bei der Entwicklung eines Instruments zur ethischen Fallbesprechung in unserem Kontext relevant ist, ist das sog. MEESTAR-Modell (vgl. Manzeschke et al. 2013). Dieses „Modell zur ethischen Evaluation sozio-technischer Arrangements" entstand im Rahmen eines BMBF-Projektes zur Technikfolgeabschätzung. Das MEESTAR-Modell enthält keinen Strukturierungsvorschlag für ethische Fallbesprechungen, sondern gibt den Forschenden und den Anwenderinnen Kriterien an die Hand, mit denen sie die Folgen einer neuen Technologie für betroffene Menschen abschätzen können (siehe Abb. 18.2).

Das MEESTAR-Modell, als Würfelmodell konzipiert, nimmt drei Achsen in den Blick, die für eine Bewertung ethisch relevanter Folgen des Technikeinsatzes maßgebend sind. Wichtig zum Verständnis dieses Modells ist, dass es nicht Technik oder Techniken, abgelöst von ihrer Anwendung, zu beurteilen sucht, sondern auf konkrete Anwendungssituationen bezogene Reflektionshilfen bereitstellt. Mit dem MEESTAR-Instrument können

**Abb. 18.2** MEESTAR-Modell: Dimensionen (x-Achse), Stufen (y-Achse) und Ebenen (z-Achse) der ethischen Bewertung (Manzeschke et al. 2013, S. 14)

allerdings individuelle Fälle, die sich häufig als ethische Dilemmata darstellen, nicht gelöst werden. Denn die mit dem Modell einzunehmende Perspektive ist die der Forschenden und Technikentwicklerinnen im Hinblick auf ihre Verantwortung. Es geht um eine Sensibilisierung der Beteiligten für ethische Fragestellungen und darum, eine methodische Grundlage für ethische Diskussionen zu schaffen.

Die Vorzüge des MEESTAR-Modells werden in der Darstellung der Achsen deutlich: Die erste Achse des Würfelmodells benennt sieben Dimensionen, die die Lebenswelt der von den neuen Technologien berührten Menschen betreffen. Die Wahl der Dimensionen stützt sich zum einen auf ethische Untersuchungen, zum anderen auf Ergebnisse qualitativer Interviews (vgl. Manzeschke et al. 2013, S. 14). Insofern wären diese Dimensionen als Hintergrund der Reflexion für das zu entwickelnde Instrument ethischer Fallbesprechungen sinnvoll. Mit ihnen ist die Mehrdimensionalität des menschlichen Lebens im Hinblick auf Technikanwendungen abgebildet.

Die Dimensionen, die als Grundlage der technikethischen Reflexion benannt sind, sind die Fürsorge, die Selbstbestimmung, die Sicherheit, die Gerechtigkeit, die Privatheit, die Teilhabe und das Selbstverständnis. Die Dimension der Fürsorge wird von den Autorinnen und Autoren des MEESTAR-Modells nicht im Sinne der Prinzipienethik von Beauchamp und Childress (2012) interpretiert. Verwiesen wird vielmehr auf den ambivalenten Charakter von Fürsorge, der darin liegt, dass mit der Fürsorge ein Paternalismus einhergehen kann, der die Selbstbestimmung des Menschen einschränkt. Andererseits ist die Fürsorge aber auch verbunden mit dem Gedanken des „Care", wie er in der Care-Ethik im Anschluss an Joan Tronto (1994) formuliert wurde und eine Haltung der Zuwendung, ein Aufmerksam-Sein impliziert (vgl. Tronto 1994, S. 122). In dem Hinweis auf diese Ambivalenz des Fürsorgebegriffs, die sich in den anderen Begriffen ebenfalls wiederfinden lässt, wird die Notwendigkeit eines Perspektivwechsels deutlich. Dies bedeutet für eine ethische Fallbesprechung, dass unterschiedliche Perspektiven aller Beteiligten einzunehmen sind. Beispielsweise ist es vorstellbar, dass in einer Situation Fürsorglichkeit von Angehörigen aus deren Perspektive als hilfreich angesehen wird, während der Mensch, der in seinem Haushalt nun mit dieser Technik konfrontiert wird, Fürsorge als Überwachung und Bevormundung empfindet.

Begriffe der Selbstbestimmung oder der Autonomie werden nicht trennscharf auseinandergehalten (vgl. Manzeschke et al. 2013, S. 15). Mit Verweis auf die Prinzipienethik und die Inklusionsdebatte werden sie als wichtig erachtet, da sie mit Prinzipien der Freiheit und der Würde verbunden sind. Ergänzt werden müsste allerdings ihr substanzieller Gehalt durch eine Care-Ethik, wie sie etwa von Elisabeth Conradi formuliert ist. Conradi kritisiert einen verengten, dem zeitlichen sowie dem menschlichen Beziehungsgeschehen nicht immer angemessen Begriff der Autonomie (vgl. Conradi 2001, S. 82–93). Bei der Entwicklung eines Instruments zur ethischen Fallbesprechung werden also Aspekte der Autonomie und der Fürsorge differenziert zu verschränken sein.

Auch der Begriff der Sicherheit ist mit Ambivalenzen behaftet, denn zum einen soll Technik den Menschen Sicherheit geben und Notfälle verhindern, bzw. abmindern, andererseits müssen auch die Betriebssysteme sicher in ihrer Anwendung für den Einzelnen sein (vgl. Manzeschke et al. 2013, S. 16).

Der normative Anspruch der Privatheit stellt für Manzeschke et al. eine Conditio von Autonomie und Freiheit dar. Privatheit als eine Dimension des Menschen soll „Rechte und Freiheiten [...] entwickeln, dass sich Personen ohne Zwang so verhalten und entsprechende Lebenspläne entwickeln können, wie sie es wünschen, solange dies nicht mit den Rechten und Freiheiten anderer Personen kollidiert" (Manzeschke et al. 2013, S. 16). Der normative Anspruch ebenso wie die Bedeutung der Privatheit können unter Berücksichtigung kultureller Aspekte variieren (vgl. Manzeschke et al. 2013, S. 16).

Die Dimension der Gerechtigkeit wird von den Autorinnen vor allem unter gesellschaftlichen Gesichtspunkten, etwa der Frage nach der Generationengerechtigkeit oder der Frage nach der Finanzierung altersgerechter Assistenzsysteme, betrachtet (vgl. Manzeschke et al. 2013, S. 17–18).

Der Begriff der Teilhabe „meint, einem Menschen Zugänge, Rechte und Güter zuzubilligen, die ihn als Menschen in der Gemeinschaft mit anderen Menschen leben lassen" (Manzeschke et al. 2013, S. 18). Dabei geht es um die Integration und die Einbindung in das gesellschaftliche Leben (vgl. Manzeschke et al. 2013). Wenn hier die Autorinnen und Autoren den Blick auf Menschen mit Behinderungen richten, ist im Hinblick auf ältere Menschen die Integration und die Teilhabe von Menschen mit Demenz ein durchaus ethisch zu reflektierender Gedanke.

Mit der Frage nach dem Selbstverständnis wird eine wichtige Dimension des Menschen berührt: „Der Begriff des Selbstverständnisses beschreibt die Bewertung und Wahrnehmung eines Subjektes gegenüber sich selbst" (Manzeschke et al. 2013, S. 19). Schwierigkeiten resultieren aus dem Umstand, dass das Selbstverständnis einer Person zum einen durch das Bild, das sich ihrer eigenen Wahrnehmung verdankt, zum anderen durch objektive Wahrnehmungen, manifestiert in Daten oder medizinischen Parametern, geprägt ist. In dem Begriff des Selbstverständnisses spiegelt sich die individuelle Frage nach Sinn menschlichen Lebens wieder, aber auch Sinnzuschreibungen von außen, etwa in Bezug auf das Alter, das Alt-Werden und das Alt-Sein.

Diese Dimensionen, die durch das MEESTAR-Modell in den Blick genommen werden, können für Fragestellungen, wie sie im Rahmen ethischer Fallbesprechungen formuliert werden sollen, relevant sein. Dagegen können die beiden anderen Achsen des Modells hier außer Betracht bleiben, weil sie für ein zu entwickelndes Instrument nicht relevant sind. Die beiden Achsen bieten eine Einordnung in individuelle, organisatorische und gesellschaftliche Ebenen und geben Möglichkeiten zur Evaluierung von Technologien. Diese sehr sinnvollen Achsen für die Bewertung von Technik können für eine individuelle Lösung von Konfliktsituationen nicht herangezogen werden. Da das Instrument MEESTAR für die Bewertung von Technologien, nicht aber für deren konkrete Anwendungen, bzw. für konkrete Situationen, die als Lebensentwürfe anzusprechen sind, konzipiert ist, lässt es sich nicht in dieser vorliegenden Form übertragen und für ethische Fallbesprechung anwenden.

## 18.4.6 Zur Implementierung ethischer Fallbesprechungen

Die Implementierung von ethischen Fallbesprechungen ist abhängig von organisatorischen Strukturen. Wie oben gesehen, sind die Voraussetzungen im ambulanten Bereich anders einzuschätzen als in Kliniken oder stationären Pflegeeinrichtungen, weil die Zusammenarbeit einzelner Akteure und die damit zusammenhängende Verbindlichkeit variieren. Um diesen Nachteil, der sich im ländlichen Raum auch durch die geographisch bedingten Entfernungen ergibt und sich in der Modellregion durch die niedrige Bevölkerungsdichte noch verstärkt, müssen Strukturen geschaffen werden, die für Menschen Verbindlichkeiten ethischer Fallbesprechungen schaffen. Diese Strukturen sind nicht von außen her zu generieren, sondern müssen eingebettet werden in bestehende Netzwerke. Organisationseinheiten, die innerhalb dieser Strukturen seit Längerem aktiv tätig sind, genießen einen Vorschuss an Vertrauen, der für die Bearbeitung ethischer Fragestellungen notwendig ist.

Bestehende Netzwerke erleichtern den Zugang zu den betroffenen Menschen und zu jenen Berufsgruppen, die ein Interesse daran haben, auch in ethischen Fragen konstruktiv mitzuwirken. Vorzustellen wäre die Zusammenarbeit mit Hospizgruppen, die aufgrund des interdisziplinären Ansatzes der Hospizarbeit Zugang zu weiteren Berufsgruppen haben. Wichtig ist auch der Zugang zu verschiedenen ambulanten Pflegediensten, die über gute Kontakte zu älteren Menschen verfügen und aufgrund ihrer häufigeren eine nähere Beziehung auch zu Angehörigen pflegen. Pflegende sehen und kennen häufig den Alltag besser und es ist ihnen zu unterstellen, dass sie aufgrund ihrer Erfahrung über eine stärkere Problemsensitivität verfügen.

Ein weiterer wichtiger Aspekt ist die Ausbildung von Moderatorinnen ethischer Fallbesprechungen. Dabei besteht die Möglichkeit der Inanspruchnahme von bestehenden Ausbildungsangeboten, bspw. Angebote der Akademie für Ethik in der Medizin (vgl. Dörries et al. 2015, S. 252). Geplant ist jedoch im Rahmen des Projekts eine Zusammenarbeit mit Einrichtungen zur Fort- und Weiterbildung aus der Region, mit denen ein Programm zur Schulung von Moderatorinnen ethischer Fallbesprechung konzipiert und durchgeführt werden soll. Die ausgebildeten Moderatorinnen bilden dann einen Pool, auf den für Fallbesprechungen mit vertieften technikethischen Fragestellungen zurückgegriffen werden kann. Ein entsprechendes Konzept wird durch den Arbeitskreis Ethik, der sich innerhalb des Projekts konstituiert hat, erarbeitet.

Grundlegend ist jedoch, dass etablierte Strukturen von Berufsorganisationen, etwa der regionalen Ärzteschaft und Interessengemeinschaften (etwa dem Hospizverein) verbindlich anerkannt und unterstützt werden. Die Verbindlichkeit wäre durch ein gemeinsames Leitbild und durch Verfahrensanweisungen zu fixieren. Entscheidend ist aber, dass ethische Konflikte erkannt und benannt werden. Dies setzt eine von professionell Beteiligten und auch der Bevölkerung voraus. Solche Aufklärungsarbeit vorzubereiten und nachhaltig zu etablieren, gehört zu den großen Herausforderungen, die sich aus dem Projekt Dorfgemeinschaft 2.0 ergeben.

## 18.5 Schlussbetrachtung

Trotz der „Unübersichtlichkeit des Landes" (Pensé 1994, S. 9) zeichnet gerade die peripheren Gebiete der Modellregion eine Strukturschwäche aus, die sich sowohl auf die Verkehrsinfrastruktur als auch auf die Versorgung mit sozialen und gesundheitsbezogenen Dienstleistungen bezieht. Das Forschungsprojekt „Dorfgemeinschaft 2.0" setzt hier an und untersucht das Potential von spezifischen Digitalisierungsinitiativen. Schwerpunkt des Projekts bildet die Einrichtung eines virtuellen Dorfmarktplatzes. Die dahinterliegende IT-Struktur soll die Verknüpfung verschiedener Dienstleistungsangebote ermöglichen und über die Einbindung nicht nur kommerzieller Angebote, sondern auch durch den Einbezug des bürgerschaftlichen Engagements die soziale Teilhabe in der Region fördern. Neben den öffentlichen digitalen Dienstleistungsangeboten sollen auch verschiedene AAL-Technologien zum Einsatz kommen. Eine zunächst experimentelle Nutzung innerhalb einer Musterwohnung bildet dabei die Grundlage für die Entwicklung von Kriterien zur Einschätzung und Bewertung der Technologien. Im Sinne der Nachhaltigkeit soll in dem Projekt die Frage nach ethischen Fallbesprechungen ein besonderes Gewicht erhalten. Neben den grundsätzlichen Fragen der gesellschaftlichen Bedeutung digitalisierter Gesundheitsdienstleistungen stehen die konkreten ethischen Fragen, die sich aus der spezifischen Situation einzelner Nutzerinnen dieser Technologien ergeben. Wenn das übergeordnete Ziel des Projektes der Verbleib von Menschen in ihrer vertrauten Umgebung ist, so müssen Möglichkeiten in Erwägung gezogen werden, damit einhergehende ethische Fragen und Konflikte zu diskutieren und Lösungsansätze zu konzipieren. Die Bedeutung eines Instruments zur ethischen Fallbesprechung in unserem Kontext geht über medizinethische Fragen hinaus und betrifft die Gestaltung des Alltags von Menschen, die neue Technologien in ihrem häuslichen Bereich anwenden. Damit die Umsetzung der ethischen Fallbesprechungen als Hilfe für Nutzerinnen, aber auch die sie begleitenden Menschen, Pflegepersonal, Ärztinnen etc., gelingen kann, ist die Einbeziehung vorhandener Strukturen und die Mitarbeit der beteiligten Projekt- und Praxispartnerinnen, aber auch weiterer engagierter Bürgerinnen und Dienstleister notwendig. Das Projekt sucht aus diesem Grund einen engen Kontakt und regen Austausch mit involvierten Akteurinnen für einen kooperativen Ausbau und eine sinnvolle Neuentwicklung von Strukturen und Materialien für die ethische Beratung bzw. Fallbesprechung in der ambulanten Versorgung mit digitalisierten Angeboten.

## Literatur

Aceros JC, Pols J, Domènech M (2015) Where is grandma? Home telecare, good ageing and the domestication of later life. Technol Forecast Soc 93:102–111

Barnard A (2016) Radical nursing and the emergence of technique as healthcare technology. Nursing Philosophy: An International Journal For Healthcare Professionals 17(1):8–18

Baumgartner K, Kolland F, Wanka A (2013) Altern im ländlichen Raum. Entwicklungsmöglichkeiten und Teilhabepotenziale. Kohlhammer Verlag, Stuttgart

Beauchamp T, Childress J (2012) Principles of Biomedical Ethics, 7. Aufl. Oxford University Press, Oxford

Biniok P, Menke I, Selke S (2016) Social inclusion of elderly people in Rural Areaas by social and technological mechanisms. In: Dominguez-Rué E, Nierling L (Hrsg.) Ageing and technology. perspectives from the social sciences, Transcript Verlag, Bielefeld, S 93–117

BMBF – Bundesministerium für Bildung und Forschung (2015) Gut versorgt in die Zukunft, Pressemitteilung 149/2015, online im Internet. https://www.bmbf.de/de/gut-versorgt-in-die-zukunft-1910.html. Zugegriffen: 21. Okt. 2016

BMI – Bundesministerium des Innern (2011) Demografiebericht, Bericht der Bundesregierung zur demografischen Lage und künftigen Entwicklung des Landes, online im Internet. https://www.bmi.bund.de/SharedDocs/Downloads/DE/Broschueren/2012/demografiebericht.pdf?__blob=publicationFile, Zugegriffen: 26. Okt. 2016.

Brandt Å, Samuelsson K, Töytäri O, Salminen A-L (2011) Activity and participation, quality of life and user satisfaction outcomes of environmental control systems and smart home technology: a systematic review. Disabil Rehabil Assist Technol 6(3):189–206

Conradi E (2001) Take Care. Grundlagen einer Ethik der Achtsamkeit, 1. Aufl. Campus Verlag, Frankfurt/ New York

Dörries A, Simon A, Marckmann G (2015) Ethikberatung im Krankenhaus – Sachstand und kritischer Ausblick. Ethik in der Medizin 27(3):249–253. https://doi.org/10.1007/s00481-015-0361-9

Eibach U (2000) Menschenwürde an den Grenzen des Lebens. Einführung in Fragen der Bioethik aus christlicher Sicht. Neukirchener Verlagshaus, Neukirchen-Vluyn

Gieseking A, Gerling V (2016) Gesundheitliche und pflegerische Versorgung in ländlichen Räumen. In: Naegele G, Olbermann E, Kuhlmann A (Hrsg) Teilhabe im Alter gestalten. Aktuelle Themen der Sozialen Gerontologie, Springer VS, Wiesbaden, S 324–340

Karosser E, Kotterba B (2013) Dorf 2.0 – Individuelle, situative Assistenz zur Vernetzung der Dienste im ländlichen Bereich, 6. Deutscher AAL-Kongress, 22.01.2013 – 23.01. 2013, Berliner Congress Center (bcc), Berlin

Kern M, Müller M, Aurnhammer K (2009) Basiscurriculum Palliative Care. Eine Fortbildung für Pflegende in Palliative Care, 4. Aufl. Pallia Med Verlag, Bonn

Körtner U (2012) Grundkurs Pflegeethik, 2. Aufl. facultas.wuv, Wien

Künemund H, Tanschus N, Garlipp A (2013) Bedarfe und Technikbereitschaft älterer Menschen im ländlichen Raum, 6. Deutscher AAL-Kongress, 22.01.2013-23.01. 2013, Berliner Congress Center (bcc), Berlin

LAG - Lokale Aktionsgruppe Region Grafschaft Bentheim (2015) Regionales Entwicklungskonzept (REK) Südliches Emsland. Aufgestellt im Rahmen der LEADER-Bewerbung an das Amt für regionale Landesentwicklung und das Niedersächsische Ministerium für Ernährung, Landwirtschaft und Verbraucherschutz, online im Internet. https://www.lingen.de/pdf_files/allgemein/rek_suedliches_emsland.pdf. Zugegriffen: 21. Okt. 2016

Landkreis Grafschaft Bentheim (2015): Zahlen Daten Fakten 2016/2017, online im Internet. http://www.grafschaft-bentheim.de/pics/medien/1_1469521999/Zahlenspiegel_2016.pdf. Zugegriffen: 27. Okt. 2016

Mantovani E, Turnheim B (2016) Navigating the european landscape of ageing and ICT: Policy, governance and the role of ethics. In: Dominguez-Rué E, Nierling L (Hrsg) Ageing and technology. Perspectives from the social sciences, Transcript Verlag, Bielefeld, S 227–256

Manzeschke A, Weber K, Rother K, Fangerau H (2013) Ergebnisse der Studie „Ethische Fragen im Bereich Altersgerechter Assistenzsysteme", VDI/VDE, online im Internet. http://www.ttn-institut.de/sites/www.ttn-institut.de/files/Abschlussbericht%20Ethische%20Fragen%20im%20Bereich%20altersgerechter%20Assistenzsysteme.pdf. Zugegriffen: 26. Okt. 2016

Neizke G (2008) Aufgaben und Modelle von Klinischer Ethikberatung. In: Dörries A, Neitzke G, Simon A, Vollmann J (Hrsg) Klinische Ethikberatung. Ein Praxisbuch, Kohlhammer Verlag, Stuttgart, S 58–86

Neven L (2015) By any means? Questioning the link between gerontechnological innovation and older people's wish to live at home. J Technol Forecast Soc Change 93:32–43

Pantucek P (2009) Das Dorf, der soziale Raum und das Lebensfeld. In: Kluschatzka RE, Wieland S (Hrsg) Sozialraumorientierung im ländlichen Kontext, Springer VS, Wiesbaden, S 39–52

Pensé D (1994) Lebenswelt und Deutungsmuster. Zur Situation von Sozialhilfeempfängern und Arbeitslosen im ländlichen Raum. LIT Verlag, Münster

Percival J, Hanson J, Osipovic, D (2009) Perspectives on Telecare: Implication for Autonomy, Support and Social Inclusion. In: Loader BD, Hardey M, Keeble L (Hrsg) Digital welfare for the third age: Health and social care informatics for older people, Routledge Publishing, London, S 49–62

Powell J (2009) Networked Carers: digital exclusion or digital empowerment? In: Loader BD, Hardey M, Keeble L (Hrsg) Digital welfare for the third age. Health and social care informatics for older people, Routledge Publishing, London, S 76–88

Rienhoff O (2015) Gesundheitliche und pflegerische Versorgung im ländlichen Raum. In: Fachinger U, Künemund H (Hrsg) Gerontologie und ländlicher Raum. Vechtaer Beiträge zur Gerontologie, Springer VS, Wiesbaden, S 99–112

Sävenstedt S, Sandman PO, Zingmark K (2006) The duality in using information and communication technology in elder care. J Adv Nurs 56(1):17–25

Scherger S, Brauer K, Künemund H (2004) Partizipation und Engagement älterer Menschen – Elemente der Lebensführung im Stadt-Land-Vergleich. In: Backes G, Clemens W, Künemund H (Hrsg) Lebensformen und Lebensführung im Alter, Springer VS, Wiesbaden, S 173–192

Schlömer C (2015) Demographische Ausgangslage: Status quo und Entwicklungstendenzen ländlicher Räume in Deutschland. In: Fachinger U, Künemund H (Hrsg) Gerontologie und ländlicher Raum. Vechtaer Beiträge zur Gerontologie, Springer VS, Wiesbaden, S 25–43

Schmidt B (2008) Eigenverantwortung haben immer die anderen: der Verantwortungsdiskurs im Gesundheitswesen, Huber Verlag, Bern

Schulz-Nieswandt F (2000) Altern im ländlichen Raum – eine Situationsanalyse. In: Walter U, Altgeld T (Hrsg) Altern im ländlichen Raum. Ansätze für eine vorausschauende Alten- und Gesundheitspolitik, Campus Verlag, Frankfurt am Main, S 21–39

Schulz-Nieswandt F, Wahl HW (2001) Aspekte und Dimensionen des Alter(n)s im ländlichen Raum (Editorial). Sozialer Fortschritt. Unabhängige Zeitschrift für Sozialpolitik 50(9–10):205–207

Schwarz H (2007) Wohnungssicherung im ländlichen Raum. Ein Beispiel ländlicher Sozialarbeit in Österreich, Diplomarbeit. FH St. Pölten, St. Pölten

Selke S. Biniok P (2015) Assistenzensembles in der Gesellschaft von morgen, 8. AAL-Kongress, 29.04.2015–30.04. 2015. Kongresshaus Kap Europa, Frankfurt

Simon A (2015) Ethikberatung in der Pflege und ambulanter Versorgung. Eine Landkarte der unterschiedlichen Modelle. In: Coors M, Simon A, Stiemerling M (Hrsg) Ethikberatung in der Pflege und ambulanter Versorgung. Modelle und theoretische Grundlagen, Jacobs Verlag, Lage, S 68–77

Steinkamp N, Gordijn B (2009) Ethik in Klinik und Pflegeeinrichtung. Ein Arbeitsbuch, 3. Aufl. Luchterhand Verlag, Köln

SVR – Sachverständigenrat zur Begutachtung der Entwicklung im Gesundheitswesen (2009) Koordination und Integration – Gesundheitsversorgung in einer Gesellschaft des längeren Lebens, Sondergutachten, online im Internet. http://www.svr-gesundheit.de/fileadmin/user_upload/Gutachten/2009/Kurzfassung-2009.pdf. Zugegriffen: 26. Okt. 2016

SVR – Sachverständigenrat zur Begutachtung der Entwicklung im Gesundheitswesen (2012) Wettbewerb an der Schnittstelle zwischen ambulanter und stationärer Gesundheitsversorgung,

Sondergutachten, online im Internet. http://www.svr-gesundheit.de/fileadmin/user_upload/Gutachten/2012/GA2012_Langfassung.pdf. Zugegriffen: 26. Okt. 2016

SVR – Sachverständigenrat zur Begutachtung der Entwicklung im Gesundheitswesen (2014) Bedarfsgerechte Versorgung – Perspektiven für ländliche Regionen und ausgewählte Leistungsbereiche, online im Internet. http://www.svr-gesundheit.de/fileadmin/user_upload/Gutachten/2014/SVR-Gutachten_2014_Langfassung.pdf. Zugegriffen: 14. Okt. 2016

Tronto JC (1994) Moral boundaries: A political argument for an ethic of care. Routledge Publishing, London

**Roland Simon, Lic. theol., M.Sc.,** ist wissenschaftlicher Mitarbeiter an der Universität Osnabrück. Er arbeitete mehrere Jahre als Dozent für Pflegeberufe an einer Berufsfachschule für Pflegeberufe in Lingen/ Ems. Schwerpunkte seiner Forschung sind Fragestellungen zur Ethik im Rahmen des Projekts „Dorfgemeinschaft 2.0".

**Marcus Garthaus, M.A.,** ist wissenschaftlicher Mitarbeiter an der Universität Osnabrück. Seine Forschungsinteressen liegen im Bereich der (gerontologischen) Technikforschung sowie Fragen zur hospizlichen und palliativen Versorgung. Aktuell forscht er im Rahmen des BMBF-Projekts „Dorfgemeinschaft 2.0" zu gerontologischen und ethischen Fragen der Digitalisierung im Kontext digitalisierter Gesundheitsversorgung im ländlichen Raum.

**Anne Koppenburger, M.Sc.,** ist wissenschaftliche Mitarbeiterin an der Universität Osnabrück. Ihre Forschungsinteressen liegen in den Feldern feministischer Wissenschafts- und Technikkritik sowie neuerer Technikphilosophie und der Kritik der politischen Ökonomie. Aktuell forscht sie zu ethischen Fragestellungen im Kontext digitalisierter Gesundheitsversorgung.

**Hartmut Remmers, Prof. Dr. phil. habil.,** ist seit 2002 Leiter der Abteilung Pflegewissenschaft am Institut für Gesundheitsforschung und Bildung der Universität Osnabrück. Er forscht schwerpunktmäßig in den Bereichen der onkologischen und palliativen Pflege, Technikethik und –philosophie, angewandte Ethik im Gesundheitswesen sowie auch zu Fragestellungen kulturwissenschaftlich ausgerichteter Grundlagenforschung in der Pflege.

# Konzepte für sensorbasierte Mobilisierungsunterstützung und motivierendes Feedback in der Mobilen Rehabilitation

**19**

Kinga Schumacher, Aaron Ruß und Norbert Reithinger

### Zusammenfassung

Aktivierende Pflege, insbesondere im Rahmen der Mobilen Rehabilitation, ist ein vielversprechender Ansatz, um den Pflege- und Rehabilitationserfolg langfristig zu gewährleisten. Jedoch gibt es im aktuellen Umfeld noch zahlreiche Schwachstellen bei der effizienten Durchführung von mobilen Rehabilitationsmaßnahmen. Dieser Beitrag stellt Probleme sowie Lösungskonzepte dazu vor, wie der Einsatz von Technik zur Minderung oder gar Behebung beitragen kann. Der Schwerpunkt liegt dabei auf der sensorbasierten Mobilisierungsunterstützung und an einem motivationalen Feedbacksystem. Die Benutzerakzeptanz hängt in beiden Fällen stark davon ab, inwiefern die Systeme ohne größeren Aufwand eingesetzt werden können und wie gut sie sich in den Alltag integrieren lassen.

## Inhaltsverzeichnis

19.1 Mobile Rehabilitation heute................................................. 318
19.2 Das Projekt MORECARE.................................................. 319
19.3 Konzepte zur sensorbasierten Mobilisierungsunterstützung und Motivation......... 321
     19.3.1 Sensorbasierte Mobilisierungsunterstützung............................ 324
     19.3.2 Motivierendes Feedbacksystem...................................... 326
19.4 Schlussbetrachtung ....................................................... 329
Literatur.................................................................... 329

---

K. Schumacher (✉) · A. Ruß · N. Reithinger
Deutsches Forschungszentrum für Künstliche Intelligenz, Forschungsgruppe Intelligente Benutzerschnittstellen, Alt-Moabit 91c, 10559 Berlin, Deutschland
e-mail: kinga.schumacher@dfki.de; aaron.russ@dfki.de; norbert.reithinger@dfki.de

© Springer Fachmedien Wiesbaden GmbH 2018
M. A. Pfannstiel et al. (Hrsg.), *Digitale Transformation von Dienstleistungen im Gesundheitswesen IV*, https://doi.org/10.1007/978-3-658-13644-4_19

## 19.1 Mobile Rehabilitation heute

Für viele Pflegebedürftige stellt die Unterstützung durch pflegende Angehörige oder ambulante Pflegedienste eine psychische Belastung dar. Trotz ihrer Pflegebedürftigkeit wünschen sie sich mehr Selbständigkeit (Roes und Bremen 2009). Die Aktivierende Pflege greift diese Problematik auf und zielt auf den Einbezug der (noch) vorhandenen Fähigkeiten und Ressourcen einer Person bei der Durchführung einzelner Pflegemaßnahmen ab (Roes und Bremen 2009, Swoboda und Sieber 2010). Sie bietet Hilfe zur Selbsthilfe und kann verhindern, dass Fähigkeiten wegen fehlender körperlicher und geistig aktivierender Übung weiter abnehmen (Sittler und Kruft 2004). Im Idealfall können dadurch sogar verlorengegangene Fähigkeiten wiedererlangt werden. Ein vielversprechender Ansatz, um den Pflege- und Rehabilitationserfolg langfristig zu gewährleisten, ist die Mobile Rehabilitation. Es handelt es sich um eine neue Form der Rehabilitation, die vor allem im häuslichen Umfeld der Rehabilitanden stattfindet. Durch die Umsetzung in der vertrauten Umgebung können soziale Barrieren schneller abgebaut werden. Außerdem entfallen langwierige Gewöhnungs- und Transferprozesse, die in der üblichen, stationären Pflege an der Tagesordnung sind. Das sorgt im besten Falle wiederum dafür, dass die Patienten länger und früher selbständig in ihrem häuslichen Umfeld verbleiben können (Swoboda und Sieber 2010, Schmidt-Ohlemann und Schweizer 2009). Die ersten mobilen Rehabilitationsprojekte entstanden zwischen 1991 und 2005. Seit Juni 2007 ist sie eine offizielle Leistung der gesetzlichen Krankenkassen (Schmidt-Ohlemann und Schweizer 2009). Aktuelle Studien zeigen, dass durch die Mobile Rehabilitation eine Verbesserung der Alltagsfunktionen (Schulz et al. 2008) und der Mobilität (Schulz et al. 2014) erreicht werden kann. Es ist jedoch ein langfristig angelegtes Konzept notwendig, damit Mobilisierungserfolge gesichert bleiben.

Aus den oben genannten Gründen soll die Mobile Rehabilitation weiter ausgeweitet werden, da insbesondere in den strukturschwachen Gebieten und für die ältere Bevölkerung diese Rehabilitationsform zahlreiche Vorteile bietet (Swoboda und Sieber 2010). Bei der Durchführung nach aktuellem Stand zeigt sich jedoch noch eine Reihe von Problemen:

Die Mobile Rehabilitation wird mit einem interdisziplinären Team aus den Bereichen der Physiotherapie, Ergotherapie, Logopädie, (Neuro-) Psychologie, aktivierend therapeutischer Pflege und Sozialberatung umgesetzt und steht unter einer ärztlichen Leitung (Schmidt-Ohlemann und Schweizer 2009). Vernetzung zwischen den verschiedenen Berufsgruppen bei der Betreuung und Behandlung pflegebedürftiger Menschen zu Hause oder im Heim findet in Deutschland noch wenig statt. Zudem setzen Eigentraining, die Mobilisierung zusammen mit pflegenden Angehörigen sowie die aktivierende Pflege des ambulanten Pflegedienstes nicht an dem während der Rehabilitation erreichten Leistungsstand an. Für eine ganzheitliche Versorgung von Pflegebedürftigen ist eine Koordination der verschiedenen Pflege- und Therapieangebote notwendig. Bereits seit über 20 Jahren werden die Vernetzung der Sektoren und die verbesserte Koordination zwischen den Leistungserbringern als zentrale und dringliche Herausforderungen des deutschen Gesundheitswesens thematisiert (Bundesärztekammer 2011). Jedoch ist die Kommunikation der

Leistungserbringer im ambulanten Bereich immer noch defizitär. Beispielsweise werden wichtige Patienteninformationen zur Pflege und Medikation der Patienten nur unvollständig und verspätet ausgetauscht. Neben den Behandlungsrisiken, die sich daraus für den Patienten ergeben, bringt eine unzureichende Vernetzung der Akteure zudem ökonomische Nachteile mit sich.

Ein weiteres Problem ist die mangelhafte Einbindung von (pflegenden) Angehörigen in die Therapie- und Pflegeoptimierung, die häufig ein umfassenderes Bild von dem Betroffenen haben, aber nicht als vollwertiges Mitglied des Pflegeteams aufgrund fehlender Professionalität gesehen werden. Pflege wird hauptsächlich in der Familie erbracht. Etwa 95 % der Pflegenden sind Familienangehörige (Klaus und Tesch-Römer 2014). Dieser Zielgruppe sind die stark formalisierten Rehabilitationsprozesse nicht vertraut und ihnen werden Unterstützungsmaßnahmen von den professionell Pflegenden oftmals nicht zugetraut. Hinzu kommen Schnittstellenprobleme und unklare Verantwortlichkeiten zwischen den eingebundenen Akteuren. Gerade da die Dokumentation sehr aufwändig ist, fehlt es oft an Zeit sich mit anderen Berufsgruppen bzw. den Angehörigen auszutauschen, Probleme und Lösungen zu diskutieren und zu erklären. Unvollständige, undurchsichtige oder unnütze Dokumentationen verursachen ebenfalls viele Probleme (Zeman 1999). Es wird immer noch hauptsächlich papierbasiert dokumentiert und die Pflegedokumentationen werden nicht mit den anderen Berufsgruppen ausgetauscht.

Zudem wird Technik in der ambulanten Pflege und Rehabilitation noch sehr wenig eingesetzt (Friesacher 2010), obwohl ein Großteil der oben genannten Probleme durch heutige Technologien gelöst oder zumindest stark gemindert werden könnten. In den Medien wird dabei oftmals die fehlende Technikakzeptanz der Pflegekräfte als Grund genannt. Eine Studie der Universität Heidelberg (Claßen et al. 2010) kommt hingegen zu dem Ergebnis, dass die Mitarbeiter dem Einsatz von Technik in der Pflege generell positiv gegenüberstehen. Gerade zur Kontrolle der Pflege- und Therapiemaßnahmen bietet neuartige Sensorik die Möglichkeit valide, quantitative Erfolge darzustellen. Eine grafische Darstellung der Daten kann dabei eine einfache Übersicht für die Pflegenden bieten. Insbesondere für ältere Menschen stellt Selbstmonitoring, aufgrund der Übersicht über die eigenen Daten, eine Möglichkeit dar, gesundheitsbewusster zu leben. Es liegen bereits verschiedene Studien vor, die den Erfolg von Selbstmonitoring bei spezifischen Erkrankungen belegt haben (Wagner 2004).

Abb. 19.1 gibt einen Überblick über die Problemfelder der Mobilen Rehabilitation und das Potential des Technikeinsatzes.

## 19.2 Das Projekt MORECARE

Im vom Bundesministerium für Bildung und Forschung geförderten Projekt „MORECARE – Gemeinsam Pflegen in der Mobilen Rehabilitation" (MORECARE 2016) beschäftigen wir uns mit den oben genannten Problemfeldern. MORECARE zielt auf die Verbesserung der aktivierenden Pflege in der ambulanten Versorgung durch die intelli-

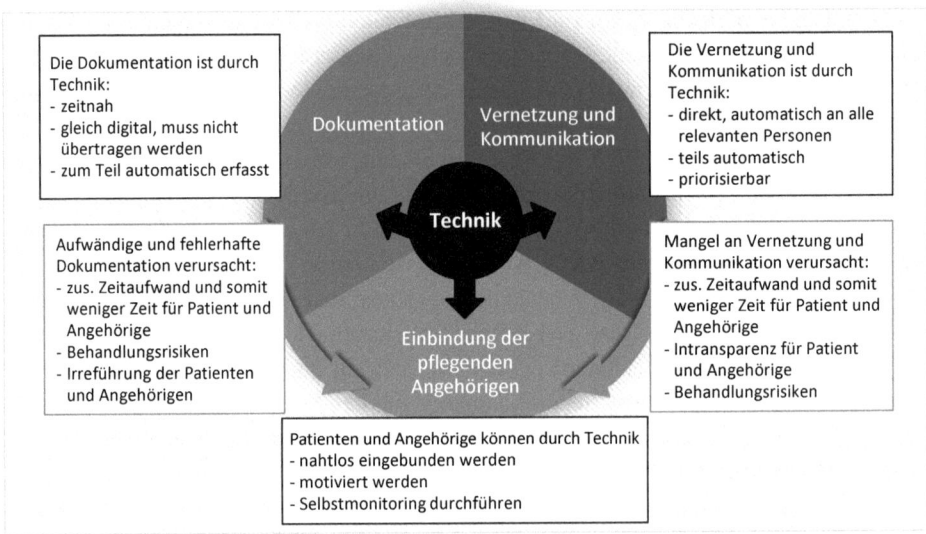

**Abb. 19.1** Problemfelder der Mobilen Rehabilitation und Potenzial des Technikeinsatzes

gente Vernetzung, Dokumentation und sensorbasierte Mobilitätserfassung ab. Anhand der Mobilen Rehabilitation möchten wir untersuchen, wie die Arbeit eines interdisziplinären Versorgungsteams durch solch ein System auf die nächste Qualitätsstufe gehoben werden kann und in Folge, wie damit die Selbständigkeit der Betroffenen verbessert und somit kostspielige Heimeinweisungen reduziert werden können. Im Mittelpunkt stehen der interdisziplinäre, zielgruppenspezifische Informationsaustausch mittels semi-automatischer, individualisierbar geführter Pflegedokumentation und die sensorbasierte Mobilisierungsunterstützung. Alle beteiligten Akteure (inklusive pflegende Angehörige, Pflegebedürftige und ambulante Pflegedienste) werden einbezogen, um im häuslichen Umfeld und in Pflegeheimen eine optimale Versorgung sicherzustellen. Die Dokumentation wird durch ein einfach zu bedienendes multimodales Interaktionssystem und eine automatisierte, elektronische Abrechnung aller Akteure erleichtert. Als zentrales Pflegeziel wird der Mobilitätsstand sensorbasiert aufgenommen, visualisiert und neben den medizinischen Akteuren auch den Pflegebedürftigen sowie den pflegenden Angehörigen kommuniziert, um das Eigentraining motivierend zu unterstützen. Hierbei werden professionelle Pflegekräfte im Allgemeinen und im Speziellen auch pflegende Angehörige entlastet, wodurch mehr Zeit zur Verfügung steht, etwa für den Austausch mit dem Pflegebedürftigen.

Dieser Beitrag greift das Problemfeld der technischen Unterstützung sowie den Einbezug des Patienten und der pflegenden Angehörigen in der Mobilen Rehabilitation auf und konzentriert sich auf die sensorbasierte Mobilitätserfassung. Die Zielgruppe sind Patienten der Mobilen Rehabilitation. Die Anwender sind somit überwiegend ältere Personen, die vermehrt mit altersbedingten motorischen, sensorischen oder kognitiven Einschränkungen leben müssen und teilweise nur geringe IKT-Erfahrung vorweisen oder sogar neuer Technik ängstlich gegenüberstehen. Zudem ist eine Rehabilitation eine besondere und damit belastende

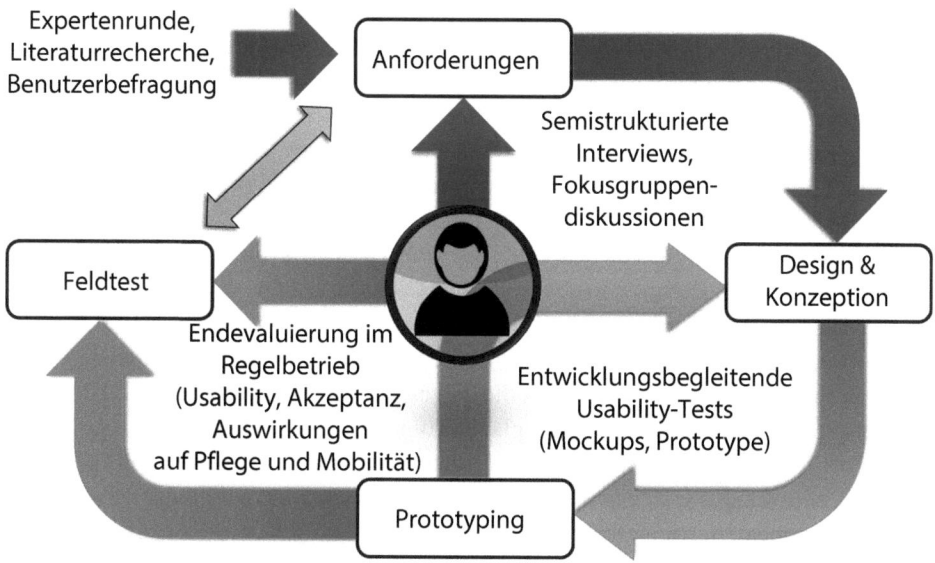

**Abb. 19.2** Der benutzerzentrierte Designprozess im MORECARE

Situation für die Patienten und ihre Angehörigen: eine zusätzliche Belastung durch schwer anwendbare Technik, die verkabelt, häufig geladen oder sonst wie gepflegt werden muss, ist nicht zumutbar. Vielmehr muss sich die Technik leicht in den Alltag integrieren lassen, leicht gewartet werden können und der Nutzen sowie die Bedienung muss jederzeit transparent sein (Grönvall und Verdezoto 2013; Axelrod et al. 2009).

Im Folgenden werden Konzepte zu einer zielgruppengerechten, alltagstauglichen Instrumentierung der Wohnungen mit Sensorik und Aktorik vorgestellt und Möglichkeiten zum motivierenden ambienten Feedback diskutiert. Die Umsetzung der vorgestellten Konzepte erfolgt iterativ, nach dem Prinzip des benutzerzentrierten Designs, die eingesetzten Werkzeuge und Methoden sind in Abb. 19.2 dargestellt. Sie orientieren sich am Bedarf und den Anforderungen (s. Abschn. 19.3), die über mehrere Mobile Rehabilitationseinrichtungen in Deutschland erhoben wurden. Sie wurden im Rahmen des Konzeptionsprozesses mit den zukünftigen Anwendern abgestimmt, in diesem Fall mit dem Mobilen Rehateam des Evangelischen Krankenhauses in Woltersdorf (EKW 2016) dessen Patienten und Angehörigen sowie den Mitarbeitern eines ambulanten Pflegedienstes. Die hier vorgestellten Konzepte werden Mitte 2017 in einer ersten Evaluation mit Versuchspersonen evaluiert.

## 19.3 Konzepte zur sensorbasierten Mobilisierungsunterstützung und Motivation

Dass die aktive Teilnahme mit Selbstmonitoring von Patienten zu einer stärkeren Motivation und somit zu besseren Erfolgen führen kann, wurde bereits in den 70-er Jahren vermutet (Walford et al. 1978). Holman und Lorig erprobten ein Selbstmanagement-Modell für Schmerzpatienten, das neben Aufklärung und Selbstmonitoring auch die Vermittlung von Techniken zur Schmerzkontrolle beinhaltete und die Motivation zum Aktiv-Werden bezweckte (Holman und Lorig 1992). Es konnte eine statistisch signifikante Minderung der Schmerzen sowie der Depression und deutlich zunehmende Aktivität festgestellt werden. Mehrere Studien wiesen nach, dass Ziele zu setzen, Performanzfeedback und Selbstmonitoring zusammen einen sehr positiven Effekt auf die physische Aktivität von Erwachsenen haben (Olander et al. 2013; Fritz et al. 2014).

Im Rahmen der Anforderungsanalyse des MORECARE-Projektes hat die Charité – Universitätsmedizin Berlin, Forschungsgruppe Geriatrie (CFGG 2016) mit Mitgliedern der beteiligten Berufsgruppen leitfadengestützte Interviews geführt. Zentral bei den Antworten der Logopäden, Ärzte, Ergotherapeuten, Physiotherapeuten, Sozialarbeiter, Pflegekräfte und Koordinatoren waren die derzeit drängendsten Probleme wie der hohe Dokumentationsaufwand, die Terminplanung und die Dokumentation. Diese Punkte stehen nicht im Fokus des Beitrags, sie werden jedoch im MORECARE Projekt adressiert: das entwickelte System wird das Rehabilitationsteam durch digitale, teils automatisierte Dokumentation unterstützen sowie ein Werkzeug zur Koordination und Planung zur Verfügung stellen. Wesentlich für diesen Beitrag ist das Ergebnis der Analyse für den Einsatz von Technik, dem alle Berufsgruppen sehr positiv gegenüberstehen. Tablets und Smartphones zur Dokumentation, Planung und Terminplanung sind aus ihrer Sicht sehr wünschenswert. Durch die bereits vorhandenen Erfahrungen mit diesen Geräten im privaten und beruflichen Bereich sind keine Hemmnisse zu erwarten.

Auf mehr Skepsis trifft der Einsatz von Sensoren. Hier war den Befragten mangels Erfahrungen mit Sensoren in der Therapie unklar, wie die Patienten reagieren und welche therapeutischen Folgerungen sich aus dem Sensoreinsatz ergeben. Die Erfassung von Vitaldaten wie Blutdruck, Sauerstoffsättigung, Puls und Blutzucker (aktuell und im Verlauf des Tages), sowie der körperlichen Aktivität der Patienten und der Sturzerkennung sind vorstellbare Einsatzbereiche, die positiv gesehen werden. Individuelles Feedback für Patienten außerhalb der Therapiezeiten ist derzeit ein offenes Feld. Die Anbringung der Vitaldatensensorik für Therapiesitzungen war für die Berufsgruppen noch vorstellbar, weitergehende Ansätze wie Sensorik im Raum jedoch unklar.

Auch bei der Befragung der Patienten und Angehörigen wurde mangels Erfahrung Skepsis gegenüber dem Einsatz von Sensoren geäußert. Besonders die kognitiven Beeinträchtigungen, die eine Interaktion bzw. Bedienung erschweren, und die Anstrengungen beim Anlegen von Sensoren werden negativ betrachtet. Zudem muss genau erläutert werden, welche Daten zu welchem Zweck aufgezeichnet werden und welchen Mehrwert der Einsatz von Sensorik für die Therapie hat. Gewünscht waren die Einbeziehung in die Therapie-Zielsetzung sowie die Anzeige des Therapiefortschritts.

Zusammenfassend lässt sich aus den Ergebnissen der Befragungen ableiten, dass

- bekannte Sensorik als einsetzbar angesehen wird,
- die Einbeziehung der Patienten explizit berücksichtigt werden muss,
- und die Daten geschützt sein müssen.

Mangels Erfahrungen müssen neue Konzepte, die über den bisherigen Erfahrungshorizont aller Beteiligten hinausgehen, von dieser Grundlage ausgehen und alle Beteiligten bei der Entwicklung mit einbeziehen.

Die Ergebnisse der Anforderungsanalyse bezüglich dem Technikeinsatz sind stimmig mit den Studienergebnissen von Grönvall und Verdezoto (2013) sowie Axelrod und Kollegen (2009). Um der Skepsis gegenüber dem Sensoreinsatz Zuhause entgegenzuwirken, wollen wir Sensoren und Aktorik einsetzen, die alltagstauglich sind und keine besondere Wartung benötigen. Sie sollten vorzugsweise einen festen Platz haben und immer an Strom angeschlossen sein. Um das Wissen über ihren Zweck und Nutzen transparent zu gestalten, werden die Teilnehmer vor der Evaluierung aufgeklärt. Im MORECARE-System wird Hilfe sowie Informationen zu den Sensoren zur Verfügung gestellt. Dies wird ergänzt mit telefonischen Support, der auch für Teilnehmer im geplanten Feldtest zur Verfügung stehen wird.

Die Aktivierende Pflege basiert bereits darauf, dass Arzt und Patient zusammen Mobilitätsziele vereinbaren, und diese dann im Verlauf der Rehabilitation immer weiter angepasst werden. Durch die unzureichende Transparenz, Vernetzung und Kommunikation sind jedoch diese Ziele sowie die Fortschritte der Rehabilitanden nicht immer allen Akteuren bekannt. Zudem basiert die Beurteilung des Standes auf den Therapiezeiträumen, die üblicherweise an 6 Stunden oder weniger, verteilt über die Woche stattfinden. Um diese Gegebenheiten mit Selbstmonitoring und Performanzfeedback den Anforderungen gerecht zu erweitern, sind im MORECARE, neben einem Erinnerungs- und Kommunikationssystem, folgende Komponenten für die Patienten sowie pflegenden Angehörigen vorgesehen:

- Sensorbasierte Mobilisierungsunterstützung durch leicht installierbare, alltagstaugliche Instrumentierung der Wohnung;
- Ambientes Feedbacksystem, das auf den aktuellen Bewegungsstatus reagiert, aber auch den allgemeinen Stand vermittelt, d. h. sowohl kurzzeitige als auch langzeitige Trends darstellen kann;
- Sowohl detaillierte als auch vereinfachte Übersichten für den aktuellen Gesundheitsstatus und den Rehabilitationsverlauf, mit Bezug auf die Mobilitätsziele;
- Situations- und bedarfsgerechte Anleitungen für Eigenübungen sowie Schulungs- und Informationsmaterialien.

Abb. 19.3 zeigt einen Überblick der Sensorik und Aktorik in der Wohnung der Rehabilitanden. Die Sensoren kommunizieren mit dem Tablet entweder per Bluetooth oder per WLAN, gegebenenfalls vermittelt über den WLAN-Router.

Die Einsatzzwecke der einzelnen Geräte werden in den folgenden Abschnitten erläutert.

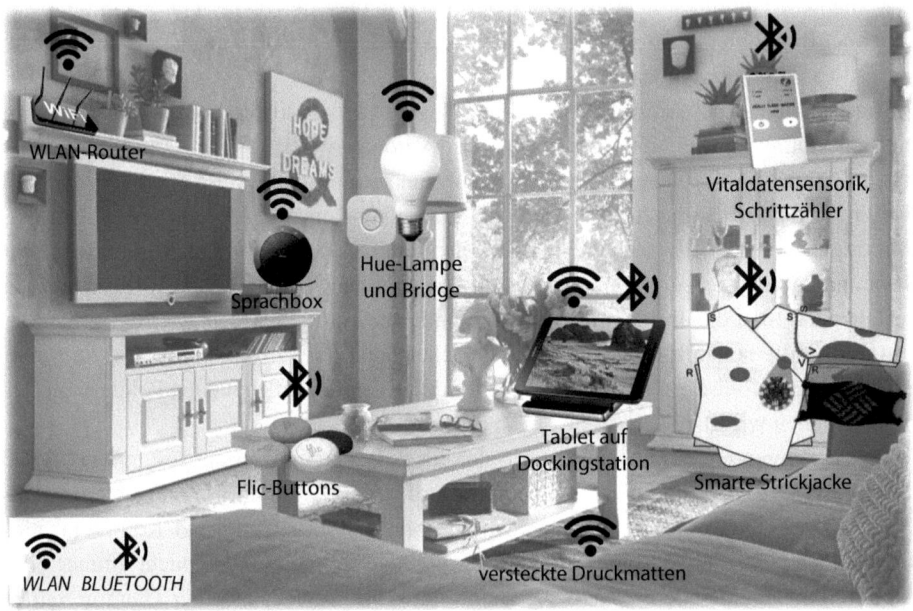

**Abb. 19.3** Übersicht der Sensorik und Aktorik in der Wohnung der Rehabilitanden

### 19.3.1 Sensorbasierte Mobilisierungsunterstützung

Gemäß den erhobenen Anforderungen unterscheiden wir zwischen therapiebegleitender und im Alltag verwendeter Sensorik bei der Mobilisierungsunterstützung. Die zentrale Informationsdrehscheibe für Patienten und pflegende Angehörige bildet die für die häusliche Umgebung konzipierte MORECARE-App, die auf einem Tablet zur Verfügung gestellt wird. Die App entwickeln wir nach dem am Deutschen Forschungszentrum für Künstliche Intelligenz (DFKI 2016) bereits erfolgreich erforschten Design-Styleguide, der speziell auf die oben genannte Zielgruppe und mobile Anwendungen ausgelegt ist.

Während der Therapiesitzung werden die Vitaldaten der Rehabilitanden mithilfe eines zertifizierten Medizinprodukts erfasst. Zum Einsatz kommt der Vitaldaten-Sensorgurt HFM-05 ANT + der Firma Koralewski Industrie-Elektronik (Koralewski 2016), welcher jedoch an die projektspezifischen Anforderungen angepasst wird. Dies beinhaltet u. a. das Vereinfachen des Anlegens, die Personalisierbarkeit von Grenzwerten sowie die Verlängerung der Akkulaufzeit. Die Vitaldaten werden während der Therapie auf einem Tablet übertragen und visualisiert, so dass der Therapeut die Veränderungen im Auge behalten kann und bei auffälligen Werten alarmiert wird.

Der Erfolg der Mobilen Rehabilitation wird am Erreichen der Mobilitätsziele und der Verbesserung der körperlichen Aktivität gemessen. Häufig hängen diese Ziele mit der Anzahl von Schritten bzw. der zurückgelegten Strecke sowie Treppen zusammen. Diese Aktivitäten lassen sich mittels eines Schrittzählers oder Fitnesstrackers messen und werden auf diese Weise im Konzept für die sensorbasierte, objektive Mobilitätserfassung während des Alltag berücksichtigt.

Um jedoch auch Aktivität messen zu können, die nicht direkt mit Schritten zusammenhängen – wie z. B. Armbewegung, wie viel die Rehabilitanden liegen, sitzen und stehen – bedarf es weiterer Sensoren. Vor dem Hintergrund, dass sich die Sensorik möglichst gut in den täglichen Ablauf integrieren und möglichst wenig disruptiv einsetzen lassen soll, ist Smarte Kleidung ein geeigneter Kandidat. Viele ältere Personen tragen Strickjacken, deshalb hat ein – idealerweise selbst – gestricktes Kleidungsstück ein sehr großes Potential, im Alltag akzeptiert und benutzt zu werden. Aus diesem Grund wird im Rahmen des Projektes in Zusammenarbeit mit dem Design Research Lab der Universität der Künste Berlin (UdK und DRLab 2016) eine smarte Strickjacke entwickelt, die mithilfe textiler Sensoren die Bewegungen der Arme sowie den durch Sitzen bzw. Liegen verursachten Druck auf dem Rücken erfassen. Jenseits der prototypischen Realisierung und Erprobung der Strickjacke werden auch Strickmuster und -anleitungen entwickelt, die es ermöglichen sollen, die Jacke und die textilen Sensoren selber zu stricken. Die Sensordaten werden durch einen aufnähbares Arduino-Board (Arduino) erfasst. Geplant ist, dass dieser in einer Brosche oder angenähter Tasche integriert wird und zum Waschen entfernt werden kann (s. Abb. 19.4).

Das Konzept der körpernahen Sensorik wird durch Druckmatten ergänzt, die in den Sitz- und Liegeflächen der häuslichen Umgebung eingebettet werden. Dafür gibt es bereits eine Reihe von erprobten Lösungen im Handel, die als Alternative gegenüber der Smarten

**Abb. 19.4** Prototypen mit eingestrickter Sensorfäden und der LilyPad-Arduino (oben rechts)

Kleidung den Vorteil haben, dass sie nur einmal angebracht werden müssen und ansonsten keine weitere Initiative – wie etwa an- und ablegen, ein- und ausschalten oder aufladen – vom Patienten abverlangen, damit Aktivitäten gemessen werden können. Ein Problem dieser Lösungen kann die Zuordnung der gemessenen Aktivitäten zum Patienten darstellen, wenn etwa andere Personen die Sensoren auslösen. Zur Personenerkennung in den Haushalten werden deshalb verschiedene Konzepte erprobt, wie etwa die Lieblingsorte und Gewicht der Rehabilitanden, sowie die Konsistenz der fusionierten Daten aus den verschiedenen Sensoren.

Weder die Strickjacke für sich selbst, noch die Ergänzung um die Druckmatten bieten eine ubiquitäre Lösung zur Aktivitätsmessung. Wir nehmen jedoch an, dass sie jedoch gut in den Alltag integrierbar sind, sodass eine bessere Nutzung zu erwarten ist, als im Falle von fremdartigen Gegenständen, die neu in den Alltag aufgenommen, aufwändig angelegt, verkabelt und häufig geladen werden müssen.

Dass mobile Geräte, zu denen auch die smarte Strickjacke gehört, aufgeladen werden müssen, lässt sich nicht vermeiden. Um die Patienten bei dieser regelmäßigen und unter Umständen ungewohnten Aufgabe zu entlasten, ist eine Erinnerungsfunktion vorgesehen. Die Sensoren sind zwecks Datenübertragung mit dem Tablet des Rehabilitanden gekoppelt. Zusätzlich zu der Sensordatenerfassung gibt es eine Funktion, mit deren Hilfe die Geräte in der App auf ihre niedrige Batterieladung hinweisen und Instruktionen zum Laden anbieten. Mit Blick auf Technikängstliche aber auch auf Nutzer, die ein Tablet aufgrund ihrer Einschränkungen nicht oder nur schwer bedienen können, werden separate Druckknöpfe eingesetzt. Die Knöpfe ähneln einer Klingel und können an den passenden Stellen frei in der Wohnung angebracht werden (siehe Flic-Buttons (Flic 2016) in Abb. 19.5, oben). Sie werden der Steuerung von wichtigen Funktionen in der App dienen, wie z. B. Überblicksansicht, Nachrichten und Termine, sowie die Anleitung anzeigen. So kann ein bettlägeriger Nutzer beispielsweise durch das Drücken des blauen Knopfes die Übersicht des Therapieverlaufs, durch Drücken des grünen Knopfes die nächsten Termine anzeigen lassen. Als Anzeigegerät lässt sich in dem Fall ein Fernseher einrichten, es eignet sich aber auch ein Tablet, das an einer gut sichtbaren Stelle fest installiert wird. Erinnerungen und neue Nachrichten werden zusätzlich durch eine steuerbare Lampe signalisiert, die durch (wenige) unterschiedliche Farben sowie Lichtintensität bzw. Änderung der Lichtintensität die Art und Dringlichkeit der Mitteilung vermitteln (siehe Philips Hue-Lampe (Philips Hue 2016) in Abb. 19.5, unten). Darüber hinaus wird es Sprachsteuerung als alternative Interaktionsmodalität geben.

### 19.3.2 Motivierendes Feedbacksystem

Der Konzeption des Feedbacksystems stützt sich auf zwei, durch mehrere Studien belegte, Beobachtungen:

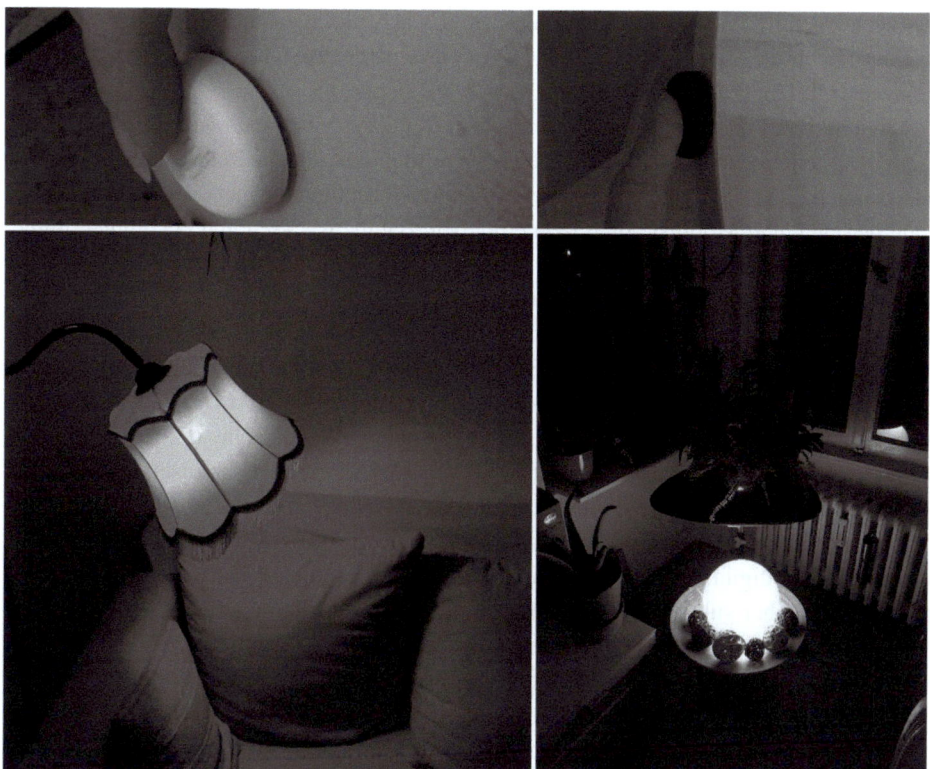

**Abb. 19.5** Programmierbare Flic-Knöpfe (oben) und die ebenfalls programmierbare Hue-Glühbirnen von Philips (unten) im Einsatz

- Die Technik muss sich in den Alltag integrieren (Axelrod et al. 2009; Grönvall und Verdezoto 2013);
- Kindliche Belohnungssysteme, beispielsweise durch Sammeln von Diamanten, wirken stigmatisierend und sind nicht motivierend (Munson und Consolvo 2012).

Es sind also Alltagsgegenstände gefragt, die in der Lage sind, die durch die Sensorik gesammelte Daten auf eine geeignete, nicht stigmatisierende Art und Weise darzustellen.

Bilder an der Wand, Spiegel und Lampen sind Einrichtungsgengenstände, die sich üblicherweise in jeder Wohnung finden lassen. Lampen lassen sich – wie bereits oben beschrieben – einsetzen, um die Bewohner auf etwas aufmerksam zu machen.

Digitale, interaktive Spiegel (z. B. Magic Mirror 2016 und Dirror 2016), wie sie heute bereits angeboten und eingesetzt werden, können die wichtigsten Informationen zusammenfassen und in einem nicht störenden Randbereich anzeigen. Für die Interaktion mit dem Spiegel können Berührung, Sprache und Gesten verwendet werden. Für den Einsatz in diesem Kontext ist der Spiegel hauptsächlich ein Anzeigegerät für die nächsten Termine, ob neue Nachrichten vorhanden sind und wie der aktuelle Status der Rehabilitation ist. In welcher Form die Statusanzeige geschieht, ist ein zentraler Bestandteil des Motivationssystems und wird im Folgenden behandelt.

Digitale Landschaftsbilder sind geeignet um Langzeit- aber auch Kurzzeitveränderungen darzustellen. Für die Darstellung von Langzeittrends startet die Rehabilitation mit einer eher kargen Landschaft und wird immer grüner und lebendiger, je mehr die Rehabilitanden sich bewegen und Mobilisierungsziele erreichen. Bäume wachsen und bekommen immer mehr Blätter, Blumen sprießen aus der Erde, und ein ausgetrockneter Fluss und Wasserfall werden wieder mit Wasser durchströmt. Machen die Rehabilitanden gerade Eigenübungen oder Übungen im Rahmen der Therapie, so werden diese Kurzzeittrends durch sich bewegende Elemente im Bild visualisiert: Blüten gehen auf, ein Schmetterling fliegt durch die Luft und der Wasserfall wird zum Leben erweckt (siehe Abb. 19.6). Als eigenständiges Gemälde kann das digitale Landschaftsbild auf einem großen Display mit Holzrahmen an einer festen Stelle in der Wohnung installiert werden. Alternativ oder zusätzlich kann das digitale Landschaftsbild als Startbildschirm bzw. als Bildschirmschoner (digitaler Bilderrahmen) auf dem Tablet sowie auf dem digitalen Spiegel angezeigt werden.

Neben dem digitalen Landschaftsbild, welches als ambiente Darstellung die Aktivitätserfassung eher subtil und unscharf vermittelt, sollen Patienten auch die Möglichkeit haben, ihren Trainingsverlauf detaillierter anzusehen. Für diesen Zweck sind Diagramme vorgesehen, die ebenfalls einen Überblick liefern, aber auch einen detaillierten Einblick zum Verlauf der Mobilen Rehabilitation und der einzeln erfassten Daten bieten. Diagramme sind informativ, können genaue Daten liefern und nach Munson und Consolvo

**Abb. 19.6** Beispiel für eine digitale Landschaft als motivierendes Feedback. Von karg zu grün und blühend (rechts, von oben nach unten)

(2012) wird zahlenbasiertes Feedback gut akzeptiert. Die Diagramme werden in einem eigenen Bereich in der MORECARE-App zur Verfügung gestellt.

## 19.4 Schlussbetrachtung

MORECARE erforscht für die aktivierende Pflege und Mobile Rehabilitation den Einsatz intelligenter Vernetzung, Dokumentation und sensorbasierte Mobilitätserfassung. In diesem Rahmen untersuchen wir, wie die Arbeit eines interdisziplinären Versorgungsteams verbessert und wie die Selbständigkeit der Betroffenen unterstützt werden kann.

In dem Beitrag haben wir unseren Ansatz zu einer zielgruppengerechten, alltagstauglichen Instrumentierung der Wohnungen vorgestellt. Verschiedene, alltagstaugliche Sensoren und Aktorik werden zuhause bei den Patienten eingesetzt, um die Rehabilitation zu unterstützen und um motivierendes, ambientes Feedback zu geben. Im Mittelpunkt unseres iterativen, Design-For-All-getriebenen Ansatzes steht dabei der Patient und seine Angehörigen, die mit einfach zu beherrschender Technik Informationen zur Rehabilitation und zum jeweiligen Genesungszustand erhalten werden.

Die hier vorgestellten Konzepte werden im Rahmen der Mobilen Rehabilitation des Evangelischen Krankenhauses Woltersdorf (EKW 2016) in einem Feldtest erprobt. Referenzen zu den Studienergebnissen werden auf der Projektwebseite (MORECARE 2016) veröffentlicht.

Das Projektkonsortium setzt sich aus dem Evangelischen Krankenhaus Woltersdorf (EKW 2016) und der Forschungsgruppe Geriatrie der Charité (CFGG 2016) als medizinische Partner sowie dem Deutschen Forschungszentrum für Künstliche Intelligenz GmbH (DFKI 2016), der Cocomore AG (Cocomore 2016), Tembit Software GmbH (Tembit 2016) sowie der Firma Koralewski Industrie-Elektronik oHG (Koralewski 2016) als Technikpartner zusammen.

### Literatur

Arduino (2016) LilyPad Arduino Main Board, Arduino-Board LilyPad (Arduino, Hrsg.). online im Internet. https://www.arduino.cc/en/Main/ArduinoBoardLilyPad. Zugegriffen: 07. Nov. 2016

Axelrod L, Fitzpatrick G, Burridge J, Mawson S, Smith P, Rodden T, Ricketts I (2009) The reality of homes fit for heroes: Design challenges for rehabilitation technology at home. JAssist Technol 3(2):35–43

Bundesärztekammer (2011) Broschüre: Prozessverbesserung in der Patientenversorgung durch Kooperation und Koordination zwischen den Gesundheitsberufen, online im Internet. http://www.bundesaerztekammer.de/downloads/FachberufeProzessverbesserung201111.pdf. Zugegriffen: 18. Okt. 2016

Charité (2016) Startseite, Charité – Universitätsmedizin Berlin, Forschungsgruppe Geriatrie (CFGG, Hrsg), online im Internet. https://geriatrie.charite.de. Zugegriffen: 07. Nov. 2016

Claßen K, Oswald F, Wahl H-W, Heusel C, Antfang P, Becker C (2010) Bewertung neuerer Technologien durch Bewohner und Pflegemitarbeiter im institutionellen Kontext. Befunde des Projekts BETAGT. Zeitschrift für Gerontologie und Geriatrie 43(4):210–218

Cocomore (2016) Startseite, Cocomore AG (Cocomore, Hrsg), online im Internet. http://www.cocomore.de/. Zugegriffen: 07. Nov. 2016

DFKI (2016) Intelligente Benutzerschnittstellen, Deutsches Forschungszentrum für Künstliche Intelligenz (DFKI, Hrsg), Forschungsgruppe Intelligente Benutzerschnittstellen, online im Internet. https://www.dfki.de/web/forschung/iui. Zugegriffen: 07. Nov. 2016

Dirror (2016) Startseite, Dirror interaktiver Spiegel (Dirror, Hrsg), online im Internet. http://www.dirror.com/en/. Zugegriffen: 07. Nov. 2016

EKW (2016) Mobile Rehabilitation - Die Therapie Zuhause, Evangelisches Krankenhaus Woltersdorf (EKW, Hrsg), Mobiler Rehabilitationsdienst, online im Internet. http://khwol.de/index.php/mobile-rehabilitation.html. Zugegriffen: 07. Nov. 2016

Flic (2016) Startseite, Flic-Buttons (Flic, Hrsg), online im Internet. http://www.flic.io. ZugegriffenAbrufdatum: 07. Nov. 2016

Friesacher H (2010) Pflege und Technik–eine kritische Analyse. Pflege & Gesellschaft 15(4):293–313

Fritz T, Huang EM, Murphy GC, Zimmermann T (2014) Persuasive technology in the real world: A study of long-term use of activity sensing devices for fitness, SIGCHI Conference on Human Factors in Computing Systems, 2014.04.26–2014.05.01. Toronto, Canada, S 487–496

Grönvall E, Verdezoto N (2013) Beyond self-monitoring: understanding non-functional aspects of home-based healthcare technology, ACM international joint conference on Pervasive and ubiquitous computing, 2013.09.08–12. Zurich, Switzerland, S 587–596

Holman H, Lorig K (1992) Perceived self-efficacy in self-management of chronic disease. In: Schwarzer R (Hrsg) Self-efficacy: Thought control of action, Hemisphere, Washington Jg. 1, S 305–324

Klaus D, Tesch-Römer C (Hrsg) (2014) Pflegende Angehörige und Vereinbarkeit von Pflege und Beruf: Befunde aus dem Deutschen Alterssurvey 2008, Deutsches Zentrum für Altersfragen

Klaus, D., & Tesch-Römer, C. (2014). Pflegende Angehörige und Vereinbarkeit von Pflege und Beruf: Befunde aus dem Deutschen Alterssurvey 2008. DZA-Fact Sheet. Online: https:// www. dza. de/ fileadmin/ dza/ pdf/ Fact_ Sheet_ Pflege_ Erwerbstaetigkei t_ 2014_ 09_ 12. pdf (zuletzt abgerufen 23.06.2017).

Koralewski (2016) Startseite, Koralewski Industrie – Elektronik oHG (Koralewski), online im Internet. http://www.koralewski.de/. Zugegriffen: 07 Nov. 2016

Magic Mirror interaktiver Spiegel(2016) online im Internet. http://www.magicmirror.me. Zugegriffen: 07 Nov. 2016

MORECARE (2016) Startseite, MORECARE (Hrsg), BMBF-Projekt mit dem Förderkennzeichen 16SV7396, online im Internet. http://morecare-projekt.de. Zugegriffen: 07. Nov. 2016.

Munson SA, Consolvo S (2012) Exploring goal-setting, rewards, self-monitoring, and sharing to motivate physical activity, 6th International Conference on Pervasive Computing Technologies for Healthcare (PervasiveHealth) and Workshops, 21.05.-24.05.2012, San Diego, California, United States, S 25–32

Olander EK, Fletcher H, Williams S, Atkinson L, Turner A, French DP (2013) What are the most effective techniques in changing obese individuals' physical activity self-efficacy and behaviour: A systematic review and meta-analysis. Int J Behav Nutr Phys Act 10(1):1–29

Philips Hue (2016) online im Internet. http://www.philips.de/c-m-li/hue-persoenliche-kabellose-beleuchtung/iwanthue/philips-hue-starter. Zugegriffen: 07 Nov. 2016

Roes M, Bremen H (2009) Aktivierende und/oder rehabilitative Pflege? Heilberufe 61(8):17–18

Schmidt-Ohlemann M, Schweizer C (2009) Mobile Rehabilitation: Eine Innovation in der ambulanten medizinischen Rehabilitation. Die Rehabilitation 48(1):15–25

Schulz M, Behrens J, Schmidt-Ohlemann M (2008) Ergebnisorientierte Evaluation eines Mobilen Rehabilitationsdienstes: Eine prospektive Studie. Physikalische Medizin, Rehabilitationsmedizin, Kurortmedizin 18(1)30–34

Schulz R, Knauf R, Püllen R (2014) Mobile geriatrische Rehabilitation bei funktionell schwer beeinträchtigten Patienten. Zeitschrift für Gerontologie und Geriatrie 47(2):147–152

Sittler E, Kruft M (2004) Handbuch Altenpflege, Elsevier GmbH. Urban & Fischer Verlag, München

Swoboda W, Sieber CC (2010) Rehabilitation in der Geriatrie. Der Internist 51(10):1254–1261

Tembit (2016) Startseite, Tembit Software GmbH (Hrsg) online im Internet. http://www.tembit.de. Zugegriffen: 07. Nov. 2016

UdK und DRLab (2016) Startseite, Universität der Künste Berlin, Design Research Lab (UdK, DRLab, Hrsg), online im Internet. http://www.design-research-lab.org. Zugegriffen: 07. Nov. 2016

Wagner G (2004) Das Blutglukose Selfmonitoring bei Patienten mit nicht-insulinpflichtigem Diabetes mellitus Typ 2-Eine Literaturübersicht. ZFA-Zeitschrift für Allgemeinmedizin 80(5):201–203

Walford S, Gale EAM, Allison SP, Tattersall RB (1978) Self-Monitoring of Blood-Glucose. The Lancet 311(8067):732–735

Zeman P (1999) Probleme der Vernetzung von sozialen Diensten und Lebenswelt in häuslichen Altenpflegearrangements. Soziale Gerontologie und Sozialpolitik für ältere Menschen, Westdeutscher Verlag 375–387

**Kinga Schumacher** studierte Informatik und ist wissenschaftliche Mitarbeiterin am Deutschen Forschungszentrum für Künstliche Intelligenz (DFKI GmbH) in der Forschungsgruppe Intelligente Benutzerschnittstellen. Sie promoviert an der Universität Potsdam. Ihr Forschungsschwerpunkt liegt im Bereich des zielgruppenspezifischen Interaktionsdesigns. Sie konzentriert sie sich auf die Entwicklung von Styleguides und Interaktionskonzepten für die Generation 60 + und auf eine zielgruppengerechte Informationsaufbereitung für dieselbe Zielgruppe.

**Aaron Ruß** studierte Informatik an der Marburger Philipps-Universität und arbeitet seit 2009 als Researcher am Deutschen Forschungszentrum für Künstliche Intelligenz (DFKI GmbH) in der Forschungsgruppe für Intelligente Benutzerschnittstellen. Sein Hauptforschungsinteresse gilt der Benutzermodellierung mit Anwendung für Simulations-basierte, automatisierte Nutzerevaluation. Im AAL-Bereich arbeitete er an Projekten mit Schwerpunkt auf automatisierte Nutzerevaluation, Nutzermodellierung unter spezieller Berücksichtigung von altersbedingten Einflüssen und Einschränkungen, sowie der Entwicklung von multimodalen Benutzerschnittstellen.

**Dr. Norbert Reithinger** ist Principal Researcher und Research Fellow am Deutschen Forschungszentrum für Künstliche Intelligenz (DFKI GmbH) in der Forschungsgruppe Intelligente Benutzerschnittstellen. Er war wissenschaftlicher Projektleiter für verschiedene große nationale Projekte wie VERBMOBIL, SMARTKOM, VirtualHuman und SMARTWEB und war an zahlreichen weiteren Forschungsprojekten auf nationaler und internationaler Ebene beteiligt. Seit dem Jahr 2007 ist er im DFKI-Projektbüro in Berlin verantwortlich für Projekte in den Bereichen HCI, multimodale Interaktion und AAL-Anwendungen.

# Stichwortverzeichnis

**A**

AAL (Ambient Assisted Living) 52, 54, 136, 299
    Anwendungen 58
    Dienste 56
    Dienstleistungen 58
    Produkte 58
    System 52, 55–56
    Technik 54, 58, 305
Abrechnungsdaten 269
Akte, intelligente 271
Akzeptanzbarriere 58
altersgerechtes Assistenzsystem 155, 243, 310
Ambient Assisted Living Siehe AAL 52
ambulante Leistung 174
ambulante Pflege 85, 243
ambulante Versorgung 297, 303
ambulanter Dienst 155
ambulanter Pflegedienst 242, 311, 318
ambulantes Setting 307
Analyse, semantische 273
Anforderungsanalyse 322
Angehörige 143, 321
Anwendung, mobile 3
App 13, 19, 252
App-Entwicklung 16
App-Ideen 9, 17
Arbeitsbelastung 32, 34
Arbeitsintensität 34
Arbeitsorganisation 34
Arbeitsprozess 236
Arbeitsumfeld 34
Arbeitswelt 114, 120

Assessment 171
Assessmentinstrument 170
Assistenzensemble 299, 303
Assistenzsystem 114, 142, 145, 155, 295, 310
    altersgerechtes 155, 243, 310
    interaktives 139
    praxistaugliches 140
    technisches 85, 242
Assistenztechnologie 145
assistive Technologie 85, 243
Aufnahmeprozess 174
Automatisierung 81

**B**

Behandlungsprozess 14, 174, 179
Behandlungsqualität 70, 105
Belastungsanalyse 32
berufliche Pflege 90
Big Data 268

**C**

Care 116
Care-Beruf 126
Carearbeit 115
Caring Communities 126
Clinical Information System 279
Critical Incident Technique 32
Customer Journey 214

**D**

Data-Warehouse 268, 273
Datenaustausch 157, 269

Datenerfassung 158
Datenkommunikation 270
Datenmanagementsystem 267
Datenqualität 236
Datenschutz 4, 97, 189, 301
Datensicherheit 13, 19, 97
Datenübertragung 106
Demenz 136, 250
Demenzerkrankung 141
Demenzkranke 136
Denkprozess 125
Dienst, ambulanter 155
Dienstleister 122
Dienstleistung 90, 136, 151, 153, 160, 217, 220, 242, 249, 265, 299, 312
   medizinische 214
   mobile 253
Dienstleistungsangebot 301, 312
Dienstleistungserbringung 153
Dienstleistungsprozess 220
Dienstleistungssegment 155
Dienstleistungssystem 38
Dienstleistungsunternehmen 302
Dienstplanung 155
Digitale Demenz 120
digitale Infrastrukt 120
digitale Medien 84, 87
digitale Pflegedokumentation 64, 235
digitale Simulation 88, 90
digitale Technologie 52
digitales Dienstleistungsangebot 312
digitales Lernen 88
digitales Zeitalter 3
digitalisierte Gesundheitsdienstleistung 294, 298, 306
Digitalisierung 4, 20, 52, 64, 84, 114, 124, 129, 150, 161, 232–233, 258, 260, 262, 278, 294
Digitalisierungsprozess 85
Disease-Management-Programme 191
Dokument, elektronisches 258
Dokumentation 3, 37, 57, 79, 171, 217, 239, 244, 258, 281
   elektronische 239
Dokumentationsarbeit 6
Dokumentationsprozess 237
Dokumentationsqualität 12, 77
Dokumentationssystem 27, 57, 123, 151, 176, 233, 279, 282, 287

Dokumentenaustausch 269
Dokumentenlifecyclematrix 263
Dokumentenworkflow 263

**E**
E-Business 173
E-Health 173, 198
E-Health Intervention 208, 210
E-Health-Engineering 175
Effektivität 199, 209, 235, 240
Effizienz 3, 15, 235, 240
Effizienzsteigerung 192
elektronische Dokumentation 239
elektronische Fallakte 263, 270
elektronische Gesundheitsakte 234
elektronische Gesundheitskarte 301
elektronische Patientenakte 265, 269
elektronische Patientendokumentation 239
elektronische Pflegedokumentation 236
elektronisches Dokument 258
Entgeltermittlung 278
Entlassungsprozess 174
Erfassungsqualität 81
Erfassungssystem 60
Ergebnisse 199, 309
Evaluierung 144, 300

**F**
Fachkompetenz 86, 90, 214
Fallakte, elektronische 263

**G**
Game design 93
Game-Based Learning 93
Gerät, mobiles 6
Geschäftsfeld 151, 155
Geschäftsmodell 158, 161, 266
Geschäftsprozess 161, 217
Geschäftsprozessmodellierung 214, 216, 219
Gesundheit 117, 122, 192
Gesundheitsakte, elektronische 234
Gesundheitsausgaben 186, 189
Gesundheitsberichterstattung 186
Gesundheitsberuf 114, 127, 129, 186
Gesundheitsdaten 234
Gesundheitsdeterminanten 187
Gesundheitsdienste 180, 186

# Stichwortverzeichnis

Gesundheitsdienstleistung 294, 298, 306
Gesundheitseinrichtung 129, 188, 236
Gesundheitsforschung 85
Gesundheitsindustrie 121
Gesundheitskarte 301
Gesundheitsleistung 199
Gesundheitsmarkt 27
Gesundheitsmaßnahme 188
Gesundheitsplanung 232
Gesundheitsstandort 104, 155
Gesundheitssystem 85
Gesundheitsverhalten 187, 205
Gesundheitsversorgung 105, 109, 188, 198, 258, 269, 279
Gesundheitswesen 1, 79, 108, 114, 123, 154, 166, 173, 186, 214, 232, 236, 258, 260, 278, 318
Gesundheitszentrum 232, 236
Gesundheitszustand 105

## H

Handlungskompetenz 128
häusliche Versorgung 154, 198, 205
Health Buddy 206
High-Tech-Gerät 54
Hilfebedarf 152
Hilfsmittel 64
Home-Telemonitoring-System 106
Hospital Engineering 175

## I

individuelle Pflege 141
Informationsbeschaffung 60
Informationssystem 10
Informationstechnologie 4, 105, 154, 158, 173, 198–199, 287
Informationsvermittlung 190, 194
Innovation 53, 85, 140, 143, 232
   wissenschaftlich-technische 140
innovative Technologie 54, 104, 251
integrierte Versorgung 179
intelligente Akte 271
intelligenter Pflegewagen 29–30, 36, 42, 46
Intensivmedizin 278, 287
Intensivpflege 278
interaktives Assistenzsystem 139
Interoperabilität 286
IT-Unterstützung 56

## K

Kernkompetenz 90
Klinikinformationssystem 80
Kommunikation 119, 125
Kommunikationstechnologie 105, 154, 173
Kommunikationsweg 180
Kompetenz 115, 129, 239
Komplexbehandlung 73
kontinuierlicher Verbesserungsprozess 13, 236
konventioneller Pflegewagen 32, 41
Kosteneffizienz 7, 210
Kosteneinsparung 215
Krankenhausinformationssystem 176, 234, 258, 269
Krankenpflege (s. auch Pflege) 234, 281
Krankheit 118

## L

Lebensqualität 104, 108, 121, 140, 206, 243, 299
Lebensstil 107, 187, 296
Lehrarrangement 90
Leistung 64, 73, 199
   ambulante 174
   medizinische 174
Leistungsabrechnung 63, 151, 156
Leistungsangebot 176, 232
Leistungsauswertung 73
Leistungsbündel 76
Leistungserbringer 52, 179, 318
Leistungserfassung 81
Leistungserstellung 176
Leistungserstellungsprozess 176
Leistungsfähigkeit 104, 157
Leistungskatalog 57
Leistungsnachweis 63
Leistungsnehmer 52
Leistungsprozess 173
Leistungsteilnehmer 258
Leistungsverbesserung 157
Lernangebot 89
Lernarrangement 88, 90
Lernbedarf 95
Lerncoach 96
Lernen 89
lernendes System 145
Lernerfolg 92
Lernergebnis 95
Lernform 93

Lernhilfe 92
Lerninhalt 94
Lernmotivation 91
Lernprozess 88, 91, 93
Lernspiel 95
Lernszenarien 93
Logistikprozess 40

**M**
Management, partizipatives 18
Maßnahmen 108, 187, 194, 234
    beratende 199
    Nebenwirkung 180
    schmerztherapeutische 169
Maßnahmenplanung 56
Medienkompetenz 86
Medizinische Codierung 77
medizinische Dienstleistung 214
medizinische Leistung 174
medizinische Versorgung 105, 289, 301
Mehrwert 153
Mensch-Technik-Interaktion 252
mHealth 187, 189, 193
mobile Anwendung 3, 6, 17, 19
mobile Dienstleistung 253
mobile Rehabilitation 318, 328
mobile Technologie 20
mobiler Roboter 54
mobiles Gerät 6, 94, 96, 326
Mobilität 85, 108
Mobility 3, 9
Mobility Device Management 7
Mobility-Entwicklung 4, 8, 15
Mobility-Hersteller 8
Mobility-Philosophie 7
Mobility-Plattform 7
Mobility-Strategie 18
Mobility-Team 7
Modellierung 217, 220
Monitoring 55, 198, 207, 302
Monitoring-System 55, 207

**N**
Neue Medien 119

**O**
Optimierung 140, 214, 220, 226, 238, 263
    technische 16
Optimierungsbedarf 13

**P**
Papierdokumentation 239
partizipatives Management 18
Patient Journey 215
Patient Journey App 216
Patient Journey Map 225
Patient Journey Mapping 217
Patientenakte 261, 263, 266, 271, 282
    elektronische 265
Patientendaten 5
Patientendaten-Management-System 279, 283
Patientendokumentation 70, 79, 233, 284
    elektronische 239
Patientendokumentationssystem 79, 278
Patientenidentifikation 10
Patientenindividualität 236
Patienteninformation 5, 236, 319
Patientenklassifikationssystem 71
Patientenkontakt 3
Patientenreisen 214, 216, 219
    simulierte 222
Patientensicherheit 3, 19, 239, 284
Patientenversorgung 45, 179, 233
Performance 157
Personaleinsatzplanung 62
Pflege (s. auch Krankenpflege) 4, 14, 56, 61, 72, 84, 97, 104, 137, 166, 177, 192, 220, 234, 242, 287, 318, 329
    ambulante 85
    berufliche 90
    individuelle 141
    stationäre 36
Pflegearbeit 64, 85, 90, 114
Pflegeaufwand 104
Pflegebedarf 138, 155, 234, 295
Pflegebedürftige 27, 104, 318
Pflegeberuf 114, 127
Pflegebildung 84, 91
Pflegebildungsprozess 89
Pflegediagnose 76
Pflegedienst 56, 61, 154, 311, 318
    ambulanter 242, 311
Pflegedienstleiter 71
Pflegedokumentation 57, 60, 85, 154, 237, 281, 319
    elektronische 236
Pflegeeinrichtung 30, 129, 245, 304, 311
Pflegeforschung 85
Pflegehilfsmittel 27

Pflegeindikatoren 72
Pflegeinformatik 239
Pflegeintervention 76
Pflegekraft 27, 38
Pflegeleistung 62, 71
Pflegemanagement 61
Pflegemonitoring 55
Pflegenotstand 27, 294
Pflegeoptimierung 319
Pflegeorganisation 85
Pflegepädagogik 114
Pflegeplanung 29, 73, 85, 152, 281
Pflegeplanungssystem 27
Pflegepraxis 27, 85, 87
Pflegeprofession 81
Pflegeprozess 27, 32, 37, 85, 140, 151, 176, 234, 237, 281
Pflegeprozessdokumentationssystem 239
Pflegequalität 57, 143
pflegerische Versorgung 298
Pflegerobotik 85
Pflegesetting 52
Pflegestation 70
Pflegesystem 85
Pflegetour 62
Pflegeutensilien 28, 30, 46
Pflegewagen 28, 30, 36, 41, 44
    intelligenter 29
    konventioneller 32
Pflegewissen 86
Pflegewissenschaft 114
Pflichtenheft 159
Planungsprozess 158
Potenzial 14, 279, 302
praxistaugliches Assistenzsystem 140, 146
Produktivität 37
Prozess 181, 214, 232, 235, 265, 279
Prozessanalyse 39, 225
Prozessintegration 174
Prozesskette 177, 225
Prozesslandkarte 221
Prozessmanagement 235, 285
Prozessmodell 217
Prozessmodellierung 217
Prozessoptimierung 8, 214, 239
Prozessorganisation 174, 176
Prozessqualität 282
Prozessstandard 157

**Q**
Qualität 37, 64, 140, 167, 206, 279, 282
Qualitätsmanagement 151, 273
Qualitätssicherung 154, 171, 235, 266, 281, 283
Qualitätssicherungsmodell 260
Qualitätsverbesserung 192, 239
Quartiersmanagement 242, 246

**R**
Rationalisierung 299
Rehabilitation 318, 320
    mobile 328
Rehabilitationsprozess 319
Rehabilitationsteam 322
Rehospitalisierung 206
Ressourcen 44, 125, 157, 220, 243, 288, 299, 318
Ressourceneffizienz 301
Ressourcenplanung 174
Risikomanagement 288
Roboter 27, 54
Routenplanung 155

**S**
Schichtplansystem 13
Schmerz 166, 169
Schmerzarten 167
Schmerzassessment 170, 179
Schmerzbehandlung 166, 169, 172
Schmerzdokumentation 171
Schmerzmanagement 166, 169, 177
Schmerzmedizin 166
Schmerzmessung 172
Schmerzqualität 168
Schmerzversorgung 180
Schönheitsindustrie 121
Screening-Instrument 35
Selbstmonitoring 319
semantische Analyse 273
semantische Interoperabilität 286
Sensor 96, 137, 322
Sensorik 322
Sensortechnologie 108
Serious Game 87, 95–96
Service Design 214–215, 226
Service Interfaces 214
Servicepersonal 46

Serviceroboter 27
Servicerobotik 27
Setting, ambulantes 307
Sicherheitsstandard 16
Signierung 262
Simulation 87, 218, 223
　digitale 88
Simulationsergebnis 222
Simulationsmodell 219, 222
simulierte Patientenreisen 222
Smart Home 122, 252
Smart-Sensorik 144
Sorge 116
Sorgearbeit 117, 123
Sorgefähigkeit 126
Sorgekompetenz 123
Sorgepotenzial 129
Sorgepraxis 117
Spieldesign 92
Spielsimulation 88
Standardisierung 157, 236
Standardprozess 152, 161
stationäre Pflege 36, 318
stationäre Pflegeeinrichtung 245, 304, 311
stationäre Versorgung 265
Steuerungsprozess 158
Strukturqualität 234, 282
Sturzprävention 108
Sturzrisikoindikatoren 108
Sturzrisikomonitoring 108
System 33, 156
　lernendes 145
　technisches 140
Systemsicherheit 16
Szenarien 88, 223

**T**
Technik 20, 60, 242, 321, 329
Technikakzeptanz 319
Technikeinsatz 244, 251, 308, 323
Technikentwicklung 87
technische Innovation 85, 140, 143, 243
technische Optimierung 16
technisches Assistenzsystem 85, 242
technisches System 140, 142
Technologie 3, 20, 27, 52, 84, 97, 104, 109, 114, 174, 198, 251, 299, 310

innovative 54
mobile 20
Telecare-Versorgung 299
Telehomecare-System 205
Telematik 105
Telemedizin 105
Telemedizinzentrale 107
Telemedizinzentrum 107
Telemonitoring 105, 107, 109, 199, 209
Telemonitoring-System 106
Therapieprozess 176
Tourenplanung 62
Transportsystem 27

**U**
Unterstützungsangebot 152
Unterstützungsprozess 158
Unterstützungssystem 85

**V**
Verbesserungspotential 13, 40
Verbesserungsprozess, kontinuierlicher 13
Vernetzung 63, 173, 175, 177, 233, 237, 318
Versorgung 3, 104, 179, 205, 289, 295, 297, 312
　hausärztliche, ambulante 297
　häusliche 154
　Integrierte 179
　medizinische 105
　pflegerische 298
　stationäre 265
Versorgungsablauf 179
Versorgungsangebot 232
Versorgungsbedarf 52, 299
Versorgungsdichte 55
Versorgungsformen 54
Versorgungsforschung 232, 266, 268
Versorgungskonzept 56, 109
Versorgungsplanung 232
Versorgungsportfolio 232
Versorgungspraxis 198
Versorgungsprozess 27, 56, 109, 166, 302
Versorgungssetting 232
Versorgungssteuerung 207
Versorgungsstruktur 232, 297
Versorgungssystem 193, 297
Versorgungsteam 320

## W

Wearables 252
Wellnessindustrie 121
Wertschöpfungskette 174, 301
Wettbewerbsvorteil 153
Wirksamkeit 199, 206, 208, 210
Wirtschaftlichkeit 31
Workflowsystem 151